天津市地方志编修委员会办公室资助出版

天津地方史研究丛书

近代天津日本租界研究

万鲁建 著

天津社会科学院出版社

图书在版编目（CIP）数据

近代天津日本租界研究 / 万鲁建著. -- 天津 : 天津社会科学院出版社, 2022.1
（天津地方史研究丛书）
ISBN 978-7-5563-0800-2

Ⅰ. ①近… Ⅱ. ①万… Ⅲ. ①租界－地方史－研究－天津 Ⅳ. ①D829.12②K292.1

中国版本图书馆CIP数据核字(2022)第012285号

近代天津日本租界研究
JINDAI TIANJIN RIBEN ZUJIE YANJIU

出版发行：天津社会科学院出版社
地　　址：天津市南开区迎水道7号
邮　　编：300191
电话/传真：（022）23360165（总编室）
（022）23075303（发行科）
网　　址：www.tass-tj.org.cn
印　　刷：天津午阳印刷股份有限公司

开　　本：787×1092　毫米　1/16
印　　张：35.25
字　　数：505千字
版　　次：2022年1月第1版　2022年1月第1次印刷
定　　价：88.00元

总 序

盛世修史是中华民族的优良传统，史志文化是中华民族光辉灿烂文化的组成部分。习近平总书记指出:“历史是最好的教科书”，强调“要高度重视修史修志”;李克强总理提出:“修志问道，以启未来”。为新时代史志工作指明了方向，也提出了新的更高的要求。

津沽丰饶，人杰地灵。天津是我国历史文化名城，是高人巨匠聚集之地，有着独特的历史发展轨迹和地域人文气质。“天津地方史研究丛书”和“天津地情资料丛书”坚持以马克思列宁主义、毛泽东思想、邓小平理论、“三个代表”重要思想、科学发展观、习近平新时代中国特色社会主义思想为指导，坚持辩证唯物主义和历史唯物主义的立场、观点、方法，从社会生活不同的角度观察天津城市发展脉络和不同历史阶段特征，在不同领域的发展演进中感受天津沧桑变迁的历史逻辑。以史为鉴，开创未来，深入挖掘和传承天津优秀文化，讲好天津故事，总结天津发展的规律，推进天津改革开放和社会主义现代化建设，阔步新时代，续写新篇章。

天津市档案馆(天津市地方志编修委员会办公室)以挖掘天津历史文化资源，繁荣城市文化和学术研究为职志，资助出版这些书籍，意在贯彻落实市委市政府文化强市战略、贯彻落实中国地方志指导小组要求及

《天津市地方志工作办法》,大力整合社会资源,推动天津地方史研究深入发展。我们要以“天津地方史研究丛书”和“天津地情资料丛书”编辑出版为新的起点,继续做好此项工作,希望广大史志工作者持之以恒予以支持,贡献更多的精品力作,为繁荣天津史志研究,推进天津地方志事业高质量发展,把天津建设成为社会主义现代化大都市贡献智慧和力量。

天津市档案馆

(天津市地方志编修委员会办公室)

2021年10月

内容提要

本书以辩证唯物主义和历史唯物主义为指导,运用历史学、社会学、考据学、统计学等多学科相结合的方法展开论述。

本书由序章、正文五章、终章共七章组成。序章主要是叙述本书研究对象与研究方法、国内外研究现状及本书的研究意义与创新点。第一章主要概述日租界的历史,从租界的设立、经营到最后被收回的历史变迁。第二章主要是从日租界的管理机构入手,探讨日租界的管理机构、管理方式以及日租界内的秘密活动。第三章从空间社会学理论出发,探讨租界的空间构成,以及租界内日侨和华人的职业构成及生活状况。第四章则从经济层面出发,探讨近代天津与日本的贸易状况以及日租界的经济活动情况,由此分析日本是如何将天津变为其侵略前沿阵地,并勾勒出日租界在对华侵略中的经济作用。第五章则从社会史的角度,探讨日租界的社会生活,主要从日租界的社团组织、教育状况、卫生治理、文体活动等几个方面展开,解析在近代中日关系不断变化的大背景下,日租界所具有的异质空间。终章则以结论的形式对天津日租界及其作用做出评价,认为:天津日租界是日本试图在海外建立的“异质空间”,但在近代充满国际色彩的天津城市当中,其受到中西文化的双重冲击,只能在夹缝中寻求生存。同时,日租界又是近代日本侵华的产物,在日本侵华过程中发挥了桥头堡和前沿阵地的作用。因此，在近代中日关系复杂多变的背景下，日租界必定成为中日矛盾的焦点，也成为日本侵略中国的物证。

目　录

序　章

序　章

一、研究对象与研究方法

本书主要围绕天津日租界展开研究，即关注于天津日租界的社会空间、管理机构、人口及职业结构以及租界内的政治、经济、社会生活，力图揭示近代天津日租界的实况及其在日本侵华过程所发挥的作用。

在此，我们首先要弄清楚租界的概念、含义以及它所具有的特征。那么“租界”一词最早出现于何时呢？根据上海学者姜龙飞的研究，“租界”(concession)一词最初出现在法国驻上海二等领事敏体尼1850年8月给上海道台的照会中。[①] 在此之前，英国人和美国人都是使用“居留地”(settlement)一词。“租界”一词在英文中的解释是：“土地整块租给外国政府任其处置。”“居留地”一词则解释为“允许外侨向原业主商租土地”。很显然，两者含义不同，加之后来各国混用两词，使得“租界”的概念和含义变得复杂起来，不同时期、不同人都有不同的看法。

---

① 姜龙飞：《上海租界》，文汇出版社2014年，第43页。

中国人较早对“租界”做出比较准确定义的是1919年出席巴黎和会的中国代表团。他们在大会上指出,租界是通商各口“划定专界备外人居住、贸易者”,“租界之地,仍为中国领土”,“惟治理之权则或属于承受该租界之国所派领事官,或属于纳税外国人民所选举之工部局”。①《毛泽东选集》出版委员会在《中国革命和中国共产党》一文的注释中则认为:“帝国主义国家在强制清朝政府承认沿江沿海的某些地方为通商口岸后,并在他们所认为合宜的地方强占一定的地区作为他们的‘租界’。在这种所谓‘租界’内实行了完全独立于中国的行政系统和法律制度以外的另外一套统治制度,即帝国主义的殖民地制度。”②而《辞海》对“租界”一词的解释则是:“帝国主义国家强迫半殖民地国家(如旧中国)在其口岸或城市划出的作为外侨‘居留和经商’的一定区域。是帝国主义国家对半殖民地国家进行各种侵略和罪恶活动的据点。”③《中国大百科全书》的解释则是:“帝国主义列强根据和中国清政府缔结的不平等条约,以居住和经商为名,在通商口岸和城市永久租用的地段。列强……并在租界内行使行政管理和司法管辖权,形成‘国中之国’,严重破坏中国主权。”④从上述定义来看,租界具有强烈的侵略性和强迫性。

当然,上述定义具有很强的政治属性,从学术意义上来说,“租界”究竟该如何定义呢?学者袁继成认为:“从字面意义上说,所谓租界,是中国政府租与外国侨民居住、贸易和管理的地区。”“本质上,还是帝国主义国家在中国各通商口岸里的变相殖民地,是它们插在中国躯体上的一把把锐利的尖刀。”⑤学者费成康认为:“租界是19世纪中期至20世纪中期帝国主义列强在中国等国的通商口岸开辟、经营的居留、贸易区域。其特

---

① 中国社会科学院近代史研究所《近代史资料》编译室主编:《秘笈录存》,中国社会科学出版社1984年,第173页。

② 《毛泽东选集》(一卷本),人民出版社1967年,第617页。

③ 《辞海》下册,上海辞书出版社1989年,第4580页。

④ 《中国大百科全书·法学卷》,中国大百科全书出版社1984年,第592页。

⑤ 袁继成:《近代中国租界史稿》,中国财政经济出版社1988年,前言。

点是外人侵夺了当地的行政管理权及其他一些国家主权，并主要由外国领事或侨民组织的工部局之类的市政机构来行使这些权力，从而使这些地区成为不受本国政府行政管理的国中之国。”①学者李育民则认为：“租界是由通航口岸发展而来的一种特殊制度，这是列强在某些通商口岸的外人居留、贸易区域通过不平等条约确定下来的，侵夺了中国的行政权和司法权，并建立了独立于中国政权体系之外的行政管理机构，形成了‘国中之国’的特殊制度”②。《列强在中国的租界》一书在前言当中也对租界的性质进行了定义，该书认为：列强开辟租界，“置中国主权于不顾，建立完全独立于中国的行政系统和法律权限以外的殖民主义统治”，“外国租界，成为资本主义——帝国主义国家对中国进行军事威胁、政治控制、经济掠夺、文化渗透的侵略基地”③。

国外学者谈到租界时，经常会将其和外国人居住区、居留地放在一起讨论。近代美国政治学学者威罗贝在《外人在华特权和利益》中就如此展开讨论，他认为无论是租界还是居留地，“最初的称谓或说法是‘划出供外人居住的地区’或‘外人居住区’”。他认为类似上海的“公共租界”一般被认为是“居留地”的典型，“在那里，外人居住区是有界限限定的，在界限内的土地仍归中国的土地局登记；中国人在这地区内对任何财产的所有和占有都不受影响；外人不得获得租界内土地的绝对所有权，但可取得永租权”。而像汉口的外国人居住区则是“租界”的典型，“那里，全部地区分别租给有关的外国，这些外国每年向中国政府缴纳土地税。在这些租约之前，他们靠强占或自愿出售的方法从私人业主取得租界内的土地”④。但是，“这些租界或居留地没有一个是脱离中国主权的。在这

① 费成康：《中国租界史》，上海社会科学院出版社1991年，第384页。

② 李育民：《近代中外条约关系刍论》，湖南人民出版社2011年，第62—63页。

③ 上海市政协文史资料委员会等编：《列强在中国的租界》，中国文史出版社1992年，前言。

④ ［美］威罗贝著，王绍坊译：《外人在华特权和利益》，生活·读书·新知三联书店1957年，第307页。

些地区内居住的外人，只能享受他们在中国别处所能享受的治外法权的权利和特权，而居住在这些地区内的中国人，也决委脱离本国法院或其他中国政府机关的管辖”[1]。当然，“中国政府准许有关的外国人成立和设置警务、卫生、造路、建筑管理等事项的地方政府机构，或者更确切地说，地方行政机构。”根据各租界的不同之处，摩尔斯将其分为四类，天津和汉口、九江、牛庄、广州和其他口岸的租界被分为一类；上海的“公共租界”和法租界是第二类；烟台等港口的租界是第三类，第四类则是岳州的租界。[2] 不过，从目前来看，大部分学者认为天津、上海、汉口等地的租界，其本质上大致是一样的，只不过其租地形态或具体的管理方式有所差别而已。

日本学者的看法则有所不同。近代法制史学者植田捷雄在《中国租界论》中，以行政权的归属为标准来考察中国的外国人居留地，他认为其可以分为三种：外国租界、自开商埠地、中国行政管理下的中外人共同居留地。“外国租界”根据租界行政权归属外国之单复数和租界内土地获得方法之不同而分为一国专管租界、各国共同租界，实际上也就是所谓的“专管租界”和“公共租界”。“专管租界”的行政权“不只是作为对象的本国人，也包括所有在该区域内居住往来的中国人及同等地位的无条约国人。只要不违反条约、规章和地方习惯，为建立专管租界可以获得必要的设施”。而且“在土地永租权、选举资格和行政委员会的组织等方面，大体实行以专管国家为中心，以维持专管国家的政治优势”[3]。由此，植田捷雄认为：“所谓租界，就是为了避免外国人和中国人杂居所带来的不方便，在确保外国人的居住、贸易权益下，根据中国政府与外国政府之间

---

① ［美］威罗贝著，王绍坊译：《外人在华特权和利益》，生活·读书·新知三联书店1957年，第309页。

② ［美］威罗贝著，王绍坊译：《外人在华特权和利益》，生活·读书·新知三联书店1957年，第312—313页。

③ 植田捷雄：『支那租界論』，巌松堂書店大連支店1934年，第80—82頁。

签订的条约或协定而特别划定的一定区域，外国方面为实现上述目的而在必要范围内，可以行使行政权的区域。”[①]从上述植田捷雄对租界的定义来看，其貌似客观理性，实则是在刻意淡化租界对中国主权和司法行政权的侵害。对此，我们必须予以充分注意。

总体来说，国内外学者对租界的定义，大致都表明了租界乃是各国列强在中国通商口岸开设的外国人居住区，并且在租界内享有治外法权和自治权。只不过，外国学者有意淡化其对中国主权的侵害，淡化租界的侵略性；而中国学者则强调租界给予近代中国所造成的危害。

当然，由于近代中国错综复杂的社会矛盾与历史条件，租界也具有两种截然不同的社会功能：一方面它是西方列强侵略掠夺中国的基地和外国冒险家的乐园，另一方面它是展示资本主义近代文明的橱窗，在客观上促进了中国近代文明的发生和发展。[②] 租界的这种特殊性，使得来华的外国侨民为了维护自身安全，大都会选择在城市中的租界居住，形成一个以租界为据点的侨民社会。

近代中国究竟有多少租界呢？根据费成康的研究：“在中国共出现过 25 个专管租界，2 个公共租界。”[③]其中，日租界有五个，即天津日租界、杭州日租界、汉口日租界、苏州日租界、重庆日租界。

中日两国因地缘关系的接近，自古以来交流不断，人员往来层出不穷。早在秦朝时期，就有大批中国人移居日本。此后，日本开始向中国学习先进的文化和技术，不断派遣人员前来中国，其中有人在中国居住多年，甚至客死异乡。因此，日本和中国的关系可谓源远流长。隋唐时期，中日交流日益频繁，既有中国人到日本，如著名的鉴真和尚赴日弘法，也有很多日本人来中国，乘坐遣唐使团的船只来中国学习，如著名的阿倍仲麻吕、吉备真备等人。一直到近代之初，“日本之吸收、输入西洋文化，也

① 植田捷雄：『支那租界論』，厳松堂書店大連支店 1934 年，第 251—252 頁。
② 尚克强、刘海岩主编：《天津租界社会研究》，天津人民出版社 1996 年，第 1 页。
③ 费成康：《中国租界史》，上海社会科学院出版社 1991 年，第 391 页。

和过去一样，是通过中国这一渠道开始的”。[1]

近代以来，中日两国的正式外交关系始于1871年签订的《中日修好条规》。其中第七条规定两国“商民”可进入对方的“指定场所”：“两国既经通好，所有沿海各口岸，彼此均应指定场所，准听商民往来贸易，并另立通商章程，以便两国商民永远遵守。”[2]这也为日本人旅居中国提供了合法依据。本书的研究对象为天津日本租界。之所以如此选择，是与天津城市本身所出的地理位置和特点分不开的。天津地处九河下梢，是首都北京的“门户”，也是近代华北最重要的工商业城市，甚至一度是全国第二大城市。如此重要的地理位置，使天津在近代中国有着举足轻重的地位。近代以来，各国列强先后在天津开设了租界。其中日本租界不仅在天津所有租界中占据重要地位，也是日本在华开设租界中发展最好的一个。1900年义和团事件发生后，根据《辛丑条约》的规定，日本开始在天津驻军，其后更是在天津建设兵营，并设立华北驻屯军司令部。九一八事变后，天津又成为日本侵华的前沿阵地。从日侨人数来看，除了东北三省，天津日侨的人口仅次于上海和青岛，位居第三位，甚至一度占据过第二位。因此，天津在近代中日关系史上占据着重要地位。1937年七七事变后，日军占领天津，尽管1942年之前还存在着英、法、意租界等所谓的“孤岛”，但此前所具有的那种国际环境已不复存在，日租界的形态已然发生变化，尤其是跟随军队和开发企业而来的日侨，逐渐成为在津日侨的主体，使得天津的日侨社会结构发生巨变，日租界也不再是日侨的最主要居住区域。在政府的主导下，1942年日本又将天津及其他地方的日租界全部归还给“汪伪政权”。名义上，天津日租界已不复存在，实际上日本居留民团仍旧握有实权，一直到1945年日本战败投降，日租界才真正被中国收回，结束了将近五十年的历史。

---

① 汪向荣：《日本教习》，中国青年出版社2000年，第19页。

② 王铁崖编：《中外旧约章汇编》第一册，生活·读书·新知三联书店1957年，第318页。

在概念加以界定并明确研究对象后，本书以辩证唯物主义和历史唯物主义为指导，运用历史学、社会学、考据学、统计学等多学科相结合的方法展开论述。本书由序章、正文五章、终章共七章组成。序章主要是叙述该本书的研究对象与研究方法、国内外研究现状及本书的研究意义与创新点；第一章主要概述日租界的历史，从租界的设立、经营到最后被收回的历史变迁。第二章主要是从日租界的管理机构入手，探讨日租界的管理机构、管理方式以及日租界内的秘密活动。第三章从空间社会学角度探讨租界的空间构成。第四章则从经济层面出发，探讨近代天津与日本的贸易状况以及日租界的经济活动情况，由此分析日本是如何将天津变为其侵略前沿阵地，并勾勒出日侨的经济状况。第五章则从社会史的角度，探讨日租界的社会生活，主要从日侨和华人的社团组织、社交活动、教育和卫生事业、休闲娱乐等几个方面展开，解析在近代中日关系不断变化的大背景下，日租界的变迁和日侨的心路历程。终章则以结论的形式对日租界及其作用做出评价，认为：日租界既是近代日本侵华的产物，是日本侵略中国的物证；同时日租界又在近代日本侵华过程中发挥了桥头堡和前沿阵地的作用。因此，在近代中日关系复杂多变的背景下，日租界必定成为中日矛盾的焦点。日租界是日本试图在海外建立的“异质空间”，但在充满国际色彩的天津城市当中，它又受到中西文化的冲击，只能在夹缝中寻求生存。

二、国内外研究状况

租界研究是一个跨学科的研究领域，既是历史学的研究课题，也是社会史研究的重要内容。它涉及诸多方面，可以从革命史、中外交流史、城市史、社会史、文化史等方面进行研究。因此，自租界出现以来，就不断有人予以关注，成果丰硕。但是，因所处的社会环境和历史状况，其研究情况在各国和各时期各有不同。下面主要介绍国内外,尤其中日两国有关日租界的研究现状。

(一)国内研究概况

有关租界的研究,自从租界出现便引起了人们的关注,早在20世纪30年代就有学者出版有关租界问题的著作,如楼桐孙的《租界问题》(商务印书馆1933年版)。作者楼桐孙是当时的知名学者,也担任过国民政府立法委员。因此,该书更多的是从法理角度来探讨租界的源起、类别、土地权、行政权以及之前国民政府收回租界的经过及方式,以及今后收回租界所应采取的方式。该书只有薄薄的58页,但是较早关注租界问题的专著。一百多年来,租界研究取得了可喜成果,截至1987年底,已发表论文、档案资料等约九百多篇,有关论著、译著、资料书等约八十余本。[①] 此后学界不断涌现新成果,如袁继成所著《近代中国租界史稿》(中国财政经济出版社1988年版),首次对租界的建立、收回及其给中国带来的危害进行了论述,并将租界视为"罪恶的渊薮",给予全盘否定。苏长聚的论文《近代中国租界问题研究》,对近代中国租界问题进行了总体探讨。费成康所著《中国租界史》(上海社会科学院出版社1991年版),则为租界研究开拓了视野,可称为一部力作。该书是作者在经过长时间搜集各种文献资料、档案和实地考察的基础上写就的,资料翔实、内容丰富。作者通过大量的文献资料和实地考证,厘清了中国各地租界的开辟、扩展、收回以及租界或类似租界地方的基本情况,例如关于租界的数量及附属于租界的准租界,作者都做了令人信服的解答,对于租界的定义也给出了比较准确的定义,并澄清了以前的一些模糊认识。该书还全面介绍了各地及各国租界的土地、法律和行政制度,订正了以往的一些错误看法。例

① 郑祖安、施扣柱:《国内租界史研究概述》,《社会科学》1988年第9期,第78页。

如,人们通常认为,租界中实行的土地永租制,是外人以不能买地而创制的租地形式。上海市政协文史资料委员会等编《列强在中国的租界》(中国文史出版社 1992 年版)和张洪祥著《近代中国通商口岸与租界》(天津人民出版社 1993 年版)也都对中国各地租界进行了历史性回顾和分析。

上述研究成果,大都着眼于全国各地的租界,有关天津各国租界及日租界的研究,则主要有如下一些著作。南开大学政治学会著《天津租界及特区》(商务印书馆 1926 年版),通过实地考察,对天津各租界有较为详细的介绍,对于各租界的设立、行政管理、土地形式、经营状况都有一定的调查,是早期关注天津租界问题的著作,具有重要的价值。天津市政协文史资料研究委员会编《天津租界》(天津人民出版社 1986 年版),该书分为两个部分,一是介绍天津九国租界的综合概况,二是与租界有关的专题研究。其对天津各国租界的论述大都是从革命史的角度,将其视为侵略中国的前沿基地,并从政治、经济、文化方面揭露租界给中国所造成的种种危害,同时也对侨民所从事的政治、经济和文化活动有所涉猎,让我们对天津的外国租界及侨民有了初步了解。天津市档案馆等编《天津租界档案选编》(天津人民出版社 1992 年版),公布了部分档案资料,其中亦包括日租界方面的档案资料,这为日租界研究提供了一手资料,推动了租界及侨民的深入研究;罗澍伟编:《天津通志・附志・租界志》(天津社会科学院出版社 1996 年版),按照通史体例的分类方法,对租界的历史、管理机构、金融、工业、商业、市政及公共设施、文教体卫等各方面都做了概述,但限于篇幅和整个租界情况的描述,对日租界并没有过多着墨;尚克强、刘海岩主编《天津租界社会研究》(天津人民出版社 1996 年版),运用城市史、社会史的理论和方法,对天津租界的形成、开发建设、市政制度与管理、租界居民与社会生活等做了全面而深入的论述。尤其是关于租界人口的来源及其构成的分析、居民与社会生活、风气的开化与社会的病态、西方文化的输入与租界文化的特征等问题都做了深入探讨,为我们了解和分析天津的租界和侨民的社会活动提供了范本。天津政协文史委所编《天津租界往谈》(天津人民出版社 1997 年版),汇编了天津租界各方面的资料和研究文章,对于研究天津租界问题颇有参考价值。

关于天津租界的论文也有不少①。有的是对天津租界情况的概述,如王学海的《帝国主义与天津租界》(《天津教育》1982 年第 1 期)、杨生祥的《天津租界简论》(《天津党校学刊》1994 年第 1 期);有的是从租界与城市近代化的角度进行论述,如姚厦瑗的《试论德租界与天津的城市化》(《江西行政学院学报》2004 年第 1 期)、刘海岩的《租界、社会变革与近代天津城市空间的演变》(《天津师范大学学报》2006 年第 3 期)、高福美的《租界与天津城市现代化进程关系探析》(《城市》2008 年第 12 期);还有关于天津租界所办报刊的研究,如于树香的《外国人在天津租界所办报刊考略》(《天津师范大学学报》,2002 年第 3 期)、王薇的《近代天津租界报刊的产生及影响》(《新闻知识》,2006 年第 4 期)。

此外,还有一些毕业论文以天津租界为研究对象,如李在辉的《天津租界园林与保护》(天津大学设计艺术学 2006 年硕士论文);李东晔的《从"租界"到"风情区"—— 一个近代中国殖民空间在历史现实中的转义》(中央民族大学人类学 2007 年博士论文);于慧慧的《论北洋政府对天津、汉口德租界的收回》(辽宁师范大学中国近现代史 2007 年硕士论文);郭辉的《天津法租界经济结构特点及其成因初探》(首都师范大学世界史专业 2008 年硕士论文);危婷的《天津英租界华人参政问题初探》(天津师范大学 2009 年历史学硕士论文)。

随着中日关系史和抗日战争史研究的热潮,日租界研究也逐渐成为热点,出现了一批研究成果。如前所述,近代日本一共在华设立五个租界,即天津、汉口、重庆、苏州、杭州日租界。目前这几个日租界都有相关研究成果呈现。

首先我们来看汉口日租界的研究现状。刘一曙的《汉口日租界内的

① 从中文维普数据库输入天津、租界两词,能够查到 40 余篇论文。

罪恶活动》(《武汉文史资料》,2004 年第 8 期),对日本在汉口日租界的各种罪行进行了揭露。梁紫苏的《简述汉口日租界》(《武汉文史资料》,2006 年第 6 期),对汉口日租界的由来、扩展及其构成、收回过程及所具有的特点进行了论述,是比较全面介绍汉口日租界的文章。黄欣的《汉口日本租界研究》(湖北大学中国近现代史 2012 年硕士论文),可以说是深入研究汉口日租界的集大成之作。该论文通过文献资料及相关数据的分析,对汉口日租界的发展历程、相关的主要活动、城市公共设施和政治管理制度三个方面进行了具体的论述和分析。尤其是对于汉口日租界内的人口与职业分布、宗教活动、色情与制毒贩毒活动、经济活动等做了论述。其还对汉口日租界的教育、医疗等公共设施,领事与居留民团相结合的管理制度等展开分析,最后总结了汉口日租界的特点及其所产生的影响。牛渭涛的《抗战时期汉口日租界收回始末》(《档案记忆》,2017 年第 8 期),则主要关注汉口日租界的收回,亦可作为参考。

关于杭州日租界的研究目前成果并不算太多,除了上述所提到的《中国租界史》《列强在中国的租界》有所涉及外,论文仅有两篇。金普森、何扬鸣的《杭州拱宸桥日租界的几个问题》[《杭州大学学报(哲学社会科学版)》,1989 年第 4 期]主要利用《杭州府志》等相关史料,对杭州日租界开设的中日交涉、何以选择拱宸桥设立日租界、日租界的范围、面积及演变以及日租界与杭州通商场、海关的使用时间等问题展开论述,较为详细地概述了杭州日租界的历史。1992 年,两人又发表了《杭州拱宸桥日租界对杭州的影响》[《杭州大学学报(哲学社会科学版)》,1992 年第 1 期]一文,从城市史的角度,论述了拱宸桥日租界给予杭州的发展所带来的影响。其认为日租界的开设打开了杭州的大门,标志着杭州的开埠。但是日租界并没有给杭州带来发展,而是带来了压迫与危害。

关于苏州日租界的研究,除了上述两书中的相关研究成果外,专题研究成果并不多。徐云的《苏州日租界述略》[《苏州大学学报(哲学社会科学版)》,1995 年第 3 期]主要概述了苏州日租界的开设、概况、带来的影响以及苏州人民收回日租界的斗争等。吴家涵的《〈马关条约〉与苏州日本租界始末》(《历史教学问题》,1995 年第 4 期)主要论述了《马关条约》与开设苏州日租界的关系,以及苏州日租界的历史。纪浩鹏的《合乎新规还是依循旧约:苏州日租界开设茧行之争(1924—1925)》(《安徽史学》,2018 年第 3 期),主要围绕着在日租界内开设茧行,苏州地方官厅、交涉公署、苏省政府以及北京的农商部、外交部等相关部门与日方进行的一系列、多层级交涉,认为关于苏州日租界茧行交涉乃是近代通商口岸贸易及对外交涉的一个缩影。此文是颇为深入的专题研究。

关于重庆日租界的研究,除了上述两书的相关研究成果外,目前所出不多。黄淑君、王世祥的《重庆王家沱日本租界始末》[《西南师范大学学报(哲学社会科学版)》,1989 年第 3 期]详细论述了重庆日租界的历史。邓沛的《重庆日租界的收回》(《民国春秋》,1998 年第 5 期)主要论述了中国政府收回重庆日租界的情况。王德昱的《不能忘却的记忆——1901—1937 年重庆日租界剖析》(《文史杂志》,2001 年第 4 期)介绍了抗日战争全面爆发前的重庆日租界情况。王进的《近二十年重庆日租界研究评述》(《重庆三峡学院学报》,2016 年第 4 期)主要介绍了近二十年来重庆日租界研究的成果以及所存在的问题。

我们来看看天津日租界的研究现状。从目前来看,有关天津日租界的研究成果是最为丰富的,既有专题研究,也有整体性研究,涉及天津日租界的各个方面。

首先是天津日租界的设立、开发、规划及自身的历史演进。如张利民的《划定天津日租界的中日交涉》(《历史档案》,2004 年第 1 期)一文通过新挖掘的史料,勾勒出了中日双方就设立日租界进行交涉的详细过程,澄清了中日双方关于租界的划界谜团。王康的《天津原日租界规划沿革初探》(天津大学建筑历史与理论 2010 年硕士论文),从城市规划建设角度,探究天津原日租界的规划建设历史,寻找其规划发展的核心思想,辩证地看待原日租界城市空间的发展,认为天津原日租界经过三十年的规划建设，形成了自身所独有的城市形态与道路格局。而且，天津城与日租界的道路网络联系也大致形成，贯通了天津城与整个租界区的联络，进而影响到现今天津的城市形态与道路格局。拙作《试论天津日租界的“殖民空间”》（《东北亚学刊》，2014 年第 5 期），则从日租界的设立过程、管理特征、租界内的社会生活等方面展开论述，认为日租界是一种具有鲜明日本本土特色的“殖民空间”。王南南的《天津日本租界研究（1898—1945）》（南京大学中国史 2015 年硕士论文），利用大量的档案资料，论述了天津日租界的开辟、拓展以及两次收回的具体过程，还概述了日租界内日方管理机构的形成及职能，客观分析了日租界对中国的各种危害，同时使用比较分析法，考察了天津日租界的特点。此论文的研究主题和本书相同，也涉及天津日租界的主要内容，是非常重要的前期研究成果。不过，由于该论文是硕士论文，受体量所限，主要关注的是天津日租界本身，对于租界内的政治、经济、社会活动涉及较少，尤其对租界内日侨和中国人的活动着墨不多。而这正是本书所重点论述的地方。靳佳萍、万鲁建的《试论郑永昌与天津日租界的设立与经营——基于日本外交档案的考察》［《历史教学》，2016 年 7 月（下半月刊）］则借助日本外交档案资料，详细考察了日本驻天津领事郑永昌在天津日租界的设立与经营中所发挥的作用，认为郑永昌不仅在天津日租界的设立、扩张及早期经营中发挥了重要作用，也是义和团运动时日方与各国交涉的重要人物。

其次是有关日租界的政治、经济、文化、社会等方面的研究成果。如郁文的《日本帝国主义在天津种下的脓疮——旧天津日租界的妓院、赌场与毒窑窟》（《天津档案》，2002 年第 5 期）一文，则主要是对日租界内的罪恶活动进行了揭露。拙作《天津日租界的公共卫生治理》（《消费导刊》，2009 年第 15 期），通过天津日租界当局施行的各项公共卫生措施，考察了日租界当局是如何进行公共卫生管理和保证日本侨民安全的。笔者认为，这些措施对当时中国的公共卫生治理具有一定的借鉴意义。拙著《近代天津日本侨民研究》（天津人民出版社 2010 年版），部分章节也对1937年天津日租界的历史做了较为详细的论述。吴艳的《清末民初天津日本租界的初等教育一考——以日出学馆为例》，以天津日租界的“日出学馆”为例，对其设立背景、学制和教育内容进行了详尽考察，揭示了日本在华进行奴化教育的殖民主义本质。天津市档案馆等编的《旧天津的日租界》（天津人民出版社2012年版）虽然是文章合集性质的著作，但是通过挖掘细节，对日租界的概况、日租界内居住的名人、发生的历史事件、新闻出版等情况都有论及，既深化了日租界研究，也为后来日租界的进一步研究提供了丰富的资料。孙芙蓉的《天津日租界报刊文化侵略本质研究》（天津师范大学新闻与传播学院2013年硕士论文），在租界报刊产生的历史背景下，通过对现有日租界报刊资料及相关研究成果的解读，分析归纳了日租界报刊的内容、特点，认为日租界报刊作为侵略中国的舆论工具，是日本对华文化侵略的体现。谭汝为的《天津日租界街名沧桑》（《天津市社会主义学院学报》，2015年第3期）则对天津日租界街道命名进行了解读。李云科的《天津日租界报刊研究》（天津师范大学新闻与传播学院2016年硕士论文），将视角集中于天津日租界内的报刊，利用一手资料，探讨影响日租界报刊产生和发展的积极及消极因素，并对日租界报刊的类型、特点、发展阶段及影响进行总结。这对于我们了解日租界内的出版情况颇多助益。孙媛的《近代天津日租界大和公园的建设背景及造园特点》（《装饰》，2019年第4期），通过对天津大和公园建设背景、空间形态、功能活动方面的考察，分析了政治、文化、社会背景对物质空间的作用和影响，并探析了大和公园独特空间形态的形成动因。陈云莲的《天津日本租界的城市基础建设之研究》（《中国名城》，2020年第4期），论述了天津日租界选址过程和地基调查，道路、运河及下水、污水处理方面的设计方案及其结果，以及日租界经营区的设定和市区的形成过程，阐明了日本政府克服天津日租界原有独特的地质、积水、地形之不足而完成城市基础建设的过程。程维荣的《天津租界与日本居留民团》（上海社会科学院出版社2021年版）首次将研究视角聚焦于日本居留民团，利用相关档案和资料，探讨天津居留民团与天津租界乃至天津城市之间的互动关系，并将其置于近代中日关系和近代城市发展之中进行论述，颇有新意，对于我们考察天津日租界和居留民团的关系颇有参考价值。

再次则是有关原日租界的遗产调查及保护等方面的研究成果。如兰旭、赵晓燕的《原日租界近代工业遗存的调查》(《中国轻工教育》，2009年第3期)，通过对天津原日租界近代工业的调查研究，全面展示了原日租界工业遗产的兴衰，深究其现状的形成原因，从而唤起社会对工业遗产的关注，进而促进工业遗产保护工作的开展。宋静的《天津原日租界区的形态演变与空间解析》(天津大学城市规划与设计2010年硕士论文)，从形态和空间角度对原日租界的街区、街道及建筑空间组团等进行全面系统的解析，为未来对原日租界区进行合理的更新和利用提供科学的基础研究。这是基于遗产保护和利用所做的研究成果，为我们未来保护和利用原日租界提供了参考。田勇等的《天津市原日租界区空间形态分析》(《艺术科技》，2017年第10期)以日租界为研究对象，通过查阅文献、实地调研、比较分析、案例研究等方法，梳理了天津原日租界的城市建设规划与建设过程，探讨了天津原日租界的道路肌理、建筑形制与空间情况。王艺霖的《基于组构分析的天津原日租界片区空间发展潜力研究》(天津大学建筑学院2020年硕士论文)则从建筑学理论出发，对天津原日租界空间的发展潜力展开论述。

从上述成果来看，由于各地日租界发展不均，其相关研究成果也不平衡。从数量和深度来说，天津日租界的研究成果最为丰富和全面。尽管如此，天津日租界还有很多值得我们深入挖掘的地方。

1924年，天津法文图书馆出版了英国人雷穆森所著《天津的成长(租界)》一书，其号称“第一本用英文发表的关于天津各国租界情况的书”[①]。该书对天津各国租界的发展、演变情况做了概述，具有很强的时事性。此

① 许逸凡选译其中部分章节，刊载在《天津历史资料》第10期，1981年4月。

后,雷穆森又于 1925 年出版了《天津——插图本史纲》[①](天津印字馆 1925 年)。该书最重要的价值是对早期租界侨民,尤其是欧美各国侨民的社会生活、俱乐部、文体娱乐活动做了详细叙述,于我们了解早期外国侨民的社会生活具有重要参考价值。这两本书经过刘海岩先生重新校订,于 2009 年 1 月以《天津租界史(插图本)》之名出版。英国人琼斯在 1940 年出版了《上海与天津》[②](牛津大学出版社 1940 年版)一书。可能是由于语言方面的原因,内容除了介绍一般天津租界的情况外,重点是对 1937 年七七事变前后的天津经济情况进行论述,但对日租界及其侨民的情况基本没有涉及。

除了租界研究之外,侨民也是租界史研究的一个重要内容,国内亦有很多重要成果。在此主要关注在华日侨的前期成果。

沈殿忠主编的《日本侨民在中国》(辽宁人民出版社 1983 年版)一书对 1945 年前日本侨民在中国的变迁历史以及其在中国所从事的政治、经济、文化和社会活动进行了较为详细的论述,有助于我们了解近代在华日侨的整体状况。熊月之、马学强选编的《上海的外国人(1842—1949)》(上海古籍出版社 2003 年版)一书有三篇日侨的论文,即高纲博文的《上海的日本人居留民》、安克强的《上海的"小日本":一个与外界隔离的社团》、傅佛国的《一个另类的日本人社团——战时上海日本左翼的活动》,这三篇论文各自从不同角度考察了上海日侨情况。任骏所著的《日俘日侨大遣返》(南京出版社 2005 年版),则是考察日本战败后日俘日侨的遣返情况。其他还有一些相关论文涉及各地日侨情况。直接有关天津日侨的研究成果并不太多。张利民的《20 世纪 30 年代前天津日侨社会与特征》(《历史档案》,2009 年第 4 期)一文从日侨社会的形成、社会结构、日侨的意识和行为分析了日侨社会所具有的特征,即强烈的封闭性。并认

---

① 许逸凡翻译,刊载在《天津历史资料》第 2 期,1964 年 9 月。

② 许逸凡 1960 年选译天津部分,刊载在《天津历史资料》第 3 期,1965 年 3 月。

为造成此种状况，一方面是因为中日关系日趋交恶，另一方面来自日侨自身所营造的自我独立空间。《中国战区日俘、日侨的收容、管理与遣送》（《江西社会科学》2002 年 4 期）、《抗战胜利后华北日俘日侨遣返综述》（《北京档案史料》2007 年 1 期）、《战后上海日侨遣返问题》（《兰台世界》2008 年 9 期）、《战后天津暨华北地区日俘日侨遣返研究》（《抗日战争研究》2008 年 3 期）等文章，则谈及了天津日侨的遣返问题。

如上所述，在华日租界研究已经取得相当丰硕的成果，为今后深入研究提供了很好的基础。但是，目前的研究成果还存在短板。尤其是天津日租界的问题，还需要更加深入、全面、系统地研究。

（二）国外研究概况

随着日租界的划定和日侨前来中国，日本方面也涌现出了相关研究成果。据日本学者贵志俊彦和中国学者刘海岩、张利民所编的《天津史文献目录》（未刊本，1998 年）统计，第二次世界大战前有关天津的各种调查和统计资料就有上千种之多，有关日租界的资料也有不少，不过其多为介绍性文字和资料汇编，缺乏研究性成果。如富成一二编《天津案内》（中东石印局 1913 年版）、天津居留民团编《居留民团法施行规则》（天津居留民团 1924 年版），《民团事务报告》，天津居留民团十周年、二十周年、三十周年纪念志（天津居留民团和臼井忠三编，分别于 1917 年、1930 年、1941 年出版），《天津共益会事业概况》等，皆是此类情况。有关论文亦是如此，根据上述文献目录的统计，有关日租界的论文大都是报纸、杂志的评论文章或统计资料，如天津商业会议所周报 298 号的《我商业在天津的不振及其原因》《通商类纂》之天津商况等，且多集中在经济方面。战前最为知名的租界学者为植田捷雄，他先后出版了《中国租界论》（严松堂书店大连支店 1934 年版）、《中国租界的研究》（岩松堂书店 1942 年版）、《中国租界地论》（日光书院 1943 年版）等著作。他对中国各地租界的形成及其发展做了详细论述,重点是从法制史的角度分析土地制度和租界权益,深化了租界研究。但限于其殖民立场,无法客观看待租界。此外,朝日新闻社东亚问题调查会于1939年编辑出版了《中国的租界》(朝日新闻社1939年版)一书。该书对租界的沿革、租界与国际关系、各地的租界情况以及租界行政机构、治外法权等问题都做了调查和分析。总体来说,这与该时期日本不断扩大对中国的侵略、派遣大量调查员密切相关。不过,这也为日后租界研究做了资料和文献上的准备。

真正开展对天津日租界的研究还是始于战后,尤其是20世纪80年代以后。先是幸野保典、木村健二的《1920年代天津日本人商业会议所的分析》(《千叶史学》第11号,1987年12月),该文对20世纪20年代的天津日本人商业会议所的成员构成、役员和议员的构成做了详细分析,认为商业会议所是“以在留营业者中等以上者为会员,甚至土著评议员也多和日本国内大企业有关系”。木村健二的《在外居留民的社会活动》(大江志乃夫等编:《近代日本与殖民地5——膨胀的帝国人流》,岩波书店1993年版),则从日本人的人口、职业构成、居留民团政策、居留民团的构成与活动着手,对日本侨民的社会活动进行了分析。桂川光正的《居住在租界内的日本人的中国认识——以天津为例》(古屋哲夫编:《近代日本的亚洲认识》,京都大学人文科学研究所1994年;该文已翻译成中文,发表在《城市史研究》第19—20辑(刘海岩主编,天津社会科学院出版社2000年版)通过日本侨民对中国排日运动的反应和对策,来分析日本侨民的中国认识。强烈的危机感,让他们对自身所处的环境充满不安全感,不仅自己组织了义勇队,同时还请求日本政府派遣军队进行武力保护。小林元裕的论文《1920年代天津的日本居留民》(《史苑》55卷2号,立教大学史学会1995年3月)、幸野保典的《天津居留民团的低利资金请愿运动》(波形昭一编著:《近代亚洲的日本人经济团体》,同文馆1997年版),从天津日本人的地位及居留民会议员的构成、20世纪20年代后半期的天津经济和侨民着手,分析了天津的实业复兴资金低利贷款请愿运动的历史背景、原因及详细经过，对于我们分析当时日本商人的经济活动具有重要的参考价值，有利于我们认识当时普通日本侨民的生活状况。桂川光正的《天津租界的卖淫问题》(《近代社会与卖春问题》，产研丛书16，大阪产业大学产业研究所 2001 年版)由中国学者周德喜翻译成中文，收录在《近代华北区域社会史研究》(王先明主编，天津古籍出版社 2005 年版)一书当中，该文介绍了天津日本妓女的情况，并将日租界作为“欢乐街”来看待，从另一个角度论述和分析了日本侨民的社会生活，亦为我们研究日本侨民的社会构成提供了新的角度。《租界内日本侨民的都市生活——以天津为例》(《都市与文化：从历史学、地理学、社会学和文学的探讨》，产研丛书 21，大阪产业大学产业研究所 2004 年版)则是一篇专门论述天津日本侨民的社会生活的论文。作者利用大量的档案资料和第一手资料，从日本侨民所从事的运动、举办的运动会、祭祀和神社等日常活动，以及为加强联系和归属感的町内会其他联络组织，对日本侨民的日常活动、内部网络做了分析，对 1937 年以前天津日本侨民的日常生活做了清晰描述，是研究日本侨民的重要论文，对本研究有重要参考价值，并为研究天津日本侨民的社会活动提供了借鉴。大理浩秋、孙安石编著的《租界研究新动态(历史 · 建筑)》(上海人民出版社 2011 年版)，汇聚了日本学界关于日本在华租界研究的最新成果，该书既有对上海租界、天津租界等的研究，也有对重庆日租界、杭州日租界、汉口日租界等的研究。该书既拓宽了租界史研究的视野，也推动了中国租界研究的纵深发展。渡边千寻的《居留民团法的制定过程与中国的日本居留地：以天津日本专管居留地为中心》(《史学杂志》第 122 编第 3 号，2013 年 3 月)，通过分析日本政府在制定居留民团法过程中的出发点和设想，并以天津日租界为中心考察中国的日本居留地在行政管理方面所具有的特点，认为天津日租界因为采取吸引中国人的办法进行租界的建设，使得只有日本人主导的居留民团并没有发挥出行政机构的功能。樱井良树所著《华北驻屯日本军》，则是系统研究日本在天津的华北驻屯军的专题著作，其将驻屯军置于近代中日关系大背景下进行考察，有助于我们全面认识华北驻屯军的本质以及它与天津日租界之间的联系。

综上所述，这些研究成果涉及天津日租界的各个方面，但是缺乏系统、全面的研究成果，其中对日文档案资料的运用还不够全面，对于天津日租界所具有的特性及其在近代中日关系和日本侵华过程中所起的作用还缺乏深入的论述和分析。

三、本书的价值与创新

近代以降，中国因积贫积弱，不断遭到西方列强和日本等国的侵略。自1840年鸦片战争之后，西方列强不断在中国获得利权，1860年第二次鸦片战争后，英、法、美等国开始在中国获得开设租界的权利。此时，日本也不断受到西方列强的压迫，被迫签订了一系列不平等的条约。但是，1868年明治维新以后，日本一方面力图修改与西方各国订立的不平等条约，但并未取得成功，另一方面开始将触角伸向邻国，企图"失之西方，补于东方"。自1870年制造"侵略台湾"事件以后，日本步步为营，利用武力恐吓韩国、中国，妄图和西方各国并驾齐驱。甲午战争则彻底改变了日本对中国的认识，"敌视中国、蔑视中国、鼓吹'大日本主义'的思想空前泛滥。日本被进一步推上了军国主义侵略扩张的道路"①。吉野作造曾如此描述甲午战争前后日本中国观的变化："我们的前辈……尽管有时把中国视为新文明之敌……加以轻侮，但也承认其在长期的国际对立中作为一个强国的威力。但是到了日清战争（甲午战争）以后，（日本人）则……认定中国无论在精神上还是在物质上都一无是处，并表现出毫无

① 吕万和：《简明日本近代史》，天津人民出版社1984年，第154页。

顾忌的侵略态度。”[①]正是在甲午战争之后，日本获得了在华开设租界的权利，并相继在天津、汉口、苏州、杭州、重庆等地开设了租界。随之，日侨来华也日益增多。日租界成为日本侵华的一个象征，并在日本侵华过程中发挥了重要作用。

日本作为亚洲第一个走上资本主义道路的国家，明治维新后并没有致力于与周边邻国的友好，反而是追随西方列强走上了侵略中国等周边邻国的道路。伴随着日本的军事侵略，日本在华获得了诸多权益，并最终发动了全面侵华战争。那么，租界在日本侵华过程中究竟发挥何种作用？日本如何经营在华的租界？日租界社会又具有什么样的特征？探明这些问题，不仅有助于我们更加全面地认识近代日本对中国的侵略，同时也可以让我们更加全面地了解租界的历史和本质。天津不仅是近代中国的第二大城市，也是华北乃至北方最重要的经济中心。日本从一开始就将其作为日本侵略华北的据点，进而成为其侵略整个中国的根据地。因此研究天津日租界，在近代中日关系史和租界史上都具有典型意义。

本书具有如下几个方面的价值和意义。一是本书为全面系统研究天津日租界的著作，一定程度上弥补了国内学界对租界尤其是对日租界研究的不足。二是前期研究成果多从革命史的角度分析租界的特性，而本书试图从近代中日关系史、城市社会史等多角度分析租界所具有的特征。三是本书充分利用中日文档案和第一手资料，运用历史学、社会学、地理学等理论和方法，借鉴前人的研究成果，将天津日租界置于当时的历史语境，分析其在日本侵华和近代天津城市社会中所具有的作用和价值。

① 吉野作造:『對支問題』,日本評論社 1930 年,第 10 頁。

第一章
天津日租界的历史变迁

第一章　天津日租界的历史变迁

天津位于华北大平原的东部，东临渤海，北依燕山，地处海河流域的下游，素有“九河下梢”之称。天津兴起于公元12世纪初。当时经济中心南移，而政治中心却是北移。金元以降，北京开始成为首都。为了维护首都庞大的军事和行政开支，大运河疏浚并改凿永济渠，经南运河、海河进入北运河。由此，天津的地位开始变得重要起来。天津在元代成为直沽，明朝燕王朱棣赐名“天津”①。此时天津主要是军事基地，保卫首都和漕粮运输，并因此逐渐发展起来。明朝定都北京后，天津更是成了首都的“门户”，承担着护卫京师、保证京师边境军队粮食供应的责任。1674年刊刻的《天津卫志》中，总纂修天津副使薛柱斗如此定位天津：“天津为卫，去神京二百余里，当南北往来之冲，京师岁食东南数百万之漕悉道经于此，舟楫之所式临，商贾之所萃集，五方之民之所杂处，皇华使者之所衔命以出，贤士大夫之所报命而还者，亦必由于是；名虽未卫，实则即一大都会所莫能过也。”天津河道陈弘谋在所撰《重修天津北门外道路碑记》中又说，天津“当河海之要冲，为畿辅之门户，冠盖相望，轮蹄如织，俨然一

---

① 据《重修天津三官庙记》石碑记载：“我朝成祖文皇帝入靖内难，圣驾尝由此济渡沧州，因赐名天津”。

大都会也”[①]。因此，无论是明朝和清朝，天津都被人誉为“地连大连，当南北往来之要冲”的“水路通衢，畿南之大都会”。[②]

天津地处运河和渤海口岸，依仗内河航运、漕运运输，转运和集散的能力有所增强，带动了商业的发展，商品经销北方各省。这些都使天津的经济功能迅速增强。天津境内还有长芦盐产区，产量仅次于两淮，居全国第二位。到清朝中叶，天津已经成为具有相当经济实力的商业城市，有近20万人，成为居于首都之下的北方第二大城市。天津在1860年开埠后，随着对外贸易的发展和作为首都北京的“门户”，其重要性是不言而喻的。西方侵略者也正是看中了这一点，正如1849年英国驻上海领事阿礼国在给香港总督文翰的信中所说：“像中国这样疆土辽阔，人口众多的帝国如能不需作战就对首都作有力的封锁与围困，那好处是非同小可的。而这恰恰又是在我们掌握之中的事情；每当早春时节北京仰赖漕船通过大运河供应当年的粮食，我们开一支小小的航队到运河口就可以达到目的了。这种要挟手段，比毁灭二十个沿海或边境上的城市还要有效。”[③]特别是直隶总督衙门的设立和新政的推行，更使天津占据举足轻重的地位。同时，天津还是清政府对外交涉的中心。近代以来，很多中外谈判和条约签订也都是在天津进行的。清廷重臣李鸿章初期坐镇天津，中央政府的许多衙门，特别是涉及中外交涉的衙门也都纷纷在天津设立机构，从中外谈判到购买新式机器和武器设备、兴创办新式海陆军、开办西式教育等活动，政府官员、幕僚和受政府雇佣的洋员，外国的公使领事等云集天津。如此重要的地理和政治位置，使天津成为列强掠夺和奴役中国人民的一个重要战略基地。

---

① 天津市地方志编委会编：《天津通志·旧志点校卷》上册，南开大学出版社1999年，第519页。

② 天津市地方志编委会编：《天津通志·旧志点校卷》中册，南开大学出版社2001年，第285页。

③ 严中平：《英国资产阶级纺织利益集团与两次鸦片战争史料》，列岛编《鸦片战争史论文专集》，生活·读书·新知三联书店1958年版。

1840 年鸦片战争，列强的坚船利炮叩开了古老中国的大门，中国陷入了半封建半殖民地的深渊。1860 年英、法两国又发动第二次鸦片战争，迫使清政府签订《北京条约》。中英《续增条约》第四款："续增条约画押之日，大清大皇帝允以天津郡城海口作为通商之埠，凡有英民人等至此居住贸易均照经准各条所开各口岸章程比例，划一无别。"[①]中法《续增条约》第七款也规定："从两国大臣画押盖印之日起，直隶省之天津府克日通商，与别口无异。"[②]从此，天津被迫开埠通商。开埠以后，英、法、美等国首先在天津开设租界，此后其他各国也相继在天津开设了租界，前后多达九国租界，天津成为中国近代开设租界最多的城市。租界是近代中国一个极为特殊的历史现象。租界作为外人统治下的中国领土，外国人掌握着租界内的行政管理权，居住在租界内的中外居民还必须向租界当局缴纳各种捐税，并允许外国军队进驻租界，甚至长期驻兵。因此租界具有"国中之国"的特征，实际上"是外国人在中国境内自治的一块飞地"[③]。可以说，它是外国列强对中国的一种主权侵害，是列强侵略中国的前沿阵地。在中国，租界最早出现于上海，时间为 1843 年。

---

① 王铁崖编：《中外旧约章汇编》第一册，生活·读书·新知三联书店 1957 年，第 145 页。

② 王铁崖编：《中外旧约章汇编》第一册，生活·读书·新知三联书店 1957 年，第 148 页。

③ [美]费正清编：《剑桥中华民国史 1912—1949 年》上卷，中国社会科学出版社 1994 年，第 131 页。

第一节　日租界的设立与扩充

一、甲午战争与租界设立

日本作为后起的资本主义国家,近代以来也遭受到欧美列强的欺侮,并先后和英、美、法等国签订了不平等条约,几乎沦为半殖民地。明治维新以后,日本才开始逐渐走上富国强兵之路,在还没有完全摆脱西方列强的欺压时,便将手伸向了中、韩等近邻国家。从1871年的"琉球生番"事件[①]开始,日本已将侵略矛头指向了中国。日本之所以如此急于窥视中国,从经济上看是因为中国具有丰富的资源,是一个巨大的经济市场。从政治上来看,日本明治维新后建立了一个军国主义国家,再加上日本民族的岛国根性,使其具有强烈向外扩张的侵略本性。从外交上来看,则是因为日本受制于西方列强,企图"失之东隅,收之桑榆"。

---

① 所谓"琉球生番"事件是指1871年12月,琉球国一渔船在海上遇飓风漂至中国台湾,与当地高山族居民发生冲突,50余名琉球渔民被杀。日本借此宣称琉球渔民为日本管属之民,派兵占领台湾,迫使清政府签订《中日北京条约》,赔偿50万两白银给日本,承认日本是"保民义举",并放弃了对琉球的宗主权。

日本对中国真正进行的一场战争是1894—1895年的甲午战争。当时日本借口出兵朝鲜之事，对中国进行侵略，并最终获得胜利。战后日本强迫清政府签订了《马关条约》。条约不仅规定赔偿日本库平银二亿两和割让澎湖列岛，还准许日本人在中国从事各种制造业和进口机器。可以说，《马关条约》是鸦片战争以来中国所承受的最苛刻的条约，给中华民族造成了严重的危机和灾难。“甲午战争后的日本，基本已经不再是被压迫的国家；……日本变成为帝国主义国家”①。

根据《马关条约》，中日两国又于1896年7月在北京签订了《日清通商航海条约》，这一条约使日本获得了在中国国内从事工商业活动，并在开放港口建立工厂的权力。1896年10月19日，清朝总理各国事务大臣荣禄、钦差大臣张荫桓与日本特命全权大臣林董、敦信在北京签订《公立文凭》，其中第一款规定：“添设通商口岸，专为日本商民妥定租界，其管理道路以及稽查地面之权，专为该国领事。”第三款又规定：“中国政府亦允，一经日本政府咨请，即在上海、天津、厦门、汉口等处，设日本专管租界。”②对此，信夫清三郎评价道：“这个事实象征性地表明了日本外交的一个显著特点，维新以来‘独立’这一课题的完成，同时也就是‘侵略’的开始。”③天津的地理位置和重要政治地位，必然也会引起日本的注意。近代中日两国的交涉谈判也大都始于天津。1870年，日本外务大丞柳原前光前来天津，和李鸿章谈判有关邦交问题。1871年，日本又派遣钦差大臣伊达宗诚、副大臣外务相柳原前光和津田真道来华进行谈判，同年7月双方签订《日清修好条约》，1873年交换批准条约。但日本并没有获得和西方列强同等的权利。因此，日本一直不甘心，在继续寻找机会。

1896年3月2日，日本外务省任命郑永昌为二等领事，派驻天津，并

---

① ［日］井上清：《日本帝国主义的形成》，人民出版社1984年，第29页。

② 王铁崖编：《中外旧约章汇编》第一册，生活·读书·新知三联书店1957年，第686页。

③ ［日］信夫清三郎编：《日本外交史》上册，商务印书馆1980年，第293页。

要求他为“保护、发展日本帝国的利益，特别是贸易、交通及航海利益，遵照帝国与清国之间缔结的条规，在帝国或其友好国家臣民请求时，给予相当之劝告及救援。并根据其他帝国法律及训令，处理各种事务”①。其后不久，日本外务省又命令郑永昌调查和筹办划界之事。

郑永昌1855年生于长崎，其先祖是明朝遗臣，后归化日本，世代为唐通事即汉语翻译官。其父郑永宁和其弟郑永邦都是外交官，曾在日本驻北京公使馆工作。其父郑永宁还参与过《中日修好条规》的谈判。正是因为这样的家族渊源，郑永昌很早就进入日本外务省设立的汉语学校学习汉语。1872年，郑永昌作为其父的翻译官来到天津，并在天津学习北京话，后又随父到上海学习南京话。1874年日本在北京设立公使馆后，他被任命为一等书记见习生。1878年被任命为纽约领事馆书记生，在任七年，于1884年回国。同年2月郑永昌被任命为天津领事馆书记生，1886年，他曾被派到长崎负责与清国就北洋舰队船员在长崎暴动事件进行谈判。1889年郑永昌再次来华，担任北京公使馆候补交际官，1892年升任二等书记官，1896年转任二等领事，派驻天津，1897年升任一等领事，并负责与天津地方当局交涉开设日租界。戊戌变法失败后，郑氏曾护送梁启超从北京秘密到天津，然后在塘沽坐轮船逃亡日本。1902年郑永昌辞任天津领事。郑永昌前后在华几十年时间，尤其是早期在津的学习和生活的经历，对于他了解天津民情、熟悉中国政情和官场大有裨益。其子郑梅雄后来也在天津的长芦盐务稽核所任职，抗战时期甚至担任了伪长芦盐务管理局副局长，其妻子则是天津日本高桥医院院长高桥刚的女儿。可以说，郑氏家族三代都与天津有着密切的关系。

1896年11月22日，日本驻华公使矢野文雄到天津与北洋大臣、直隶总督王文韶面商设立租界之事。此后围绕租界的设立，中日两国开始了

---

① 『清国天津駐在被命タル二等領事鄭永昌ヘ御委任状御下付ノ件』，日本公文書館蔵，A04010021900。

近两年的交涉。其实在签订该文凭不久，日本外务省就致信日本驻天津领事郑永昌，令其调查和筹办划界之事。郑永昌接到日本外务省的命令后，便开展相关工作，对当时天津现有的英法美等租界现状以及日租界可能选址的情况做了详细调查，并将调查结果于同年 12 月 12 日密报给外务省。在他看来，日租界应“选定在河运便利的地方，要在今后可能繁荣的位置”。他说：“马家口沿岸一带已有街市，这里是天津老城与外国居留地交通往来之道，昼夜络绎不绝，附近地价也有年年攀升之势。”因此“在海河西岸天津城南闸口至法租界之间的马家口地段，西南到土墙边设立租界最为恰当”①。该报告还附有手绘的天津各国租界地图、选定日租界位置图等，并还提出了和中国地方官谈判的方式方法。1896 年 12 月 15 日，郑永昌再次致函外务次官小村寿太郎，报告中国政府的动态，并说：“帝国专管居留地位于德国居留地南面沿白河的平原地区，但此处远离商业中心，作为居留地没有发展前景，并不适宜……因此有必要改变居留地的位置。”②后来他还将天津各国居留地状况、英法居留地规则等件，以及天津英国居留地土地规则书、总则书等资料传给外务省，让相关人员参考。

根据郑永昌的调查报告，日本政府于 1897 年 10 月 17 日正式照会清政府，提出设立日租界的界址：南由河岸福音堂起，西至围墙止，划一条直线；北由闸口起，西至围墙上，划一条直线，面积约为两千亩，作为日本专管租界。日本在确定租界界址时，一方面不想距离繁华市区太远，以免交通不便；另一方面也不想造成居民迁徙之累。正如日方在答复中方时所说：“查划设专界，要在便商，不宜与繁华市衢相距过远，然在繁华市衢划界，则有迁徙铺户之累，自属碍难办理。此次所拟划界，除沿河一带民房

---

① 「機密第十一号」,『在支帝国専管居留地関係雜件　天津ノ部』第一卷，日本外務省外交史料館藏，B12082545100。

② 「機密第二十一号」,『在支帝国専管居留地関係雜件　天津ノ部』第二卷，日本外務省外交史料館藏，B12082545300。

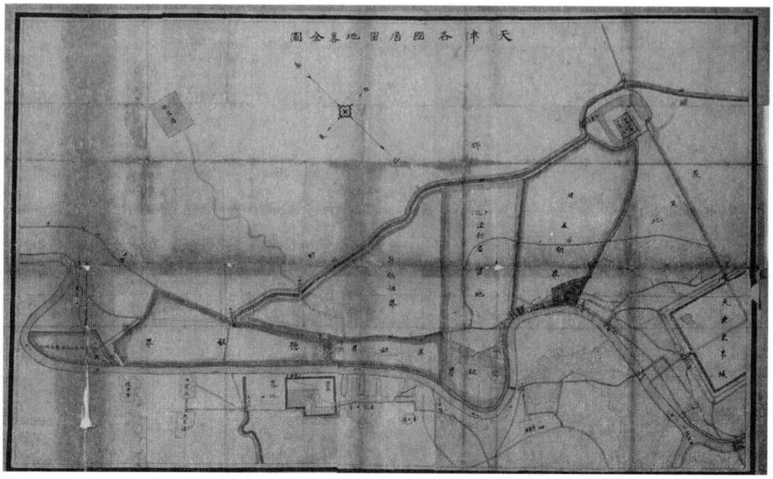

图 1－1　天津各国居留地略图

（图片来源：日本外务省外交史料馆藏）

较多外，其余概属卑湿旷荒之区，虽谓工巨费浩，亦为一劳永逸之计矣。”至于“划界购地事宜，及一概细章，应由本大臣饬令驻津领事会同该地方官和衷办理。总期速定事局是为要。”并要求中国政府“从速示复”。[①] 同年 10 月末，郑永昌偕同日本驻天津副领事、随员与直隶总督王文韶等面商设立租界事宜。

当时的《国闻报》对此进行了报道，引起了民众的关注，也激起了当地商民的反对。其提出“今溜米厂、闸口一带，居民辐辏，街市比连，房屋不亚于城内，若一旦划归租界，以致数万人家十万人口同时失所”，恳请政府另选地方设立租界。[②] 中国政府利用民众的反对声音，要求改换地点。正如清国总理各国事务大臣王文韶于 1897 年 12 月 7 日致日本全权大臣矢野文雄的电文中所说：“若照日本所划之界，此处业户无论贫富，

① 『在支帝国专管居留地関係雑件　天津ノ部』，日本外務省外交史料館藏，B12082545200。

② 『在支帝国专管居留地関係雑件　天津ノ部』，日本外務省外交史料館藏，3—122—32—8。

皆是血产，倏以各户人家铺面尽为迁徙，地窄人稠，无处安置，必至流离失所。请从权择与日本租界在旷野无人之处，让出铺户居民以留生路。……本衙门查划分租界，不宜有碍民生，更不可有拂舆情，既据咨报前因，自宜另筹妥协地方，为日久相安之计。”但是，矢野文雄的态度非常强硬，认为“贵商宪若一味徒徇民情，窃恐既移租他处，仍难办就绪也”。不过为了缓和局势，还是做出少许让步，“今请再为改移，拟自朝鲜会馆以下沿河一带接至法租界为止，该处居民铺户较闸口一带略少，即望贵商宪准情酌理达变通，权允为设立日本租界”。此后清政府仍旧力争另选地界，但日本政府态度极为强硬，回复称：“天津划设专管租界一事系我国按照去年 10 月两国公立文凭而请划设专界，要在便商，不宜与繁华史衢相距过远，然在繁华市衢划界，则有迁徙铺户之累，自属碍难办理。此次所拟划界除沿河一带民房较多外，其余概属卑湿旷荒之区，酌量极为公允，若仍一概择与旷野无人之地，何要与专管租界哉。”

此后，双方进入正式谈判，1898 年 3 月 28 日，津海关道电请总理衙门：“日本催定租界，请饬陶翻译速回津。”准备谈判。据王文韶日记 1898 年 3 月 28 日载，“少东（天津海关道李珉琛的字）诸君商日本租界事。”同年 4 月 5 日，中日双方在津海关道衙署进行了第一次谈判。中方与会人员为津海关道李珉琛、天津道高骖麟、天津府和县的长官、保甲局总办、工程局总办以及翻译官诸人，日方则是领事郑永昌、外务书记生和翻译。双方就靠近中国街区闸口一带的归属展开争论。日本主张日租界的边界为福音堂至朝鲜公馆。经过艰难反复的谈判，双方才大致敲定预备租界和扩充租界的范围。这些也在总理事务大臣王文韶的日记中得到佐证。根据他 1898 年 4 月 22 日的日记记载，“日本领事郑永昌来见”[①]，想必是就日租界的划定问题探寻王的意见。王文韶在 5 月 6 日的日记中又记“少东商日本租界事”，恐怕是李珉琛向王文韶汇报租界谈判情况的。5 月 14

① 王文韶著，袁英光、胡逢祥整理：《王文韶日记》，中华书局 1989 年，第 993 页。

日，王的日记又记载郑永昌来见。6月30日，北洋大臣荣禄便电告总理衙门："天津日本租界议改两条，现已饬关道会商妥订。"[①]关于设立租界的谈判才算告一段落。

最终，中日双方于1898年8月29日签订《日本租界条款》和《另立文凭》，其中第三款规定："允许日本在天津设立专管租界。"并且划定了日租界的四至，那就是东面从今日沈阳道与张自忠路拐角处起，沿海河至今天的多伦道；南面从张自忠路沿沈阳道划一直线向西一直到今天的南京路；北面则从张自忠路与多伦道交口起，向西经海光寺直至南京路。另外根据《另立文凭》，清政府答应将溜米厂沿一直线至朝鲜公馆南墙路外的一块地方作为日本预备租界，以备将来扩张之用。但因该地民居犬牙交错，拆除将会遇到诸多障碍，于是经中日双方交涉，决定"所有直线经过之民房地基，有一家之产而界在直线内外者，须按照时价公买，不得任意割截，以顺舆情"。中日两国之所以能够能在日租界界址问题上达成共识，既是双方妥协的结果，更是因为郑永昌事前调查翔实和所采取的谈判方法得当，正如津海关道李珉琛所说："幸郑领事在津年久，情形既熟，事理又复了亮，……该领事业经应允照办。"[②]

此外，条约还规定了若干具体事项，即土地、房屋的收购需要日本领事馆和中国地方官宪协商，并由双方各自任命的评估人共同评估土地和房屋的价格。其款项则通过中国地方官宪支付给地主。当时地契里明确记有"地主各自永久贷予日本土地"。对于日方收买的土地，条约还规定日本政府每年要付给中国方面一千文大钱作为租地费。名义上虽是一种借贷关系，实际上已经是转让所有权。采取此种方法收买的土地约占日租界全部土地的三分之一，然后这些土地大部分再附加一定条件后转让

① 故宫博物院文献馆编：《清光绪朝中日交涉史料》卷51，故宫博物院文献馆1932年，第21、27页。

② 天津档案馆、南开大学分校档案系编：《天津租界档案选编》，天津人民出版社1992年，第190页。

给日侨。1898 年 9 月 21 日，天津领事郑永昌与津海关道李珉琛又在天津签订了《天津日租界续立条款》，并附有《续立文凭》，对租界和预备租界内有关的道路建设、税关、地价和房价以及警察和治安等问题都做了相应的规定。[①]

二、义和团事变后的扩充

1900 年义和团事变爆发后，八国联军很快便攻占京津地区，各国在天津联合设立都统衙门，着手恢复秩序。1900 年 9 月 8 日，郑永昌领事在给日本外务大臣青木周藏的电文中写道："天津的情况逐渐平定，当地人、避难者正在返回。商业目前还仅限于日用品的买卖，但是店铺逐渐开业。由于房屋及旅馆缺乏，当地人及外国人都甚感困难。现在天已经变冷，目前除了较少的赤痢外，没有任何传染病的征兆。"[②]各国也借机扩张租界，日本自然不甘示弱。1900 年 9 月 20 日，郑永昌在给外务省的《天津现状报告》中，详细报告了各国租界及中国街区的情况、在津日本商人的现状、当时的天津经济等各方面情况，并据此要求外务省"研究将来所要实施的手段，以免日本人的权益为欧米人所攫取。"实际上这是提示外务省要做好事变后的应对策略以及扩张租界。同年 12 月 13 日，郑永昌就专管居留地区域扩张之事电告外务大臣加藤高明，他说："此次事变以来，各国在天津占领土地或扩张居留地都获得了绝好的机会，竞相宣布占领土地或计划扩张居留地。……我现定居留地北界原朝鲜公馆至闸口，从该地左折沿天津南城墙外小河至南门，从此地成一直线到达海光寺的道路，宣布为我专管居留地扩张区域。"为了不招致各国的猜疑，并减少

---

① 天津档案馆、南开大学分校档案系编：《天津租界档案选编》，天津人民出版社 1992 年，第 194—195 页。

② 1900 年 9 月 8 日天津郑领事致青木外务大臣电。

扩张租界带来的阻碍，他又与在天津的日本第五师团秋山好古兵站监督商议，决定以军队的名义，首先从日本居留地东南界沿白河至闸口，然后从闸口左折至海光寺建设新的道路。他还告诫外务省说："作为此次媾和谈判的条件之一，上述军道内的区域必须成为我扩张居留地向清国政府提出要求。如果失去此机会，其目的就难以实现。"①

这就是说各国都在以军事工程为借口，行扩张租界之实。1901 年 1 月 5 日，郑永昌又擅自公布了日租界扩张的范围："天津府城东南地方原日本租界，现拟推广。以闸口为东北界，下循海河至法租界止。再由闸口往西迤逦顺城濠至南门外为西北界。又自南门南抵海光门为西南界。由海光门循土墙至法国租界取一直线达海河沿，紧接至法租界为止。"②并要求"界内居民各宜照旧安居，其房产地产不许私行售卖他国人民，同时房地契应迅速呈缴公署，以凭查验。"1 月 8 日，郑永昌又要求居留地内中国人所有的土地、房屋不得出让给其他外国人。

不仅如此，领事郑永昌又找到法国领事协商，双方私自决定将原法国预备租界的部分地区划归日租界，但是此举遭到了中方拒绝。据 1901 年 2 月 18 日"机密第四号"文件记载，当时"清国委员以法国当时已先于我国要求将至福音堂一带的区域划为其扩张居留地域为由，拒绝我方要求"。日本自然不甘心，企图利用此次义和团事变再次提出扩张要求。郑永昌认为，预定扩张居留地的中国人房屋已经全部在这次事变中被战火烧毁，变成了一片荒野，法国也已经宣布成为他们的扩张租界。因此，"如果不在此时借机与法国总领事交涉并让他将此区域让与我国，我们恐失去贯彻上述希望之机会"③。为此，郑永昌认为，从法租界石造码头

① 参考「機密第四十九号」,『在支帝国専管居留地関係雑件　天津ノ部』第二卷，日本外務省外交史料館藏，B12082545900。

② 「機密第三号」文件后所附「照录示稿」,『在支帝国専管居留地関係雑件　天津ノ部』第二卷，日本外務省外交史料館藏，B12082545100。

③ 参考「机密第四号」,『在支帝国専管居留地関係雑件　天津ノ部』第二卷，日本外務省外交史料館藏，B12082545200。

到日租界的界址石标划一直线作为两国的分界线最为适宜。经过双方商谈，法国最终同意将其预备扩张租界的一段沼泽地合计 89 亩让与日本。后来继任领事伊集院彦吉上任后，对郑永昌利用义和团事变进行扩张租界的做法表示认同，正如 1901 年 4 月 20 日的“机密第三十二号”所载：“因为事件的发生，当地的形势骤变，其他外国竞相扩张土地或新设居留地，所以郑领事也认为我居留地有必要扩张，进而增大其区域。”①

日本政府借助于义和团事件两次扩充租界，并最终通过 1903 年签订的《天津日本租界推广条约》而得以实现，最终日租界的四至变为：东临海河，东南至锦州道与法租界接壤，西南至墙子河（今南京路）；再向西沿河至海光寺，北面起至闸口，沿今和平路向南至多伦道，再沿多伦道向西直抵南门外大街，再向南至海光寺。面积合计达到 2100 多亩。经过这两次的扩张，日租界不仅面积大为增加，同时也使得日租界成为沟通中国街区与英法租界的中枢地带，具有极为重要的区位优势，促进了天津老城区与租界区的融合。天津日租界也由此成为日本在华开设面积最大的一个租界，并成为日本侵略华北乃至整个中国的基地。

此外，该条约还规定，在推广界内日人因公用之需要可“收买土地”②。因公用之需而由外国政府或租界当局来收买土地，属于带强制性的征地。同时租界内的土地租与日人时，要与原中国业主签订契约，并写明“永租日本”的字样，交由海关道转发天津县衙门盖印。而对于购买土地和房屋时，其收买付价的方法为：“仿照前次法国设立租界章程，两国选择公正数人，按照时价议立公平价值，屋主地主不得任意要价，买主亦不得抑勒。”③不过购地费用需日本侨民自己出资购买，而非由政府筹资。

---

① 参考「机密第三十二号」，『在支帝国専管居留地関係雑件　天津ノ部』第二卷，日本外務省外交史料館蔵，B12082546000。

② 王铁崖编：《中外旧约章汇编》第二册，生活·读书·新知三联书店 1957 年，第 155 页。

③ 天津档案馆、南开大学分校档案主编：《天津租界档案选编》，天津人民出版社 1992 年，第 192 页。

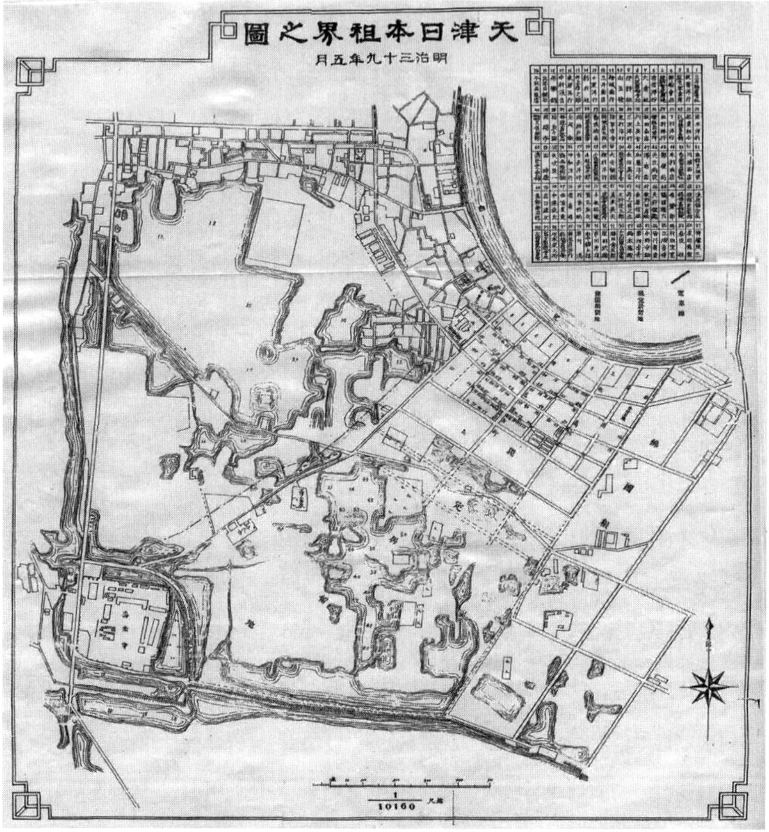

图 1－2　1906 年天津日租界地图

（图片来源：日本外务省外交史料馆藏）

租界既是外国侵略中国的滋生品，也是日本侵华的一个表现。不断扩充租界，使日本帝国主义侵略欲望得以暴露。我们知道，最早在中国设立租界的是英、法等欧美老牌资本主义国家。日本步欧美列强后尘，也要强迫中国政府与其签订不平等条约，在一些城市设立租界，在列强瓜分中国中占得一席之地。天津日租界使日本获得了在华北进行活动的据点，并逐渐发展成为一个对华侵略，尤其是对华北侵略的前沿阵地和重要基地，为日本扩大在天津甚至在华北的政治、经济、文化侵略提供了条件。

其实，租界的划定一方面是列强以武力为后盾强迫中国政府划定的，以便外国居民“可以完全独立地生活，才可以享有在中国其他地方所不能得到的，他们所需要的文明生活”，并可以“为本国人民提供一个在本国法律的保护下在此进行贸易的场所”①。同时，面对西方列强的步步紧逼和武力压迫，当时的清政府无力应对，同时又不愿意外国人住在自己身边，以免引发中外之间的纠纷，“希望租界早日划定，以便使占据天津城的外国人尽快住到城外的租界中去”②。日租界的划定，虽然经过长时间的交涉和谈判，但最终还是以清政府被迫答应划定租界而结束。期间日本政府的步步紧逼和清政府的妥协退让形成了鲜明对比。

---

① ［意］菲洛梯：《天津的意大利租界》，转引自意大利 SIRENA 历史城市公司主编：《天津意大利风情区建筑与整修的历史与回顾》序言，Edizioni Graffiti，2006 年，第 18 页。

② 刘海岩：《空间与社会——近代天津城市的演变》，天津社会科学院出版社 2003 年，第 59 页。

第二节 日租界的经营与发展

一、日租界的规划经营(1902—1911年)

天津日租界划定之后,最初因日本国力财力有限,尚无余力经营海外租界。最初来津的日本人都是一些小商人,自顾尚且不暇,更没有余力开发如此荒凉的日租界了。日租界在刚划定的两年时间里,没有一个日本人来此居住。由于日租界多为低洼之地和池塘,因此日租界当局首先要做的就是平整土地,修筑道路,建造房屋以及其他各种基础设施。

1899年11月20日,郑永昌在发给日本外务省的"机密第十二号"文件《天津居留地买收及营造费的支出》后面附了一个重要的文件,那就是《天津日本居留地要志》,这就是日租界最早的规划方案,也是郑永昌关于租界开发的设想。在该居留地要志中,郑永昌根据当时日租界的现状和条件,提出:"应在临近白河的具有水运之利的区域及其沿岸的码头,为今后装卸货物方便,开挖沟渠引河水入居留地,以利于运输与灌溉。"对于租界内大量的低洼地和池塘,他提出了如下措施:"将偏僻的低地辟为池塘，挖掘的泥土用于其他低地的填埋，池塘则可用于灌溉渔业。”[①]由此不难看出，郑永昌试图因地制宜，因势利导，制定符合日租界现状的合理规划。

《天津日本居留地要志》还非常重视日租界内道路的规划和建设。在“道路的设计及低地填埋整理”一节中，郑永昌根据日租界的地理情况，提出了自己的设想。他说：“由于我居留地位于天津老城和各国居留地之间，因此应多设立横向道路，以获得各国居留地与天津老城之间的联系，遂决定设置七条横向道路，五条纵向道路。”他甚至还提出了修建“马车铁路”的计划。之所以有这样的想法，是因为“我居留地与汽艇停泊码头相距较远，搬运货物多有不便”，因此希望能“与清国政府商讨铺设从码头经我居留地到天津城南门的马车铁路”。[②] 该线路的起点为小刘庄码头，向西北穿过德租界的东南角，到达英国新扩张租界的中央，再经法国预备租界中央到达日租界，最后至天津城南门，全长约为三里。尽管这条马车铁道最终未能实现，但是后来开通的黄牌电车道却实现了郑永昌的设想，即从北大关经东北城角马路进入日租界，沿日租界的中央大道旭街进入法租界，在法国公园前转向东，最后到达法租界码头。

郑永昌的设计方案引起了日本政府的注意，日本政府以此为基础制定了经营租界的政策。1899 年 11 月，日本外务大丞加藤高明游历中国时曾到过天津，他视察了日租界，认为其大有希望。1900 年 3 月，日本政府根据有关法律制定了经营租界的相关官制及法令，任命天津领事郑永昌为经营居留地事务所所长，长崎武夫为工程师，西古小吉、增田又七为技术员，大枝义祐为书记生，并在闸口大街开设了天津日本专管居留地经营事务所。事务所决定采纳《天津日本居留地要志》的有关规划。但这

① 「機密第十二号」,『在支帝国専管居留地関係雑件　天津ノ部』第一卷，日本外務省外交史料館藏，B12082545300。

② 「機密第十二号」,『在支帝国専管居留地関係雑件　天津ノ部』第一卷，日本外務省外交史料館藏，B12082545300。

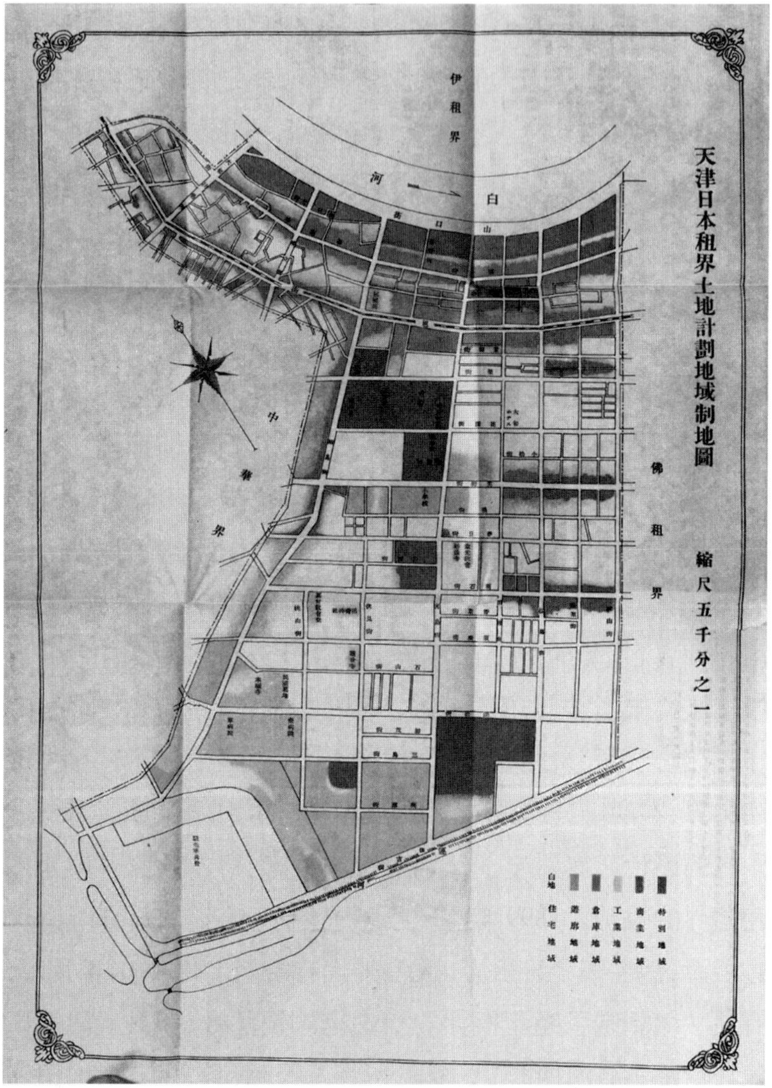

图 1-3　天津日租界土地规划图

（图片来源：天津居留民团编：『天津居留民团二十周年記念誌』，天津居留民团 1930 年版）

一计划很快被到来的义和团事变打乱。正如 1900 年 9 月 11 日的“机密第二十四号”文件所说：“天津本邦居留地在相关经营计划大体确定并准备开工之际，突遭此次事变而中止。”[①]直到 1900 年底天津局势稳定以后，工程师长崎武夫等一行人才到达天津，并开展测量工作。据 1900 年 11 月 22 日《大阪每日新闻》报道：“天津城内外的道路颇为狭隘且不规则，房屋建造得也比较倾斜，为测量带来诸多不便，先前用测量器三次就能完成的范围，现在需要七八次才能基本完成……长崎技师亲自奔走测量，据长崎氏说，本月中测量能够大体完成，居留地的全体设计大概在本年中完成。”[②]

义和团事变期间，困守在天津的郑永昌也在考虑如何开发日租界。他在给日本外务大臣青木周藏的意见书中说：“观察内外情况，该工事必须趁此机会开工，迅速完成乃是眼下之急务。”他并列出了如下几条理由：第一，各种御用商人及其他商人会趁此机会来津，需要居留地。第二，很多日侨看到义和团事变后的商机，也都经过朝鲜等地来津，也需要有地方居住。第三，由于英法租界损坏严重，之前在那里开设店铺的日侨需要在居留地开业。第四，吸引中国商人进入居留地，以促进日租界发展。第五，借法国修建通往码头的道路经过日租界之机，利用廉价的劳动力加快推进日租界的建设。第六，此时可趁乱低价收购日租界内的中国人房屋。第七，此时建设日租界可减少中国官员或当地居民的抗议。第八，为了日租界的将来，需要加快日租界的基础建设。并说此事“关系到将来本邦居留地的盛衰，请一定要尽快决断”。然而，时任外务大臣加藤高明颇多犹豫，他认为：“眼下天津没有地方政府，由临时民政厅负责各项事务。对于购买日本专管居留地的土地房屋，天津日本居留地条约书需要照会清国地方官并得到其签字，需要履行正当的保证手续。现在进行购买土

---

① 「機密第二十四号」,『在支帝国専管居留地関係雑件　天津ノ部』第二巻，日本外務省外交史料館蔵，B12082546000。

② 参考「機密第四十五号」,『在支帝国専管居留地関係雑件　天津ノ部』第二巻，日本外務省外交史料館蔵，B12082546000。

地房屋可能会给今后发生效力带来麻烦。”①这让郑永昌深感失望，这也是后来郑氏辞职的原因之一。

不过，后来日本政府对日租界进行的两次规划，还是参考了郑永昌的设计规划方案。据1901年4月20日“机密第三十二号”文件记载：“我专管居留地经营相关的规划，对于《天津日本居留地要志》提出的计划及明治三十三年六月五日的‘机密第七号’中郑领事的设计表示大体认可。”②只不过《天津日本专管居留地设计要志》更加侧重于租界未来的发展。譬如在“市街的区划”一项中提出：“在中部铺设经由大沽路的马车铁道，以方便与法租界的大沽路相连接……道路间的距离大约以六十间连接大沽道路为最合适。”在“市街地的埋筑”一项中则规定“市街地填埋整理要高于洪水位三尺”③。《天津日本专管居留地设计要志》对道路的分级做了详细说明，明确了大致的道路尺度、道路密度以及道路形式，可以说基本完成了日租界内的道路规划，为日后的填埋工程提出了明确的指标和要求。尽管此规划案后来与外务省进行了多次沟通和修改，但是基本框架并没有发生大的变化。日租界此后的开发建设，也基本是按照此规划展开的。

以郑永昌领事为所长的专管居留地经营事务所完成了第一期经营计划，对第一区至第九区（山口街、荣街间及秋山街、福岛街间）的区域进行了填埋处理，并规划建设了山口街、旭街、花园街、福岛街、宫岛街、秋山街等九条道路。在郑永昌等人的不懈努力下，日租界经过短短的两年时间便发生了很大变化，邮局、学校等公共设施也日趋完善，生活日趋便利。不但日本侨民陆续迁入租界内居住，“日本各轮船公司、洋行等亦皆拟在

---

① 「機密第二十四号」，『在支帝国専管居留地関係雜件　天津ノ部』第二卷、日本外務省外交史料館藏，B12082545900。

② 参考「機密第三十二号」，『在支帝国専管居留地関係雜件　天津ノ部』第二卷、日本外務省外交史料館藏，B12082546000。

③ 「機密第三十二号」，『在支帝国専管居留地関係雜件　天津ノ部』第二卷、日本外務省外交史料館藏，B12082545900。

本界内设立办公之处”①。这使得日租界日趋繁荣起来，呈现出一派勃勃生机。这一切都离不开郑永昌的艰辛与努力。

在天津日租界划定和扩充期间，日本国力有限，其主要精力仍旧放在国内，尚无余力经营海外之租界。加上最初来津的日本侨民又都是一些小商人，实力有限，自顾尚且不暇，更没有余力开发一片荒芜的沼泽地。一直到义和团事变前，日租界大部分还都是野草繁盛的沼泽地，芙蓉街以西倒是垂钓和舟游的好去处。因此，日租界初期没有多少人愿意居住，甚至“开设之初的两年期间，没有一个日本人在此居住”。当时日租界被称为“幽灵租界”。② 来津的日本侨民，大都仍旧“在英法租界居住，或者占据租界内的当地民房，逐渐开设店铺”③。正是由于日租界大部分地区都是坑洼和沼泽地，租界当局初期的经营主要是制定规划、填平土地、修筑道路和其他基础设施、建造房屋。1899 年，日本政府根据时任天津领事郑永昌的设计意见，制定了经营租界的方针。1900 年 3 月，日本政府发布租界经营事务所官制和法令，并任命了事务所所长和工程师，在闸口大街设置天津日本专管居留地经营事务所，“以领事郑永昌为所长，长崎武夫工程师、西古小吉、增田又七两技术员、大枝义祐书记进行土地收买、设计，……开始第一期经营地区的填埋工事”④。义和团事变爆发后，日本领事郑永昌又于 1900 年 9 月 19 日给外务大臣的意见书中，再次建议趁事变之际建设租界。他认为：“随着军队、军属的到来，各种御用商人以及其他各种本国商人、手艺人等很多乘此渡来，其中虽不乏一攫千金者，

---

① 吴弘明编译：《津海关贸易年报（1865—1946）》，天津社会科学院出版社 2006 年，第 211 页。

② 「天津民团三十年史から日本の成果」，『京津事情』第 4 卷第 4 号，昭和十六年（1941）4 月，第 50 頁。

③ 天津居留民団編：『天津居留民団二十周年記念誌』，天津居留民団 1930 年，第 360 頁。

④ 東京建物株式会社社史編纂委員会編：『未来への信頼——東京建物百年史』，東京建物株式会社 1998 年，第 42 頁。

但怀有真切计划,乘此永久扎根清国从事贸易的开拓者也不少。”[①]1900年伊集院领事继郑永昌领事后担任第二任专管居留地事务所长,继续进行土地填埋工作,并经营白河河岸至“土墙”一带。在海河护岸工程结束后,海河两岸至南面荣街地区划分为第一至第九区,定为第一期经营地。荣街以西至春日街为第十一至十八区,为第二期经营地。中间第十、十一、十二区并入第一期,1902 年 5 月开工,1904 年 4 月填埋完成。三井、大仓、邮船、内外棉、武斋等商社都是在这一时期从政府获得的土地。除此之外,东京建物会社承包了第一期的全部预定地区,在领事馆的严厉监督下经营。随着排日风潮的兴起,这些土地或者贬值出售,或者变为日本人名义,几乎全都纳入日本人之手。

为解决居住之所,日本开始加强租界建设。于是租界当局采取措施,加速租界的设备建设,吸引日本侨民和富有的中国人来此居住,到 1902 年日租界“布置已有规模”,“洼地现已填高,新路现已开辟,有数十小商开设铺户,而日本人并中国人寓居界内者各有其半,曾建有日本领事署并邮政局,且拟起造洋式楼房 350 间之谱。其日本各轮船公司、洋行等亦皆拟在本界内设立办公之处”[②]。不过,此时的日租界,在来津的日本旅行者的眼中并不是那么完善。《北方支那》写道:“以前日本商行多在法租界,现在都转移到英租界了。”[③]其对租界的前景也不看好,认为“租界的发达颇为困难”,建议日本侨民“转向秦皇岛或牛庄方向发展”。[④]

此时,东京建物从国家的角度出发,决定投资天津日租界,并向外务省提出申请。日本外务省为减少政府开支,决定将工程承包给东京建物株式会社。根据 1902 年 5 月 22 日外务省的“土地转让命令书”的条款,

① 『在支帝国専管居留地関係雑件　天津ノ部』第二卷,日本外務省外交史料館藏,第 24 号。

② 吴弘明编译:《津海关贸易年报(1865—1946)》,天津社会科学院出版社 2006 年,第 211 页。

③ 古沢幸吉、稲葉岩吉:『北方支那』,丸善株式会社 1902 年,第 7 頁。

④ 古沢幸吉、稲葉岩吉:『北方支那』,丸善株式会社 1902 年,第 8 頁。

荣街以东、秋山街和福岛街间狭长的五万坪①土地中，三井、邮船、正金、武斋、内外棉、伊野组等其他获得 8035 坪，道路用地留出 3128 坪。其余都归东京建物株式会社开发，即其获得了第一期经营地区 51559 坪中 44332 坪土地的转让许可权。东京建物株式会社开始填埋工事，建造房屋。1903 年 4 月，东京建物株式会社首任支店长小松林藏来津开设支店。首期便是填平河岸至荣街之间约 350 亩的土地，第二期工程是填平荣街至春日街之间的 320 亩土地。按规定应于 1906 年完成，后因受日俄战争的影响，材料供应困难，工程直到 1908 年 5 月才告竣工，最后建筑约七百户。

在此期间，租界当局采取各种措施，开发和经营租界。1903 年居留地经营事务所对旭街进行整修。时任天津总领事伊集院彦吉专门采取“招抚中国人的政策，允许设置戏场和落子馆，对于其他一切经营也不征税，而且警察严厉管理不逞之徒，使其安全居住、经营。广袤的北旭街两侧的沼泽逐渐被中国的土地所有者及其他人所填埋”。到 1904 年末，天津日租界已经陆续建成天仙茶园、中华茶园、支那艺妓屋及大小商店，成为车马络绎不绝之街道。侯家后及其他地方的妓院、料理店及一般商人也有很多转移至此。由此，“北旭街一带颇为繁华，成为不夜城，终日行人不绝，成为租界最为繁华之地”。对于租界内的房屋建设，早在 1905 年总领事馆告示第十三号中就规定：“当地帝国专管居留地扩张区域内

图 1－4　郑永昌
（图片来源：天津居留民团编：『天津居留民团二十周年記念誌』，天津居留民团 1930 年版）

① 坪是日本使用的土地面积计量单位，1 坪约为 3.3 平方米，1 亩约合 182 坪。

的茅草屋和土屋由于在防火和卫生上造成很多麻烦，各所有者应在1907年3月31日前全部改建成砖瓦建造的房屋，但改建时要事先向领事馆提交设计图，并需获得许可。”①“如果在该期限内不实行者，该馆将采取严厉措施”②。企图改变租界破旧之现状。③ 天津日租界逐渐以旭街为轴发展起来。1905年日租界“颇有兴隆景象”④。1906年《津海关贸易年报》说：“各国租界建筑房屋之事，仍日增而月盛，日本租界尤属彰明较著，现已新建者有数百间，内多形式宏丽，物美料坚。……以上进步之速，日本人实首屈一指，因和约告成后之第一年，日人即变兵战之力为商战故耳。”⑤特别是在海河边靠近法租界的一侧，大都为日本的洋行所占据，如三井物产会社、武斋洋行、日本邮船会社、建物会社、大仓央行等。日本侨民开设的商店、饭馆、旅馆、报馆、俱乐部、邮局和日式住宅分布道路两旁，形成早期的日本侨民聚居区。但因经济实力所限，即便在同一条街道旭街，“西部的中国人街区顾客盈满，东部的日本商馆内却是让人有寂寥之感，因此贴出出租牌的空屋以东部为多”。故有人建议租界当局，“租界的经营不能以租界为目的，而应以贸易繁昌为目的”⑥。直到1911年，尽管租界的房屋都是砖造结构，但都是些简陋的狭长房屋，缺乏趣味。而且，“还有很多空房子等待着新的奋斗者到来。眼下日本的商业不振，除了金银兑换的原因外，还因为我国的商业者都是浅薄之人。即便到海外，如果只要想要赚一点钱就回国的话，是不可能成功的。外国人都以一生为事业，日本人则多以暂时的小成功为目标，即便最后不失败，也无法取

---

① 天津居留民团编：『現行法規』，天津居留民团1917年，第129頁。

② 天津居留民团编：『現行法規』，天津居留民团1917年，第132頁。

③ 天津居留民团编：『天津居留民団二十周年記念誌』，天津居留民团1930年，第374頁。

④ 吴弘明编译：《津海关贸易年报（1865—1946）》，天津社会科学院出版社2006年，第241页。

⑤ 吴弘明编译：《津海关贸易年报（1865—1946）》，天津社会科学院出版社2006年，第250页。

⑥ 『北清時報』1909年8月4日，第2版。

得大成功”[1]。

此后,电车的出现改变了此种状况,并改变了整个租界与城市的关系,促进了城市人口的流动,带动了天津日租界的繁荣和发展。电车最初是由1904年成立的比商世昌洋行所经营的。在拆除城墙的地基上先后建成了白牌、红牌、黄牌、蓝牌四条环城线路。日租界的旭街、法租界的梨栈一带即今和平路、滨江道地区因有黄、蓝、绿三条电车通过,加上租界当局吸引投资,遂发展成为繁华的商业区。电车成为连接华界中心区和租界地区的交通干线,促成了人口和城市资源的转移,天津的城市空间结构也随之发生变化,租界地区兴起的商业区逐渐取代老城区的传统商业街,成为新的近代城市中心。日租界内也形成了沿电车道路两侧分布的商业区。诚所谓:“盖天津是发展之趋势,其初围绕旧城,继则沿河流,复次则沿铁路线,自有电气事业则沿电车道而发展。”[2]

街道是城市的“血管”,是城市人流、物流的连接纽带。因此租界的发展离不开街道的建设。日租界的道路建设是和土地开发同时进行的。1902年在第一期填埋土地的工程中,规划了山口街、旭街、荣街、花园街、宫岛街、福岛街、松岛街、寿街、秋山街九条道路。1903年延长旭街并以此为中心道路进行建设,日租界道路系统的基础逐渐形成。1909年又在花园街以西至海光寺划定东西六条、南北五条道路,并在道路两侧建造了房屋,“日本商人来天津开设洋行、商店者逐渐增多,原来设在日租界以外的日本商店也先后迁入了日租界”[3]。例如日本在天津经营棉花出口的洋行有30家左右,80%设在日租界。

此后,随着日本侨民的激增,天津日租界日益发展和繁荣。租界内的

① 小林愛雄:『支那印象記』,敬文館1911年,第180頁。

② 《天津电车电灯公司问题》,吴蔼宸编著:《华北国际五大问题》,商务印书馆1929年,第33页。

③ 天津市政协文史资料研究委员会编:《天津租界》,天津人民出版社1986年,第99页。

重要街区都呈现出一派繁荣景象。正如《天津案内》所说:“日租界中最为繁华的是旭街,各种中外店铺鳞次栉比,电车、人马往来络绎不绝,是为日租界之银座街。寿街和旭街相差不多,特别是日本人的各种商店林立,和宫岛街同为租界中之另一繁荣区域;曙街多是日本料理店、旅馆等,昼夜弦声不绝。”①此时,租界内的商店、大小官衙等已有不少,据1913年的统计主要有83家,其中旭街者34家,寿街者22家,合计达到56家,占到全部的67.5%。②

不过,从整个租界的规模和发展来看,仍旧存在诸多不足。特别是所建造的房屋还有不少空余,其他街区和道路的建设亦不完善。

二、日租界的发展与完备(1912—1931年)

民国以后,华界不断发生兵燹、动乱,迫使大批华界市民、商人涌入租界,日租界是他们最早迁居的地区。天灾人祸也造成大批政治难民与自然灾害难民,他们纷纷涌进天津,刺激了天津的建筑工程,同时也带动了各国租界的发展。日租界因靠近中国街区,成为重要的避难所。1913年居留民会议事录中就说:“自1911年辛亥革命以来,移居到我租界的中国人日渐增多,且我侨民的人数也在稳步增加,将来我租界无疑会更加发展。”③日本有志者也“希望我租界建立适于外国人居住的住宅,以较为低廉的价格租给外国人,将其招到我租界内。其次希望设立适合外国人嗜好的常设娱乐场所”④。1912年的壬子兵变,使华街的商铺损失惨重,像老九章绸缎洋布庄,在这次事变当中变成一片废墟,估衣街西口的敦庆隆

① 富成一二編:『天津案内』,中東石印局1913年,第14頁。

② 富成一二編:『天津案内』,中東石印局1913年,第31—37頁。

③ 天津居留民团编:『大正二年通常民会議事録』,天津居留民团1913年,第3頁。

④ 「日本租界繁栄策」,『天津商工彙報』第22号,1910年3月,第2頁。

绸缎洋布庄虽然得以保全，但也深受惊吓。经此一役，很多中国大商家都因不堪华界内的兵乱而纷纷迁居过来。“北门里大街的恒利、物华楼金店、敦庆隆、老九章等绸布呢绒店等天津有数的大商家考虑到未来之难，也将店铺设在此处，使得街道日益面目一新。”甚至“荣街以西的第二期经营地和未经营地，也因中国高官富绅躲避兵变而接踵而至，很快建立起豪宅。明石街以西的广大地区也因中国街道的频繁兵变，居住者日益增加。几乎没有尺寸闲余”[①]。自此开始，“旭街两侧建起了大量华人开设的商店，荣街（今新华北路）以西建起了来自华界的中国官僚、士绅和商人的宅邸，明石街（今山西街）以西则成为普通华人的聚居地”[②]。到1926年，“旭街全路大半为华商铺号所占”，“大小商号迁往租界者，罔不争先恐后”[③]。

当时，日租界当局为开发租界，也采取了吸引中国人来此居住的政策，不仅允许中国人建筑房屋，还允许他们经营各种商业，由此杂居日租界内的中国人日益增多。日本侨民也欢迎中国人进驻日租界，他们在租界掀起建筑热潮。[④] 至此，日租界迎来了真正发展期。1907年，日租界内的房屋还“致多空闲”[⑤]。甚至1908年房屋建成后，“在最初的五年间有三成到五成空着，1912年2月天津市街发生兵变，大小中国官商到居留地避难，没有了空房”[⑥]。例如当时在东马路开设德春恒估衣店的崔少波，事前得到在日租界担任巡捕长的亲戚通知，将店里的货物全部抢运到日租界存放。1913年，尚未开发的空地、荒地更是“悉数盖上了宏壮的宅

① 天津居留民团编：『天津居留民団二十周年記念誌』，天津居留民团1930年，第374頁。

② 尚克强、刘海岩主编：《天津租界社会研究》，天津人民出版社1996年，第95页。

③ 《商号多迁入租界营业》，《大公报》（天津版）1926年10月21日，第7版。

④ 「商況」，『天津商工彙報』第57号。

⑤ 吴弘明编译：《津海关贸易年报（1865—1946）》，天津社会科学院出版社2006年，第259页。

⑥ 近藤久義：『天津を愛して百年　そして子々孫々』，新生出版2005年，第101頁。

邸”，日租界瞬间变得拥挤、狭窄。[①] 1914 年版的《天津贸易概览》也说：“各国租界的房屋建筑非常繁盛，中国人在此地开设商铺者也日益兴盛，……只有第一等的花柳街在兵警暴乱后转移到和日租界相接的三不管。”[②]原定日租界内日本政府没有购买的区域，在 1915 年之前还是没有整修的荒地，在这一时期也得到了发展，很多华人开始借地建造住宅，日本侨民中有经济实力者也开始筑屋建房，整个日租界呈现“租界建设以来未曾有过的繁昌”[③]。

1915 年 6 月，在天津的几个日本侨民成立了填地组合，从事填地工程。他们首先从海河工程局购入疏浚的海河泥土，又从秋山街通一铁管，进行吹泥造地。1916 年“空地中不断出现新建筑”，居留民团议会也认为，“不久就会出现漂亮的街区”[④]。到 1916 年 5 月，该组织共填地约 24500 坪。由于旭街以外的西部地区还有五分之一是沼泽地，“日本租界局的发展计划主要是指向迅速发展的日本租界西部地区”。于是，1917 年 8 月组合解散后又成立土地建物公司进行第二期填地工程，到 1920 年共填埋土地 93170 余坪。正因如此，早在 1917 年，日租界就已经成为“帝国（日本）商军在华北一带的商业策划根据地，……大厦林立，楼房壮观，马车络绎不绝，集散之货物宛如一独立商埠”[⑤]，“从租界发展的趋势看，本租界并没有显示出一时变异的膨胀倾向，而是呈现出坚实的渐进发展”[⑥]。可以说，日租界的过渡期已结束，开始步入正式发展时期[⑦]。对于

---

① 天津居留民团编：『天津居留民团十周年記念誌』，天津居留民团 1917 年，第 15 頁。

② 外務省通商局编：『天津貿易概覧』，外務省通商局 1914 年，第 90 頁。

③ 「商況」，『天津商工彙報』第 57 号。

④ 天津居留民团编：『大正五年通常民会議事録』，天津居留民团 1916 年，第 2 頁。

⑤ 天津居留民团编：『天津居留民团十周年記念誌』，天津居留民团 1917 年，第 1 頁。

⑥ 外務省外交史料館藏：『外務省警察史』第 34 卷（支那の部　北支），不二出版 1999 年，第 78 頁。

⑦ 天津居留民团编：『大正五年通常民会議事録』，天津居留民团 1916 年，第26 頁。

其发展和繁荣的原因，有人分析认为："由于日租界处于法租界与天津城之间的地带上，这种自然形成的经济上的需要是加速它发展的主要因素。作为日本对华北大宗贸易中心，日租界必然要比其他租界容纳更多的日本侨民。"①由于第二期经营地即从花园街至后来的春日街为沼泽地，希望租赁的日本侨民不多，结果大半成为中国人的所有地，北侧的扩张居留地在日租界设置后也为中国人所占有。

特别是第一次世界大战后，日租界更是进入了快速发展阶段，从海河挖出的淤泥不断被填入租界西部的洼地当中，大片的水坑、沼泽被填平、垫高，各类建筑物拔地而起。租界当局还对租界进行了整体规划，将租界划分为仓储区、商业区、娱乐区、住宅区等。从土地利用来看，租界有一半土地用于建造住宅，成为以住宅区为主的社区，而东部的商业区则成为天津城市商业中心的组成部分。由于租界与华界之间的密切关系，租界发展的结果不是形成了"城中之城"，而是日益成为具有一定功能的城市社区。

这样，经过租界当局二十余年的经营，到 20 世纪 20 年代，人们看到"这一块地方已完全垫平了，修筑了道路，铺了下水道，而且除了少数几亩地以外，大部分土地上都已建筑了住宅、工厂和货栈"②。租界内的土地填埋"完成了约三分之二，……带有日本名的街道齐整，日语广告板也增多，砖建的洋馆和公寓的美观和繁华虽然不及英法租界，但部分已经超过日本内地的中等城市"③。1920 年 7 月 31 日的《国是报》就曾说："每有兵燹之际，北京人士竞往天津求得一席之地以安身，故租界之保护难民俨然护符。昨自天津来人云及各国租界人数已满，其中由河北及城内迁往

---

① ［英］雷穆森著，许逸凡译：《天津的成长（租界）》，《天津历史资料》第 10 期，1981 年 4 月，第 75 页。

② ［英］雷穆森著，许逸凡译：《天津的成长（租界）》，《天津历史资料》第 10 期，1981 年 4 月，第 76 页。

③ 八木哲郎：『天津の日本少年』，草思社 1997 年，第 52 頁。

租界者不绝于途，回忆前年水灾航行至中国界而避难于河北者若反比例。此次因有直军关系，即以三不管论，生意较之往年亦大减色，而日租界之妓家酒肆与夫大罗天大有利市三倍之势，又有新开之张园及日本饮食之美园(日人经营其饮馔简单故华人多就食之)，生意皆极发达。又据日本报所载其调查，中国人因乱事迁于日本租界者六百七十八名可分三种：甲、由天津华界迁入者二百七十四名；乙、由北京而迁入者三百一十五名；丙、由天津四乡迁入者八十九名。"①因此，日本商人服部源次郎于1923年到天津考察时，看到的是"街区和房屋都是洋风"，"犹如来到外国的大城市"②。他所入住的常盘旅馆，其室内布局奢华，家具充满各国风情，"犹如感觉到了日本"。③ 1926年出版的《天津租界及特区》，也如此描述当时的日租界："日租界乃津埠繁华之区，面积之广，户口之多，绝非意比两租界可比，而市政之美，亦不亚于英法两租界。"④租界内的商业店铺林立，据1928年社会局统计，"日租界有商店1149家，工厂9家"，而且这些商店"多人经营，业务复杂"⑤。

与此同时，道路建设也在继续进行，并不断得到完善。尽管前一时期，"由于没有资金投入，直到1910年代，日租界的道路建设还很不理想，正如小幡总领事在居留民会上所说，'我租界的道路凸凹不平，非常险恶'"⑥，"下水沟也多损坏，与其他租界相比，甚为恶劣"⑦。但从20世纪20年代起，日租界当局开始大力整修道路，并在部分街区铺设了焦炭，1926年在寿街首次铺设了硬石子路。截止1928年，天津日租界共修筑

① 《天津日本租界之发达》，《国是报》1920年7月31日，第3版。

② 服部源次郎:『一商人の支那の旅』，東光会1925年，第91頁。

③ 服部源次郎:『一商人の支那の旅』，東光会1925年，第93頁。

④ 南开大学政治学会:《天津租界及特区》，商务印书馆1926年，第78页。

⑤ 天津市地方志编修委员会办公室等编:《〈益世报〉天津资料点校汇编(二)》，天津社会科学院出版社1999年，第1692页。

⑥ 天津居留民团編:『大正二年通常民会議事録』，天津居留民团1913年，第6頁。

⑦ 天津居留民团編:『大正五年通常民会議事録』，天津居留民团1916年，第31頁。

图 1－5　1921 年的天津日租界寿街(今兴安路)

(图片来源:近藤久义收藏提供)

道路 40 余条,基本形成了完整的道路系统。但道路交通仍旧不能令人满意。据 1928 年 2 月《益世报》报道:“日租界各通衢,除旭街、宫岛街、松岛街等尚属差强人意,其他各街路政,率多窳败不堪。日界当局虽屡有兴建之计划,其未见诸实行。近顷因新春积雪,屡因屡冻,至今并未完全清除。日前恰值气候和暖,雪融冰接,泥泞难行。至各窄小街巷,更不堪闻问。以此界内商民多啧有烦言。”①

① 天津市地方志编修委员会办公室等编:《〈益世报〉天津资料点校汇编(一)》,天津社会科学院出版社 1999 年,第 1551 页。

三、日租界的畸形繁荣(1932—1937年)

1931年九一八事变前,日本国内受世界经济危机的影响,经济出现严重衰退,尤其是农业深受打击。根据统计,1929年的农业生产总值为43亿日元,而到了1931年仅有26亿日元,降幅达40%。对外贸易总额也急剧减少,1930年度和上一年度相比,出口减少32%,进口减少30%。对外贸易的恶化,又使工业生产急剧下降。工业生产总计从1929年的771680万日元,降为1930年的596281万日元,下降23%;1931年下降至517458万日元,更是比1929年下降32.9%。[①] 据日本政府统计,1930年有823家公司破产,310家公司减资。[②] 为了摆脱空前严重的经济危机,日本政府一方面在国内将危机所带来的恶果转嫁给工人、农民、城市贫民以及中小企业,另一方面也企图靠发动战争寻求出路。

九一八事变之后,在日本军部的推动下,日本政府还大力鼓励个人向海外发展。日本大资本和追求利权的日本人正是在此背景下涌到中国和华北的。所谓的"一旗族"和看到需求乘机而来的商工业者等人,致使来津的日本人激增,房屋出现严重不足。"以此次事变为契机,日本人活动飞跃发展,先前房屋的匮乏更加严重。"[③]"很多房屋是在邦人(日本人)活动尚不活跃的时代建造的,占地面积是否经济等都没有考虑,几乎都是平房或二层建筑,每个房间也不经济实用。采光、通风设备不完备,特别是具有房顶不好排水的缺点,建筑的重要部分首先出现老化。"[④]著名作家罗兰在回忆录中也说:"日租界只有一个'中原公司'是高层的建筑,其余

① 小山弘健、浅田光輝:『日本帝国主義史』第3卷,青木書店1960年,第26—27頁。
② 铃木武雄等:『財政史』(日本現代史大系),東洋経済新報社1962年,第178頁。
③ 支那問題研究所編:『支那問題研究所経済旬報』,1938年6月1日,第21頁。
④ 支那問題研究所編:『支那問題研究所経済旬報』,1938年6月1日,第22頁。

都很低矮简陋。而且在主要街道的‘旭街’上，鸦片烟馆林立，给人的感觉特别是‘官不修衙，客不修店’，只管赚肮脏钱的小气作风。只有秋山街溥仪住过的张园比较有规模。”面对租界发展的困境，天津总领事桑岛主计在1932年召开的第25次通常居留民会议上说，“现在是极为重要的时期”，切实希望各委员和侨民“为租界的繁荣和增进侨民的幸福而尽力”[①]。此后，“租界内出现了建筑热，以前从未见过的公寓开始在街道各处兴建，不知不觉间出现了完全是日本胡同风格的住宅群”[②]。当然，在“街区规划、建筑式样以及居民、商店、餐馆上有一定的差别，还制定各自的法规章程。这不仅仅出于那些侨民对于故乡的眷恋，同样也是对中国所要实施的某种权力的体现”[③]。租界内建筑业的兴起，吸引了大批有关建筑业者及相关产业者的到来，并带动了其他产业的发展，由此又吸引了更多的人来租界居住，促进了娱乐业的繁荣。于是，“天津白河河畔的日本酒馆、咖啡馆的霓虹灯装饰着华丽的夜色，唱片播放着东京音头和海光寺音头”[④]。不过，“租界内像样的邸宅全都是中国人的，我同胞的住宅都是九尺二间的，甚至还有不少人比这还惨。坐着自家的汽车悠然生活的大都是中国人，而日本人大都乘坐洋车，甚至不少人还是步行。颇让人感到深受中国人的压迫”。虽然日租界的行政、设施“根本上是为日本人考虑的，但结果却是以中国人为主题。与法租界的繁荣相比，日租界却显得有些寂寞”[⑤]。

尤其是1931年11月发生的两次天津事变，使得日租界备受打击，市面非常萧条，很多大饭庄和大商店纷纷在法租界设立分店。日租界当局

---

① 天津居留民団編:『昭和九年第二十七次居留民会通常会議事速記録』，天津居留民団1934年，第4頁。

② 豊田勢子:『天津租界の思い出』，文芸社2004年，第98頁。

③ 李东晔:《权利在空间中的流动——对原天津“意大利租界”的历史人类学分析》，《城市史研究》第25期，天津社会科学院出版社2009年，第71页。

④ 古野直也:『天津軍司令部1901—1937』，国書刊行会1989年，第201頁。

⑤ 五倍子:「天津日界縱横談」，『華北公論』1935年11月号，第40頁。

为了繁荣市面,除了开放娼禁,还大力发展"夜市"。日租界的夜市在天津夜市中是创立最早的,1930 年 5 月《中南报星期六画刊》曾登载一篇文章,题为《天津市夜市的巡礼》,内中就写道:"夜市这种风气很早地吹到了天津,当然是以日租界的夜市为最早成立,已经相当时日的特二区、侯家后、河北等地的夜市才出现。""日租界的夜市是天津夜市的首创者,很有悠久的历史,约有五六年之久,附属于日工部局夜市管理处直接管理,地位是由旭街北首至旭街邮便局止,长约二三里许。但只在路东一面,西面是没有。关于交易方面,以洋袜子、布头、鲜货一类物品为多,更有已成为公开秘密的如烟枪、麻将牌等违禁品,但是若到了这个夜市里,便可以公开地叫卖,这也可以说是别有一种原因的。在起初开辟的时候,因是首创的缘故,所以,很有一部分人不远千里而来在这里流连,倒是很繁盛一时。又因为那地方是交通要道,所以,每当夕阳西下的当儿,非常地热闹,真说是津变后日租界再度繁盛的起终。现在又感到了冷清,只有邮政局至下天仙一段比较兴盛,别处已经冷静静的了。但是现在还能够维持下去,或以后还有重新繁荣的希望。"特别是"自从两度津变以后,日租界早由'不夜城'变成'冷落市'了"①。为了繁荣市场,日租界当局更是大力开设夜市。夜市的摊贩,"按照地点优劣,分为三等收租,一等租每月租洋三元五角,二等租洋三元,三等租洋二元,刻夜市各摊,已有四十余处,该夜市摊贩事务所,以货摊子渐增,遂于昨晚起,每摊增加租洋二倍,计一等租洋十元零五角,二等租洋九元,三等租洋六元云。"②从当时的媒体报道来看,夜市经营还算不错,"日租界夜市,自创办以来,摊贩争先叫卖,营业尚称不恶,每届夏令,生意尤佳,及至冬寒,则为淡月。迩来春融天暖,复业时届,各商往日警署领照纳租,请求设摊营业者,已有五十余家,该署以所请超过原定摊号半数,应予照准。现正重编摊号,并将电灯装置

① 《日租界夜市开始》,《大公报》(天津版)1932 年 5 月 5 日,第 7 版。

② 《地租倍增,日租界之夜市摊租》,《大公报》(天津版)1932 年 5 月 15 日,第 7 版。

妥当，定于四月一日起，一律恢复，营业时间，仍自每晚六时至十一时云”①。“在刚开办的时候，熙来攘往，把一条大马路弄成一条大街堂的样子，固然显得热闹，而且日货也似乎可得到一个畅销的机会。”②甚至到1937年，日租界的夜市也还尚称繁荣，“日租界从恒利金店到中原公司货摊林立，每摊上有一盏电灯，连缀一二里长，闪闪耀耀，远远望去，也很美观”③。可以说，夜市的开设，对于日租界的繁荣发挥了一定的作用。但是，摊贩和购买者多为中国商人，其所售货物也多为日货。这在中日关系日趋紧张的时期，也引起了不少爱国志士的批评。正如一位名为“悲夫”的作者所说：“售品都是些糖食或杂货，而东洋货，几占十分之九，有两三处，都是日本人看守着，每个摊头，都挤满了吾国人，有也买物，有的抽彩，都表现一种兴味，到了这个境界，一般救国之士，所大声疾呼的‘排货’‘经济绝交’‘消极抵抗’‘不合作’这一类的名词，大约一股脑儿，抛弃得干干净净了，我亦只有暗暗心惊，微微短叹而已。”

1935年日本开始在华北地区策动独立运动，再加上走私横行，大量日本浪人来津，造成日租界极为拥挤，引起租界当局的忧虑。居留民团的中岛德次在1936年所作《关于租界发展第一阶段》的报告中就指出：“作为华北重要据点的天津日租界，现在的区域只有不到四十万坪巴掌大的地盘，显然无论如何是不敷用的，当前，居留民正为住宅困难而苦恼，甚至连满铁也由于租界内没有合适的房屋，不得不暂在外国租界开设事务所，这就是当前的现状。”④“因此，最为紧迫的任务是从实际上扩张租界。”⑤“日军司令部与日本领事馆积极筹划拓展日租界事宜，想将特二区界内

---

① 《日租界夜市》，《大公报》（天津版）1934年3月26日，第10版。

② 《日租界夜市的结束》，《大公报》（天津版）1932年11月8日，第11版。

③ 《天津的夜市》，《华北日报》1937年5月30日，第12版。

④ 天津市档案馆、南开大学分校档案系编：《天津租界档案选编》，天津人民出版社1992年，第271—272页。

⑤ 天津市档案馆、南开大学分校档案系编：《天津租界档案选编》，天津人民出版社1992年，第273页。

墙子河南岸郝家台及以南各地化为租界。他们一方面通过命令该地区所有的商号住户迁移,一方面填平郝家台周围的水坑,扩大土地的面积。同时又利用当地的中国人替日本购买大量的土地。"①大量居民的涌入,走私、贩毒的猖獗,使得日租界呈现出畸形的繁荣。"中原公司的高楼矗立着,仁丹公司的广告闪烁着,××日报社门前的木制'满洲国'旗耀武扬威地向人夸示着,各式各样的百货商店用种种稀奇的方法竞争着。旭街南部以及较小的街道里,全是'洋行',我们因未看见有人买什么东西,故不敢揣想他们售卖的都是什么,只觉得那数目惊人罢了。"②

尽管此后并没有实现扩张租界的目的,但租界建设却得以前进,尤其是道路建设取得飞跃发展。修建道路之初,多以土沙路面或者碎石路面为主,同时两边砌石成渠。租界根据是否用黑油分为头等路和二等路。旭街等主干道为头等路,其修筑的方法是以石灰为路基,在上面覆盖八分至二寸五分的碎石,然后加上黑油,使其结合牢固,然后再用机器碾压。福岛街、松岛街等二等路,其修筑方法大致相同,只是不加注黑油。旭街的道路在日租界内是最为宽阔的,宽度约五丈五尺,道路分为人行道、停车处、双轨电车道。旭街人行道用水泥铺成,宽约九尺,路两旁还种植有树木。蓬莱街、秋山街最为狭窄,宽约一丈二尺,其道路中以人力车为主。③

日租界内开始铺设柏油,始于1919年在旭街铺设柏油路。此后日租界又于1931年和1932年分别在桃山街、伏见街和常磐街铺设的柏油路。此后,大部分路面都铺设了柏油,整个街区显现出干净、整洁的面貌。步行道则从1924年开始铺设水泥,1936年用于道路建设的费用就高达银159万余元。到1937年,铺设各种道路合计达到185414米,约占租界全

① 王南南:《天津日本租界研究(1898—1945)》,南京大学2015年硕士毕业论文,第13页。

② 蛰宁:《平津纪行》,《文化建设》第2卷第10期,1936年7月,第110页。

③ 南开大学政治学会:《天津租界及特区》,商务印书馆1926年,第78页。

部道路的74%。其中柏油路为122188米，约占65%，也就是说，租界内将近一半道路为柏油路，道路建设取得了良好效果。当时，日租界的大部分道路是车道6米左右，人行道3.5米左右。最为宽广的旭街，车道宽也不过13.75米，人行道为4.45米；宫岛街、芙蓉街、淡路街等则是车道9米，人行道3.8—4.5米。[①] 街道两旁还种植有金合欢、柳树、红花树、白杨树等树木，根据1932年末的统计，合计达到2526课。这些树木既可以净化空气，也可以供人在夏日纳凉。不少回忆录的作者在回忆起儿时的快乐生活时，都有在金合欢树下游玩的记忆。不仅如此，道路两旁还安装了街灯。街灯有两种，一种是旭街上的街灯，电杆为圆形的铁柱，外敷青色油，分别立于道路两旁的人行道上，每个电杆上设有两盏灯，电线由电杆内通到地下。一种是其他道路上的街灯，电杆是方形的铁柱，上面架着线，且只设在道路一旁。[②] 正如1936年版的《简明天津指南》所述："英法两界，开辟最先，商务最为繁盛。日界虽经营较晚，而地连华界，踞各界之上游，故表面繁华极占优胜。"[③]租界发展至此，"无论从规模上、还是从外形上看，都具备了漂亮城市的样子"[④]。

表1－1　天津日租界街道名称对照表

日租界时期	日租界收回以后	现在
大和街	兴安路	兴安路
大和街	海拉尔道	海拉尔道
扶桑街	海拉尔道	海拉尔道
桥立街	北安道	北安道

① 臼井忠三編:『天津居留民团三十周年記念誌』，天津居留民团1941年，第352—353頁。

② 南开大学政治学会:《天津租界及特区》，商务印书馆1926年，第79页。

③ 齐尧封编:《简明天津指南》，中华印书局1936年，第35页。

④ 支那問題研究所編:『支那問題研究所経済旬報』，1938年6月1日，第18頁。

续表

日租界时期	日租界收回以后	现在
福岛街	多伦道	多伦道
桃山街	归绥道	归绥道
伏见街	万全道	万全道
西伏见街	万全道	万全道
吾妻街	佳木斯道	佳木斯道
宫岛街	迪化道	鞍山道
西宫岛街	迪化道	鞍山道
浪速街	四平道	四平道
西浪速街	四平道	四平道
松岛街	哈密道	哈密道
蓬莱街	沈阳道	沈阳道
秋山街	锦州道	锦州道
山口街	张自忠路	张自忠路(北段)
闸口街	辽北路	辽北路
寿　街	兴安路	兴安路
新寿街	兴安路	兴安路
曙　街	嫩江路	嫩江路
旭　街	罗斯福路	和平路(北段)
常盘街	辽宁路	辽宁路(北段)
荣　街	树森路	新华北路
花园街	山东路	山东路(北段)

续表

日租界时期	日租界收回以后	现在
小松街	热河路	热河路
芙蓉街	河北路	河北路(北段)
橘　街	蒙古路	蒙古路
春日街	河南路	河南路(北段)
吉野街	察哈尔路	察哈尔路
明石街	山西路	山西路(北段)
香取街	绥远路	林西路
须磨街	陕西路	陕西路(北段)
石山街	宁夏路	宁夏路
淡路街	甘肃路	甘肃路
加茂街	青海路	青海路
三岛街	新疆路	新疆路
兴津街	西藏路	西藏路
住吉街	南京路	南京路(北段)
海光寺路	新兴路	新兴路

资料来源:《天津租界》,天津人民出版社 1986 年,第 279—280 页。

天津供电事业最早出现在英租界,随后法、德、日租界也出现了电力设备,后经过改造发展成为发电厂,其发电量不断增加。日本在天津最早的发电设备是 1902 年建立的,主要是供日军使用。1906 年日租界许可天津日租界工业工会办电,1907 年 6 月,东京建物株式会社开始在租界内建立发电所和输电设备,10 月开始向租界供电。但是由于成本太高,勉强维持到 1921 年。此后,日租界的电力便由居留民团直接负责经营,并设立专门的电气部,管理电灯电力等事务。电气部投资兴建配电所、配电电缆及架空线。此外,居留民团还与法国电力公司协商,签订供电合同书,规定"从1922年2月起,3年期间,日本租界内所有的电力都从该公司购买",同时根据电器指示器可知一年当中用电量最多的是"日本正月、中国正月以及国民祝祭日"①。居留民团还专门制定了《电气供给规程》,对于电气的供给线路、供给时间、电气设备、电气的费用、道路街灯的电费以及电气计时器等都做了相关规定,其中规定"电气设备所需费用由使用者负担","电气计时器设备由居留民团提供,用户负责看护和保管"②。由于电力照明方面的发展,才使得日租界内的路灯设备比较完善。

图1-6　行驶在日租界旭街(今和平路)的电车

(图片来源:近藤久义收藏提供)

① 天津居留民団編:『大正十一年民団事務報告書』,天津居留民団1922年,第44—45頁。

② 天津居留民団編:『大正十一年民団事務報告書』,天津居留民団1922年,第32—33頁。

租界道路的不断完善，使得居留民的出行也发生了很大变化。最初，租界居民外出的主要交通工具是人力车、自行车，从业者大部分是华人。日本领事馆1905年对人力车做了诸多规定，“人力车需要经日本当局允许颁发经营证方能上道行驶”。同时对人力车夫的着装、态度、收费标准、行车准则等也都有详细固定，“人力车要在道路的左侧行驶，后面的人力车超过前面人力车时，要在车的右侧行驶”“车夫不得强劝行人乘车、对待乘客不能傲慢无礼”“乘客遗落在车上的物品，车夫要立刻提交给日本当局”等①。此后，电车开通，公共汽车也开始运营。据1929年12月《大公报》报道，日租界内还将开通公共汽车。“法租界万国汽车公司公共汽车，前经请愿日本租界当局，拟通行日租界内，昨日民团行政委员会，裁决准在一年限期内依民团之便宜得随时变更或取消为许可之条件，而日本领事馆警察方面，对于上项意见，尤拟以汽车之性能及道路通过状况等等，以为许可之根据，如明春通行，依公司预定之路线，暂为1. 山口街线，由三井洋行前入松岛街，而至该街西头；2. 福岛街线，由旧天津取引所前，直穿福岛街，以至海光寺郊外；3. 芙蓉街线，由国民饭店前，直入该街，绕青年会角，经大罗天，越明石街北行，转归国民饭店前，计共三线，皆以法租界为起终点，备车约三十辆，本计划运行全市，每区收费铜元十六枚，乘降地点随意，譬如由日界至大连码头，仅需二十枚以内。”②使得居留民的出行更加便捷。

---

① 天津居留民团编：『明治四十年民团事務報告書』，天津居留民团1907年，第17—18頁。

② 《日租界将驶公共汽车》，《大公报》（天津版）1929年12月27日，第9版。

第三节　沦陷时期的日租界

一、天津沦陷前的中日交涉

由于1936年日本推行的“华北工作”和“内蒙工作”相继失败，而中国的抗日救亡运动却日趋高涨，抗日民族统一战线初步形成。尤其是西安事变的和平解决，使得国共两党开启了重新合作，联合抗日进入新的阶段。进入1937年以后，日本内阁重新改组，广田弘毅内阁倒台，1937年2月，陆军大将林铣十郎上台组阁，佐藤尚武担任外相，开始推行所谓的对华新策略。1937年2月20日，日本外务省提出《第三次处理华北纲要》，对于华北问题，其方针是“处理华北的要点在于将该地区造成巩固的防共、亲日满地带，同时有利于获得国防资源和扩充交通设备，以防备苏联的入侵，一切为了建立日满华三国实现合作互助的基础”。为此，“必须全力以赴，进行以华北民众为对象的经济工作”，“同时专心一意完成对华北民众的文化工作”。由此可以看出日本不再强调策动“华北自治”工作。然而，这并不代表日本放松了对华北地区的关注。1937年1月底，日本军部和满铁产业部在天津召集经济会议，研究建设津石铁路、塘沽港及恢复龙烟铁矿问题。同时日本还增加投资，扩大在华北的文化事业。1937 年 2 月，日本政府派外务省主管文化事业的田村真吾到天津调查实况，他不但与华北各地的日本领事会谈，还视察了天津中日中学、中日商业学校、爱善日语学校等，并希望扩充爱善日语学校，加紧培养亲日人才。1937 年 4 月，日本军部还要请宋哲元赴日参观陆海空军联合演习，宋哲元不愿前往，遂派张自忠率代表前往。这些活动，从表面上看似乎在缓和中日关系，暗地里却为日本实行全面侵华战争做准备。美国驻日大使格鲁在 1937 年 3 月 19 日的日记中如此写道：佐藤外交“很可能只不过是一个插曲，或者说，只不过是扩张主义运动中一次周期性的退潮”。并说：“潮是在涨，而不是在落，重涨起来的侵略扩张运动的浪潮必定要比以前的潮水冲得更远。”①毛泽东在 1937 年 5 月也指出：“所谓中日提携的宣传和某些外交步骤的缓和，正是出于战争前夜的日本侵略政策的战术上的必要。”②

事实也是如此，日本政府在推行“佐藤外交”的同时，日本军部却在积极备战。日本军部派往中国的人员在观察中国的动向后，多数都认为，只有对中国打击一下，才能改变局势。关东军参谋长东条英机在 1937 年 6 月 9 日给日本政府的建议中公然叫嚣：“从准备对苏作战观念来观察目前中国的形势，如我武力许可，则应首先对南京政府加以一击，以除去我背后的威胁，相信此为最上策。”③与此同时，日本还开始继续各种军事准备。1937 年 4 月 2 日，日本海军武官齐聚天津，决议兴筑塘沽港口，以备开战后运送军队和给养弹药。在平津地区，华北驻屯军和特务机关加紧对宋哲元的二十九军进行离间分化和搜集军事部署的情报。从 4 月 25 日起，华北驻屯军不断在平津近郊举行战斗演习，从 6 月开始，演习变

---

① ［美］约瑟尔·C·格鲁著，蒋相泽译，陈宏志、李健辉校：《使日十年》，商务印书馆 1983 年，第 211 页。

② 《毛泽东选集》第一卷，人民出版社 1991 年，第 256 页。

③ 秦郁彦：『日中戦争史』（附録資料），河出書房新社 1961 年，第 315 頁。

得更加频繁。1937 年 6 月,日本贵族院议长近卫文麿出马组阁,形成了“举国一致”对外体制,推进全面侵华战争。

进入 7 月份,战争更是“山雨欲来风满楼”。东京政界已经流传着“七夕之夜,将重演柳条沟(湖)一样的事件”的传言。① 果不其然,1937 年 7 月 7 日晚,中国驻屯军河边旅团第一联队第八中队在清水节郎中队长的率领下,在距离卢沟桥 400 米的龙王庙一带举行“夜间演习”,结束后发现一名士兵失踪,当晚 11 点便平安归队。然而,驻北平的步兵联队长牟田口廉也在接到报告后命令:“驻丰台部队马上出动,占领一文字山,天亮后与中国方面交涉。”②此后双方围绕此事展开交涉。8 日凌晨 5 点半,驻沙岗的日军发起攻击,炮轰宛平城,中国守军也坚决给予还击,由此拉开了日本全面侵华战争的大幕,中国共产党于 7 月 8 日通电全国,号召:“全中国同胞,政府与军队,团结起来,筑成民族统一战线的坚固长城,抵抗日寇的侵略!”③同日,蒋介石也电令宋哲元:“宛平城应固守勿退。并须全体动员,以备事态扩大。”中国人民的全面抗日战争开始。历史事实一再证明,卢沟桥事变绝非偶然,“它是日本军部‘对华一击论’抬头、在平津的日本中国驻屯军积极谋划和策动而发生的必然结果”④。

卢沟桥事变发生后,日本陆军中央部最初意见并不统一,存在两种主张。一种以陆相杉山元为代表,主张“对华一击”,认为只需用少数兵力,给中国以有力之打击,中国就会屈服。而以参谋本部第一部部长石原莞尔为代表者,则从加强对苏作战的角度出发,认为日本目前尚未做好准备,此时出兵中国乃是失策。“‘扩大派’轻视中国的抵抗力量,认为只要以三四个师团的兵力给中国一击,中国就会屈服。”⑤这一主张的背后隐

---

① [日]今井武夫:《今井武夫回忆录》,中国文史出版社 1987 年,第 11—12 页。

② [日]一木清直:《在卢沟桥事变一周年回顾座谈会上的发言》,《朝日新闻》1938 年 6 月 30 日。

③ 魏宏运主编:《中国现代史资料选编》第 4 册,黑龙江人民出版社 1981 年,第 2 页。

④ 沈予:《日本大陆政策史(1868—1945)》,社会科学文献出版社 2005 年,第 521 页。

⑤ 胡德坤:《七七事变》,解放军出版社 1987 年,第 130 页。

含的是对中国军事力量的蔑视。持此种强硬论的，在参谋本部有第一部第三课长武藤章、谋略课长影佐祯昭和参谋吉野等人；在陆军省则有军事课长田中新一、陆军次官梅津美次郎等人。他们认为中国自“西安事变”后，国内渐趋统一，在外交上与英、美接近，积极进行抗日准备。因此必须在中国做好准备前发动侵略战争，一举征服中国。对此，秦郁彦评论说：“事变初期，陆军和政府所做出的随意的形势判断，主要是基于对中国的地理特性以及‘满洲事变’以来急速高涨的中国民族主义的认识不足所造成的”①。

主张“不扩大”的，在参谋本部有作战部长石原莞尔、第一部第二课长河边虎四郎等人，驻中国的有中国派遣军参谋长桥本群、大使馆武官今井武夫等人。他们“比较重视中国的抗战力量，担心日本兵力不足，一旦发生全面对华战争，会遇到中国的顽强抵抗，而陷入长期战争的泥潭”②。石原莞尔是这一主张的代表，他在九一八事变时期是强硬的对华开战论者，但随着形势的变化，改变了对中国的认识，承认中国所出现的统一态势。他在七七事变后经常到作战课说：“今日之中国已非昔日之中国，现在中国已经统一，能够发挥出举国一致的强大力量。”并认为：“中国土地广大，交通状况不适合近代装备行动，且资源也多为原始性的，各地大都能够自给自足，有利于持久战。”③并以拿破仑时期的西班牙战争为例，警告说：“同中国开启战端……日本就会陷入泥沼。”④当然，他的这种认识并非对日本大陆政策的否定，只是希望日本陆军尽量在局部范围内解决战争，以免日本陷入南北两面作战。因为此时北方苏联的威胁还没有消除。不过，他们并未因此而改变侵略中国的野心，只不过是要寻找更合适的时机而已。

---

① 秦郁彦：『日中戦争史』，河出書房新社 1961 年，第 245 頁。

② 胡德坤：《七七事变》，解放军出版社 1987 年，第 130 页。

③ 横山臣平：『秘録石原莞爾』（新版），芙蓉書房 1995 年，第 270 頁。

④ 井本熊男：『支那事变作戦日誌』，芙蓉書房 1998 年，第 88 頁。

在这样的背景之下，7 月 9 日，参谋次长今井武夫指示中国驻屯军参谋长桥本群：“此时应避免触及政治问题，就地解决事件。”[1]同日，中日双方在北平达成不扩大事态的口头协议：双方立即停战射击；双方军队各回原防；卢沟桥又会被保安队驻守。[2] 然而，日方很快又改变态度，并于下午五点从丰台调往卢沟桥的日军向中国驻军进行炮击。7 月 10 日，驻北平特务机关长松井太久郎向第三十八师师长、天津市市长张自忠提出二十九军向日军道歉、处分肇事者、中国不得驻扎在卢沟桥附近的永定河东岸、取缔抗日团体等四项“要求条件”，但中方不同意，谈判陷入僵局。此后，日军又夜袭龙王庙中国驻军阵地，占领了龙王庙、东辛庄。

此时，以石原莞尔为代表的所谓“不扩大派”也以保护侨民需要为借口，与“扩大派”妥协，同意向华北派兵。7 月 11 日，日本内阁五相会议决定为“显示威力”，派遣三个师团和 18 个航空中队迅速赴华北作战。同时，日本政府正式将此次事变称为“华北事变”，并声称“事件完全是中国方面有计划的武装抗日”，日本政府“已下了重大决心，决定采取必要的措施，立即增兵华北”[3]。当天，香月清司接替病危中的田代皖一郎就任中国驻屯军司令官。下午 4 时，中国驻屯军司令部召开紧急会议，决定：“以此次事变为契机，从根本上解决华北问题，暂停谈判；集结军队，伺机对河北省中国军队予以彻底的打击和扫荡。”[4]不过，为了麻痹冀察军政当局，日军代表松井太久郎与冀察政务委员会代表秦德纯签订了《卢沟桥事件就地协定》，当天宋哲元也从山东乐陵故里返回天津，被迫接收了这一屈辱的“停战协定”。即便如此，日本也并没有真正想要解决问题，而是为扩大战争释放的一枚烟雾弹。对此，7 月 13 日蒋介石致电宋哲

---

① 日本国際政治学会太平洋戦争原因研究部編：『太平洋戦争への道』卷 8「資料編」，朝日新聞社 1963 年，第 256 頁。

② ［日］今井武夫：《今井武夫回忆录》，中国文史出版社 1987 年，第 28 页。

③ 藤原彰：『昭和の歴史』第 5 卷「日中全面戦争」，小学館 1982 年，第 90—91 頁。

④ 日本防衛庁防衛研修所戦史室編：『支那事変　陸軍作戦』卷 1，朝雲新聞社 1975 年，第 171 頁。

元:“卢案必不能和平解决,中(正)已决心运用全力抗战。宁为玉碎,不为瓦全。”他担心宋哲元私自做主与日本进行谈判,因此叮嘱道:“与中央共同一致,无论和战,万勿单独进行。”①

7月12日,新任中国驻屯军司令官香月清司抵达天津。14日,派遣中国驻屯军参谋专田盛寿以个人名义向宋哲元提议签订有关停战协定的“细目协定”,要求:彻底镇压共产党之策动;罢免排日的要人;有抗日色彩的中央机构从冀察撤退;抗日团体,如蓝衣社、CC团从冀察撤离;取缔排日言论、宣传机构及学生、民众运动;取缔学校与军队中的排日教育;中国军队撤除北平城,由保安队担任警备。② 宋哲元原则上没有异议,但希望延后。此后,日本不断增兵华北。7月17日,日本参谋本部又制定了《在华北使用兵力时对华战争指导纲要》,试图通过全面战争,从根本上解决中日间的问题。同日,蒋介石发表庐山讲话,19日“最后关头”讲话公开发表,表达了抗战决心。在华北,面对日军的步步紧逼,宋哲元只能采取退让政策。18日,宋哲元到天津日军将校俱乐部拜会香月清司,19日张自忠在《细目协定》上签字。宋哲元19日返回北平,下令撤除了一切防御措施,并发布公告称:事属局部地区问题,望民众安心。然而,7月20日,日本关东军、朝鲜军的增援部队2.5万人到达平津地区,加上华北驻屯军在内的日本总兵力已达3万人以上。华北局势日益恶化。7月23日,杉山元陆相暗示中国驻屯军参谋和知鹰二说:“根据事实与情况,毅然给予反击也有必要。”③7月26日,日军占领廊坊。同日,华北驻屯军司令官香月清司向宋哲元发出最后通牒,但宋哲元坚决拒绝,并于27日发出“自卫守土”的通电。7月27日,日本内阁会议决定第二次动员,日本

① 秦孝仪主编:《中华民国重要史料初编——对日抗战时期》第二编(二),中国国民党中央委员会党史委员会1981年,第43页。

② 日本防衛庁防衛研修所戦史室編:『支那事変　陸軍作戦』卷1,朝雲新聞社1975年,第179—180頁。

③ 日本防衛庁防衛研修所戦史室編:『支那事変　陸軍作戦』卷1,朝雲新聞社1975年,第213頁。

国内再次向华北派兵三个师团。参谋本部派遣第六师团开赴杨村、落垡，第十师团开往马厂。28日，中国驻屯军按照计划将对二十九军发动总攻击。这一切都预示着所谓“局部解决”已经失败，平津地区陷入了空前危机，中日战争即将全面爆发。实际上早在7月25日，天津已经是战云密布，各处都布满了日本兵。“到天津东车站，一看几乎到了外国。黄色军服的日本兵把守着站台，把守着天桥，把守着过道，我们的车站办公房，被他们占去做了‘皇军’的‘驻站司令部’，日本在津的民众团体、妇女团体等，在司令部旁边设了‘皇军招待所’供给他们一些饮料。”①

二、天津抗战及沦陷

1937年7月28日，日军在飞机、炮兵的支援下发起进攻，驻守南苑的中国守军仓促迎战，处于被动挨打的境地。第二十九军副军长佟麟阁、第一三二师师长赵登禹都在战斗中牺牲。28日当晚，宋哲元率第三十七师离开北平前往保定，张自忠代理冀察绥靖公署主任兼北平市长。正当日军主力部队在北平与二十九军激战时，第二十九军第三十八师副市长兼天津市公安局局长李文田准备借此机会，主动出击，给在天津的日军以打击。28日，李文田召集部下主要将领分析天津当时的形势，认为应该立即开打。“他说，如果现在不打，等到日军兵力增多了，想打也无法打了，因此要立即打。敌人在市中心海光寺驻有一个联队，有十几门炮，而且工事比较坚固；东局子日本飞机场停着三十多架飞机，有一个中队步兵；天津总站和东站还各有一小队日军。大沽口外有日本兵舰和海军陆战队，山海关和廊坊也驻有日军。因此，市内这部分日军，必须迅速消灭。否则敌人援军一到，我们就会被包围，遭到内外夹击，有被消灭的危险。”“当

① 长江：《血泪平津》，《大公报》(上海版)1937年7月29日，第4版。

时我们的兵力有：第三十八师手枪团一千余人，装备较好一些；天津保安队共三个中队，加上武装警察约一千五百人；独立第二十六旅两个团约三千人，共约五千余人。黄维纲旅可以马上赶到作为总预备队。”[①]当时，会议决定由保安队一中队攻取东车站，由宁殿武负责指挥；手枪团全部，配独立第二十六旅一个营及保安第三中队攻占海光寺日本兵营，由祁光远负责指挥；独立第二十六旅，配保安第二中队，攻占天津总站及东局子日本飞机场，消灭受敌，烧毁飞机，由李致远负责具体指挥；武装警察负责各战场交通和向导。总指挥则由李文田和李致远负责，并决定于7月29日凌晨2时同时发动攻击。

1937年7月29日凌晨2时，驻守天津的第三十八师部队同时向海光寺日本兵营、火车站、东局子飞机场以及市区日租界等处发起攻击。天津朝日新闻特派记者曾报道说：“29日夜2时，天津市外东站附近，日中两军发生冲突，目前正在激战中。”还有报道说：“29日夜2时，从连接紧靠日租界的法租界和中国街区的白河上的万国桥周边，突然有一个团朝着日租界发炮。以此为契机，意租界、中国街、日本体育场附近等地也频繁向日租界射击，形成了夹杂着野炮、迫击炮的攻击，租界各处落下了很多炮弹。”天亮后日本才知道“袭击日租界的中国士兵是二十九军的680人，拥有野炮”。于是，“日租界以驻屯军为主，动员所有的警察及义勇队，紧急戒备，布置得滴水不漏”。最初战事颇为顺利。朱春芳率领的第二营和保安队一个中队，趁黑夜偷袭了天津总站，将一小部分敌人压迫到仓库的楼上，占领了总站。攻占东局子日军飞机场的部队，烧毁了十几架飞机。攻打东站的部队，用偷袭的办法，在两个小时内就占领了东车站。而攻打海光寺兵营的部队，由于日军的工事坚固，并有十几门炮向我军轰击，没有得手。朝日新闻特派员田中利一在29日发出的报道中也说：“日

① 李致远：《天津抗战记》，全国政协文史和学习委员会编：《七七事变》，中国文史出版社2015年，第145页。

租界的主要街道宫岛街附近突然成为枪炮的火力中心，中国军队从日租界西南面一举进入我中心地区。领事馆、司令官邸、学校等主要建筑林立的日租界子弹乱飞，中国军队肆意进行挑战。”早晨六时，李文田等人通电表示抗战，说道：“自卢案发生后，我宋委员长始终为爱护东亚和平、维护人类福祉一再容忍，乃敌人日日运兵，处处挑衅，除无端分别袭击我平郊各处外，竟于今晨复强占我特四分局，分别袭击我各处。我方为国家民族图生存，当即分别应战，誓与津市共存亡，喋血抗战，义无反顾。敬祈各长官、各父老迅予援助，共歼役虏。”[①]对于二十九军选择于29日发动进攻，日方也认为是经过深思熟虑的，天津报知特派员佐野增彦就说：“(1939年7月)29日，我军在天津的兵力最少，大部分都去了前线。他们认为此乃绝好之机会。他们通过北宁铁路局，应该比任何人都清楚日军的动静。北宁铁路局成为一大谍报机构。处于运输心脏部的他们，能够最早知道日军的运输情况，而且非常准确。这一情报经过抗日学生及其他人，不断被报告给他们的中心人物，终于决定在29日行动。因此，他们选择29日，绝不是偶然的。”[②]29日天明后，很多天津市民都前来慰劳二十九军，其部队通过市区时，市民夹道欢迎。

然而，到了29日下午1点，由于敌军援军到达，加之日军飞机的轰炸，使得二十九军伤亡惨重。“我所掌握的预备队只剩下一个营，黄旅又无到来的信息，敌机轰炸得很凶，市政府被炸起火，在南开大学的预备队一个营被炸死一百多人，市民百姓死伤也不少。前线要求援军的电话。报告纷纷到来。”[③]日本记者冈田冠也在报道中写道：“在东站前广场，看到袭击东站的二十九军士兵的尸体全都是血，此处有3个，彼处有5个，

① 《李文田等通电应战》，《大公报》(上海版)1937年7月30日，第3版。

② 新聞タイムス社編：『各社特派員決死の筆陣　支那事変戦史』，皇徳奉賛会出版部1938年，第245頁。

③ 李致远：《天津抗战记》，全国政协文史和学习委员会编：《七七事变》，中国文史出版社2015年，第147页。

道路上到处都是尸体。”后来，祁光远和宁殿武将情况汇报给李文田，经过商量最后决定下午三点开始撤。一直到天黑，二十九军部队才全部撤离天津市区。这样，经过十五个小时的战斗，天津市区落入敌人之手。天津总站和公大七厂附近的战斗也非常激烈，“街上到处残留着明显的炮弹痕迹，砖瓦建造的建筑都裂开了大口子，面向道路的房屋，其窗户玻璃全都被破碎了，犹如蜂窝般的弹痕诉说着激烈巷战的痕迹。穿过内城，渡过金钢桥，眼前的市政府大楼还在熊熊燃烧。……总站、北宁铁路局、津浦铁路局等建筑也全都被我军轰炸，残骸裸露在累日之下”①。此后，李文田又遵照宋哲元的命令，将分散驻扎在天津郊县 8 个地方的队伍集中起来，继续与日军作战。后来其部队又经过独流、静海转移到沧县、唐官屯一带继续与日军作战。李文田第三十八师的这次主动出击，尽管最终未能扭转局面，但是其战斗精神可歌可泣。“天津大出击是卢沟桥事变以后，平津陷落前的最后一战，也是这二十多天里，中国军队对侵华日军发起的唯一一次主动的进攻战斗。”②甚至连日本记者也对二十九军的英勇作战表示敬佩，报知特派员佐野增彦说：“二十九军在装备方面不足论，但在精神训练方面却是不容轻视的。”

日军的轰炸，使得天津各处受损严重。中央社天津二十九日下午五时电云：“二十九日下午津战甚烈，飞机四出到处轰炸，声振屋瓦，以市府、警察局、南开大学、东总两车站等处为尤甚。现二十九日下午一时许，有轰炸机四架，飞河北在市府上空投弹，甚有炸弹八枚同时下降者，办公房舍多被炸毁。同时有两架到八里台南开大学投弹，该校秀山堂及图书馆已成灰烬。下午二时许日机二架到东浮桥附近投弹，意欲轰炸警察局，但所投炸弹多中于附近水阁大街，各商号损失甚重，此外在东站投掷炸

---

① 新聞タイムス社編:『各社特派員決死の筆陣　支那事変戦史』，皇德奉賛会出版部 1938 年，第 220 頁。

② 李惠兰、王勇则、王振良:《平津沦陷前的最后一战》，《人民政协报》2010 年 10 月 21 日，“春秋 · 旧闻新读”。

图 1－7　日军于 1937 年轰炸天津北站的制粉工厂

（图片来源：近藤久义收藏提供）

弹，除中货厂外，车站前邮局对过大观园相继起火，总车站日机亦不时四出活动。我军随时予以痛击，截至下午三时至，此间战事除日军飞机在空中活动外，自以海光寺一带为最烈，炮火甚炽，日军显系图自海光寺出，向市区进袭。”①南开大学受损更是严重，1937 年 7 月 30 日《中央日报》又报道说：“两日来日机在天津投弹，惨炸各处，而全城视线，犹注意于八里台南开大学之烟火。缘日方因二十九日之轰炸，仅及两三处大楼，为全部毁灭计，乃于三十日下午三时许，日方派骑兵百余名，汽车数量，满载煤油到处放火，秀山堂、思源堂（以上二大厦均系该校之课堂）、图书馆、教授宿舍及临近民房，尽在烟火之中，烟火十余处，红黑相接，黑白相间，烟火蔽天，翘首观火者，皆嗟叹不已。”“经此浩劫，学校主要建筑物六毁其四，师

① 《日军仇视文化机关 南开等校全部被毁》，《大公报》（上海版）1937 年 7 月 30 日，第 3 版。

生财务皆遭损失，大批珍贵图书被日军掠走。”[①]这次轰炸，使得南开大学损失惨重，当时初步统计财产损失300万元，占当时全国高等学校全部战争损失的十分之一。不仅如此，“日军野蛮轰炸南开大学后，立即对校园进行了军事占领。日军的第27师团搜索队病马厂（包括病马血清研究所）、通信队及第二中队（装甲车编制）都曾长期驻扎南开大学，并把校园的一部分改为野战病院农场，日本天津中学也设在校内”。不仅如此，当时的日侨也多有记载。如当时正在天津日本小学校任职的松本正雄在回忆录中如此写道：“每次黑烟升起，不久便传来爆炸声。编队向南开大学飞去，俯冲溅起水雾，不久南开大学的屋顶慢慢倒下。我们站在阳台数着落下的炸弹，地面没有反击，轰炸悠然地进行，成为目标的建筑物一批批倒塌，危机终于解除了。”[②]由于“南开大学被视为抗日运动的据点，日军反复对其进行了集中俯冲轰炸。”[③]南开大学轰炸后的情景，即便是日本人看后也感到可怕。“废墟让人不寒而栗。建筑的房顶已经脱落，砖块堆积如山。我看到里面的白墙，总感觉残垣断壁，仿佛一道道直线将秋天的天空切割开来，给人一种阴森森的感觉。”“此时已经被毁坏得面目全非，圆屋顶原样掉落在地上，瓦砾中散落着已经焦黑的英语书，书页随风而起。”[④]对此，张伯苓并没有绝望，他在1937年7月30日接受《中央日报》记者采访时说道：“敌人此次轰炸南开，被毁者为南开之物质，而南开之精神，将因此挫折，而愈益奋励。故本人对于此次南开物质上所遭受之损失，绝不挂怀，更当本创校一贯精神，而重为南开树立一新生命。”7月

① 南开大学校史编写组：《南开大学校史（1919—1949）》，南开大学出版社1989年，第230页。

② ［日］藤江真文等著，万鲁建编译：《近代天津日侨回忆录》，天津人民出版社2014年，第82页。

③ ［日］藤江真文等著，万鲁建编译：《近代天津日侨回忆录》，天津人民出版社2014年，第364页。

④ ［日］藤江真文等著，万鲁建编译：《近代天津日侨回忆录》，天津人民出版社2014年，第256页。

31日,张伯苓又一次在谈话中说道:“南开是被日军烧掉了。我几十年的努力都完了。但是只要国家有办法,能打下去,我头一个举手赞成。只要国家有办法,南开算什么?打完了仗,再办一个南开。”黄炎培在《吊南开大学并急告教育当局》一文中也指出:“我敢正告敌人,尽你们的凶狠,能毁灭我有形的南开大学的校舍,而不能毁灭我无形的南开大学所造成的万千青年的抗敌精神,更不能毁灭爱护南开大学的中华全国亿万民众的爱国心理。”①

日军攻占天津期间,面对二十九军的进攻,日租界当局也积极行动起来,协助日军进行作战。在增员部队到达天津时,日租界当局为其准备宿营地,建立马厂,还在租界内及总站、东站、飞机场等地全力设置有供水工事的营地,并且还为军队介绍购入防卫材料、构筑阵地材料等物品。“由于租界内缺乏主食,民团从大连购入米、味噌、酱油,按照购买价卖给军方。”②由于大量军队及其相关人员的到来,各种物资需求大增,租界内的家具等用具难以供应。为此,居留民团寻求各方予以调度,以满足其要求。在卫生方面,总领事馆、警察署、军事当局共同组织防疫委员会,在租界内外各处设立检疫所,以防止夏季疫情暴发。7月29日,中日两国军队在东站战斗时,在东车站的居留民团职员和此地的日本守备军一起制作沙袋,运送弹药和加强防备。日本人安田还负责东站与日租界的联络。民团还与军部、总领事馆、警察署、在乡军人会天津分会、共益会等召开十几次租界警备联络委员会,协商居住在租界外的日本人避难问题等事情,同时召集义勇队,归属驻屯军司令部管辖,协助警备租界。7月29日2时日租界受到二十九军进攻时,警备班第一小队担任了旭街北端至福岛街军病院之间的日中境界线的警备工作,30日以后还与第二、第三小队参加了扫荡中国街区的攻击战;多次召集町内会代表,商讨空袭时的措施

---

① 《大公报》(上海版)1937年7月31日。

② 天津居留民团编:『昭和十二年民团事務報告書』,天津居留民团1937年,第131頁。

以及紧急事态下组织自警团等问题;建立租界隔离工场,召集会社代表商讨紧急时的自卫及避难措施。"天津居留民团制定了以防万一的警备计划,并从28日晚开始演习。这个演习以在民团事务所工作的年轻人为主。"[①]7月29日,"去学校避难的有20人,大家都住在中国街区的边界,炮弹穿透了厚达30毫米的铁门"[②]。与此同时,天津居留民团还向通州受害日本人举行慰问活动。总之,租界当局在各方面都大力协助军方,以期尽快实现占领天津的目标。

三、从"恐慌"到"平静"

中日交战初期,由于战况比较激烈,很多日本人颇感恐慌。"由于中日交战,一般中国民众的抗日行动加剧,居住在中国街区、各特别区方面的日本人1800名频频遭到中国官民的迫害,白天都不敢外出,日本人的生命财产处境危险。"[③]沦陷初期,整个天津都陷入一片恐慌之中。为了防止天津市民收听中央广播电台的消息,禁止民众安装两个以上真空管的收音机,并且还派遣特务和宪兵等到各住户与商店搜查。再加上《益世报》《大公报》等撤离的撤离,停刊的停刊,天津市民无法探听到外面的消息。《大公报》记者张高峰说:"当时的天津人,但凡有可能的,大多逃到法、英、意等国租界或外乡避难,华界已经十室九空,每天下午五点多就

① [日]藤江真文等著,万鲁建编译:《近代天津日侨回忆录》,天津人民出版社2014年,第77页。

② [日]藤江真文等著,万鲁建编译:《近代天津日侨回忆录》,天津人民出版社2014年,第79页。

③ 外務省外交史料館藏:『外務省警察史』第34卷(支那の部　北支),不二出版1999年,第440頁。

看不到行人了,变成了阴森、恐怖世界。”①“沦陷后的天津,被一种惊慌、痛苦、窒息的气氛笼罩着。街景萧条凄凉,一群群蹒跚往来的市民,一队队荷枪巡逻的日本兵,对比之下,令人心酸。全市各处飘扬的都是日本的太阳旗;‘中华民国’的字样自然也不见了,马路上张贴的日军报告,署的都是‘昭和’年号;在英、法、意租界里,凡是宽阔的十字路口和高大平整的仓库铁皮屋顶上,都用油漆涂画着他们各自的国旗图案,目的是提醒交战各方,炮火不要伤害他们的利益;海河里的各国轮船也都高悬各自的国旗,日、英、美、法、意……五颜六色,独不见中国国旗。中国人民见此情景,谁不痛苦,谁不凄怆!”②不仅如此,由于“逃到租界的人太多了,房租成倍上涨,现在只准空手人进去,携带东西的一律不准入内”③。没有办法,很多人只能冒险逃亡他乡。张高峰就是在此背景下于 1937 年 10 月从英租界的太古码头乘船逃亡青岛的。

当时不少记者或者文人都记录下了沦陷初期的天津状况。方回在《天津杂记》一文中就谈到沦陷初期天津日租界的情况,他在文中写道:“不久,我就到了天津,住在日租界的福岛街(今多伦道),是一条比较长的街。它的东头穿过旭街,在两条街的交叉角上有天津著名的百货商店中原公司,是日租界最热闹的一段。它的西头是日本兵营。街上除了熙来攘往的无数行人外,我们常常可以见到成群或成对的日本军人穿着黄色制服高傲地走过,也有拖着指挥刀的。有时更整车地装着,穿梭似的来往。”“日本人所开的咖啡馆、跳舞场也所在皆是,各大街上除了穿黄制服红帽边的日本军人,以及木屐和衣,革履西装的日鲜人外,穿得花蝴蝶似的日本姑娘也时常在人前走过。这些少女大半是咖啡馆和跳舞场中的台

---

① 张高峰遗稿,张刃整理:《大公报人张高峰 高峰自述 抗战生涯》,北岳文艺出版社 2015 年,第 16 页。

② 张高峰遗稿,张刃整理:《大公报人张高峰 高峰自述 抗战生涯》,北岳文艺出版社 2015 年,第 15—16 页。

③ 张高峰遗稿,张刃整理:《大公报人张高峰 高峰自述 抗战生涯》,北岳文艺出版社 2015 年,第 15—16 页。

柱。每个行人走过咖啡馆时，内种谑浪笑傲的声调直送到户外，时时夹着轻薄的歌声。这里边，有许多人陶醉在樱酒与樱唇之间。”“你不要以为日本人总是穿和服或西装的，最使我们惊奇的是他们有时打扮得和华人一样，他们穿着马褂长袍，有时还戴瓜皮帽，嘴里所说的又是道地的中国话。他们是非常活动，深入中国的社会层。”“日本的警察署的组织倒很健全，除了有许多高个子的燕赵健儿站街外，有许多穿便衣的巡查员，这些人骑着自行车疾驰而过，来往不绝，直到街警和他们相互举手致敬时，你才会发现他不是一个平常人。有许多不骑车的在路上踯躅着，注意路上的秩序。‘抄把子’时会使你吓一大跳；他们从行人的背后走过来，反执着你的两手，此时你得不抵抗地任他们‘抄’，你一动就得要吃亏的！”①魏精忠在《今日之平津》的通讯中写道：“七月廿九日，倭军轰炸及惨烧河北大经路及东马路南开学校等地，迄今将四个月了，津市的治安问题，仍然是无政府状态得一塌糊涂。虽然倭军在所谓日租界上，高悬气球，带有一串字说‘华界已恢复治安请速回家就业’的把戏；英法意三租界上，仍然是人烟稠密，繁嚣热闹异常。而在倭军所称的‘华界’，我们的同胞几近十室九空，已成阴森森之世界，通衢道路，至晚五时即无行人。”②

而在非天所写《陷落后的天津日租界》一文中，我们又看到另一番景象。作者写道：“自从平津陷落后，天津日租界就无市面可言。所有国人经营的店铺及居民，多半迁入英法租界避难。这种冷落萧条的现状，直接能影响敌人的权益的。日人在天津，经营的百货商店、药房、书场、奇形怪状名称不明的洋行，以至咖啡店、跳舞场、白面馆、妓馆等，都集中在那里。所以一旦失了繁荣，不仅影响日货的倾销，而且又失‘皇军’的体面。

“旭街，是日租界最繁荣的所在，开着门的商铺，约占十分之六七，但都没有什么顾客。日本商店，都贴着欢迎‘皇军’的标语，生意也清淡得

---

① 方回：《天津杂记》，《新时代》1937年第7卷第2期，1937年2月。

② 《抗战》，1938年第33号，第4页。

可怜。只有饭馆子比较热闹些，满贴着日文写成的菜单。药房的门窗里，好像也多了几张大学眼药、性特药、双性美的广告。行人都匆忙地向自己目的地冲，不愿顾盼，以免发生意外。被敌人雇用的警察，拿着短棒指挥交通，脸上现出极不安的样子，好像是在向路人表示羞惭？敌人的军用汽车，机器脚踏车，在街上横冲直撞。压死了行人，还要骂你走路不小心！

"在旭街的中假半空中，飘动着一个气球，那气球是系在新旅社的屋顶上，离屋顶约有三丈高。系气球的那条绳子上，用黑布排出几个字：'上海党军溃灭矣'。路人经过这一带时，都会不自主地抬头望了一望。像这样的气球，在天津一共有三个。其余两个，一个在日本花园内，一个在特二区的公安局。那黑布排出的标语，是随时换掉的，譬如当华北驻屯军因'满洲国'国内不安调一部分赴关外增防时，那上面就排出'得胜归国'四字，其余如'蒋介石真不行''党军内部已起分裂''华界恢复治安，从速回家就业'，也时常可以看见。

"中原公司对过的邮局，早已把那块'旭街邮局'的牌子收起来了，换上的，是白底墨字：'支那驻屯军军用邮便所'。至于那天津唯一的大百货商店——中原公司，也值得叙述一下：橱窗里的陈设，内部的布置，一如往昔，只是在门口多支了几块日文广告牌？客人一进门，就能遇见一位白脸，矮个子的西服中年人，胸襟上挂着一块公司的小徽章，他已准备好了一副殷勤的态度，招待那些屠杀华北民众的'友邦'的人。假定你个子不高，而且还套上西服，说不定你也能赚得一句亲切的日语：'先生，请进里边看。'除了几个西洋人及著着深绿色衣服的'皇军'外，几乎找不到其他的顾客。售货员跑来跑去，有的凑在一起聊天，增加了一些热闹。三楼布置了一个规模巨大的'沏茶室'，四周配装着五彩电灯，墙上有许多壁画。……中原公司是华人经营的，但它的命运已落在敌人的手中了。

"日租界各游艺场，亦在敌人的催促下，先后复业。新明电影院，已演日场电影，中华、永乐两茶园亦已开门，但观众都十分清淡。最令人触目的，是正在建筑中的'夜总会'。地址在旭街东段，大纶绸缎庄的旧址，社长为日人下弥三郎。内设国际舞厅，万国膳厅，及其他娱乐赌博的部门。

“街头的一角，贴着几张替敌人宣传的日报（如庸报、东亚晚报等），也有几位站着在面前观看，他们虽然知道这些都是汉奸报，在饥渴中却希望在报端里能发现几句国内的消息，战况的实情，但这些观众都站不一会儿，露着悲愤的深情走了。各街道的两旁，不论是墙上或闭着门的铺子门前，满贴着白纸彩色字的标语，写着：‘华北是华北人的华北’‘欢迎皇军保护华北民众’‘联俄容共是亡国的政策’‘停止中日战争进行和平谈判’等等，标语上还印着‘华北青年党’字样。日租界里除海光寺兵营外，还有一部分驻扎在荣街商工会议所，芙蓉街日本小学校，日本青年会，及福岛街的中原里。临近的馆子都贴出日文的菜单，来‘欢迎’他们。听说，有许多士兵们吃了不付钱，做掌柜，还得道声‘招待不周’送出门外。”①

日本占领天津后不久，抗日除奸团迅速行动起来，进行了一系列暗杀汉奸、破坏日租界设施之行动，使得日租界一时陷入恐慌之中。“日本租界码头货栈起火，延烧连数小时之久，敌方所受损失甚巨，亦系爱国青年抗日团所为。日寇及伪组织群丑，对此事极为惊惶，当经从事严密侦察，并加警戒，迄无法获得线索，加以我方游击队最近在津郊及大沽一带极为活跃，因此津地人心惶惶，傀儡汉奸甚为狼狈。”②

记者赵捷民在《今日评论》1939 年第 1 卷第 13 期上发表了一篇通讯《沦陷后的天津》。他在文中写道：“现在的天津，已经不是从前的天津了。在中国地首先注入人们眼帘的，是许多日本商店及日本娱乐场，什么日本料理、日本映画馆、日本俱乐部之类，此外就以贩卖毒物的土膏店毒具店为最多了。街上来往着很多的日本男女，男人多穿西服，也有很多穿着绿黄色制服，后者大都是南满铁路的职员，被派到北宁铁路服务的。女

① 《群众》1938 年第 1 卷第 5 期，第 91—92 页。

② 《大公报》（汉口版），1938 年 8 月 30 日，第 3 版。

子们有的穿宫装似的和服，也有很多穿西装的，此外还有武装的日本兵，横冲直撞，显出战胜者的骄横，然而却同时表现他的悲哀，因为这些由征调强迫来中国的家伙，对于战争是始终莫名其妙的。”“不过，同时那里也就正有许多热心年轻份子，秘密地做着抗日的工作。但天津租界小，势力小，环境也不同，工作比不得上海那么容易，稍微走漏风声，法国工部局便要干涉，禁止抗日活动的布告贴满了英法两租界各处。……法国公园的厕所里，常发现‘欢迎鹿钟麟将军来河北指挥’及‘打倒日本帝国主义’等标语，这种对华北极有意义的事，只能在厕所发见，也可见在这种环境下努力抗日工作得如何艰苦，如何值得同情。日租界地带，虽说已可自由通过了，大多数中国青年还是不敢到那里去，也不愿意到那里去。那里据说是安全的，但有血性的中国人实在羞于得到那个安全。可是负有秘密工作者却自然要冒险出出进进。作者曾冒险去了一次，街上满是日本男女和日本兵，以外则是我国的苦力和商人。旭街（今和平路）中原公司据说被烧了一次。日租界到法租界的铁门差不多还是整天地管着，只有通电车的一处开放，许多处的铁门旁，日军架着机关枪，作预备放的姿势，法方亦不表示怯弱，同样有所准备。双方站着很多的武装巡捕，情势十分严重。……窑子、大烟馆、白面馆、赌场、跳舞场等等过去在日租界里本来就很发达，现在则更数不胜数了。”①

面对如此景况，日军开始大肆宣扬所谓“中日亲善”，并在日租界悬挂“华界已恢复治安，请速回家就业”的标语，以吸引外逃的市民回津，尽快恢复社会秩序。尽管外出避难的天津市民并没有立刻回来，但是日租界却很快就恢复了“平静”。“入秋后，战争不知道去了哪儿，租界又恢复了往日的悠闲生活。”②“可能是因为天津的战斗在短期内就结束了，其后

① 赵捷民：《沦陷后的天津》，《今日评论》1939 年第 1 卷第 13 期，1939 年 3 月。

② ［日］藤江真文等著，万鲁建编译：《近代天津日侨回忆录》，天津人民出版社 2014 年，第 506 页。

我们几乎是在感受不到战争的状况下生活。"①"天津市内的日租界内不用说了,外国租界、特别区也不用说了,即便是中国街区,日本的旅馆、西餐馆、饮食店的广告牌都泛滥。伴随着天津日本人村的急剧膨胀,村里也发生各种变化。"②堀内总领事在 1937 年 11 月的居留民团第四十二次居留民会临时会议上说:"现在,华北已经明朗化,因此今后日本人在北支各方面的活动、发展必定活跃。在北支日本人活动的中心地天津,必须充分进行日本人活动的各种设施。作为民团,必须要有与之对应的充足设施,在此意义上民会议员必须充分予以考虑。"③当然,这些都是日本侨民和租界当局的感受和看法。根据天津日本总领事馆的调查,1936 年末日租界的日侨有 3668 户、11159 人,每户平均为 3.04 人;到了 1938 年 2 月,增加到 6243 户、17811 人,每户的平均人口降至 2.85 人。不过由于户数绝对量的增加,其住宅难的问题依然没有得到缓和。另据日租界当局的调查,1934 年天津土木建筑业者仅有 15 名,最近(1938 年 5 月)已达 93 名,其中事务所在日租界的为最多,有 68 家。④ 针对店铺和住宅之不足,东京建物会社在 1938 年制定如下三项计划。一是在常盘街一番地、蓬莱街二番地、秋山街一番地的 670 坪土地上,建造三层总计 1250 坪的大楼,其中面向常盘街的外侧一层为店铺,内侧为住宅,二层为综合住宅,三层则为公寓,预计 1938 年 11 月竣工。二是在旭街德义楼旧址约 470 坪的土地上,将残留的一部分建筑改修增建,变成三层,面积增加至 950 坪。预定为芙蓉旅馆,也是 11 月竣工。三是在秋山街奥田医院遗址 250 坪的土地上,建设总面积约 1000 坪的五层大楼,充当贸易斡旋所,一层为陈列

---

① [日]藤江真文等著,万鲁建编译:《近代天津日侨回忆录》,天津人民出版社 2014 年,第 366 页。

② 支那問題研究所編:『支那問題研究所経済旬報』第 26 号,1938 年 4 月 1 日,第 7 頁。

③ 天津居留民団編:『昭和十二年第三十次居留民会通常会議事速記録』,天津居留民団 1937 年,第 3 頁。

④ 「天津土建界の活況と復興景気の一側面——工事材料の供給不足が問題」,『支那問題研究所経済旬報』第 30 号,1938 年 5 月 11 日,第 13—14 頁。

室,二层以上全部为事务室,预定 1939 年春天竣工。该工事被中国人黎少山以 16.5 万元承包。此外,清水组、大仓组、大林组、福昌四家也加入进来。此外,还预定明年在山口街和宫岛街交口新建一座近代式公寓,并在朝鲜银行旭街办事处旧址新建五层建贷事务所。

图 1 – 8　1938 年日租界石山街(今宁夏路)的风景

(图片来源:近藤久义收藏提供)

1937 年 7 月 29 日至 30 日,日军飞机轰炸天津各地,使得不少地方变成一片废墟。来津的日本记者金井润吉在文中写道:“在中国风格的花园中,军马拴在烧毁后的树上,在碧空中嘶叫着。只有士兵的衣晒得发出刺眼的白色。”①尽管如此,天津仍然没有失去它国际大都市的风采,依然是繁华的象征,甚至能够和日本的大阪相媲美,从“车站前被炮击得凄惨的房屋度过万国桥,车来人往日益繁多,叫唤声很快化为喧闹,茫然地构成混乱不堪的街景”。在这里“我们能够看到作为‘北支的大阪’的面目和文化”②。因此,他认为在天津生活无疑是悠闲的,游览天津犹如漫游

① 向井潤吉:『北支風土記』,大東出版社 1939 年,第 16 頁。

② 向井潤吉:『北支風土記』,大東出版社 1939 年,第 13—14 頁。

世界，可以“在维多利亚公园散步，在法国租界购物，在旧德国租界吃晚饭，夜里在中国剧场或意大利租界的回力球参观，兼具参观人种，犹如出洋之心境”①。1938 年，旅行者来到天津的时候，觉得“市内无可参观者”，看到大和公园“小绮丽”，但规模很小，公园前方有很多日本人住宅。② 后藤朝太郎来天津旅游时，旅馆“由于日本旅游的到来，而出现满员的盛况”“日本租界的旭街、曙街、福岛街周围在各种意义上说都成了日本人深刻记忆的地方，大厦高楼鳞次栉比”③。其他地方也因此次事变为契机，“由于日本势力驱逐了英国人的势力，面目一新，一般市况也出现繁荣”。甚至繁华街区的中心地估衣街“呈现出比战前更为活跃的局面”④。1939 年日军封锁英法租界，极大打击了英国在天津的势力，“英国的势力在天津逐渐削弱，被日本所取代”⑤。“日租界也很好，和英、法完全不同，是商家林立的繁华街道。旭街最好，是中国日租界中最好的。加藤、山玉洋行等百货商店很体面，杂货店也不少。药店也非常多。”因此，“日本人在药店方面也最有势力。有 68 家药店，在天津商业会议所的 93 名会员中，有 21 名是药品和医科器械商”⑥。“在日租界随处一转，就能看到寿司店、粉屋等。料理店是纯日本式的。松岛街的旅馆既能听到弦声，也能听到流行歌曲，到了夜里如果不看各种红色建筑物，犹如置身日本内地某处。天津的日本人已经具有了相当势力”⑦。

租界是列强对华侵略的象征，他们在租界内享有特权。同时为了经营各自的租界，它们大都采取本国的管理模式或经营手段。因此，租界实

---

① 向井潤吉:『北支風土記』,大東出版社 1939 年,第 14—15 頁。

② 藤田元春:『北支中支の風物:支那研究』,博多成象堂 1938 年,第 334—335 頁。

③ 後藤朝太郎:『最新支那旅行案内』,黄河書院 1938 年,第 129 頁。

④ 後藤朝太郎:『最新支那旅行案内』,黄河書院 1938 年,第 130 頁。

⑤ 東文雄:『朝鮮・満州・支那大陸視察旅行案内』,東学社 1939 年,第 108 頁。

⑥ 東文雄:『朝鮮・満州・支那大陸視察旅行案内』,東学社 1939 年,第 170—171 頁。

⑦ 東文雄:『朝鮮・満州・支那大陸視察旅行案内』,東学社 1939 年,第 172—173 頁。

际上成为移植本国文化的区域，各国租界也因此具有浓厚的本国风情。“租界是其国家的缩图，引入各国的文化，街区、建筑、公园，也都带有各自的特色，管理交通的巡查的衣服也各具特色。日本租界位于支那街和英法租界的中间，最为繁盛、有名的大和公园有供奉着天照大神和明治天皇的天津神社，社前的鸟居也很具有日本特色。”[①]日租界内不仅繁华，而且处处显出日本本土的风貌：“常盘街人非常多，从两侧的房屋透着光亮，很快明白那就是相当于内地的所谓花柳街。”不仅如此，“艺妓屋、料理屋、酒馆屋，其间寿司、荞麦、日本点心店鳞次栉比，这些都在其他租界很难看到。但是，从很多情况都能看出尊重日本人的乡土色彩都是以这种方式出现的”[②]。“日租界的旭街、曙街、福岛街、花园街、荣街、寿街、松岛街等都非常漂亮，让人切实感受到日本势力的强大。外国租界的英、法、意各国都带着自己的文化经营租界，建筑、道路、服装、生活方式都不同，非常具有国际色彩，连交通巡查的服装都不同。”[③]

然而，随着在津日侨的增多，出现了不少为非作歹、欺行霸市之徒，连日本人自己都说：“市内自称某某机关人员强行索要钱物或募捐，在北宁线车中，一张票三个人乘坐，买三等车票坐一等车的人层出不穷。”[④]其所鼓吹的“大东亚建设”也逐渐被中国人看清了真面目，因此“尽管日本号称建设大东亚新秩序进入一个新阶段，但就连日本人也承认，很多中国人只是单单将其作为保全自己的策略，或是作为不抵抗的弱者表面上服从我方。这些中国人对我居留民的动静，不用说属于重庆政权的各团体及个人不合作，就是华北政务委员会各机构以及所属的地方团体对日本人

---

① 長谷川常三郎:『北支那』,非売品 1940 年,第 58 頁。

② 岸田国士:『北支物情』,白水社 1938 年,第 63—64 頁。

③ 東文雄:『朝鮮・満州・支那大陸視察旅行案内』,東学社 1939 年,第 107—108 頁。

④ 「天津巷談」,『北支那』第 5 巻第 5 号,北支那社 1938 年 5 月,第 81 頁。

的态度，也只是表面合作，并非真正融合。”[①]居住在天津租界的一个日本人，在 1939 年记下了中国人的表情和态度，他说：“没有屈辱的面孔，也没有悲伤的影子。他们悠然地快乐生活，具有大地一般的冷静。或许如人所说，这是街头泛滥的大众表情，不是上层阶级或中国知识阶层的想法。或许如此，但这是中国最真实的表情。”[②]

四、日军封锁英法租界

1937 年 7 月 30 日日本占领天津后，中国的抗日志士以天津英法租界为根据地，团结各方力量，积极策动各种行动，试图牵制日军。尤其是以青年学生为主体的抗日杀奸团异常活跃，他们放火焚烧位于日租界的中原公司、炸毁日军的公共汽车、火烧日本仓库，打击日本的嚣张气焰。更大的活动则是刺杀汉奸，震慑亲日分子。1938 年，抗日杀奸团先后刺杀了天津伪教育局局长陶尚铭、天津伪商会会长王竹林，给日伪当局以很大冲击。对此，日军很是恼火，多次要求英法租界当局逮捕肃清抗日志士，但一直都未能得到有效响应。正如 1938 年天津日本总领事馆警察署在本年度警察事务报告中所说：“（英法）两租界当局试图继续以支持蒋政权来确保其原有权益，每每妨碍我方行动，对于存在于租界内的由共产党、蓝衣社、CC 团及其他十余个抗日团体组成的华北人民抗日自卫委员会，采取默许之态度。……对于在留日本人的设施放火、投掷炸弹等恐怖行为，租界当局不仅对其放任不管，而且在租界内对蓝衣社、CC 团特派干部实施保护，对抗日锄奸团的暗杀亲日要人的行为提供便利，总之，英法

---

① 外務省外交史料館藏：『外務省警察史』第 34 巻（支那の部　北支），不二出版 1999 年，第 254—255 頁。

② 本多六郎：「天津有感記」，『北支那』第 6 巻第 2 号，1939 年 2 月。

两租界可以说已是华北治安的一大障碍。”[①]三芳悌吉也说:“自去年一月起租界封锁后,轰炸日本租界大建筑物,袭击军关系地未遂的事件,频频放火,及近郊匪贼跳梁等的犯罪行为为数惊人,这都是藉着租界的荫庇,而遗存下来的共产党及蒋府的抗日结社所干的勾当。”[②]由此可见,日本人将封锁英法租界的责任归咎于租界的不作为和中国人民的抵抗,丝毫没有意识到自身的侵略给中国人民带来的灾难和痛苦。

正是基于自身的逻辑,日方认为一切祸端的根源就是英法租界,它已经严重威胁到日本“大东亚秩序”的建立,必须实行强制措施。日本当局叫嚣要“打倒暴英”,要求居住在英法租界的日本人撤退,中日各大公司仓库的货物也开始外运。天津的日本各新闻通讯记者所组成的天津日本人新闻通讯记者团也发表促进英国当局醒悟的强硬声明。当时东京的舆论界也要求采取强硬手段彻底解决。英法侨民进入日租界时,需要佩戴袖章,在表示“敌对国人”的圆圈中写有敌字,妇女也需要佩戴同样的丝带;中国人则需要出示身份证明书和传染病预防注射完毕的证明书。美国退役少校理查德·维能·希尔于1939年奉命前来天津,他经历了日军封锁英法租界的困境,他说道:“紧张的局势使得租界的街道在大部分时间空无一人。中国人不愿冒险出家门。街上只有几辆黄包车。日军的企图是迫使所有的西方人士离开中国。”[③]

1939年4月9日,伪华北联合准备银行天津分行经理兼天津海关监督程锡庚又在英租界大光明电影院被暗杀,凶手逃入英租界。英租界“工部局邀请日本人合作在租界里进行数次搜查,结果逮捕了数人”。然而英租界当局认为证据不足,不同意引渡,双方多次协商未成。英租界当

① 外務省外交史料館藏:『外務省警察史』第35卷(支那の部　北支),不二出版1999年,第260頁。

② [日]三芳悌吉著,凌亦姚译:《天津的回忆》,《南星月刊》第1卷第2期,1939年10月。

③ [美]理查德·维能·希尔著,陈守仁等译:《我与日本帝国的战争》,中国文史出版社2015年,第116页。

局提议将任何可能的证据“提交一个由一名英国人、一名日本人和一个中立人士组成的咨询委员会。美国驻津总领事同时受命出面斡旋。但日本军事当局拒绝咨询委员会的建议，遂决定于6月14日上午6点开始封锁天津英、法租界”[①]。1939年的天津总领事馆警察署年度警察事务报告中如此说道：“此次事变爆发以来，抗日共产分子的暗中策划活动十分活跃。他们以英法租界为根据地与中央秘密取得联络，操纵地方匪徒扰乱华北地区治安，以牵制皇军的军事行动。我方与英法当局就逮捕铲除潜伏在两国租界内的抗日共产分子事宜多次交涉，要求对方反省与协助，然而对方却毫无诚意，甚至采取了庇护态度。这使得这些共产分子将英法租界作为抗日活动的根据地持续进行秘密活动，一方面与蒋政府联络，一方面向地方匪徒发出指令，炸毁天津周边铁路、暗杀亲日要人，并在我方警备区域放火、设置炸弹，严重影响了治安。故此自1939年6月14日起对英法租界实施了封锁审查。”[②]“他们在各条街道的入口设立路障和铁丝网，由日本士兵和伪警察站岗。检查点之间串起带电的铁丝网。大家进出租界，包括日本国民在内，都是用日本人签发的通行证证明其身份。所有人都要搜身，在很多情况下甚至要脱衣检查。英国公民常被挑出做最彻底的检查和凌辱，尤其是当他们试图乘轿车通过时。”[③]为此，英国驻日大使克莱琪致信日本外相有田八郎要求解除封锁，他说道：“天津英租界已经遭到军事封锁，并且这种封锁已经使英国国民遭到毋庸置疑的严重反英歧视。……我无法相信，这种行为是受日本政府命令所为，甚至也不能相信这是经日本政府允许的。因此，我必须请求阁下表露善意，向驻天津的日军当局就此事下达命令，确保他们立即停止针对英国国民的一

① 《英国国会议事录》(上院)，卷113，1939年6月20日。转引自[英]琼斯著，许逸凡译：《天津》，《天津历史资料》第3期，1965年3月，第75页。

② 外務省外交史料館蔵：『外務省警察史』第35巻(支那の部　北支)，不二出版1999年，第290頁。

③ [美]理查德·维能·希尔著，陈守仁等译：《我与日本帝国的战争》，中国文史出版社2015年，第115页。

切形式的歧视。”然而，日方并不理会，继续实施封锁。

日军在各租界边界设立检查站，对于出入英法租界的中国人和外国人实行检查。甚至在塘沽等地，日本也经常以临检为名叫停河道上所有非日方的船只，使得出入塘沽非常不便。天津市内更是因租界封锁而变得冷清。美国退役少校理查德·维能·希尔作为上海万国商团联合自卫军成员于1937年开始抵抗日本的侵略，1939年他奉命前来天津，经历了日军封锁英法租界的困境。他在《我与日本帝国的战争》中如此写道："紧张的局势使得租界的街道在大部分时间空无一人。中国人不愿冒险出家门。街上只有几辆黄包车。日军的企图是迫使所有的西方人士离开中国。”甚至来自国外的邮件也因受到日方的审查而延迟。据当时英国人所办的《京津泰晤士报》报道，当时日本人在检查站检查时故意羞辱英国人。报道说："一个年轻的英国人被迫脱衣，张嘴，接着他头部遭到猛击，下巴还挨了一记上勾拳。被喝令离开时他身上只披着件衬衫。”甚至有些人还被要求脱去全部衣服，接受检查，即便是女性也不放过。报道说一个英国太太被带到房间，开着门，就被命令脱去大衣、裙子和衬裙，甚至在士兵的眼前，被迫脱去所有衣物，最后在门外众目睽睽之下，又穿回了衣服。而她的丈夫则"搜身之后，浑身赤裸地出现在等待过关的众人面前”。有些人在日方控制区的街道行走时，也会突然遭到猛击，并被抓捕并押解到警察署。在被拘禁一周后，被迫签署一份道歉书才被送回英租界释放。日本东京的报纸甚至报道说："日军击落365架苏联飞机，脱下255条英国人的裤子。”然而，日本走私船却在各租界码头忙来忙去，一派"畸形繁荣”之景象。历经一年多的租界封锁，不断出现外侨受日军羞辱的事情，于是很多英美侨民纷纷逃离天津，返回国内或避往他处。但是要想离开天津，也并不是那么容易。希尔根据上海总部的要求要前往汉口，他只能去大连搭乘去上海的日本船。要想办理去大连的旅行手续，他首先要通过万国桥的日方检查站，进入日租界的日本观光局和日本领事馆，以便获得船票和去伪满洲国的签证。由于如此遭遇，到1940年在天津的英美侨民所剩无几。天津的国际色彩日益淡薄，到处充斥着日本人的身影，具有浓浓的日本风。

图1-9 日军封锁英法租界

（图片来源：近藤久义收藏提供）

英法租界被封锁之后，连接日租界和意租界的日本桥的交通量激增，引起极大混乱，驻屯军当局自6月22日起禁止卡车通行。英租界内的物价开始急剧上涨，居住在界内的华人“反英”情绪也开始高涨。1939年6月27日，天津广播电台第二放送（日语）向日本内地广播租界问题的演讲，并号召在天津的日本人收听。日本国内的反英情绪因此异常高涨，举行各种反英大会。因英法租界被封锁，租界内华人工厂的原料进口和销路日益困难，使得“华商陆续向华界方面转移，东马路、南市极为繁华，租界内的商业日渐衰微”①。相反，日租界逐渐成为天津繁华地域的中心。“支那料理，日本料理的市招，充满了眼底，连最老式的中国馆子都贴上

① 『京津日日新聞』1939年6月29日，第2版。

了××字的招牌。天津的确是变了。”①进出日租界变得非常困难，尤其是对中国人，更是严格盘查。不仅如此，一些中国男女伪警察还协助日本兵检查。每次“经过检查卡口，就会经常遇见日本兵及其爪牙无耻的中国狗男女在污辱中国人”②。由于白人大都回国，日本人也事先撤入日租界，遭难的主要是居住在租界的中国人和去租界寻找生计的中国人。

对于封锁英法租界，一般日侨也有不同看法。一些日本商人因商品需要在英租界码头登陆，认为封锁租界并非明智之举，“军人所做乃无视现实，造成外国小麦无法进入，天津的粮食价格上涨”。但没有任何利害关系的日本人则借此要求日本军队“借此一举收复租界”③，并开始从英法租界撤离。“天津英法租界居住的日侨纷纷向日界和华街、特别区方面转移，兴中公司、国际运输等为首的四百数十家会社已经转移完毕，眼下朝鲜银行、正金银行、福昌公司各支店也在积极准备转移。很快英法两租界就显露出凋敝衰落之象。两租界的码头装卸锐减，特三区、特一区两码头的船舶往来极为频繁，天津经济的中心区域正从英法两租界向华街及日租界转移。”④到了 1938 年 12 月，“事实上大部分日本侨民及商行已撤出英法租界”⑤。日本封锁英法租界，极大地打击了英国在天津的势力。“英国的势力在天津逐渐削弱，被日本所取代。”⑥相反，日租界逐渐成为天津繁华地域的中心。

其后，日英两国为解决封锁租界问题，1939 年 7 月，英国驻华公使克琪同日本外相有田八郎在东京举行会谈，双方缔结“有田克琪协定”，英

---

① 李卓：《一九三九年夏在天津》，《新知半月刊》1939 年第 3 卷第 1 期，1939 年 11 月，第 50 页。

② 富文蘅：《日帝侵华在津暴行点滴》，《南开春秋》总第七期，1995 年，第 206 页。

③ 八木哲郎：『天津の日本少年』，草思社 1997 年，第 106—107 頁。

④ 『支那問題研究所経済旬報』第 46、47 号，1938 年 11 月 11 日，第 30 頁。

⑤ ［英］《泰晤士报》1939 年 1 月 15 日，转引自［英］琼斯著，许逸凡译：《天津》，《天津历史资料》第 3 期，1965 年 3 月，第 74 页。

⑥ 東文雄：『朝鮮・満州・支那大陸視察旅行案内』，東学社 1939 年，第 108 頁。

国承认日本在中国镇压抗日活动“有特殊需要”，保证在各方面与日本合作，但由于此时美国对日态度强硬，谈判最终破裂。直到 1940 年 6 月才又恢复谈判最终联银券在英租界内合法流通，并封存中国、交通银行原存于英租界的白银。此后英国又将军队撤退到香港，封锁租界问题方才告一段落。但 1941 年 12 月 8 日日本发动太平洋战争后，日、英两国宣战，日本军队进驻英租界，将其改为极管区，并由方若任区长，此后天津全部处于日军的控制之下。

天津沦陷前，日租界与英法租界尚可“共生”。天津沦陷后，由于国际局势的变动，英国为了维护其在华权益，对于中国抗日志士的反日活动采取默认态度，日方对此极为不满，悍然采取封锁英法租界的措施，打破了各租界共生的局面，并逐渐走向了对抗。尽管两国经过谈判，最终以英租界的妥协宣告结束，但是，昔日的平衡被打破，英租界在日本军事力量的强势压迫下已经失去了继续抗衡的能力，不断萎缩，直至太平洋战争爆发后为日军所强制接收，日租界终于在与英租界的对抗中获得所谓的“胜利”。

五、日租界的收回

租界的存在严重损害了中国的主权和行政权，实行的是“完全独立于中国的行政系统和法律制度以外的另一套统治制度”，犹如“国中之国”，给中国人民带来了深重灾难。因此，租界从开设之日起就遭到中国人民的反对，其要求收回的诉求也一直存在。不过，中国真正行动起来则是第一次世界大战爆发后，“中国收回外国租界的行动肇始于 1917 年”①。当时第一次世界大战已经进行两年多，此时中国以中立国身份宣

① 费成康：《中国租界史》，上海社会科学院出版社 1991 年，第 398 页。

布与德国绝交，并收回其在华的一切特权。1917 年 3 月 15 日，中国政府接收了汉口德租界的警察权；3 月 16 日，天津警察厅长、天津交涉员等也率领军警进入天津德租界，接收了该租界的行政管理权；3 月 28 日，北洋政府内务部颁布《管理津汉德国租界暂行章程》，其中规定：接收后的天津、汉口德租界都改为特别区，各自设立临时管理局，管理区内的警察及一切行政事宜。[①] 由此，拉开了中国收回租界的序幕。此后由于中国政府宣布向德、奥两国宣战，宣布“所有以前我国与德奥两国新立之条约合同协约及其他国际条款国际协议，属于中德中奥间之关系者，即依国际公法惯例一律废止”[②]。由此，天津、汉口德租界的特区临时管理局改为特区管理局，奥租界改为天津第二特别区。战后签署的《凡尔赛条约》第 130 条规定：德国把天津、汉口德租界内所有属于德国政府的房屋、码头、军需品、各种船只等各种公产让与中国；第 132 条规定：德国承允取消得自中国政府现有汉口及天津租界之契约。[③] 据此确认了中国对德租界的收回。俄国十月革命后建立苏维埃政权，俄国苏维埃政府外交人民委员发布宣言，表示要废除沙皇政府同中国订立的不平等条约，放弃沙皇政府以侵略手段从中国掠夺的所有土地。1920 年 9 月 25 日、9 月 28 日，中国政府相继接收天津俄租界和汉口俄租界。不过，此后中苏两国几经交涉，于 1924 年 5 月 31 日签订《中俄解决悬案大纲协定》，其中第 10 条规定：“苏联政府允予抛弃前俄政府在中国境内根据各种条约、协定章程所得之一切租界、租借地、贸易圈及兵营等之特权及特许。”[④]这才算解决俄租界问题，同年 7 月 1 日、8 月 6 日正式收回汉口、天津的俄租界。天津的俄租界随即改为天津特别第三区。

此后，随着中国民族主义运动的日益高涨，“收回租界，便成为全国

---

① 《申报》1917 年 3 月 31 日。

② 《对德对奥同时宣战》，《大公报》（天津版）1917 年 8 月 15 日，第 2 版。

③ 《国际条约集（1917—1923）》，世界知识出版社 1961 年，第 131 页。

④ 张云伏编著：《中苏问题》，商务印书馆 1937 年，第 95 页。

人民更强烈的呼声"[①]。此后由于相继爆发五卅运动和北伐革命,借此中国政府又相继收回厦门、汉口、九江、镇江等地的英租界,"英国在华的专管租界实际上仅剩天津、广州两处,其数量不再在各国租界中占首位,而是已少于日本和法国。"[②]南京国民政府成立后,"将收回外国在华租界和租借地作为对外交涉的一项重要内容"[③]。最早进行交涉谈判的是天津比租界。其实,早在1927年,比利时政府与北洋政府就举行了修订双边条约的谈判,当时比利时驻华公使洛恩就表示,比国愿将天津比租界交还中国,以示友好。当时北洋政府甚至组织了接收天津比租界委员会,但是比国以中国政府买回界内土地为条件,使得交涉搁浅。1929年1月,国民政府外交部重提旧案。此时,比利时政府表示将该租界"无抵偿"地交还中国。此后双方于1929年8月31日签订《比利时交还天津比国租界协定》及四项附件。文件规定:比利时政府将该租界的行政管理权移交中国政府,并将河岸、码头、道路、铁路及其所属地段等租界公产,工部局所有的及其工具、家具、警装及银行存款,全部交与中国政府。比利时工部局所负的9万3千多两银子的债务,则由中国政府偿还比国政府。[④] 不过,直到1931年1月15日,双方才互换该约的批准书,3月举行正式交接典礼,天津比租界才被正式收回,改为天津市特别第四区。期间通过交涉还正式收回了镇江、厦门两个英租界。

由此可见,中国政府收回租界大致有四种途径:第一种是因为国际战争而被中国收回,例如德租界、奥租界在第一次世界大战后被收回;第二种是租界所有国因某种原因自己主动放弃而被中国收回,例如俄租界;第三种则是中国政府主动收回,例如九江、汉口英租界;第四种则是通过外交谈判被中国收回,例如比租界和厦门英租界等。

---

① 费成康:《中国租界史》,上海社会科学院出版社1991年,第403页。

② 费成康:《中国租界史》,上海社会科学院出版社1991年,第410页。

③ 费成康:《中国租界史》,上海社会科学院出版社1991年,第410页。

④ 费成康:《中国租界史》,上海社会科学院出版社1991年,第411页。

日租界的收回则相对较晚。1937 年 7 月 7 日，抗日战争全面爆发后，日本政府做出了撤退长江沿岸各商埠及苏杭一带全部日侨的决定，从 1937 年 7 月下旬、8 月初，日侨及使馆人员陆续从重庆、汉口、苏州、杭州等地撤退，当地的日租界便交由中国政府“代管”。中国警察先后接管了重庆、杭州、苏州、汉口四个日租界的警察权，并对这些已无日本人居留的日租界进行行政管理。① 1938 年 8 月 13 日，在淞沪抗战爆发一周年之际，湖北省政府正式决定收回汉口日租界，将其改为汉口第四特别区。不过，此后不久，由于苏州、杭州沦陷，汉口、杭州、苏州的日租界又被恢复，只有重庆日租界被中国政府真正收回。七七事变爆发后，重庆各界数万人举行了抗日集会，强烈要求国民政府收回日租界，当时报纸也敦促政府和重庆市地方当局采取果断行动。租界内的日本人也是惊恐万状。由于当时附近日本方面只有海军一艘排水量 305 吨的“比良”号小型炮舰担任警备，因此，7 月 14 日，重庆日本领事馆领事糟谷将领事馆内所有的重要资料照片转移到该舰艇上，做好撤退准备。7 月 28 日，日本外务省向糟谷领事发出尽快撤出重庆日本侨民的训示，于是 8 月 1 日，领事馆人员及日侨乘坐“宜阳”丸商船逃离日租界，中国政府随即接管重庆日租界。这是中国政府真正意义上收回的第一个日租界。1941 年 12 月 8 日太平洋战争爆发后，日本对英美等国不宣而战。12 月 9 日，国民政府也正式向日、德、意三国宣战，并宣布废除中日、中德、中意之间的一切条约、协定、合同。由此，中国即可收回日本、意大利在华的全部租界。但是除重庆日租界外，其他日租界所在地都已经沦陷，中国政府在事实上根本无法收回。

1940 年汪伪政府在南京建立后，也开展了收回外国租界的运动。甚至汪伪政府外交部还秘密确定了“以收回上海公共租界及法国租界为中心，以次推及其他各租界”的实施方案。但是对于在华的日租界，日方并

① 费成康:《中国租界史》，上海社会科学院出版社 1991 年，第 414 页。

不愿意这么轻松交还。1940 年 11 月 30 日签订的《中日基本条约》第七条规定:“日本政府基于本条约之中日新关系的发展,应撤废在中华民国所享有之治外法权,并交换其租界。中华民国政府则应开放其领域,使日本国臣民,得居住营业。”直到太平洋战争爆发后,日本政府才改变态度。1942 年 12 月 21 日,日本政府在御前会议上决定了新的对华政策,其内容包括归还租界、撤废治外法权等,借以强化汪伪政权,缓解中国人民的抗日意识,并敦促汪精卫政权向英美宣战。

在同盟国方面,1942 年 10 月,英美两国为了团结的需要,正式向国民政府提议,从速签署中美和中英有关废除治外法权、交还在华租界的新条约。1943 年 1 月 11 日,中国政府与美、英政府分别订立《关于取消美国在华治外法权及处理有关问题之条约》和《关于取消英国在华治外法权机器有关特权条约》。在这两个条约中,英美两国政府同意将在华的租界归还给中国。其他参加反法西斯阵营的比利时等国家也相继签署了同样性质的条约。

1943 年 1 月初,日本政府获悉美国国会将于 1 月 8 日审议有关取消美国在华治外法权及其他特权的条约,临时将原定于 1 月 15 日与汪伪政权签订的《日华关于交还租界及撤废治外法权之协定》提前到 1 月 9 日,以便抢在英美之前订立了《日中关于交还租界及撤废治外法权协定》,其具体内容如下:“第一条 日本国政府将日本国现时在中华民国领有之专管租界行政权返还中华民国;第二条 两国政府各任命同一数目之委员,使之协议决定关于前条实施之详细条目;第三条 中华民国政府当根据前二条之租界返还实施后在当该地域施政时,对日本国臣民之居住营业及福祉最低当维持从前之限度;第四条 日本政府承认尊(遵)从别项协议决定,从速将上海共同租界行政权及厦门鼓浪屿共同租界行政权返还中华民国政府;第五条 日本政府承认从速返还中华民国北京公使馆区域之行政权;第六条 日本政府决定从速撤消在华治外法权,两国政府更作成具体案从事讨论,并任命等数委员,设置专门委员会;第七条 中华民国政府于日本撤消治外法权后，得解放本国领域，以供日本臣民居住营业，且对日本臣民得予以与中华民国国民同等之待遇，前项委员会得对前项具体案有所考究；第八条 本协定自署名后实施之。”[①]从条约内容来看，日租界内日侨的一切权益维持不变，改变的只是租界存在的形式，对日本并没有实质性损害。因此，也可以说这是日本为了宣传所谓“日中亲善”而采取的措施而已。

根据上述条约规定，伪政权行政院内设置接收租界委员会和撤废治外法权委员会。2 月 9 日，伪国民政府任命褚民谊、李圣五、吴颂皋、周隆庠为“接收租界委员会”委员，褚民谊为委员长，同日又任命褚民谊、李圣五、吴颂皋、周隆庠、罗君强、汤应煌为“撤废治外法权委员会”委员。[②] 日本方面也发表两个委员会的名单，其中，堀内干城、中村丰一、田尻爱义、高濑真一、岩崎民男等人为“撤废治外法权委员会”委员；堀内干城、中村丰一、田尻爱义等人为“接收租界委员会”委员。3 月 4 日，双方举行第一次委员会会议，会上日本驻华大使重光葵阐明了日方实施交还租界和撤废治外法权的重要意义，同时还就接收日本专管租界的具体方案进行了协议。3 月 14 日，双方签订了《专管租界交还实施细目条款及了解事项》，其中《中日关于日本交还在华专管租界实施细则》规定：第一条：日本将杭州、苏州、汉口、沙市、天津、福州、厦门及重庆专管租界行政权交还中国政府，并自中华民国三十二年（昭和十八年）三月三十日实施。第二条：各专管租界内之道路、桥梁、暗沟、堤岸各项设施，决定无偿移交中国。第三条：中华民国政府须尊重且确认日本国政府及臣民在现状下于专管租界地域，所有之不动产及其他权益，并对之施以必要措置。[③] 3 月 15

① 中共天津市委党史研究室、天津市档案馆、天津市公安档案馆编：《日本帝国主义在天津的殖民统治》，天津人民出版社 1998 年，第 331—332 页。

② 袁继成：《近代中国租界史稿》，中国财政经济出版社 1988 年，第 336 页。

③ 中共天津市委党史研究室、天津市档案馆、天津市公安档案馆编：《日本帝国主义在天津的殖民统治》，天津人民出版社 1998 年，第 332 页。

日，日租界居留民团长臼井忠三发表谈话称："此次之租界返还，对新中国之发展强化可谓完成一大贡献，余衷心欢喜，吾人仰体中央之意旨，具有何时皆可返还之心情与准备，吾等日人必须铭记，我方此次之措置，乃系促进中国国内体制强化，以及强化与日本同生共死之参战力量者，且更可为大东亚战争完遂之原动力，应始终基于大乘的精神而行动，现在天津在留日人七万，居住于租界者约三万，此等日人亦于同样之心情下，以积极的态度，中国方面，从来之租界内的福利设施，于此次返还之同时，亦努力不使之降低效能，与中国共同强化之，以发挥同生共死之精神，对此次措置之准备，皆已完全，将毫无遗憾而欣喜交付。"[①]同年 3 月 17 日，伪南京国民政府任命陈君慧为接收天津日本专管租界委员。陈君慧于 3 月 27 日从南京乘坐津浦急行车北上，在沧县车站与渤海道尹谢华辉、沧县知事朱宝仁汇合一同来津。他在对记者谈话中声称："日租界接收后，当局对于人事之权衡，自应特别审慎，而各界更应时时督促协助官方将接收后之租界，务办至尽美尽善地步，如此方无愧自己，无愧他人。再者，关于接收之名义，决定避免特别字样，直属于市公署，而成为与其他各区毫无二致之一区。"[②]

根据这一实施细则，华北政务委员会为接收天津日租界训令市公署，称："接收天津日本专管租界定于本月三十日举行，政府特派建设部长陈君慧前赴天津，会同天津市市长举行接收典礼，盼即饬知天津市市长准备一切，并与天津日本总领事接洽办理为要。"[③]此后，天津特别市公署进行相关准备工作，并于 1943 年 3 月 27 日制定了《天津特别市公署日本租界处理要纲》，规定："一、该租界之名称定为兴亚第一区，并改为市之普通区。二、该区内设置区公所及警察分局。警察分局之编制，饬由警察局另

① 《津日租界民团长臼井忠三发表返还租界谈话》，《晨报》1943 年 3 月 15 日，第 1 版。

② 《交换租界实现平等互惠》，《庸报》1943 年 3 月 29 日，第 1 版。

③ 中共天津市委党史研究室、天津市档案馆、天津市公安档案馆编：《日本帝国主义在天津的殖民统治》，天津人民出版社 1998 年，第 333 页。

行拟订办法。三、该区之会计事宜，由市财政局直接办理，但于市之总预算中，另设特别项目处置之。征税事务亦由财政局直接办理之，并与民团组织共同委员会，以便审议决定种目及一切税率。四、所有移让之电气及水道，仍按现状，改由市方直营。但应委托电业公司及自来水公司营之。关于暗沟事宜，由市方工务局与民团协议处理之。五、区公所之组织，按普通区之区公所暂行组织规则规定之。"[①]据 1943 年 3 月 27 日《庸报》报道称：出席日交还津专管租界典礼的代表有：日本方面在太田天津总领事、臼井居留民团长、土田大使馆参事官、丰垣书记官之外，并有总领事馆及民团干部，来宾有天津防卫司令官、雨宫天津陆军特务机关长以下军官民代表出席；中国方面有王天津特别市长、国府建设部长陈君慧两氏，及华北政务委员会代表、市公署各局长，来宾有靳云鹏、龚心湛、曹汝霖等在野要人出席。[②]

1943 年 3 月 30 日 10 时，天津日租界"交还"仪式在日租界公会堂举行，参加交还仪式的有日本大使馆土田参事官、天津日本总领事太田知庸、日租界居留民团长臼井忠三、汪伪接收委员陈君慧以及汪伪天津特别市市长王绪高和华北政务委员会孙代表等人。会上，天津日本总领事太田知庸致辞说："此次天津日本租界之交还，在中华民国史上发出光华灿烂不灭之光彩，为划期事实为中华民国及天津特别市不胜恭贺。"臼井忠三居留民团长则在致辞中说："现今当租界交还之际，侨民洵不胜感慨，今日根据日华两国协定欣然移交者，无非本乎日本希冀中国独立自主之道义精神，因此而得完成日华两国之提携，并对于击灭共同敌人英美实现进一步密切合作，可望达成吾人之本望。最后切望日本租界于交还后，经贵国当局之努力，不禁照旧维持现状，且望更趋发展。"王绪高则在致谢词中说道："此对我中华民国之独立自主冀求与助成之道义精神，与盟主

---

① 中共天津市委党史研究室、天津市档案馆、天津市公安档案馆编：《日本帝国主义在天津的殖民统治》，天津人民出版社 1998 年，第 333 页。

② 《日交还津专管租界卅日行历史的式典》，《庸报》1943 年 3 月 27 日，第 3 版。

国家所有伟大之襟度，本市长实由衷心表示最大之敬意。”①甚至还致电在华日本各长官表达谢意。与此同时，王绪高还代表中方接收天津居留民团开列的如下各项设施及物件：属于租界内者：道路及道路补修用汽碾一架；路灯；街路树；下水道并下水道关系固定设施及备品；桥梁；护岸；清扫用器具及备品；关于警用消防之固定设施、器具及备品。属于租界邻接地域内者：道路；路灯；街路树；下水道；护岸；关于消防之固定设施。从事人员：道路关系从事人员；下水道关系从事人员；清扫关系从事人员。②此后，天津特别市市长王绪高又就接收日租界分别复函天津日本总领事太田知庸和天津居留民团长臼井忠三，表示感谢。王绪高宣称此“实为贵国政府对新中国建设热诚支援之佐证”，并“表示深甚之谢意”。同日，王绪高又发表广播讲话，对于日本归还租界之举动，更是给予高度评价和感谢。他说：“此种信义友好之重大措置，及对我中华民国之独立自主冀求与助成之道义精神，与盟主国家所有伟大之襟度，彻底宣示于全世界。本市长及全市民众，实由衷心表示甚深之感谢，和最大之敬意。……本市民众，对于友邦日本租界返还盛典，身亲目击，认识特别真切，感激出于肺腑。今后中日市民精诚亲睦之协力，将于日月而并进。”③从接收的设施及物件来看，都是一般的公共设施，而重要的公共设施及建筑仍旧掌握在居留民团手中。但是，天津市长王绪高的表态如此谄媚，实在令人不知其可。

1943 年 4 月 8 日，天津特别市政府发布有关命令，将原日租界改为兴亚第一区，时任市公署参事张同亮（原北洋政府财政总长张弧之子）被任命为兴亚一区兼区长，不久日本特务机关又派鞠和旃接任区长。如此，

---

① 《天津日租界交还式》，《庸报》1943 年 3 月 31 日，第 1 版。

② 中共天津市委党史研究室、天津市档案馆、天津市公安档案馆编：《日本帝国主义在天津的殖民统治》，天津人民出版社 1998 年，第 335 页。

③ 中共天津市委党史研究室、天津市档案馆、天津市公安档案馆编：《日本帝国主义在天津的殖民统治》，天津人民出版社 1998 年，第 336 页。

图 1－10 1943 年日本将天津日租界归还汪伪政府

（图片来源:1943 年 3 月 31 日《庸报》）

日租界形式上不复存在,其行政管理机构居留民团也取消。但兴亚一区的大权仍旧掌握在日本人之手,区公署的行政人员还需听命于民团长臼井忠三。对此,《大公报》发表评论《日寇如此“归还租界”》,其中说道:“日寇如此归还租界,是尊重傀儡政权独立,赋予沦陷区与日本平等吗?事实很简单,答复这个问题也容易。在日本对华政策的形式上说,这是‘将欲废之,必固兴之;将欲取之,必固与之’的一种做法。我们说‘形式’,是说与实质相反的形式。即在形式上,近来日本用于汉奸的口号之一,有‘政治独立’一语,正努力把日本人置于幕后,充分发挥‘以华制华’的精神。其实,日本人高高在上的支配傀儡的政治。现在把日本租界的行政权给南京伪府,在形式上,等于宣扬伪组织的独立,提高了傀儡的地位,但实质上,日本租界已扩大至全部沦陷区,汉奸统辖所及之地,无处不是日本的天下,根本就没有设置日本租界的必要。”①

1945 年 8 月 15 日,日本政府宣布投降,蒋介石勾结日伪方面,任命伪治安军李卓雄为国民党的“华北先遣军”第三军,偕同日本驻军控制天津,以阻止共产党领导的八路军开进天津接受日军投降。派遣张廷谔充任天津市市长,戴笠还任命伪治安军司令门致中为河北先遣军总司令,严防中共进入天津,并将伪天津特别市公署警察局改组为天津市警察局,负责天津城内的治安。17 日,天津市警察局长李汉元拜访日本宪兵队长松本,要求日本宪兵队“继续负责天津市内的治安,注意日军的军风以及官兵的动态”。18 日,他又会见日本驻津军司令内田银之助,要求日军“固守原防等候中国军队抵达后移交防务,不得将原防地或武器交给其他任何军队,不得允许国军以外的其他军队进驻市内”②。也因此,使得中共不得不放弃接收天津,在周边城镇进行周旋。其后,还将华北各地的日本人集中在日租界内,由日本驻军及居留民团加以保护。

与此同时,蒋介石还以盟军中国战区总司令的名义,命令美军陆战队第一师占据天津。9 月 30 日,美国海军陆战队第三团司令骆基率领部队在塘沽登陆,10 月 1 日,美军在天津原法国公议局设立司令部。美军来津的任务:“第一是为国民党开拓从北平到沈阳的交通,以便国军将部队从南方运输到华北、东北。第二是压制日本投降军队,迫使他们顺从国民党政府指挥,因此,天津地区对日本受降由美军担任,北平地区受降由第十一战区担任。第三是遣送日本俘虏和日本侨民归回他们国家。”③10 月 6 日,美国海军陆战队第三军长骆基中将和国民党第十一战区前进指挥所主任施奎龄代表美国和中国政府,在美国海军陆战队的司令部门前接

---

① 《日寇如此“归还租界”》,《大公报》(重庆版)1943 年 3 月 18 日,第 2 版。

② 李汉元:《抗战胜利初期我在天津的活动和见闻》,全国政协文史资料委员会编:《文史资料存稿选编 7 抗日战争(下)》,中国文史出版社 2002 年,第 607—608 页。

③ 杜建时:《从接收天津到垮台》,天津市政协文史资料研究委员会编:《天津历史的转折——原国民党军政人员的回忆》,天津人民出版社 1988 年,第 3 页。

受天津日军司令官内田银之助之投降,至此日租界才得以日本战败投降而宣告真正收回,结束了长达五十余年的历史。

第四节　遣返日侨日俘

一、战败初期的日侨生活

1945年5月8日德国战败,至此德意日三国同盟仅剩其一,但此时日本也已经是强弩之末,在太平洋战场上节节败退。尤其是8月6日、9日美国分别向广岛和长崎投掷两颗原子弹,使日本国内死伤惨重;与此同时,8月8日苏联宣布对日作战,并迅速出兵中国东北,号称"百万"大军的关东军顷刻瓦解。最终日本走投无路,于8月14日宣布接受《波茨坦公告》,昭和天皇发表《停战诏书》,宣布无条件投降。第二次世界大战结束,长达十四年之久的抗日战争也终于取得胜利。全国各地欢庆胜利。在天津,马路上的行人奔走相告,并燃放鞭炮庆祝。在日本投降之初,由于国民政府的军队还没有到达天津,无法维持当地的秩序,因此通过谈判仍决定由北支派遣军暂时维持秩序,直到美国海军部队的到来。日本战败投降后,日本侨民普遍处于一种无所适从的状态,不知道何时撤退,也不知道个人财产如何处理,"他们昨日还在标榜的一切共同目标,现今全已失掉”[1],日本侨民出现混乱和不安的局面。

战败给日本侨民生活带来了很大影响,“随着战败的到来,不少日本人的生活开始变得穷困。有些人开始自己制作豆腐,卖给日本人,以资生活。还有一部分人受雇于中国人,甚至还有一些日本女性从事卖淫活动。一些人开始靠变卖东西为生”[2]。而且,他们不知道将来会如何,甚至担心会受到中国人的报复,但“天津街道上的中国人不过是茫然若失,非常平静,一边说着‘大战结束’,一边和往常一样行走在街上”[3]。不过也有“穿着和服的日本妇女被中国孩子拽着衣服,吓得赤足而逃。甚至还有日本人被群众围住殴打。有些中国人对日本人反感,但也有些人对日本人不关心”[4]。其实,不少日本侨民,在“日本战败投降前的二三日,由于已经从中国人中得知消息,不管有没有听到天皇的投降广播都比较安稳。而此前看不到的韩国国旗和青天白日旗已经遍布租界”[5]。

此时,在天津的日本人却惶惶不可终日。由于电台广播昭和天皇的《停战诏书》时正是下班时间,“一些走在马路上的日本男人都立正垂耳敬听,日本女人则双膝跪下静听,边听边哭”[6]。由于日本占领天津期间犯下滔天罪行,因此在听到日本投降的消息后,“自发地打日本人的风潮迅速蔓延”[7]。1945 年 8 月 16 日在小营市场内发生了卖菜的打日本人的事情。而“火车东站打日本人的气氛更是厉害,是发现一个打一个”,“当

① [日]今井武夫著,天津市政协编译委员会译:《今井武夫回忆录》,中国文史出版社 1987 年,第 253 页。

② 八木哲郎:『天津の日本少年』,草思社 1997 年,第 248 頁。

③ 樋口隆一:『終戦前後——ある少年期の記憶』,非売品 2003 年,第 85 頁。

④ 八木哲郎:『天津の日本少年』,草思社 1997 年,第 258 頁。

⑤ 西村正邦:『天津的柳絮』,非売品 2002 年,第 53 頁。

⑥ 刘洪涛:《日军投降之日见闻》,《天津文史资料选辑》第 68 辑,天津人民出版社 1995 年,第 96 页。

⑦ 刘洪涛:《日军投降之日见闻》,《天津文史资料选辑》第 68 辑,天津人民出版社 1995 年,第 98 页。

时的日本人如同过街老鼠，人人喊打”[1]。很多日本人被打得头破血流。当然也有日本人在占领期间因为与中国人友好相处而受到中国人的礼遇，甚至允许其居住在自己家里。此后蒋介石发表对日本要“以德报怨”，警察局通知不许随便打日本人，情况才有所好转。但抢窃日本仓库的事情时有发生，市面上一度全是日本军用物资。

战败后，由于无法获得任何消息，日本侨民只能将自己的现金通过横滨正金银行天津支店汇到日本。但到战后这些全都成了废纸。遣返回国前，日本侨民被安置在淡路小学校，甚至还有很多是从张家口等地逃难而来的。在遣返回国时，是按照拥有“60 岁以上的老人、乳幼儿、病人”的家庭为优先。在离开收容所回国时，男女老幼每人支付 1000 日元作为生活费。“店里的中国领班、佣人等一直到我撤退都毫无恶意地工作，自己住宅的伙计等人也一直到我撤退回国都在认真工作。”[2]

二、遣返日俘日侨

天津拥有中国北方最大的港口，日本战败投降后，负责遣送京、津、冀、晋、察、绥等华北地区近 34 万日俘日侨。该项工作主要由美国海军陆战队第一军团和国民党第十一战区共同组成的第十一战区日本徒手军官天津管理所、天津日侨管理处、天津日侨归国准备会和天津日本官兵善后联络部等部门负责。这主要是为了便于管理和加快遣返进度。

日本投降后，蒋介石和冈村宁次先后下令中国境内的日军向国民政府指定的部队缴械投降，各地日侨则由各地区中国陆军受降主管指定区域集中并交由当地省市政府管理。由于中共在天津市郊区占有兵力上的

① 刘洪涛:《日军投降之日见闻》,《天津文史资料选辑》第 68 辑，天津人民出版社 1995 年，第 98 页。

② 亀沢省朔:『回想三十年——天津の思い出』，未刊本 1976 年，第 10 頁。

优势，国民政府为抢夺对天津的接收权，决定将该地区的受降权交给美军。中国政府在日军投降不久后也委派了第十一战区少将高级参谋马友松、刘云楷与美国海军陆战队第一军团后勤运输处上校共同组成了第十一战区日本徒手军官天津管理所（简称天津日俘管理所），负责华北各地来津日侨的管理。

日本投降之初，天津地区还没有专门的日本侨民管理机构，管理之责主要由天津市政府外事处和天津市警察局法则。直到 1946 年 1 月 18 日，天津市政府才成立了日侨管理处，主要负责日侨的调查、登记、管理、感化教育、遣返回国等工作①。日侨管理处由当时的天津市正副市长张廷谔、杜建时分任正副处长。日侨管理处为临时机构，所有人员均为兼职，从市政府及所属各局调配。其下设三组，第一组主要负责日侨的登记调查、日侨住所的分配管理、日侨的管理及取缔违法行为、日侨收发邮电的检查、指挥日侨服役等事务，天津市警察局局长李汉元兼任组长；第二组为教育组，主要负责制定和执行日侨感化教育计划、指导和考核日侨生活行动、指导监督日侨自治团体以及与美军主管日侨教育的联络，由天津市教育局局长黄子坚兼任组长；第三组为总务组，主要负责文书处理、公物的购置及保管、经费的出纳和报销、日侨主副食的筹办及报销、不属于其他各组之事项，由天津市政府总务处处长李雨荪兼任组长。此外，还设一名主任秘书，负责处理日常工作。该处于 1946 年 10 月初结束工作。除此之外，天津日侨归国准备会和天津日本官兵善后联络部在中国政府的监督下，也负责日侨的遣返工作。具体工作是帮助日俘日侨兑换货币、征收伙食费、管理寄存金、整理证券及移交的文件，指导侨民生活及填发各种证明文件等。②

在遣返过程中，日本自治团体在中国政府的监督下也承担了一定的

① 胡荣华：《战后天津暨华北地区日俘日侨遣返研究》，《近代史研究》2008 年第 3 期。

② 《天津联络部业务报告》，津档，卷宗号：J13/32。转引自胡荣华：《战后天津暨华北地区日俘日侨遣返研究》，《抗日战争研究》2008 年第 3 期。

工作。1945 年 11 月 3 日设立了华北方面军天津联络部，后改称天津日本官兵善后联络部，由原日本驻华北派遣军分布改组而成，隶属于中国战区日本官兵善后联络总部，最初由原日本华北派遣军总司令根本博任部长，后改由坂本吉太郎担任，主要负责日俘日侨归国前的输送及与中美双方的联络工作，帮助日俘日侨兑换货币、征收伙食费、管理寄存金、整理证券及移交的文件、指导侨民生活及填发各种证明文件等。该部于 1946 年 7 月 3 日正式结束。

1945 年 12 月 29 日成立了天津日侨归国准备会，该会也是日侨自治机构，主要工作是协助天津市政府办理日侨自己的准备事项，以及就日侨遣返中所遇问题与天津市日侨管理处和塘沽港口司令部的联络工作。1946 年 8 月，随着天津遣返日侨工作的基本结束，同年 8 月 12 日，天津日侨归国准备会改为“旅华日籍技术人员自治会”，负责华北各政府机关留用日籍技术人员的遣返工作。

美军接收天津后，将缴械日军集中于南货场内，建立了天津市最早、最大、可容纳一万余人的日俘日侨集中营——南货厂。随着来津日俘日侨数量的逐渐增多，该集中营已无法满足需求，于是，又先后在芙蓉小学、共立小学、本愿寺、同光会、金光教会、北洋大学、西站屠宰场等地建立了集中营。由于战后仍有一些日俘日侨制造事端、扰乱治安、潜逃等现象发生，因此被集中的日俘日侨在津受到严格的管理，他们的活动基本被限制在了集中营区域。遣返前的日俘日侨一律在这里接受监督管理，宣传教育，不得擅自外出活动。

天津地区日侨的食粮最初由美军发给天津市日侨归国准备会，再由它供应给日侨。其他从华北各地集中来津的日侨，由转来地日侨归国准备会供应食粮或自带食粮。当时，每名日侨每日所需主食费和副食费待遇已超过了当时中国人的生活水平。但由于战后中国各地发生粮荒，面对陆续来津的大量日俘日侨，天津地区的粮食供应日趋紧张，原日本军用粮库渐渐难以满足如此众多的粮食需求，美军开始停止为来津日俘日侨配发食粮。为此，天津日侨管理处分别与相关部门联系，采取征调、借用等方式多次为来津日俘日侨筹集粮食，尽量维持他们的每日生活所需。日侨管理处将筹集的食粮交给天津日侨归国准备会，廉价配售给在津日侨。一些日俘曾在中国犯下罪行，他们担心自己会被判刑甚至被处死，有的担心自己不能回国与家人团聚，内心充满了恐惧和苦闷。管理部门十分重视对日俘日侨的感化教育工作，宣传对他们的宽大政策，消除他们的顾虑。天津广播电台第二播音室每天定时为在津日本人播放日语节目、播放日语歌曲，并派人到他们中宣讲政府对他们的遣返安排，组织日侨自己演讲。为了确保日俘日侨的身体健康，在津的各日俘日侨集中营内均设有专门的医务室，并备有常用药品，日俘日侨患病者随时可以得到治疗，重病者则由日侨管理处送善后救济总署特约的医院。天津日俘管理所和日侨管理处还对所有集中起来的日俘日侨施种牛痘及打防疫针，并设立理发室、浴室等，以供日俘日侨使用。天津日俘管理所和日侨管理处充分利用有限的空间，组织日俘日侨开展体操、排球、足球等体育活动。

由于日伪遗留下的一些企业、洋行仍需一些日本技术人员维持正常运营，因此中国政府与日本政府协商，暂时留用一批日籍技术人员在原单位继续服务，待中方掌握技术后，再将其遣返。但在《中国境内日籍员工暂时征用通则》中对留用日籍技术员工的种类做了严格的规定："1. 事业不能中断，其技术无人接替者；2. 其技术为我国目前所缺乏者；3. 非征用不能为业务上之清理者；4. 情形特殊有征用之必要者。"华北地区留用日籍技术人员的审核、管理工作统由河北平津区留用日籍技术人员审核委员会负责。该委员会对各机关留用日籍技术人员及眷属的待遇、监管做出了明确规定：留用日籍技术人员的待遇与中国公务员相同，试用期三个月。

遣返工作由美军、第十一战区塘沽港口运输司令部、宪兵和警察局共同负责，当时第十一战区塘沽港口运输司令部为刘书松负责。经过上述各部门协商，对于集中来津的日俘日侨，原则上优先遣返日俘和外地日侨。这是因为一方面大量的日俘聚集天津会对社会稳定造成一定的威胁,另一方面是中国战后的艰难形势使得天津的粮食供应不能支撑如此众多日俘日侨对粮食的需求,而外地日侨所带粮食和款项均有限。

遣返日侨工作始于 1945 年 10 月,首先是遣返从其他各地来津的日侨。1945 年 10 月 20 日,首批遣返回国的天津日侨 3400 人搭车赴塘沽乘船返回日本,拉开了中国战区大规模遣返工作的序幕。11 月 17 日,第一艘遣返船从塘沽港起航,各地的日侨日俘陆续登船回国。本市的日侨则从 1946 年 1 月才开始遣返,到 1946 年 5 月 2 日,天津本市的日本侨民仅剩 4000 余名。1946 年 8 月 10 日,最后一批日侨集中于南货厂,乘坐美军的一艘登陆艇和病院船回国,日侨的遣返工作基本结束。其间,共遣返日俘日侨约 34 万人。

遣送的基本程序是,在日俘日侨遣返之日,日俘日侨在天津市警察局派出的督察员、特警班学员等的陪同下,来到天津市内的南货厂集中营。日俘日侨在接受身体、行李检查及身份核实登记后,从该处乘坐小船或货车到塘沽港。在登轮回国前,日俘日侨们被集中在塘沽小孙庄第 1820 部队仓库院内,由美军、第十一战区塘沽港口司令部、宪兵、国军和警察局联合实施检查,主要是对爆炸物、武器、刀具、照相机、望远镜、黄金白银、宝石、艺术品、股票等违禁品,以及超过自身所需的珠宝、首饰、烟草、书籍、衣被、食物、笔、表等物品的检查。检查通过后,日俘日侨方能登上美军舰艇或日本商船遣返回国。

日俘日侨在等待遣返期间,他们被集中在货物场、学校等各处,经过检查行李,等待坐船回国。等待期间,日侨相互配合,轮流打扫卫生,分发食品,共同维持良好的秩序。据樋口隆一回忆,他一家就集中在以前义务劳动过的野战货物厂,自带水桶到分配处领取水和食物,居住了一个星期①。对于货物厂内的生活,据松本正雄回忆说:“每家的周围都是行李,

① 参见樋口隆一:『終戦前後——ある少年期の記憶』,非売品 2003 年,第 98 頁。

中间是按照人数建造的床铺。”由于仓库没有火，大家只好“拿出所有的毛巾和外套，相互偎依着取暖”①。根据规定，当时日侨回国准许携带的钱物数量是日元 1000 元，物品则为盥洗具一套；毡毯（或棉花被褥）一条；短袜三双；冬季衣服三套；衬衫三件；夏季衣服一套；手提包一件；大衣一件；手提袋一件；皮鞋三双。② 因此，在乘坐开往塘沽的火车前，要检查日本侨民是否携带违禁品。当时也有人想方设法携带违禁品。近藤久义在回忆录中说：“如何用能带的行李掩盖禁止品，以便将值钱的东西带回去，大家费尽心思。”③此后在乘船回国的当天，首先经过集合地的检查，然后乘坐无盖货车到达塘沽港，在此乘船回国④。大部分日本侨民都是如此被遣送回国的。

从 1945 年 10 月至 1946 年 8 月，经塘沽港共遣返 236883 名日侨。1945 年 10 月至 11 月，每月遣返数量为几千人，1945 年 12 月至 1946 年 8 月，每月遣返数万人。最初，在塘沽港负责遣返的船只是少数日本登记在册的商船。为加快遣返进度，中国政府与美军协商，请求美军调拨船只协助。于是，从 1945 年 12 月开始，美军调拨了第二次世界大战中其在太平洋作战时特为登陆而设计的 LST 和“利派特”型船只到中国各指定港口运送日俘日侨。此后，遣送日侨的速度成倍增加，几乎是每天都有一艘船只从塘沽出口，多的时候甚至一天有七艘运输轮，这大大加快了遣返速度。

当时华北各地经由天津遣返日俘的人数尚无确切统计，但根据《日

---

① 松本正雄：『誰か忘れん——私と中国と中国人』，象文社 1973 年，第 292—293 頁。

② 《奉令发日俘日侨遣送计划附件及东京会议记录附件》，津档，卷宗号：J13/123。转引自胡荣华：《战后天津暨华北地区日俘日侨遣返研究》，《近代史研究》2008 年第 3 期。

③ 近藤久義：『天津を愛して百年　そして子々孫々』，新生出版 2005 年，第 249 頁。

④ 参见樋口隆一：『終戦前後——ある少年期の記憶』，非売品 2003 年，第 99—100 頁。

韩德侨状况调查表》记载，至 1946 年 1 月 11 日止，天津共遣返回国日俘 63045 名。当时负责遣返工作的天津市副市长杜建时在回忆录中说战后华北各机关部队日侨约有 10 万人。在中国政府的积极组织下，遣返工作进展很顺利，到 1946 年 4 月 20 日，来津的贫困日侨已经全部遣返完毕。至 5 月 2 日，天津本市的日侨也仅剩四千余名。5 月 25 日之前，除少量患病日俘外，来津日俘也基本遣送完毕。8 月初，天津市政府发出训令，规定各负责日俘日侨遣返的机关，将应该集中遣返的日俘日侨，即日集中南货厂，等待船只遣返。8 月 10 日，最后一批集中在南货厂的日俘日侨，由美军登陆艇一艘、病院船一艘遣返回国。至此，除少数奉命留在中国的技术人员和伤病患者外，华北各地需经天津遣返的日俘日侨大体遣返完毕。

三、天津日军的投降

日本于 1945 年 8 月 15 日宣布投降后，中美苏英四国迅速就受降地区做了划分，中国战场由中国战区最高统帅蒋介石负责受降，为了迅速办理接受日本受降事宜，蒋介石将中国战区划分为十五个受降区，第十一战区长官孙连仲为平津地区的受降司令官，负责接受北平、天津、保定、石家庄地区，该区日军投降代表为侵华日军华北派遣军司令官，办理日军投降的地点为北平。远在重庆的孙连仲首先指派第十一战区副参谋长吕文贞为前进指挥所主任，军务处长刘本厚为参谋主任。1945 年 9 月 7 日，前进指挥所主任吕文贞等人才进入北平，开始受降事宜。天津地区此时则为中国共产党的军队所控制，八路军此时已经占领了杨村、杨柳青、静海、武清等地，甚至晋察冀冀中军区已经任命杨成武为天津市卫戍司令，晋察冀边区则任命张苏为天津市市长。而负责天津地区受降的国民党第九十四军此时还远在广西。面对这样的局面，蒋介石下令，日军和伪军不得向共产党军队缴械，同时与盟军顾问魏德迈将军协商，达成一致意见，决定由驻冲绳的美国海军陆战队第三军团从塘沽登陆,代表中国政府接受天津日军的投降。于是,美国海军陆战队第三军团遂于 1945 年 9 月 30 日在塘沽登陆,并在天津市旧法租界公议局大楼内办公。一个星期后即 1945 年 10 月 6 日上午,在法租界公议局门前的克雷孟梭广场举行了由第三军团司令洛基中将主持的天津日军受降仪式,一些中方人员也应邀参加了受降仪式。

在举行天津日军受降仪式前后,《大公报》《中央日报》《时代日报》都有相关报道,从中我们可以了解一些真实的情况。如在受降仪式举行的当天,《大公报》重庆版曾刊登中央社天津五日电的通讯,说:"天津日军签降典礼,将于6 日上午九时举行,由美方洛基中将与我方第十一战区长官孙连仲代表吕文贞少将主持。天津市市长张廷谔、副市长杜建时及政府各部特派员均将参加。"1945 年 10 月 7 日《中央日报》第二版刊载了中央社记者张家彦天津六日的电讯,其中写道:"我国军政长官包括孙长官代表吕文贞少将、天津市市长张廷谔、副市长杜建时、财政部特派员张果为、市警察局局长李汉元等,……立于指定席次。"《大公报》重庆版和《时代日报》也在当天刊发了这一报道。1945 年 10 月 8 日,《大公报》又刊发了题为《天津受降一幕,十万市民围观鼓掌欢呼》的报道,对于中方参加人员,《大公报》如此写道:"我方为十一战区司令长官部参谋长吕文贞、天津市市长张廷谔、副市长杜建时、天津警察局长李汉元、外事局津沽区联络官周培章等。"从这几则报道来看,参加受降仪式的中方人员有天津市市长张廷谔、副市长杜建时,十一战区司令长官部副参谋长吕文贞、天津市警察局局长李汉元、财政部特派员张果为、外事局津沽区联络官周培章等人,都没有提及施奎龄。

不过,一些回忆文章有不少提及施奎龄者。如担任华北宣抚使的李实忱曾在回忆录中说过,施奎龄曾担任北平前进指挥所主任。后来出版的一些书中也曾误将施奎龄认为是第十一战区前进指挥所主任,并说他参加了受降仪式。当时拍摄天津日军受降仪式的摄影爱好者雷爱德则在口述资料中说:“国民党第十一战区受降代表吕文贞参谋长、施奎龄联络官,天津市市长张廷谔、副市长杜建时、警察局长李汉元等先后来到了受降仪式现场。”在日军受降仪式现场观看的刘洪涛在《日本投降之日见闻》一文说道:“中国人中有穿浅色衣服的天津市市长张廷谔和副市长杜建时,穿黑色警服的警察局长李汉元和国民党第十一战区前线指挥官施奎龄等。”当时也在现场的李希闵老人,后来回忆说中方参加人员中有施奎龄,并说他当时只认得施奎龄和杜建时。然而根据档案和当时的报纸报道,前进指挥所主任应为吕文贞,施奎龄此时为河北省财政厅长,并兼军警稽查处处长。另根据中央社 1945 年 9 月 30 日电报道,当天第十一战区北平前进指挥所主任吕文贞与河北省财政厅长施奎龄一起,先是到塘沽迎接美军,然后又与美军洛基中将一道到天津,并由施奎龄临时担任翻译,吕文贞与洛基中将商谈天津日军受降事宜。至于施奎龄是否参加了一星期后的天津受降仪式,从目前所能见到的资料来看,尚无法确认。故黄力民在《中国战区各受降区史实疑误及辨析》一文中指出,天津地方史料误称“第十一战区前进指挥所主任施奎龄”参加受降。不过,施奎龄本是天津人,毕业于南开中学,与张厉生、时子周等人关系密切。据说蒋介石在抗战胜利前夕,曾听从张厉生的建议,有意任命施奎龄任抗战胜利后的首任天津市市长,后因张伯苓推荐张廷谔而未能实现。财政部特派员张果为,安徽宿松县人,1901 年生,早年曾赴德国留学,获得哲学经济博士,1929 年回国后担任东北交通委员会统计科长,兼任东北大学教职,九一八事变后,先后担任福建省政府统计室主任、财政厅厅长、财政部福建印花烟酒税局局长,抗战胜利后担任华北财政金融特派员。

一些当事人对于参与天津日军受降仪式一事,也都有所提及。时任第十一战区司令部北平前进指挥所主任的吕文贞在 1954 年曾写有《中国第十一战区华北对日受降概略》一文。他在文中如此写道:“中国参加受降仪式的,除我代表第十一战区外,另一个就是天津副市长杜建时,只有我们两个中国军人。”时任天津副市长的杜建时后来写过两篇相关内容的回忆文章,一篇是《从接收天津到垮台》,其中谈到他与美军洛基中将就日军受降事宜进行商谈,但没有谈及中方参加人员情况,甚至他还将时间记错了。但在另一篇《国民党劫收平津的经过》一文中,则明确提到自己参加了天津日军受降仪式,他如此写道:"10 月 6 日,天津日军驻军司令官内田银之助到美军司令部向洛基投降,美军在中国土地上举行对日受降仪式,我亦参加。"同样作为重要当事人的张廷谔,在沈云龙所作《张廷谔先生访问记录》中也没有多谈天津日军受降一事。时任国民党天津市党部宣传科干事的杨佑方在 1985 年所写回忆文章《日本投降后天津情况的片段回忆》中,也只是说美军正规部队进驻天津前,美国战略前进指挥所有一个先前小组代表中美双方来天津为接收和受降工作做准备,并说该小组共有 8 人,美方 3 人,中方 5 人。组长为凯利斯少校,副组长为国民党军统局专员赵立。但其对于受降仪式情况仍旧是语焉不详。只有时任天津市警察局长的李汉元,在 1963 年 10 月所写回忆文章《抗战胜利初期我在天津的活动和见闻》一文中,比较详细地谈到了日军受降仪式的情况,他写道:"参加仪式的有骆基、瓦登,该师司令部各处处长等高级军官和翻译官周培璋,以及骆基邀约的天津市正副市长张廷谔、杜建时,天津外事处处长杨豹灵、天津警察局局长李汉元等。此外洛基还另邀请了天津'闻人'100 余人参观。"

从这里我们可以看到,与上述报纸报道出现的名单不同,这里出现了两个新的名字,那就是翻译官周培璋和天津外事处处长杨豹灵。翻译官周培璋和前述报纸提到的外事局津沽区联络官周培章应该是同一个人,只不过名字写错了。而外事处处长杨豹灵则为江苏金山人,东吴大学毕业,曾赴美留学,在康奈尔和普渡大学获得土木工程师学位,1910 年回国,先后在湖北都督府、外交司等部门工作,后来又在全国水利局、顺直水利委员会、海河工程局等负责水利工程等,1935 年任天津市工务局局长。抗战胜利,杨豹灵后被任命为天津外事处处长,他是否参加了受降仪式,目前还是孤证。

图 1－11　1945 年 10 月 6 日中方代表参加天津日军投降仪式

（图片来源：作者收藏）

综上所述，我们能够确定的是张廷谔、杜建时、吕文贞、李汉元参加了天津日军受降仪式；施奎龄是否参加了受降仪式，尽管有一些现场目击者的佐证，但由于缺乏官方和报纸报道的佐证，目前还无法确认。至于财政部特派员张果为、天津外事处处长杨豹灵、外事局津沽区联络官（翻译官）周培章等人，由于是孤证，更是难以确认。除此之外，根据当时现场拍摄的照片，中方正式参加日军受降仪式的人员至少有五名，所以其他人员究竟是谁，还有待今后更多资料的公布和解密。另据阎子亨后来回忆，阎子亨、董其力、耀华中学校长赵天麟的儿子赵寿民、李希闽、刘洪涛、雷爱德都曾见证了这一历史时刻。此外，时任天津市副市长杜建时、天津市党部主任委员时子周、第十一战区司令部副参谋长吕文贞还参加了 1945 年 10 月 10 日在北京太和殿举行的日军受降仪式。

第二章
天津日租界的管理机构

第二章　天津日租界的管理机构

社会需要秩序，要维持稳定的秩序，就需要一定的管理机构。因此在一个群体生活的空间里，需要有行政机构进行管理。旅居海外的侨民缺乏本国的依托，更需要有机构提供保护和管理，并提供精神的寄托。尽管近代各国列强的侨民在中国享有治外法权，且租界又是外国人的专属区域，不受中国政府管辖。但各国侨民的生存和生活仍需要本国有关机构进行协助和管理。这主要体现在各国的领事馆和警察署，他们带有明显的时代痕迹和殖民性，但对侨民而言同样具有重要意义。就天津的日本租界而言，他们主要是受天津日本总领事馆、日本警察署和日本驻屯军三方面的管理和保护。

第一节　日租界的领导机构

一、天津日本总领事馆

领事是一国根据有关协议,派驻他国城市,在一定区域内,保护本国政府和商民权利及利益的代表。[①] 领事制度也受到政治、经济、文化等因素的影响,其在不同时期,实践各异。国际法学家奥本海认为,领事是“各国为了各种目的,但主要是为了本国商务和航海的利益,而派驻外国的代理人”[②]。因此,他认为保护本国国民是领事的“一种非常主要的任务”[③]。而且,领事负有保护本国国民的权利,这也已为许多国际法学家所承认。但在近代中国,领事制度却成了列强对中国进行侵略的一种工具和借口。领事不但享有治外法权,还可以行使裁判权,包庇本国商民的

① 曹大臣:《近代日本在华领事制度——以华中地区为中心》,社会科学文献出版社2009年,第1页。

② [美]劳特派特修订,石蒂、陈健译:《奥本海国际法》第1卷第2分册,商务印书馆1972年,第277页。

③ [美]L. T. 李著,傅铸译:《领事法与领事实践》,商务印书馆1975年,第123页。

种种不法之举。外国正式向中国派驻领事始于鸦片战争之后。英国是最早向中国派驻领事的国家。此后,其他西方各国也相继在中国各通商口岸派驻领事。日本作为后期兴起的资本主义国家,其向中国派驻领事比较晚。1871 年,中日两国在天津签订《中日修好条规》,其中有关于互设领事及领事权限一事,即"两国指定各口,彼此均可设理事官,约束己国商民"①。据此,日本于 1872 年首先在上海和福州开设了领事馆,天津的日本领事馆则开设于 1875 年,是日本在华北地区设立最早的总领事馆,管辖区域为直隶省、山西省及察哈尔都统管辖内蒙古一带地方。

1875 年 5 月 5 日,外务卿寺岛宗则在向三条太政大臣所上的关于设置天津总领事馆的建议中,认为天津乃北京、上海往返的必经之路,加之又是北京的咽喉,为贸易计,应该在天津设置领事馆。由此,1875 年 9 月 29 日,日本政府派遣副领事池田宽治、外务三等书记生水品梅处到天津建立领事馆,但因当时日本自身实力不足,只是租用一个美国寡妇的房屋开设事务所,两年后才在紫竹林新设领事馆,构建日本进入华北的据点。1879 年,池田宽治由副领事升格为领事,另有两名书记生,共同处理领事馆事务。1894 年,中日两国因朝鲜问题关系日益紧张,战争一触即发之际,荒川已次领事宣称"日清海战即将爆发,有消息传言,市井无赖将袭击天津领事馆"②,遂于 1894 年 8 月宣布自本日起天津领事馆宣布闭馆,并带领使馆人员及其在留的日本人撤回国内。直到 1895 年 6 月中日两国恢复谈判后,天津的日本领事馆才又重新开馆。它是日本在天津设立最早的官方机构。

1902 年,天津领事馆升格为总领事馆,时任领事的伊集院彦吉成为第一任总领事。义和团事变后,前来天津的日本侨民日渐增加,日租界也

① 王芸生编著:《六十年中国与日本》第一卷,生活·读书·新知三联书店 2005 年,第 46 页。

② 『在天津帝国领事馆撤回始末之件』,国立公文書館藏"公文雑纂　明治二十七年(1893)",A04010010100。

逐渐得到开发，日本侨民大都转移到日租界内居住。但日本总领事馆仍位于英租界内，给租界局事务和日本侨民带来诸多不便，于是居留民团和日本侨民都希望总领事馆迁入日租界内，并一再向总领事提出要求。1909年3月25日，居留民会议长安川雄之助再次向小幡领事提出总领事馆迁入租界内的补充建议，认为“现在居留民团法已经实施，我租界现在百事一新，担任监督官厅之职的总领事馆仍然处在外国租界内，实为不便，深望迁入租界内”①。如此，日本总领事馆方才于该年迁入日租界内。日本总领事馆先是在荣街17号（今新华路）设立临时事务所，同时在宫岛街和花园街拐角处建设新馆，1915年建成后，松平恒雄总领事将所有事务迁移至此。而原来英租界的领事馆厅舍则成为历届总领事之官邸。

图2－1　天津日本总领事馆事务所

（图片来源：近藤久义收藏提供）

总领事馆除总领事外，还有领事二人和副领事若干人，并派有武官。日本总领事馆设立之初只有3名人员，后来发展到50余人。这些总领事大都是“中国通”，在日本侵华过程中都发挥了一定的作用。总领事馆设

① 『北清時報』1909年3月26日，第2版。

有总务部、经济部、司法部和会计课、电信课、文书课及警察署，后因在津朝鲜人的增多，又特别增设一朝鲜课，还有日本政府厚生省防疫驻在员。总务部负责馆内外的总务。经济部一方面负责对日本侨民的经济活动进行保护和管理，另一方面则对中国进行研究和调查，1924 年该部编写了《在天津总领事馆管辖区域内事情》，详细记载了天津及其周边地区的地理环境及经济发展的实际情况，为日本后来侵略天津提供了很多有利的信息和资源。司法部行使领事裁判权，检察官由一名具有警部警衔的警察负责。朝鲜课是负责在天津的朝鲜人事务。最初日本驻华总领事或领事都是当然法官，因此直到 20 世纪 20 年代日本才开始在总领事馆内设置掌管司法事务的司法领事。《益世报》在 1923 年 11 月 22 日曾报道说："日政府因驻华领事，均系外交官，兼办地方行政，以不胜其繁。又兼理司法，殊有丛胜之虞。故拟在天津、青岛、上海、奉天各地方，设司法领事一人，专办司法事务、均以司法官任之。"据此，1924 年 1 月 9 日，日本政府所派遣的天津日本总领事馆首任司法领事宇佐美六郎携夫人、孩子乘河南丸轮船抵达天津。

表 2－1　历任日本驻天津领事和总领事(1875—1937 年)

任序	姓名	职务	任职时间	备注
1	池田宽治	副领事	1875 年 9 月	
2	水品梅处	副领事代理	1876 年 6 月	三等书记生
3	池田宽治	副领事	1876 年 9 月	
4	水品梅处	副领事代理	1877 年 5 月	二等书记生
5	池田宽治	领事	1878 年 4 月	
6	加藤秀一	领事代理	1878 年 12 月	一等书记生
7	池田宽治	领事	1879 年 3 月	
8	加藤秀一	领事代理	1879 年 9 月	一等书记生
9	竹添进一郎	领事	1880 年 7 月	
10	岛村久	事务代理	1882 年 5 月	外务书记生

续表

任序	姓名	职务	任职时间	备注
11	岛村久	领事代理	1882 年 9 月	副领事
12	室田义文	事务代理	1883 年 11 月	外务书记生
13	原　敬	领事	1884 年 1 月	
14	波多野承五郎	领事	1885 年 7 月	
15	鹤原定吉	领事	1888 年 7 月	
16	荒川己次	领事代理	1890 年 7 月	副领事
17	荒川己次	一等领事	1893 年 11 月	甲午战争时期 1894 年 8 月撤退
18	荒川己次	一等领事	1895 年 6 月	
19	郑永昌	二等领事	1896 年 3 月	
20	藤田丰三郎	事务代理	1897 年 7 月	领事馆书记生
21	郑永昌	二等领事	1897 年 10 月	
22	郑永昌	一等领事	1897 年 12 月	
23	伊集院彦吉	领事	1901 年 4 月	
24	伊集院彦吉	总领事	1902 年 1 月	
25	矢田长之助	事务代理	1902 年 5 月	领事馆补
26	伊集院彦吉	总领事	1902 年 6 月	
27	奥田松竹	事务代理	1906 年 4 月	领事馆补
28	伊集院彦吉	总领事	1906 年 7 月	
29	加藤本四郎	总领事	1906 年 11 月	
30	山内四郎	事务代理	1907 年 10 月	领事馆补
31	小幡酉吉	总领事代理	1908 年 3 月	领事
32	小幡酉吉	总领事	1909 年 3 月	
33	高桥新吉	总领事代理	1911 年 5 月	副领事
34	小幡酉吉	总领事	1911 年 9 月	
35	漥田文三	总领事	1913 年 9 月	
36	吉田东作	总领事代理	1914 年 7 月	领事馆补

续表

任序	姓名	职务	任职时间	备注
37	松平恒雄	总领事	1914 年 8 月	
38	吉田东作	总领事代理	1916 年 8 月	领事馆补
39	松平恒雄	总领事	1916 年 11 月	
40	沼野安太郎	总领事	1918 年 5 月	
41	龟吉贯一郎	总领事代理	1919 年 2 月	领事馆补
42	船津辰一郎	总领事代理	1919 年 6 月	副领事
43	大鹰正次郎	总领事代理	1920 年 12 月	领事馆补
44	船津辰一郎	总领事代理	1921 年 1 月	领事
45	八木元八	总领事代理	1921 年 12 月	
46	本野亨三	总领事代理	1922 年 4 月	领事馆补
47	吉田茂	总领事	1922 年 5 月	
48	田岛昶	总领事代理	1923 年 9 月	副领事
49	吉田茂	总领事	1923 年 10 月	
50	冈本一策	总领事代理	1925 年 5 月	副领事
51	有田八郎	总领事	1925 年 6 月	
52	加藤外松	总领事	1927 年 4 月	
53	冈本一策	总领事代理	1927 年 9 月	副领事
54	加藤外松	总领事	1927 年 10 月	
55	田代重德	总领事代理	1929 年 1 月	领事
56	冈本武三	总领事	1929 年 5 月	
57	田尻爱义	总领事代理	1930 年 5 月	领事
58	冈本武三	总领事	1930 年 9 月	
59	田尻爱义	总领事代理	1930 年 10 月	领事
60	桑岛主计	总领事	1931 年 2 月	
61	田尻爱义	总领事代理	1931 年 9 月	领事
62	桑岛主计	总领事	1931 年 10 月	
63	太田知庸	总领事代理	1932 年 8 月	领事

续表

任序	姓名	职务	任职时间	备注
64	桑岛主计	总领事	1932 年 9 月	
65	田中庆太郎	总领事代理	1933 年 7 月	领事
66	栗原正	总领事	1933 年 9 月	
67	田中庆太郎	总领事代理	1933 年 10 月	领事
68	栗原正	总领事	1933 年 12 月	
69	田中庆太郎	总领事代理	1934 年 8 月	领事
70	川越茂	总领事	1934 年 10 月	
71	岸伟一	总领事代理	1936 年 5 月	领事
72	田尻爱义	总领事代理	1936 年 6 月	领事
73	堀内干城	总领事	1936 年 9 月	
74	岸伟一	总领事代理	1937 年 1 月	领事
75	堀内干城	总领事	1937 年 2 月	
76	堀公一	总领事代理	1938 年 4 月	领事
77	田代重德	总领事	1938 年 4 月	
78	武藤义雄	总领事	1939 年 9 月	
79	大限涉	总领事代理	1940 年 12 月	领事
80	加藤三郎	总领事	1941 年 1 月	
81	太田知庸	总领事	1942 年 8 月	1946 年 5 月撤退

资料来源:外務省外交史料館、日本外交史辞典編纂委員会編:『日本外交史辞典』,日本大蔵省印刷局 1979 年,付録第 379—380 頁。早川録鋭編:『北支!! 天津事情』,天津出版社 1938 年,第 511—512 頁。

在担任日本驻天津总领事馆的领事、总领事当中,有不少人后来都得到了升迁,甚至成为日本政府内阁要员和首相。如第三任领事原敬、第十五任总领事吉田茂后来都先后出任过日本首相。有田八郎是著名的外交家,后来担任过日本驻华大使和外相。川越茂后来也升任驻华大使。

租界开辟后,领事依法获得界内的行政管理权、立法权、司法权、警察权和课税权及部分土地权等特权,成为"国中之国"的最高统治者。日租界的行政体制，又是介于英租界“自治”制度与法租界领事“独裁”制度之间的中间形态。即日本人称作是从领事“独裁”制度稍稍向“自治”制度转变的体制。因此在租界的划定与日常行政管理当中，领事馆和领事发挥着重要的领导作用。不但在开辟租界之初，需要与中国地方官会同订立租地章程、地税约定和建屋规定等，且居留民会议长、行政委员会议长等选举产生后，也需要得到天津总领事的认可。居留民团的会计主任虽由居留民团参事会推荐，却也必须得到总领事的认可。① 此外，天津的日本领事和总领事还负责召集民团议员召开居留民会和行政委员会。如于 1904 年召开的日租界居留民大会，总领事伊集院彦吉提议将教育纳入租界局的事务中，并提议设立天津小学校。甚至大日本租界局设立之初，其行政委员还是由天津总领事所选定的。可以说，总领事馆和总领事在日租界的发展和管理上发挥着重要作用。居住在天津的日本人在条约上享有治外法权，也需要接受天津总领事的监督和保护。总领事还有权公布居留规则、警察犯处罚令、其他各种营业取缔规则、关于学校的规定等各项法规。

二、日本警察署

日本向其驻华领事馆派遣警察，始于 1896 年《日清通商航海条约》签订之后。1896 年 4 月 16 日，外务大臣陆奥宗光致电驻中国各地的领事馆，决定“为保护和管理清国各地在留的帝国臣民，在各领事馆设置警部一名（上海二名）”②。同年 6 月 8 日，警部朝枝澄江被派到天津，但因当时天津的日本侨民很少，其感到无事可做，便于第二年 7 月回国。义和团

① 『居留民团实行规则』第 64—80 条。

② 外務省外交史料館蔵：『外務省警察史』第 34 巻（支那の部　北支），不二出版 1999 年，第 12 頁。

兴起后，中国局势不稳，日本重新派遣警察。1897年9月，前田普一、原田俊三郎两警部及巡查30名被派到天津，并接受领事的领导。最初是借用紫竹林日本总领事馆前的野战邮局一部设立警察官事务所，行使警察权。这是天津日本警察署的发端。同年12月12日，日本在闸口大街新当铺路新设警察分遣所，开始执行警察事务，时人称为"日本公署"。1900年12月24日，郑永昌领事以当地盗贼多、威胁侨民安全为由，请求外务大臣允许巡查携带枪械，但外务大臣以现在驻有军队、能够维护市面，巡查无需携带枪械加以拒绝。但郑永昌又以"事变之际渡来者日渐增多，且散居租界内外，从事酒保、料理店、杂货店等各业，甚至妓女也陆续到来"①，表示需要加强管理，建议补充五六名巡查。1905年日俄战争结束后，来津者急剧增加，租界内的日本侨民激增，租界当局决定将警察事务所转移到租界中心地宫岛街。

民团雇用巡捕始于1903年9月租界局创立之时，当时仿照各国租界之常例，雇用10名中国人负责船、车和市内交通的管理，训练和监督则由总领事馆警察署负责，后随着租界的发展雇用巡捕年年增员。由于租界本身所获得司法权只有设置警察的权利，租界巡捕便成为建立租界秩序、维护租界治安、实施法治化的主要角色。"租界市政办理之能较内地（指中国政府管辖区）完善者自有各种原因，但警察办理得法，收效最巨，故最足动吾人之注意也"。②

居留民团成立后，根据日本警察署的希望，其人数增加到65名，由日本警察署监督，月工资为7美元至12美元，平均为9美元。1908年又根据警察署的要求，另设置3名实习生。1909年，巡捕的月薪分为七级，一级为13美元，七级为7美元，平均10美元。1913年，英租界有巡捕127

① 外務省外交史料館蔵：『外務省警察史』第34巻（支那の部　北支），不二出版1999年，第16頁。

② 南开大学政治学会：《天津租界及特区》，商务印书馆1926年，第46页。

名,但日租界仅有 68 名,“与其他租界相比,我租界远处于下,建议增加人数”[①]。尤其是随着来津日本侨民的日益增多,尤其是毫无技术和资金的日本人的增加,日租界内出现越来越多的治安案件,使得日租界当局颇为头疼。为了加强租界内的社会治安,警察署和日租界居留民团当局协商,增加经费,以增加警察人员,尤其是华人巡捕,来强化租界内的安全。1926 年,面对日益增多的绑票案和抢劫案,日本警察署开始增强租界警备,“天津日警署,以近来各租界中,时发生绑票案及抢案,实属有碍公安,当此冬防时际,尤应防患未然,除令劝务巡捕,日夜佩带手枪外,并扩充警备队自行车队等,又拟增加巡捕额数,惟警察饷款,向操之民团,俟民团通过后,对于增加巡捕额数一事,即可实行云”[②]。日本警察署制定了如下计划:“(一)训练巡捕,该署委前侦探长和久井巡查为训练主任,对各巡捕每日训练一小时,如交通整理法等事,以资服务。(二)组织手枪队,委小田切巡查为主任,挑选手枪队二十四名,分徒步自行车两队,每日一时或一时半之教练,并实弹射击,遇发生抢案或其他事件时,可以使用,不致临时无措,由专门主任和久井小田切二人负完全责任,又因日租界巡捕过少,故增加巡捕四十名,以示扩充。”[③]此后,警察署的力量不断增强。1928 年 8 月,警察署长境田警视决定增加警察 20 名,其后又增加外务省新任警察 44 名,至 1928 年末增至 280 名。其后也从当地录用一些警察。1931 年天津事变发生后,新坂警察署长编成特别警戒部队,以弥补力量的不足,并逐渐增员。1933 年,特别警戒部队人数为 340 名,1936 年为 370 名。至 1937 年,日本警察署有如下人员:警视 1 人,警部 3 人,候补警部 6 人,巡查部长 22 人,巡查 51 人,华人巡捕约 400 人。[④] 1940 年末华人巡捕更是多达 460 人。不仅如此,早在新坂狂也担任警察署长的时候,就

---

① 天津居留民团編:『大正二年通常民会議事録』,天津居留民团 1913 年,第 23 頁。

② 《日租界增加警备》,《大公报》(天津版)1926 年 11 月 14 日,第 7 版。

③ 《日警署整顿警备之计划》,《大公报》(天津版)1926 年 11 月 20 日,第 7 版。

④ 臼井忠三編:『天津居留民团三十周年記念誌』,天津居留民团 1941 年,第 546 頁。

计划设置"特高警察部"。经过长期准备,最终于1936年9月成立天津警察部。新设的天津警察部由警务人员和高等人员构成,高等人员分为特别班、特高班。警务主任为小长谷警部,特别班主任为丸田翻译,特高班主任为天津署的堤警部。天津警察署的高等人员(堤主任)也接受警察部的指挥。天津署长和久井吉之助警视也在警察部工作。除了兼职工作者,警察部配备人员包括部长共有18名。

图2-2 天津日本总领事馆警察署

(图片来源:近藤久义收藏提供)

1915年新的总领事馆落成,位于日租界大和公园公会堂右边的宫岛街(今鞍山道),警察署也随之转移到该处。此后随着租界的发展,北旭街一带成为最繁华的商业地区。由于被盗事件层出不穷,各商店甚至组织自警团以自保,但效果不明显。为此日本警察署向租界当局请求设置分署,1915年4月设立日本警察第一分署,位于日租界扶桑街(今海拉尔道)。天津事变后的第二年即1932年,日租界当局在中日交界处的仁丹牌坊下修建一栋碉堡式洋灰铁筋楼房,窗户四周均有射击孔,平台还可以架设小钢炮，第一分署迁移于此；有副巡捕长 3 名、巡捕 21 名，本署派遣一名外勤巡查负责监督。其管理区域为福岛街、荣街、山口街的部分街区及桥立街、扶桑街、大和街、闸口街的全部。其后随着日租界西部地区的日渐开发，为对居住在该地的日本侨民进行保护和管理，日本警察署又在日租界淡路街宫岛街转角设置警察署第二分署，人员为警察部长 1 名、巡查 5 名、巡捕长 1 名、副巡捕长 2 名、巡捕 39 名。管辖区域为明石街以西，东南至秋山街，西北至福岛街为界的华街，西南至从西宫岛街至八里台日本中学校的区域。九一八事变以后，由于前来天津的日本人激增，不少日本侨民开始居住在日租界外，以军人和铁路人员为对象的料理店、旅馆等商人激增，为了便于对其管理，又在旧俄租界靠近天津站处设置警察署第三分署，管辖区域是以天津站为中心的周边地区。这是为保护住在此处的朝鲜侨民为借口设立的，此分署没有中国巡捕，由日本巡捕直接管理。第四分署设在塘沽，也是由日本巡捕直接管理，主要是监视上下日本轮船的中国人。第五分署设在东车站，主要目的是保护上下火车的日本侨民。天津沦陷前，从唐山到山海关，又分别设立了第六、七、八、九等分署。①

表 2－2　日租界警察署历任署长表（1896—1938 年）

任序	姓名	任职时间
1	朝枝澄江	1896 年 6 月
2	前田普一	1900 年 9 月
3	原田俊三郎	1900 年 9 月
4	泉警部	1901 年
5	天野健藏	1902 年 7 月
6	西村桂象	1906 年

① 刘霁岚、马惠卿、胡君素：《天津日本租界内幕纪实》，全国政协文史资料委员会编：《文史资料存稿选编 1 晚清 · 北洋》上，中国文史出版社 2002 年，第 90 页。

续表

任序	姓名	任职时间
7	铃木粂藏	1909年
8	内田新吉	1911年
9	境田驹藏	1914年8月
10	金子长次郎	1918年9月
11	花里初太郎	1919年9月
12	荻尾和市郎	1923年9月
13	境田驹藏	1928年5月
14	福山署长代理	1929年5月
15	新坂狂也	1929年8月
16	和久井吉之助	1936年6月
17	川岛顺吉代理	1937年6月
18	白神荣松	1937年9月
19	井手清见	1937年12月
20	田岛周平	1938年5月

资料来源:早川録鋭編:『北支!! 天津事情』,天津出版社1938年,第515—516頁。

日本警察署原本附属于总领事馆,是与其三部、三课平行的机构。其后随着权限的扩大,人员、机构也不断扩充,形成一个独立机关。"日租界警察之组织与各国租界不同,其警察不属租界局局长管辖,乃为一独立部分,而直接受领事之节制。"①领事馆警察由司法警察、保安警察和高等警察构成,司法警察负责租界内的刑事、民事案件。保安警察又分为治安警察、风俗警察、交通警察和消防队,分别掌管营业设废、治安、社会风化、交通、消防等事宜。具体来说,治安警察负责取缔发动机、枪炮火药类、危险物品、工厂、建筑及烟囱、走私、暴力等;风俗警察则负责对从事经营性娱乐行业尤其是娼妓、赌博等活动进行取缔和管理;交通警察则主要负责

① 南开大学政治学会:《天津租界及特区》,商务印书馆1926年,第49页。

租界内的交通安全、道路畅通;消防队则主要预防和扑灭租界内的火灾等灾害。高等警察则负责取缔中国人的抗日运动、朝鲜人的独立运动、搜集共产主义运动的情报等。因此,警察署不但要保护日本侨民和维持日租界的秩序,还负有搜集情报的重要任务。警视为高等官,警部补为判任官,部长、巡查则享受判任待遇。警察的主要职责是调查租界内的户数、房屋的构造及其职业人口,实地勘查,制定详细的地图以确定视察区域,日夜巡查保护日本人,对妓女施行检征法等。其制定《巡查服务须知》,分为要领、品行、礼仪、容装、携带防身器械、请假等六章,详细规定了巡查的职责、注意事项、礼仪等。后来由于从事不正当行业的日本侨民增多,1901 年 1 月,加藤外务大臣要求天津领事馆严厉取缔。山根驻屯军司令官和北京使馆协商制定《北清本邦人管理规则》,加强对日本侨民的管理。根据统计,“1937 年拘捕案件共 645 件,其中盗窃案件最多,达 357 件。罪犯几乎都是中国人,大都是盗窃街道上的自行车和没人的房屋。其次是秘密售卖毒品 64 件,伤害案件 36 件,特别是受贿案也多达 29 件,颇为异常。当即拘捕者 129 件,处以罚金者 313 件”[①]。日租界旭街由于连接法租界和中国街区,是日租界的主干道,不仅两侧商店鳞次栉比,还有电车通行,使得该道路异常拥挤,经常发生事故。根据统计,1937 年日租界旭街发生交通事故 48 件,以 4 月为最多;其中又以骑车事故为最多,有 26 件。其次则是淡路街。[②]

领事馆警察的选任,一般都是由外务省任命,然后分配到各驻外领事馆。在派驻各领事馆之前,外务省要对他们进行为期一两个月的训练,然后再在各领事馆进行一两个月的实习。由于中国这一特殊区域,其训练主要是语言,而且外务省每年还会举行一次汉语考试,合格者给予补助。对于连续勤奋工作的给予嘉奖,巡查部长和警部补通过者必须是精勤奖

① 臼井忠三編:『天津居留民团三十周年記念誌』,天津居留民団 1941 年,第 550 頁。

② 臼井忠三編:『天津居留民团三十周年記念誌』,天津居留民団 1941 年,第 553 頁。

获得者。为了让外务省警察能够不断吸收新知识和提高素养，外务省每年还会向内务省警察讲习所选派二三名优秀警部补进行学习。

三、天津日本驻屯军

在维护日租界秩序和保护日本侨民方面，除了日本警察署外，发挥着重要作用的还有天津的日本驻屯军。本来，各国租界设立之初，是没有权利驻扎军队的。但义和团事变后的《辛丑条约》使列强获得了这一权利。在义和团事变后，各国列强借口保护公使馆、领事馆和本国侨民的安全，在和清政府签订的《辛丑条约》第三条中规定，“准许各国在北京及北京到山海关的铁路沿线的十二个战略要地派兵驻扎”。由此，各国正式开始在中国驻军。日本驻屯军的到来也是始于这一时期。其实这不过是列强为维护自己在中国所获得的权利而寻找的借口。因为外国侨民的被杀，实在是因为列强侵略所带来的结果。正是他们在中国的横行霸道、胡作非为，才激起了中国民众的强烈愤慨，并奋起反抗。

日本驻屯军于 1901 年 4 月 22 日来到天津，最初为 1700 余人，1901 年驻在各地的兵力合计 2600 人，当时称“清国驻屯军”，其主要构成为：“一个驻屯军司令部、六个步兵大队、一个野战炮兵大队、一个野战医院、一个军乐队、一个守备队司令部、一个骑兵中队、一个工兵中队、一个宪兵队。”①1902 年随着清廷回銮，各国开始减少驻军，日本也分两期减员，其兵力为：“一个驻屯军司令部、一个北京驻屯步兵队（一中队）、一个天津驻屯步兵队（二中队）、一个驻屯兵病院”②。到 1908 年 10 月，天津驻屯

① 天津居留民团编：『天津居留民团二十周年記念誌』，天津居留民团 1930 年，第 695 頁。

② 天津居留民团编：『天津居留民团二十周年記念誌』，天津居留民团 1930 年，第 695 頁。

军变为步兵两个中队。日军最初驻扎在英租界内，随后在海光寺建设兵营和司令部，并于1902年转移到海光寺。第一任司令官为大岛直久中将。该部队不仅有步兵、骑兵、炮兵、工兵、野战医院外，还有一个军乐队。当时，日本驻屯军的宿舍“清洁整顿良好，尤以昌黎的兵营在各国中最好”①，并能保持良好的卫生②。日本驻屯军经常举行演习，如1909年6月驻天津步兵队就举行了特别射击会③。1912年清国驻屯军改称“中国驻屯军”，又因常驻在华北地区，又称“华北驻屯军”。华北驻屯军司令部的主要成员一般为中级司令官、参谋长、高级参谋长等，司令部下设有参谋部、副官部、经理部、军医部、兽医部、翻译部、兵器部、经济调查部、调查班、通讯班八部二班。其中经济调查部主要是收集和调查在华的经济状况，为日本侵华战争搜集情报。1937年，经济调查部通过实地调查曾编写了《北支金融调查报告》，详细记录了天津、青岛等地的金融贸易，为此后日本在华北地区进行金融掠夺奠定了基础。为了保持所谓军队的作战能力，驻屯军还经常举行演习，例如1925年10月9日《大公报》报道：“天津日本驻屯军司令部，于九日黎明举行秋季备演习，所有步兵队，完全参加，并鸣炮数响。”1930年1月13日，驻屯军在明石街一带举行巷战演习；1930年2月29日起又举行空炮演习。此外，驻屯军还经常举行打靶活动，如1927年6月24日上午在西胡圈打靶。④ 这些活动，无一例外既有显示驻屯军之实力以威慑中国政府，也是为了保持驻屯军的军力，以应对突发事故，其最终目的仍旧是针对中国。

民国以降，中国陷入军阀混战的局面，天津亦常常遭受兵燹，日租界也多次遇到危险。期间日本驻屯军和各国驻屯军协商制定警备计划，

① 古野直也：『天津軍司令部1901—1937』，国書刊行会1989年，第91頁。

② 古野直也：『天津軍司令部1901—1937』，国書刊行会1989年，第92頁。

③ 『北清時報』1909年6月5日，第2版。

④ 《日军打靶》，《大公报》（天津版）1927年6月25日，第7版。

“使日本侨民获得泰山之安”[①]。1912 年 3 月，袁世凯为不去南京就职，在北京和天津制造混乱。受此影响，天津市内的繁华街道如估衣街、宫北等街区损失严重，烧毁房屋达到一千五六百间，死伤数十名，极为悲惨。但日租界在“我（日本）警察和驻屯军派遣兵的保护下没有受到损害”，居住在租界外的日本人也都“全部安全撤退到租界内”[②]。为此，日本居留民团当局还特向驻屯军和总领事馆表示谢意。[③] 驻屯军对日本侨民保护备至，但是对于中国人却毫不客气。“尤其是宪兵，在天津各口检查行人，认为可疑者即行拘押。一个小小的宪兵军曹，可以随意骂人、打人、拘人。人民遭其蹂躏，莫敢与抗，恨之入骨。”[④]

1928 年济南惨案发生之际，天津驻屯军还曾被临时派遣到该地，“大大炫耀了天津驻屯军的武威”。此后由于京津地区紧张，日本担心一旦战乱波及京津地方，祸乱有可能延及“满洲”，其措施就是计划出兵山海关。1928 年 5 月 17 日，田中义一外相又通告英美法意大使，决定派遣轮换士兵并推延归国部队的日期，同时还秘密传话说：“如果战祸越过山海关波及满洲，运送中的第三十团部队将派往天津。”“同时决定战时编制的第三师团步兵第十八联队（两个大队）和野炮兵第三联队的一个大队、第十二师团的独立飞行第七中队增派至驻屯军，29 日抵津（飞行大队 27 日到达）。”[⑤]从国内临时派遣军队到天津，兵力“一时达到约五千人”[⑥]。其后随着济南惨案的逐渐解决，临时增派至华北驻屯军的兵力开始转移

---

① 天津居留民団編：『天津居留民団二十周年記念誌』，天津居留民団 1930 年，第 696 頁。

② 外務省外交史料館蔵：『外務省警察史』第 34 巻（支那の部　北支），不二出版 1999 年，第 30 頁。

③ 天津居留民団：『明治四十五年通常民会議事録』，天津居留民団 1912 年，第 6—7 頁。

④ 曹汝霖：《曹汝霖一生之回忆》，中国大百科全书出版社 2009 年，第 331 页。

⑤ 桜井良樹：『華北駐屯日本軍』，岩波書店 2015 年，第 183 頁。

⑥ 天津居留民団編：『天津居留民団二十周年記念誌』，天津居留民団 1930 年，第 696 頁。

他处或回国，如第二次增兵时的第十八联队和野炮兵第三联队第三大队和一个野战医院约 1150 人于 1928 年 7 月末回国。之前暂缓归国的轮换部队 5 个中队也于 8 月 29 日离津回国。剩余的第十八联队、野炮兵第三联队第三大队的全部人员移驻青岛。不过还是留下了第十二师团的机枪步兵炮及山炮操作员 140 人，其兵力为 1031 人。从 1929 年左右开始驻屯军被称为天津军。

表 2－3　日本驻屯军配备表（1928 年 6 月 10 日）

地点		人数
北京		607
天津		5065
	军司令部	60
	军医院	39
	宪兵	21
	电信通信班	44
	铁道班	48
	天津屯军步兵队	996
	步兵第 18 联队	2884
	野炮兵第 3 大队	641
	独立飞行第 7 中队	108
	第三野战医院	224
塘沽		202
秦皇岛		162
山海关		151

资料来源：桜井良樹：『華北駐屯日本軍』，岩波書店 2015 年，第 183 頁。

1931年九一八事变后，土肥原贤二来天津带走溥仪时，于10月29日曾“走访海光寺的司令部，和驻屯军协商”[①]，得到日本驻屯军的支持，并利用驻屯军司令官香椎浩平发布租界戒严令期间，将溥悄然带走。1931年12月，广岛第五师团增派的步兵部队到达，天津驻屯军大为增强。1933年塘沽协定签订后，日本并没有放弃在华北的侵略，中国的反日运动依然激烈。5月2日和3日，两名亲日的新闻记者在日租界被枪杀，驻屯在天津的日军马上进行抗议，并提出四个条件，“1、宪兵团、党部、秘密组织撤离北支；2、四名责任者免职；3、河北省主席于学忠免职；4、中央军撤退”。日本迫使中国政府签订了何梅协定。尤其是日本在推行华北自治运动时期，华北驻屯军更是不时有所行动。尤其是香椎浩平就任华北驻屯军司令官以后，驻屯军更是日益活跃。“这位香椎司令到任不久，即发布告，日本租界实行戒严，出入租界均需检查。”[②]1936年4月22日在海光寺兵营举行军旗奉赠式，天皇敕语说：“汝等军人要协力同心，发扬威武，保护国家。”[③]1937年7月，抗日战争爆发前夕，日租界当局在“和驻屯军协商后，决定对12000日本侨民实行现地保护”[④]。天津领事馆警察和天津驻屯军的保护，为日本侨民在天津和日租界的安稳生活提供了保证。1937年8月31日，日本陆军省以中国驻屯军为基础，编成“北支派遣军”，并由陆军大将寺内寿一统一指挥，支那驻屯军的番号因此被取消。此后，驻屯在天津的日军一般简称“天津军”，轮换更加频繁。

天津日本驻屯军还关注日本侨民的教育与卫生事业。如第三任司令官秋山好古将军在1903年离任之际，曾将日本侨民赠送给他的700美元“全部捐赠给日本居留民小学，作为教育基金”[⑤]。1902年一些日本侨民

---

① 古野直也：『天津軍司令部1901—1937』，国書刊行会1989年，第189頁。

② 曹汝霖：《曹汝霖一生之回忆》，中国大百科全书出版社2009年，第300页。

③ 古野直也：『天津軍司令部1901—1937』，国書刊行会1989年，第214頁。

④ 外務省外交史料館藏：『外務省警察史』第34卷（支那の部　北支），不二出版1999年，第437頁。

⑤ 古野直也：『天津軍司令部1901—1937』，国書刊行会1989年，第86頁。

图 2－3　海光寺天津日本驻屯军兵营

（图片来源：近藤久义收藏提供）

成立家庭私塾性质的学校时，当时的天津驻屯军经理部长日匹信亮也曾担任监督。1917 年 9 月，天津出现大水灾，海光寺兵营被淹，日本驻屯军与租界当局、日本侨民合作共同进行排水作业，还曾经向东亚医院提供 10 万日元的补助。[①] 1911 年天津爆发鼠疫，驻屯军为了控制疫情的蔓延，协助日租界当局的卫生部门及警察署，"开展捕鼠竞赛和检查租界内各户居民家庭的卫生状况"[②]。与此同时，还协助卫生部门将感染人员进行强制隔离。1917 年、1939 年天津发生大水灾，日租界大部分被淹，日侨受灾严重，人心惶惶，为维持租界秩序和救治灾民，华北驻屯军派出大量军人参与抢险救灾活动。正因为天津日本驻屯军在促进日租界的发展和保护日本侨民方面所发挥的重要作用，当地的日本侨民一致认为，"天津

① 古野直也：『天津軍司令部 1901—1937』，国書刊行会 1989 年，第 132 頁。

② ［美］罗芙云著，向磊译：《卫生的现代性——中国通商口岸卫生与疾病的含义》，江苏人民出版社 2007 年，第 283 页。

日本租界的兴衰离不开驻屯军”①。日本居留民团在每次事变之际,也总是遵从当地驻屯军和总领事馆的指导工作。例如在九一八事变的时候,“民团按照军队的意向和总领事馆的指导,全力保护租界和侨民安全”②。

日本政府在天津设立的这些官方机构,在日本国策的推动下,不仅成为日本人经营租界的保证,也是日本政府控制天津的日本人和在日租界居住的中国人的有力机构。日本政府通过上述一系列管理机构,将身居海外的日本侨民纳入整个国家的体系当中,并从各方面干预和控制日本侨民的生活,借以强化海外居民的帝国臣民意识和在中国参与国际竞争的群体意识。在这样的管理下,身居海外的日本侨民仍然具有浓厚的日本国民身份意识,而不是单纯个体意义上的外侨。内山完造如此分析日本侨民的心态:“作为日本人,总是要维护本国的利益。第一是为了日本,第二还是为了日本,不分正义与邪恶,只要有利可图,便认为是正确的。”③可以说,它们的存在,既是日本侵华的明证,也是引导和控制日本侨民的工具。

表2-4　日本历任华北驻屯军司令官一览表

司令官	就职时间	最后职衔
大岛直久中将	1901年5月(未赴任)	陆军大将
山根武亮少将	1901年7月3日	陆军中将
秋山好古大佐	1901年10月25日	陆军大将
仙波太郎大佐	1903年4月2日	陆军中将
神尾光臣少将	1905年7月	陆军大将
中村爱三少将	1906年11月27日	陆军中将
阿部贞次郎少将	1908年11月21日	陆军中将

① 西村正邦:『天津的柳絮』,非壳品2002年,第142—143頁。

② 天津居留民团編:『昭和七年第二十五次居留民会通常会議事速記録』,天津居留民团1932年,第9頁。

③ [日]小泽正元著,吴德烈等译:《内山完造传:献身于日中友好事业的伟大公民》,百花文艺出版社1983年,第61页。

续表

司令官	就职时间	最后职衔
佐藤钢次郎少将	1912 年 4 月 26 日	陆军中将
奈良武次少将	1914 年 8 月 8 日	陆军大将
斋藤季治郎少将	1915 年 7 月 5 日	陆军中将
石光真臣少将	1916 年 5 月 2 日	陆军中将
金谷范三少将	1918 年 6 月 10 日	陆军大将
南次郎少将	1919 年 7 月 25 日	陆军大将
铃木一马少将	1921 年 1 月 10 日	陆军中将
吉冈显作少将	1923 年 8 月 6 日	陆军中将
小泉六一中将	1925 年 5 月 1 日	陆军中将
高田丰树中将	1926 年 3 月 2 日	陆军中将
新井龟太郎中将	1927 年 7 月 26 日	陆军中将
植田谦吉中将	1929 年 3 月 16 日	陆军大将
香椎浩平中将	1930 年 12 月 22 日	陆军中将
中村孝太郎少将	1932 年 2 月 29 日	陆军大将
梅津美治郎少将	1934 年 3 月 5 日	陆军大将
多田骏少将	1935 年 8 月 1 日	陆军大将
田代皖一郎中将	1936 年 5 月 1 日	陆军中将
香月清司中将	1937 年 7 月 11 日	陆军中将

第二节　日租界的行政管理机构

一、侨民自治机构——居留民团

（一）自治机构的雏形——大日本租界局

租界设立的同时，该国也获得了其区域内的行政权，因此需要设立行政机构进行管理。日租界最初的行政机构是大日本租界局，它是根据1902年9月9日发布的天津总领事馆令第六号《日本专管居留地暂时规则》于同月15日设立的。最初设在租界内溜米厂的旧中国房屋内，1904年转移到吾妻街1号。1908年居留民团设立后转移到旭街452号，1914年又转移到新建的民团事务所。大日本租界局最初是由总领事选定的三至五名行政委员负责审议处理居留地有关土木卫生事务，首次担任天津日租界行政委员的四名委员是铃木岛吉（正金银行天津支店长）、南新吾（三井洋行天津支店长）、伊藤彦九郎（松昌洋行天津主任）、竹野虎雄（日本邮船会社天津出张所所长）。在1904年召开的居留民大会上，因租界局的事务章程中新加入教育一项，决定修改《专管居留地临时规则》，将行政委员增加到10名，除以前官选的5名委员外，另从教育费负担者中公选5名委员。公选的行政委员在每年3月召开的教育费负担者大会上进行改选，直至居留民团创立。第一届公选的行政委员为佃一豫、皆川广量、吉田房次郎①、西村博②、藤井恒久五人。藤井恒久于1909年4月曾向日租界当局举办的夏季运动会捐赠银10元。

1905年3月日本政府公布《居留民团法》和实行规则，第一条规定："根据居住在专管居留地、各国居留地、杂居地及其他地方的帝国臣民的情况，在外务大臣认为必要的时候，确定地区，设立由居住在该地区内的帝国臣民组成居留民团，居留民团的废置、分合或有关该地区的变更事项，由命令确定之。"③外务省也于1907年8月发布外务省告示第18号。据此，天津居留民团于同年9月1日设立。根据该法实行规则第71条，由天津总领事指名行政委员，民团选举三井物产天津支店长安川雄之助为议长，东京建物株式会社天津支店长小松林藏为代理议长，武斋洋行主武内桂次郎④为会计主任。但是对于这些大公司的支店长，由于都是总部派遣而来，因此一旦任期结束，他们便会回国。例如大仓洋行支店长皆川广量、东京建物株式会社天津支店长小松林藏都于1909年4月任期届满后回国。但其在职期间，对于民团的控制却是实实在在的。

居留民团的行政机构主要是居留民会、行政委员会。此后《居留民团法施行规则》先后于1924年、1934年进行过两次修改，行政机构也随之发生变化。特别是1935年夏，日本驻屯军参谋部和总领事馆人员组成

---

① 吉田房次郎生于1870年，庆应义塾退学后成为大阪电气分铜会社经理。1901年受台湾总督府的委托，到中国南北各地考察。1902年春天作为小栗洋行经理来津，受到袁世凯的知遇之恩，其间在法租界开设吉田洋行，后转移到日租界荣街，并开始经营进出口贸易。此后相继担任了居留民会议员、居留民团行政委员、日本俱乐部评议员。

② 参见小倉知正編：『天津在留邦人官商録』，天津興信所1922年，第31頁。

③ 天津居留民团編：『現行法規類集』，天津居留民团1924年，第1頁。

④ 小倉知正編：『天津在留邦人官商録』，天津興信所1922年，第98頁。

委员会，要求居留民团协作解决随着“新会社”的成立所出现的社员移居问题。与此同时，民团内部又发生了私用公款的舞弊事件。以此为导火索，民团机构进行了大改革，决定实行单一执行制，即废除名誉职，采取专门负责民团经营的民团长制，臼井忠三①再次担任民团长。

民团经费最初主要来源于征收船车费，而初期船车税只向中国营业者征收，日本侨民和租界内居住的外国侨民、中国人不负担任何税。其后因道路修缮以及其他各种公共事业的扩张，经费不足，遂于“1905 年 1 月向特种营业征收特许税，主要是面向艺妓、料理店、旅馆、戏院、落子馆征收，并实行码头税则”②。其后的抵制日货运动，尤其是日本发动侵略东北的九一八事变，对“民团的收入带来未曾有的大影响”，甚至“卫生等其他必要的设施很遗憾也未能如期实现”③。1932 年的《居留民通常会议事速记录》的报告中说，近年来的不景气和银价的暴跌，居留民团的财政出现严重困难，甚至请求外务省延期归还团债。1930 年，日租界的中国人为 27051 人，到 1931 年底只有 23603 人，减少了 3000 余人。这致使租界房屋出现“800 余间空房”，“卫生费、房租都无法征收”④，影响了居留民团的财政收入。为此，民团只好精简人员，削减开支。

（二）居留民会

根据《居留民团法施行规则》，居留民会有通常会和临时会，总领事负责召集的通常会每年三月召开一次，审议下年度的预算及其他重要施

---

① 参见小倉知正編：『天津在留邦人官商録』，天津興信所 1922 年，第 216 頁。

② 天津居留民団編：『天津居留民団二十周年記念誌』，天津居留民団 1930 年，第 383 頁。

③ 天津居留民団編：『昭和七年第二十五次居留民会通常会議事速記録』，天津居留民団 1932 年，第 3—4 頁。

④ 天津居留民団編：『昭和七年第二十五次居留民会通常会議事速記録』，天津居留民団 1932 年，第 10 頁。

政，会期一般在七天之内。但总领事认为必要时可以命令延长会期。临时会在总领事认为必要时，或者五分之一以上的行政委员会或民会议员请求时召开，会期为三天以内。不过自1925年以后，每年12月召开临时会成为惯例，以便进行改选行政委员，以保证预算的制定和执行一致。根据规则，居留民会还具有制定居留民团条例、确定年度收支预算及承认决算报告、有关居留民团税金、使用费、手续费及参加费的征收，以及教育、消防、贫民救济等十五项事务[①]。对于居留民会议员的资格则规定，只要“连续六个月、每月缴纳税金银1.5美元（年纳26日元）即可成为议员”[②]。1910年，居留民会有日本议员82人、中国议员53人。“随着居留民的增加，民会议员也在无限制地增加，开会时获得法定议员数也变得困难。”[③]如1916年居留民会有议员345人，其中日本人146名，中国人199名，但出席会议者只有120名[④]，也就是说出席者只占应出席者的三分之一，根本达不到召开会议所需要的半数以上，且大部分都是日本议员，甚至看不到中国议员的发言。于是，1925年居留民团修改选举制度。根据施行规则第八条的规定，人口未满五千的居留民团其议员为40人；人口未满一万的，居留民团其议员为50人；人口未满三万的，居留民团其议员为60人；人口三万以上的，居留民团其议员为70人。据此，领事馆令规定天津居留民团的议员为60人。天津细则还规定，除了娼妓、艺伎、妓女缴纳的杂税、娱乐业者等特别税排除在外，民团税为营业、土地、收入、房屋税并按照缴纳的税金，施行等级选举。一级议员为30名，从缴纳高于平均税金的人当中选取；从其他人员当中选出30名二级议员。由于一级议员的得票数远少于二级议员的票数，实际上对纳税多者极为有利。

① 详细事项可参阅天津居留民团编:『現行法規類集』,天津居留民团1924年,第4—5頁。

② 天津居留民团编:『現行法規類集』,天津居留民团1924年,第12頁。

③ 天津居留民团编:『天津居留民団二十周年記念誌』,天津居留民团1930年,第393頁。

④ 天津居留民团编:『大正五年通常民会議事録』,天津居留民团1916年,第2頁。

1934年，议员人数改为30名，1936年又改为32名，1938年为40名，而到了1940年又增加到50名。直到1941年，民会也被纳入战时新体制内，其议员改为官选和民选各一半。从1925年至1940年的十六年中，连续当选民会议员的只有森川照太、古田治四郎两人。

对于居留民会议员的特征，日本学者幸野保典通过分析1928年至1929年民会议员的构成，认为议员有如下三个特征，即"一是很早就往来于天津或中国的并生活很长时间的人占多数；二是从营业类别看，以贸易业为主的当地营业者和医生、律师等有名望阶层占据大半；三是与天津日本人商业会议所的会头和评议员是由大企业的支店长集团占据不同，从交纳税金的金额看，民会议员是中层占核心"①。不过，早在20世纪10年代中期，被称为"当地派"的日本侨民开始具有一定的影响力。进入20年代，"对天津民团的行政，当地派很热心……我等当地人确信，对民团行政自觉有责任者极多"②，甚至言明，"只有我们才是日租界的真正开创者"。这些"当地派"的日本侨民自负地认为，天津日租界发展到今天，是他们奋斗努力的结晶，他们"把天津作为自己将来的葬身之地，孜孜不倦，站在对华发展的第一线，奠定了今天的基础"③。

表2-5　日本居留民会历任议长(截至1937年)

任序	姓名	任职时间
1	米田俊德	1908年
2	安川雄之助	1909年
3	铃木敬亲	1911年
4	小贯庆治	1913年

① 参见幸野保典:「天津居留民团の低利資金請願運動」，波形昭一編:『近代アジアの日本人経済団体』，同文館1997年，第140—141頁。

② 天津居留民团編:『天津居留民团第八次臨時民会速記録』，天津居留民团1923年，第9頁。

③ 「天津邦人実業復興資金低利貸下請願書」(1929年1月17日)，天津居留民团編:『昭和四年民团事務報告書』，天津居留民团1929年，第348頁。

续表

任序	姓名	任职时间
5	福山义春	1915 年
6	郑 永 昌	1916 年
7	最上国藏	1917 年
8	小林和介	1919 年
9	高野省三	1920 年
10	小林和介	1921 年
11	中岛盛彦	1922 年
12	黑泽兼次郎	1926 年
13	吉田房次郎	1927 年
14	牧 尚 一	1931 年
15	上 野 寿	1933 年
16	远山猛雄	1935 年

资料来源:臼井忠三編:『天津居留民团三十周年記念誌』,天津居留民团 1941 年,第 601 頁。

"民团自治行政的决议机关民会议员自古以来就有同志会、清文会两派,自 1919 年开始,两派经常发生矛盾。去年末民会改选后,同志会首先解散,双方解散后,党派之争也结束。为迫使清文会解散,同志会只是表面上解散,其实依然存在。1933 年 7 月到 8 月,保护者会在进行休职小学训导复职运动时,就出现了党派迹象。此外,清文会中还有好斗分子,暗中和反对派勾结,策划财团共益会改革或将共益会合并于民团之下。明年的议员选举时就有可能看到清文会解散的作用。"①对于青、赤两派之争,在津日本媒体也呼吁不要自相争斗,存偏狭之心,否则将一事无成。

根据规定,议长和议员的任期为一年,但可以多次担任或连任。从上

① 外務省外交史料館藏:『外務省警察史』第 34 卷(支那の部—北支),不二出版 1999 年,第 293 頁。

述表格可以看出,不少人都曾担任过两年甚至更长的议长之职。在总计16位议长当中,有9人任职超过两年。如小林和介分别于1919年、1921年担任过议长。中岛盛彦①、吉田房次郎则连续担任了四年议长之职。郑永昌早年曾担任过日本驻天津领事。1935年天津交易所参事远山猛雄②就任议长。

图2-4 天津居留民团办公处之日租界公会堂

(图片来源:近藤久义收藏提供)

(三)中日议员的比较

由于最初制定的《居留民团施行规则》对于议员资格没有国别限制,

---

① 中岛盛彦,1906年进入东亚烟草株式会社,1908年担任吉林销售所干事,1920年就任天津销售所所长兼北京销售所所长,此后担任东亚烟草天津支店主任。其先后担任过天津居留民会议员、天津居留民会议长、居留民团事业调查委员会委员、天津日本人商业会议所评议员、日本人俱乐部评议员等职。

② 远山猛雄,1882年出生,1904年日俄战争时作为随军记者到中国。1906年进入横滨正金银行,后到天津、北京两地工作,担任过天津交易所的参事。其先后担任过天津居留民会议员、天津居留民团行政委员、天津体育会评议员、日本俱乐部评议员、天津青年会评议员参事长兼讲师,是天津日租界早期有重要影响的人物。

只是规定每月缴纳课金银 1.5 美元以上,并连续缴纳 6 个月以上的中日居住者都可以成为议员。因此,最初日本议员占据多数,随着华人大量入住,尤其是辛亥革命之后,政局变幻频仍,很多失意的官僚政客、前清遗老、旧臣移居天津租界,其中不少人入住日租界。由此,租界内的华人急剧增加,华人议员也随之大幅增加。1914 年,日租界内的华人议员首次超过日本人议员。

表 2-6　天津日租界居留民会中的日中议员人数变化表(1908—1924 年)

年份	日本议员人数	中国议员人数	合计
1908 年	78	35	113
1909 年	83	39	122
1910 年	82	53	135
1911 年	85	46	131
1912 年	87	46	133
1913 年	87	50	137
1914 年	101	114	215
1915 年	136	169	305
1916 年	146	199	345
1917 年	156	218	374
1918 年	244	244	488
1919 年	275	275	550
1920 年	309	309	618
1921 年	335	216	551
1922 年	470	361	831
1923 年	510	450	960
1924 年	472	453	925

资料来源:臼井忠三編:『天津居留民团三十周年記念誌』,天津居留民团 1941 年,第 601 頁。

从上表可以看出,1913 年之前日本人议员一直占据多数,但此后华人议员明显占据多数。这主要是因为1914年随着第一次世界大战的爆发,日本开始加强和中国的贸易,为了取悦中国政府,对华人当选议员的资格不再过分限制;同时也说明租界内华人势力在逐渐增强,其维权和参政意识也日益浓厚。但这一状况引起了日本居留民团的极大不安。日本侨民开始担心,认为“华籍民团议员一改以往对民会不热心的态度,在幕后……代表多数中国人的利害关系在会场活动时,民团会场不会完全被中国人的意志所控制吗?”于是多数日本侨民认为“绝对有必要采取措施限制他们的参政权”①。最终在1917年12月修改了《居留民团施行细则》,规定“当帝国臣民没有达到半数时,居留民会议长为使帝国臣民达到半数,帝国臣民以外的行政委员当选者从得票最少者依次编入预备行政委员中,并由当选预备行政委员的帝国臣民得票最多者依次递补,直到帝国臣民达到过半数为止”②。其实早在1909年就有议员提出有关华人议员资格问题的建议案,并在秘密会议上一致通过③。不过,一直到1921年日本人议员才重新占据多数。然而这并没有消除日本侨民的担忧,他们担心租界运营的实权会转移到中国人手中,不安依然笼罩在日本侨民的心头。④

此后,在日本总领事和驻屯军司令官的操纵下,行政管理当局和日本人议员始终掌握着领导权,不断为选举华人议员制造麻烦,如提出更为严格的选举资格审查,限制数量⑤,甚至在议会上怀疑华人议员的身份,并要求采取措施进行逐一审查;又如会议用语始终是日语,一度有人建议增

---

① 松本恒雄総領事:「民団施行規則改正について」,1917年1月31日提交本野一郎外相,外務省記録:『居留民団法並び施行規則関係雑件』MT3.8.2.226。

② 天津居留民団編:『現行法規類集』,天津居留民団1924年,第13—14頁。

③ 『北清時報』1909年3月24日,第3版。

④ 田尻愛義総領事:「民団施行細則についての建議」(1930年8月14日提交币原喜重郎外相,外務省記録:『在外居留民団法並び同施行規則関係一件』K.3.3.3.3—4)。

⑤ 天津居留民団編:『大正十四年度天津居留民会通常会議事録』,天津居留民団1925年,第5頁。

设中文翻译，只因遭到反对而作罢[①]。由于日租界当局的限制，从每年的通常议事会和临时会议的记录上看不到华人议员的发言和参加各项决议，甚至有时候华人议员根本不参加会议，或者找人替代参加各种投票。正如一位日本商人来天津考察时所看到的那样，“民团行政委员选举时，中国人虽然有选举权和被选举权，但没有人前来”。他认为：“他们可能是语言不通或者讨厌政治，抑或不关心选举。”[②]事实并非如此，这是日租界当局有意排斥华人议员，不希望华人染指租界管理。这也可以从此后日租界当局对居留民团议员和行政委员的选举规则进行两次修改可以得知。如1925年日租界民团法规改定后，在选举的60名民会议员当中，没有一名华人。对此，华人也表示不满。因此在次年的民会选举之时，《益世报》便于1926年10月29日报道：“由于华人只有纳税义务，而无发言权利。最近日本民会选举，华人亦起而为被选权之竞争。闻发动者系曹汝霖王揖唐等，以期占得行政员一席，得在租界内有向日当局之建议权。”因此有人评论说：“中国纳税人被准许有权投票和竞选居留民团的职位，这比在欧洲租界里要早得多。”然而“行政事务的日常工作中的权力职位只面向日本居民。学校、社会服务和警察的高层管理人员都是当地的日本精英。”[③]

由此可见，当初日租界当局吸引华人到日租界居住，并给予一定的发言权，完全是为了繁荣本国租界。但随着日租界的发展以及中日关系的恶化，日本侨民的危机感愈加强烈，他们开始对华人充满警惕和敌意，将居住在租界内的华人想象为敌人而加以排除。正如居住在上海的日本侨民那样：“从高楼上的窗户中间望下去，望见那批穿着长袍的中国人时，

---

① 天津居留民团编：『大正八年通常民会議事録』，天津居留民团1919年，第4—5頁。

② 服部源次郎：『一商人の支那の旅』，東光会1925年，第104—105頁。

③ ［美］罗芙芸著，向磊译：《卫生的现代性——中国通商口岸卫生与疾病的含义》，江苏人民出版社2007年，第279页。

心里便免不了要发生恐惧之念的。"[①]

(四)行政委员会

行政委员会是居留民团的执行机关,相当于现在的政府机关部门,是负责民团日常行政事务的机构。根据《居留民团施行规则》,行政委员会代表居留民团,并处理居留民团事务。其职权包括执行居留民会的各项决议,议决由居留民会委托的事宜,并代表居留民会对紧急事务做出决议,处理各种日常行政事务,任免绝大多数的民团吏员,以及置喙、监督、惩戒所有的民团吏员[②]。同时还设有各种专门委员会作为咨询机构,如临时财源调查会、课金法调查会、课金调查委员会、教育调查特别委员会、财政委员会及事业调查委员会等。[③] 根据施行规则,有关行政委员会的人数、选举和认定的规定由领事馆令确定。最初由10名委员组成,另有5名预备行政委员;1934年根据日本政府的指令,改为参事会时,委员减为7名,预备行政委员也变成2人。委员都是在每年三月的通常民会上,从民会议员中选举产生,行政委员会议长则由行政委员会委员互选产生。行政委员与预备行政委员根据无记名单记投票选举,从获得有效选票最多的人中确定,但至少需要获得三张有效选票。1927年3月1日,外务省令第一号对施行规则进行修改,改为根据土地状况采取无记名连记投票方式选举行政委员。选举出的委员需由民会议长报告给领事,并得到其许可,且日本人委员必须占据半数以上。

---

① [美]霍塞著,越裔译:《出卖上海滩》,上海书店出版社2000年,第192页。
② 植田捷雄:『支那に於ける租界の研究』,巌松堂書店1942年,第726頁。
③ 南开大学政治学会:《天津租界及特区》,商务印书馆1926年,第42页。

表 2－7　居留民团行政委员会历任议长表(截至 1936 年)

任序	姓名	职务	任职时间	备注
1	安川雄之助	议长	1907 年 9 月—12 月	辞　职
2	米田俊德	议长	1908 年 1 月—3 月	任期已满
3	井上一男	议长	1908 年 4 月—7 月	辞　职
4	丰田讚吉	议长	1908 年 7 月—1909 年 3 月	任期已满
5	铃木敬亲	议长	1909 年 3 月—5 月	辞　职
6	菊地季吉	议长	1909 年 5 月—1910 年 5 月	辞　职
7	高柳松一郎	议长	1911 年 5 月	辞　职
8	长峰兴一	议长	1911 年 6 月—1914 年 12 月	辞　职
9	森辨次郎	议长	1914 年 12 月—1916 年 3 月	任期已满
10	福山义春	议长	1916 年 3 月—11 月	辞　职
11	铃木敬亲	议长	1916 年 12 月—1917 年 3 月	任期已满
12	深野志磨	议长	1918 年 3 月—10 月	辞　职
13	最上国藏	议长	1918 年 11 月—12 月	辞　职
14	铃木敬亲	议长	1918 年 12 月—1919 年 3 月	任期已满
15	岛金之助	议长	1919 年 3 月—1919 年 11 月	辞　职
16	石泽民卫	议长	1919 年 11 月—1921 年 4 月	辞　职
17	臼井忠三	议长	1921 年 4 月—1924 年 3 月	任期已满
18	川村龙雄	议长	1924 年 4 月—1926 年 2 月	辞　职
19	臼井忠三	议长	1926 年 2 月—1928 年 12 月	任期已满
20	田村俊次	议长	1928 年 12 月—1929 年 3 月	辞　职
21	上 野 寿	议长	1929 年 4 月—12 月	任期已满
22	田村俊次	议长	1929 年 12 月—1930 年 12 月	任期已满
23	上 野 寿	议长	1930 年 12 月—1932 年 12 月	任期已满
24	岸田菊郎	议长	1932 年 12 月—1933 年 12 月	任期已满
25	上 野 寿	议长	1933 年 12 月—1934 年 12 月	任期已满
26	森川照太	议长	1933 年 12 月—1935 年 12 月	任期已满
27	森川照太	参事会长	1935 年 12 月—1936 年 12 月	任期已满
28	植 前 香	议长	1936 年 12 月	任期已满

资料来源:臼井忠三編:『天津居留民团三十周年記念誌』,天津居留民团 1941 年,第 285—286 頁。

从上表可以看出，截至1936年共有27任行政委员会议长，其中有13人即近一半的议长未能任期届满而辞职。这说明议长之职是荣誉职务，没有薪水，被选为议长的人又大都是拥有洋行的洋行主或日本国内大公司在天津支店的支店长，前者因为自己洋行的生意而繁忙，因无暇顾及行政委员会事务而辞职。后者由于是派遣之职，一旦回国或调往他处，其所担任的议长一职必然会随之辞任。这也充分说明行政委员会体制的不稳定性。行政委员会委员亦是如此，因为需要经常开会，使得很多委员不堪重负，不得不辞职。据当时报道称："每月需要二三次会议，并需要处理自己分管的民团事务，给自己的工作带来了很大麻烦，故也有不少人提出辞职，如丰田、铃木、山下、三浦、菊池、西村等人。"①后来，又有行政委员皆川广量、加藤定吉，预备行政委员井上一男三人辞职。行政委员会委员和议长频繁更换，暴露大公司支店长和大洋行主所主导的租界行政体制具有很大的不稳定性与不成熟性。

由于上述问题的出现，行政委员会很难专心处理租界内的行政事务，妨碍了民团事务的顺利推行，同时也不利于租界发展。为此，居留民团决定设立理事制度。理事在行政委员会及居留民会都具有发言权，具有超过先前书记长的职权，辅佐行政委员会长，掌管居留民团事务。该理事制度是在1925年的通常民会上决定的，并得到了领事认可。按照规定，理事任期为三年，其任免由行政委员会决议和领事认可。行政委员会还在1926年9月制定了《民团理事工资章程》，规定理事年薪及其他事项。1924年之前在居留民会当中，尚有不少中国议员。但居留民团行政委员会从一开始就几乎看不到中国议员的影子。据《益世报》报道，在1922年4月租界行政委员会委员的选举中，只有前河南省长王印川一名华人

① 『北清時報』1909年4月1日，第2版。

担任预备行政委员①。1925 年的《居留民团法施行规则》第 47 条又规定："行政委员中日本人数要超过一半，如果行政委员中日本人的名额不足半数，居留民会议长在其他国籍行政委员会中，取其中票数最少者，顺次降格，编入预备行政委员中，而在当选的日本预备委员中，得票最多者，顺次提升编入行政委员中，直到日本人名额超过一半。"②1925 年 10 月 6 日《益世报》又报道说："日本当局因种种关系，拟下次增多华人出席行政委员会之人数，以便共同进行地方一切事件云。"③但实际上，"1925 年以后就没有外国人当选为行政委员，只是在 1928 年度的民会议员选举中有一名中国议员"④。

通过对居留民团及其机构的分析，我们不难看出作为日本侨民的自治机构，居留民团并没有真正成为一般日本侨民参与其中的议事机构，而是在日本驻天津总领事指导下的半自治行政机构。而且因为关系到普通日本侨民切身利益的民团事务和租界建设权利，实际上居留民团掌握在极少数有地位的大公司的支店长或在天津当地拥有洋行的大洋行主。他们几乎掌握了有关侨民的全部事务。正如日本外交官石射猪太郎所说，"天津的日本侨民社会，占重要地位的还是大商社的支店长"⑤。而绝大多数的日本侨民和华人所拥有的不过是选举权。

鉴于行政委员会的现实运行情况，1935 年根据日本外务省的指令，日租界当局决定将行政委员会改组为参事会，行政委员改称参事会员。天津日本居留民团参事会由 7 人组成，其参事会员每年从居留民会议员

---

① 天津市地方志编修委员会办公室等编：《〈益世报〉天津资料点校汇编（一）》，天津社会科学院出版社 1999 年，第 1539 页。

② 亜細亜第二課編：『居留民団法施行規則参考書』，外務省外交史料館藏，B02130096200。

③ 天津市地方志编修委员会办公室等编：《〈益世报〉天津资料点校汇编（一）》，天津社会科学院出版社 1999 年，第 1547 页。

④ 天津居留民団编：『天津居留民団二十周年記念誌』，天津居留民団 1930 年，第 404 頁。

⑤ 石射猪太郎：『外交官の一生』，読売新聞社 1950 年，第 32 頁。

当中选举产生,且日本人要占据半数以上。参事会代表居留民团大会负责处理日租界的日常事务。

二、另类自治——天津共益会

如果说1897—1907年是中日关系的“黄金十年”,那么签订于1915年的“二十一条”,则成了中日两国关系的转折点。日本从以往以对欧美协调为前提的对华侵略政策转变为与列强对抗、妄图独占中国的外交政策。在民族危机日益严重的背景下,中国的民族主义运动也日益高涨,不断掀起反日、排日货运动。废除领事裁判权、收回租界也成为中国民众的一大诉求。尤其是1927年汉口英租界被中国政府成功收回,更是让日租界当局和侨民深感不安,考虑到可能出现的情况,特别是租界一旦被收回,其居留民团的财产也可能全部被当成公共财产而没收。因此,日本居留民团认为:“最善的方法是设立财团法人,将日本侨民的祭祀或教育、卫生等事务交由日本侨民自己管理和经营。”[①]为此,1927年7月,居留民团行政委员会议长臼井忠三前往东京寻求政府支持,同年12月召开临时民会,就其设立手续等问题进行讨论,并于12月23日向日本政府提出财团法人设立申请。此后却因调查大费时日,直到1930年1月方才获得日本外务省的同意,并同时要求修改捐赠行为,并派田尻事务官来津指导促进设立手续事务。1930年5月,在行政委员会上和民团划分将来所设立的财团的财产,5月29日再次提出设立申请。1930年7月召开民会议员协议会和第27次临时民会,正式决定设立财团法人天津共益会。“本会的目的是为保护增进天津日本人的共同利益,进行祭祀、教育、卫生及其

① 天津共益会:『昭和五年共益会事務報告書』,天津共益会1930年,第1頁。

他必要之事业"[①]。主要工作就是"维持天津神社,维持经营天津日本巡寻常高等小学校、天津日本高等女学校及天津日本幼稚园,维持经营天津日本图书馆,维持经营天津疗病院,维持经营墓地及火葬场,维持经营大和公园及公会堂,以及其他必要之事业"[②]。

1930 年 7 月 13 日,财团法人天津共益会设立协议会在天津日本总领事馆召开,代理总领事田尻爱义选定第一任职员。此时,还没有专任的主事,暂时由居留民团理事松本兼任。7 月 14 日,完成设立登记手续,天津共益会设立在法律上的手续全部完成。理事会开始独立从事与居留民团、各债权者及其他相关事务。不过,由于之前的关系,事务一时难以完全脱离居留民团,因此一直到 1931 年 1 月末,都在民团事务所由民团职员兼管这些事务。1931 年 2 月 1 日才正式任命庶务课、会计课、电气课、业务部门、电路部门主管人员。他们之前都是天津居留民团职员,共有书记 7 名、技师 3 名、雇员 10 名、神职人员 1 名、嘱托 1 名和佣人若干(日本人 3 名、中国人若干)。天津共益会的事务所也是改造原居留民团土木课的一部分办公场所充任的。1931 年 12 月末,其职员主要有负责主事事务的书记河岛等 28 名,另外嘱托等人 7 名。1932 年 9 月,居留民团理事嘱托中岛德次负责主事事务,此后一直尽心尽力,为天津共益会事业服务。

根据 1930 年制定的《财团法人天津共益会捐赠行为细则》,天津共益会设置理事和监事,理事在 10 名以内,监事 3 名以内,理事会从理事中选出 1 名理事长、1 名会计主任,在理事长或会计主任有事时,由理事会互选产生代理者。理事长统理会务、召集理事会,会计主任负责出纳及其他会计事务。监事则负责监察财产及业务的执行状况[③]。理事和监事选

① 天津共益会:『昭和五年共益会事務報告書』,天津共益会 1930 年,第 2 頁。

② 早川録鋭編:『北支!! 天津事情』附録「各機関法則」,天津出版社 1938 年,第 80 頁。

③ 天津共益会編:『財団法人天津共益会事業概況』,天津共益会 1936 年 4 月,第 1 頁。

图 2－5　天津共益会
（图片来源：早川録鋭编：『北支！！天津事情』，天津出版社 1938 年版）

任后由日本驻天津领事官委任，其任期皆为一年。理事全部为名誉职务，第一任理事长为金井润三，会计主任为牧尚一[①]，监事为山上逸、大泽大之助、武田守信。同时还由具有学识、经验等人组织各种委员会以应对理事长的咨询，推进共益会各项事务，如图书馆评议员、学校建筑委员等。共益会的具体事务由理事会负责，在专门处理会务之下配备书记、雇员，由六课七部门及金融部、收费诊疗所、图书馆构成。具体为庶务课、会计课、电气课、建筑课、邮务课、调查课、金融部、收费诊疗所、图书馆。以上各课都设置课长，由主事任命，下设主任，课员在课长的指挥下处理各自分担的事务。最初没有专任人员，1931 年 2 月有书记 7 名、技工 3 名、雇员 10 名、佣人 1 名、嘱托 1 名、神职 1 名。其后随着事业的扩张，到 1937 年 8 月为技师 1 名、书记 11 名、技工 4 名、雇员 34 名、临时雇员 1 名、嘱托 11 名、佣人 61 名。[②]

---

① 参见小倉知正编：『天津在留邦人官商録』，天津興信所 1922 年，第 260—261 頁。

② ［日］臼井忠三编：『天津居留民団三十周年記念誌』，天津居留民団 1941 年，第 419 頁。

天津共益会的财产主要是土地,约占全部财产的 60%,其次是建筑物,约占 15%,再次是电气事业,约占 12%。其财产额也从最初的 6306004.58 美元,增加到 1937 年的 9062216.57 美元,8 年间约增加 258 万美元,其中土地增加 88.3 万美元,建筑物增加 37 万美元,用品增加 25.5万美元,电气设备增加 15 万美元。该会还继承居留民团已经发行的团债,1930 年 12 月需要负担的债务有第一生命的 30 万元、东亚兴业的 635100 美元、上海两和三菱商事电气机器的 535 美元、6912 美元、天津两和 124428 元。其财政收入主要依靠电气收入、出租土地收入。电气事业占据绝对比例,1930 年占全部收入的 60% 以上,1937 年达到 72% 以上;其次是土地使用费,1930 年、1937 年都约为 15%。从 1930 年度的财政收支出看,收入方面,经常部为 44.6 万美元,临时部为 3.9 万美元,合计约 48.6 万美元。财政支出方面,经常部约 12.5 万美元,临时部为 33.2 万美元,合计 44.7 万美元。从支出比例来看,教育费占据首位。从经常部所占的比例来看,1930 年为 58%,其后逐渐增加,达到 60% 以上。①

1937 年中日战争全面爆发,两国关系发生根本变化,日军占领天津后,租界当局所担心的租界归还危险已经消除,居留民团和天津共益会的分立也失去必要,于是在 1938 年第 31 次居留民通常会上决定合并,天津共益会解散,结束其历史。天津共益会在其所存在的八年当中,既是日本侨民人口增长比较快的时期,同时也是中日关系日益走向紧张的关口。在这种特殊的历史环境下,天津共益会主要是致力于日本侨民的公共事业,尤其是有关侨民的教育和卫生事业。在教育方面,投入教育的经费大幅度增加,1936 年度达到银 428267 美元,约占本年度支出的五分之一。②先后设立了天津商业学校和淡路国民学校,使天津的日本人学校增加到

---

① 参见臼井忠三编:『天津居留民团三十周年記念誌』,天津居留民团 1941 年,第 420—432 頁。

② 臼井忠三編:『天津居留民团三十周年記念誌』,天津居留民团 1941 年,第 432 頁。

6所,其学生人数也大幅增加。卫生费从1930年的306100元增加到1935年的1327010元,医院数从1928年的17家增加到1936年的27家。

表2-8　天津共益会历任理事长名单(截至1937年)

任序	姓名	职务	任职时间
1	金井润三	理事长	1930年7月13日—12月11日
2	金井润三	理事长	1930年12月12日—1931年12月23日
3	金井润三	理事长	1931年12月24日—1932年12月12日
4	金井润三	理事长	1932年12月13日—1933年12月19日
5	金井润三	理事长	1933年12月20日—1934年12月19日
6	上野寿	理事长	1934年12月20日—1935年12月19日
7	神村贯治	理事长	1935年12月20日—1936年12月25日
8	神村贯治	理事长	1936年12月26日—

资料来源:臼井忠三編:『天津居留民団三十周年記念誌』,天津居留民団1941年,第413—415頁。

三、沦陷时期的日租界管理机构

1936年11月5日,在临时民会上参事会长森川照太提议改制居留民会,实行民团长制,获得通过,并推荐臼井忠三为初代民团长,并增设团长助理一职,由来自满铁的前田担任首任团长助理。11月9日日本外务大臣同意实行民团长制。但在1936年11月12日召开临时民会推选初任民团长的选举前两天,在野党青派推选原陆军主计总监藤田顺,使得民团长选举白热化,但最终以多数选举臼井忠三为第一代民团长。与此同时,也调整了居留民团的组织机构,民团组织改为五部十六课。其具体机构如下:

(一)总务部:秘书课、庶务课、调查课

(二)工务部:经理课、土木课、建筑课、保净课

（三）卫生部：医院、防疫课、保健课、庶务课

（四）业务部：水道课、埠头课

（五）财务部：调定课、征收课、整理课、会计课、考查课

其中总务部下属的调查课负责收集天津的各种情报，为后来日本侵占天津发挥了很大作用。

天津居留民团原职员佐藤章冒领公费一万八千余元消费事件被发现后，民团长代理前田助理、小濑会计主任深感责任重大，提出辞职。总领事馆认为对于此事件，民团长、助理、会计主任有监督失察之职，田代总领事分别给予处分，给予小濑会计主任罚薪处分，给予臼井民团长、前田助理警告处分。亏损的公费，则由民团长、助理、会计主任三人填补上。但此次事件仍旧造成了很大的影响，使得侨民开始对民团产生不信任和不安感，从根本上破坏了民团的自治观念。为此，民团决定对人事进行调整，并进行机构整备改革，并最终于 1939 年 10 月 19 日完成机构改革，并调整人事。臼井忠三继续担任民团长，团长助理前田因健康原因辞职，由宫家寿男总务部长继任，并兼任总务部长。他此前于 1924 年至 1931 年担任青岛居留民会议员和行政委员，还曾于 1928 年 1 月至 1929 年 3 月担任行政委员会长，1939 年初任总务部长。他在就任致辞中说：“唯有以热心与努力，为民团自治行政，增进侨民的福利，全力辅佐民团长。”会计主任为上原珍二。机构从原先的五部二十一课，精简为六部十八课。增设金融部，由小泽严担任金融部长。庶务课改为总务课，工务部经理课废止，调查课并入考查课，企划系等各课合并为厚生课。民团长臼井对于此次的人事改革，说：“此次机构改革的动机是基于过去两年间的经验和为了更加有效推行民团行政而进行的。此前由于在民团内部发生不详事件和公费消费事件，再加上遭遇此次水灾，都要求对先前的机构进行改革。希望通过此次人事大刷新，整肃内部，注入清新的空气，选拔有能之士，配

备在适当的位置。”①

1940年4月，居留民团各课课长变动如下。中村利三郎为考查课长兼兴亚奉公会主事。他1903年出生，1935年末开始担任民团工务部书记，1937年任秘书课长，同年10月份机构改革，任总务课长至今。川添胜太郎为接替中村任总务课长，他先前在天津警防团任职。川添1895年出生，中央大学毕业，曾任朝鲜纺织用度系长，1923年进入警视厅。小林博任教育课长。小林博1887年出生，1938年9月任居留民团庶务学事部嘱托，机构改革后任学务课长。随着此次教育课的设立，他担任首任课长。风卷义雄，初等教育课长。他先前在国内任职，于今年四月应民团招聘，任学务部中等教育课长。此次还兼管社会教育方面的事务。市桥卯太郎，1897年生，福冈县人，1938年11月应民团招聘任会计课嘱托，1939年机构改革后，担任首任计理课课长。此次担任财务部用度课长。加藤义，1912年生，冈山县人，1937年12月来津，1938年8月在民团用度系工作，1939年后任用度系长，此次担任财务部用度课系物品系长。桑原治雄，1899年生，滋贺县人，1932年进入民团工作，先后在财务、总务课任职。此次担任临时经济课长。鹿田保，1911年生，早稻田大学政经科毕业，京都府人，毕业后来津担任民团金融部书记，此次任秘书。花月义雄，1899年生，山形县人，1937年作为陆军主计少尉来津，1940年1月任民团书记，此次负责计理课长事务。

1940年，在新体制下，居留民团制也进行了改革，其议员定额改为50名，其中25名由选举产生，另外25名由官选确定。官选的标准是过去对民团行政做出贡献者，并且要对民团行政非常熟悉。当时有9名参事会员入选，又增加了当地报社的两个社长。民选议员则是由有资格的选举人投票选出，其候选人有32名，选出25名，但据说其中也有连民会议案、议事录都无法阅读的人，也可见当时民团选举之内幕重重。议员选举结

① 『京津日日新聞』1939年10月19日，第2版。

束后，召开新的民会，并决定互选民会议长、副议长。此时先前仅是社交机关的水曜会，因为总店在日本的会社、银行的天津支店长所组织的，也变成了政治团体。这也是民团成立以来的传统。当时就有赤派（执政党）和青派（在野党）之分，中间派则是桃色派。议员选举结束后，天津村政界的动向非常微妙。会社派占有 21 席，为绝对多数党，其议员都是知识分子。在民团财政的负担额上，会社派也确实占据多数。会社派决定推举国际运输的河野九郎，副议长为田重直，参事会员 9 名之中有 5 名是会社派。这引起了土著派的不满，他们要求胜田不能当选，且要求参事会员也有 5 名。会社派不得已推举足立茂为议长，参事会员降为 4 名。最终足立茂当选为议长，土著派的龟泽省朔为副议长，参事会员则是 4∶5。虽然对臼井民团长的反对声由来已久，并且对他在 1939 年大水灾中的处理多有诟病，而且机构不完备，职员不正事件等问题多多，但他最终还是当选，一方面是因为“现在没有代替臼井的合适人选”，另一方面他也表示“要抛弃独善主义，改正散漫政策，专心致力刷新民团行政，为增进居留民的福利而努力”。问题由此才暂时得到解决。然而，民团行政依然孕育着危险，其民团内部的明争暗斗并没有消除。

第三节　日租界的秘密活动

一、特务活动

日本在天津的特务机关是伴随着日本驻天津领事馆的设立而开始的。甲午战争时,就有不少日本特务乔装成华人刺探情报。义和团事变后,随着日侨的增多,天津总领事馆就开始利用日本商人及其家属从事情报工作。一些日本侨民以开办商行为掩护,进行特务活动。如经营照相器材的樫村洋行,经营胶鞋的迩宫洋行,搞运输的武斋洋行,经营古玩的野崎商店,都是特务活动的秘密联络点。很多旅馆、饭庄,如寿街(今兴安路)的常盘旅馆,花园街(今山东路)的大和旅馆,曙街(今嫩江路)的神户馆,扇家料理店等,都是日本高级特务经常出没的场所。

早在甲午战争前后,日本就已经派遣大量间谍进行谍报活动,其焦点就集中在辽东半岛、渤海湾沿岸(天津、芝罘)和上海等地,其战略目标是调查清政府在上述地区之兵要地志与备战情报,为日军的军事行动提供服务。当年首批来华进行谍报活动的福岛安正,就曾借“政绩考察”之名,历时一年到古北口、山海关、天津、奉天、营口等地转了一圈,回国后写成《邻邦兵备略》。后来还曾借跟随伊藤博文来中国交涉签订《天津条约》问题，搜集辽东半岛沿海地区情报。当时，陆军参谋本部派驻天津的谍报负责人为陆军大尉世良田，其公开身份是领事馆武官，领导几名大陆浪人为其进行调查活动。甲午战争时，石川伍一和钟崎三郎在日本侨民从天津撤退之时潜伏下来。后来他潜入天津城内，投宿客栈，被天津道台衙门逮捕处决。宗方小太郎在搜集威海卫北洋舰队的情报时，也曾来往于天津，在被清政府宪兵发现后，曾乘从天津到上海的轮船逃窜。

1900年义和团围攻天津租界时，青木宣纯经日本政府同意，留在天津组织和指挥日本侨民组织的“义勇队”进行激烈抵抗，受到各帝国主义国家在津外交官与侨民的称誉。天津被攻陷后，他还被选为“军政委员”。日本驻天津总领事馆是日本帝国主义设在直隶和山东两省的情报中心，总领事伊集院彦吉既是外交官，也是情报活动头目。1901年调任天津领事、总领事后，伊集院彦吉便和直隶总督袁世凯拉上关系，并要求袁世凯在日俄关系紧张时，协助日本暗中监视清政府内部的亲俄派动向并向日本提供种种便宜。特别是1903年冬天，日俄战争迫近，青木宣纯大佐派遣坂西利八郎少佐到天津直隶总督府给袁世凯当顾问。袁世凯害怕引人怀疑，亲自给他起个中国名字“班志超”，希望坂西也和汉代班超一样立功异域。当时，日本间谍原田俊三郎正担任天津巡警总局顾问。段芝贵也在袁世凯幕府主事，非常亲日，给了坂西很多方便。每天各地谍报人员向直隶总督府报送来的情报，段芝贵均先送坂西参阅，并由他译成日文即刻送交给日本天津驻屯军司令官仙波太郎少将。如此，天津便成为日俄战争中日本帝国主义情报活动的中心之一。后来陆军中佐大迫通贞接手青木机关，但是对外仍保留其名。大迫通贞毕业于日本陆军大学，曾担任吉林督军孟恩远的军事顾问，九一八事变后任日本吉林特务机关长。1933年《塘沽协定》签订之后，大迫通贞被日本关东军派到天津建立青木公馆，接受天津驻屯军司令部的监督，经费则由关东军拨付。青木公馆位于淡路街（今甘肃路），其内部分为三个班：谋略班（班长茂川秀和）、情报班(班长诹访部安太郎)和庶务班(班长拓殖),有日本特务人员30余人,中国情报人员40余人。其主要任务是“掌握居住在天津租界内的东北籍军政要员的政治动向,严密监视其有无反‘满’抗日活动,同时进行分化瓦解、拉拢工作”①。大迫通贞与当时寓居在天津的孙传芳、齐燮元、靳云鹏、曹汝霖、王揖唐、张弧、吴毓麟、高凌霨、陆宗舆等都保有联系,甚至还鼓动北京的吴佩孚、董康、汤尔和、江朝宗等人东山再起,以反对南京政府。后来大迫通贞因为对吴佩孚工作的失败被调回国内。天津的青帮组织“普安协会”也是在大迫通贞操纵之下建立。同时,他为了控制社会舆论,还先后收买了《庸报》《民报》《振报》《国权报》《真善美晚报》5家报社,鼓吹日本侵华。1935年12月,青木公馆解散,其成员由茂川秀和接管,并在原址设立茂川公馆。先后担任日本驻天津陆军特务机关长的有中佐大迫通贞、大佐仪我诚也、少将森冈皋、大佐柴山兼四郎、中佐山下哲夫、少将雨宫巽、大佐松井雄次郎、大佐本间诚。

表2-9 日本驻天津历任陆军特务机关长

姓名	职衔	任职时间
土肥原贤二	大佐	1931.3—1931.8
大迫通贞	中佐	1933.3.18—1936.3.7
松冈		
仪我诚也	大佐	1937.8.2—1938.1.24
森冈皋	少将	1938.3.1—1938.6.18
柴山兼四郎	大佐	1938.6.18—1939.8.1
浅海		1939.8.1—1940.8.1
山下哲夫	中佐	1940.8.1—1941.3.11
雨宫巽	少将	1941.3.11—1943.6.10
松井雄次郎	大佐	1943.11.23—1945.3.31
本间诚	大佐	1945.3.31—1945.8.15

① 中共和平区委宣传部、和平区地方志编委会办公室编著:《血与火的记忆:天津市和平区人民抗日斗争史话》,2005年,第29页。

茂川公馆，最初位于日租界淡路街（今甘肃路）瑞华里，后迁入秋山街（锦州道）16号，负责人为茂川秀和少佐，其主要工作就是网络下野军阀、政客，为组织傀儡政权拼凑班底。茂川秀和毕业于日本士官学校，曾在日本陆军参谋本部第二课（情报部）任职，后被派到北京进行谍报活动。九一八事变后曾参与土肥原贤二主导的从天津接走溥仪到东北的任务。其于1935年10月进入青木公馆。茂川秀和汉语好，熟悉中国风俗人情。抗战爆发后，他担任日本华北派遣军参谋部第二课（情报科）课长职务，后来还曾担任北平、开封、蚌埠等地的特务机关长，一直到抗战结束。他继承青木公馆的任务，继续在下野军阀、政客及东北籍军政人员开展工作，策动"倒蒋反共"，谋略"华北自治"。该公馆还"利用汉奸杨荣斋、赵文俊等密谋招收失意军官及股匪等，扰乱华北各地，更假冒共党活动，爆炸津浦（指定由津至德县）、平汉（指定由平至石家庄）两线，以期造成防共口实，引起外交纠纷，以利进兵。近复派汉奸王虎臣及其党羽刘广耀等至华南活动。刘广耀为该处红枪会首领，对外自称'华北民团救国会'"①。建立的外围组织则有中国农协会、中国回教协会、天津地方辅治会、新东方文化协进会、同乐京剧社、大东公司、兴中公司、南开农场等。抗日战争全面爆发后，茂川遂纠集亲日分子高凌霨、张弧、方若、刘玉书、孙润宇、钮传善、沈同午等人策划成立治安维持会，以维持日本占领后的天津治安。1937年8月1日，成立了以高凌霨为首的"天津地方治安维持会"，茂川任顾问。1937年秋，茂川又在北京成立"茂川机关"，遂将活动中心转移到北京，天津的"茂川机关"交由其得力助手诹访部安太郎代理负责。1942年5月，茂川任北支那派遣军司令部参谋部第二课课长，兼任北京"茂川机关"机关长。同年6月，天津"茂川机关"和"横山机关"合并，改称"1800部队（即北支那派遣军之代号）参谋部天津机关"，赖中

① 张宪文主编：《日本侵华图志第13卷：情报与间谍活动》，山东画报出版社2015年，第127页。

佐担任机关长。后因诹访部与渡赖有矛盾，茂川将原有“茂川机关”人员全部调走，天津“茂川机关”遂告结束。天津“茂川机关”还下设对蓝衣社工作组，由裴级三领导，组内有中国籍特务 20 余名，部分为原蓝衣社成员。根据解放后天津市公安局对原天津“茂川机关”的调查，除了 20 余名日本人外，其中国籍特务及关系人多达三四百人。[①] 茂川还积极利用打入交通及其他主要经济部门的汉奸特务来加强对各部门的控制。“当时日寇对我京汉、津浦等铁路控制之迅速，茂川的活动从中起了不小的作用，因而茂川成了日寇华北交通会社的创始人之一。”[②]

此外，还有其他很多特务机关，如位于日租界石山街（今宁夏路）宏济里的“三野公馆”，后来迁至芙蓉街（今河北路）。其主人乃日本人三野友吉，日本陆军大学出身，在北洋军阀执政时期，奉派来津，任天津日本驻屯军参谋。由于他能说中国话，在天津广事交游，结识了一些官僚、政客，后来奉调回国。因为熟悉中国情况，三野友吉再转至参谋部第二课后再次被派到中国，不久来到天津，建立三野公馆，从事情报间谍活动，前后居住了十余年。“在这个公馆里，有烟、有酒、有女人，是个销魂的魔窟。三野的旧友新交，趋之若鹜。一小撮卖身投靠的民族败类便成为三野公馆的座上客。三野网罗了一批汉奸走狗，如李际春、张壁、郝鹏、石友三、白坚武、何庭鎏、刘桂堂、刘佩臣、曹华扬……等。石友三，乃长春人，是一个反复无常的军阀。1931 年叛变张学良时，被于学忠部击溃，前往山东投奔韩复榘。后在日本特务的保护下遁入天津日租界，住在加茂街（今青海路），很快就与土肥原贤二搭上关系。后来他企图与白坚武、何庭鎏等汉奸合作，在北平发动暴动，成立‘华北国’。后来在前往北京途中，事泄被发现，最后是失败而告终。天津的青帮分子，也是三野收罗的爪牙，在三野的支持下，成立了安青帮‘普安协会’，会长厉大森。汉奸袁文会，

① 参见天津市公安局编：《日寇天津茂川机关》，1959 年 5 月。

② 天津市公安局编：《日寇天津茂川机关》，1959 年 5 月，第 1 页。

在日租界横行称霸，也是由于有三野及其他日本主子在背后为之撑腰。”[①]此外，在日租界的日本商店，如迩宫洋行（售胶鞋）、樫村洋行（售照相器材）、野崎商店（售古玩）、友田洋行（售海洛因）等，也都是日本特务机关的秘密联络点。

和知公馆成立于1936年3月，位于日租界伏见街（今万全道），所用楼房系汉奸殷汝耕的财产。负责人是和知鹰二，系日本驻屯军高级参谋、中佐。其主要任务是策动桂系、晋系军政人员进行“倒蒋反共”活动。公馆内专门设有与两广联系的电话，李宗仁、白崇禧的代表黄南鹏也驻在和知公馆。和知公馆还与阎锡山保持密切联系，有电台通往太原，鼓动阎“倒蒋反共”。松井公馆成立于1936年春，位于日租界宫岛街（今鞍山道），负责人为松井静观，受日本驻屯军司令部参谋长永见俊德直接领导，专门笼络下野的军政人员，如靳云鹏、高凌霨、王揖唐、曹汝霖、齐燮元、石友三等人。后因为永见俊德调走，松井公馆也随之解散。野崎公馆成立于1934年前后，地址位于日租界须磨街（今陕西路）。野崎系日本海军退役少佐，其主要任务是收集英、法、意租界的情报，包括政治、军事、经济动态，并及时向大迫通贞汇报。1936年夏，野崎公馆撤销。斋藤洋行位于日租界曙街，表面为出售日本商品的商店，实则是日本驻北平武官柴山兼四郎在天津设置的情报据点。负责人斋藤荣毕业于上海国文书院，久居天津，精通汉语。他们专门拉拢九一八事变后由东北来津的失意政客。[②] 柴山曾参与策划制造九一八事变，出任驻华武官后经常与东北籍军政人员接触。由于很多东北官员在津居住，如张作相、刘翼飞、王树常、王树翰、高纪毅等，柴山兼四郎对他们进行分化、拉拢。1935年柴山调离北平后，斋藤洋行的情报活动也随之结束。

近代历史上赫赫有名的日本间谍川岛芳子，也于1933年来到天津。

---

① 辛公显：《七七事变前天津便衣队暴乱真相》，《天津文史资料选辑》第2辑，天津人民出版社1979年，第35页。

② 杨大辛：《津门古今杂谭》，天津人民出版社2015年，第133—134页。

居住在日租界松岛街(今哈密道)东兴楼饭庄。在时任天津日本驻屯军司令官多田骏的庇护下,川岛芳子异常活跃。她在日租界开设了一个金船舞厅,作为特务分子进行联络、交换情报的据点。当时寓居此地的军阀齐燮元、石友三、白坚武等人都对川岛曲意逢迎。川岛还组织便衣队,制造反动卖国舆论。郝鹏是日本特务机关豢养多年的老牌汉奸,住在日租界,是便衣队头目之一。有一天他乘坐汽车到裕德里同春公寓打麻将,在次日回来的途中被人劫持出日租界,送交省政府,交于学忠处理。后来因为日方施压,不得不将其释放。

图2-6 川岛芳子(前排中间)在日租界东兴楼内

(图片来源:近藤久义收藏提供)

九一八事变之后，日本逐渐将目标放在了华北，开始在华北各地策动自治运动和暴动。在这些运动和暴动当中，处处可见日本军警特务的身影。1933 年 5 月 20 日，日本驻天津总领事桑岛主计在致日本外务大臣内田康哉的电文中就说："特务机关及宪兵队当然参加暴动，据推测，部分驻军也参与此事。"①

抗日战争全面爆发后，天津沦陷，日本的特务机关无需遮掩，开始公开行动，挂出了"大日本天津陆军特务机关"的牌子，地点就在日租界福岛街。其内部设有机关长办公室、情报班、宣传班、产业班及顾问室。产业班负责掌管与军用有关的各种物资的统计工作。第一任特务机关长由日本驻屯军司令部代理参谋长长岭中佐兼任，不久由长野代理。1937 年底由仪峨诚也转任。他死后则由陆军省军务课长柴山兼四郎接任，1938 年柴山升任中将后，又由曾任日本驻华武官的雨宫巽少将接任。不久雨宫也升任中将，调任天津防卫司令部司令官，由山下中佐继任，不久松井大佐接任特务机关长，直至日本战败投降。陆军特务机关管辖区域包括北宁、津浦两铁路线各县，并在重点地区设有联络点，派驻联络员，主要任务就是监视周围各县伪县长的行动与搜集八路军的情报，形成周密的特务活动网络。

不仅如此，日本华北驻屯军为了配合侵略制造舆论，还创办了《救国半月刊》，由驻屯军高级参谋石井嘉穗负责，驻屯军"嘱托"中山晴雄担任社长兼总编辑。办公地点设在日租界淡路街"茂川公馆"的地下室，后迁至日租界须磨街义德里 1 号。其经费全部由驻屯军拨付。该杂志于 1936 年 5 月正式创刊，假冒"救国"之名，行"亲日"之实，极力煽动反共、倒蒋以及反苏、反英、反美，鼓吹"中日亲善""中日经济合作"。其杂志内容由日本驻屯军确定，多为日本人撰稿，再翻译成中文。像王揖唐、齐燮

---

① 中央档案馆、中国第二历史档案馆、吉林省社会科学院合编：《日本帝国主义侵华档案资料选编：华北事变》，中华书局 2000 年，第 157 页。

元都曾撰写过稿件，安清帮分子、中日密宗研究会成员也向该刊供稿。每期一般印一两千份，最多印过五千份。日本发动侵华战争后，该刊停办，共出版26期。

1935年5月，天津先后发生两起汉奸被刺杀事件。一个是满洲晨报社社长白逾桓在日租界义德里寓所被暗杀，一个是国权报社社长胡恩溥在北洋饭店被打死。日本借此施压南京政府，迫使南京政府派代表何应钦与日本驻屯军司令梅津美治郎签订《何梅协定》，并免去于学忠的省政府主席职务。这两个暗杀事件，一直扑朔迷离。白逾桓被杀案发生于1935年5月2日晚，根据1935年5月3日《大公报》（天津版）报道，白逾桓系湖北天门县人，时年63岁，民初追随孙中山、黄克强等人从事革命，后因与国民党持不同意见，于1929年至1930年留居日本，与陈炯明等人办报，言论激烈。1931年携陈炯明来津活动，在日租界创办《震报》，自认主笔。1933年因《震报》被查封乃改名《振报》，在日租界须磨街二十二号设编辑部、营业部，为日本侵华张目。白逾桓组织亲日汉奸团体"中华民主同盟会"，与日本关东军司令官南次郎等人有书信往来。1935年5月2日凌晨四时左右，有两人进入白逾桓家，朝其开了三枪，第一枪击中其唇下，子弹由后脑穿出，第二枪击中左胁，枪弹由后背穿出，第三枪击中其左臂，子弹未透出，白氏当即毙命。其实，早在1933年11月28日，白逾桓就曾在明石街耕余里二号宅内遭遇过枪击，不过当时逃过一劫。此次最终被杀，终难逃一死。①

胡恩溥被杀之事，1935年5月3日《大公报》曾有报道，其云："本市国权报社长胡恩溥，年五十一岁，浙江人。上月二十九日，偕其夫人（年二十余岁）自大连返津，住日租界寿街北洋饭店楼下第十六号房，化名沈竹君。昨晚十一时零五分，突有二人，乘'1063'号汽车（按该号码汽车为

① 参考《天津日租界振报社长白逾桓被杀经过》，《大公报》（天津版）1935年5月4日，第6版。

沈某所有）至该饭店，将十六号房门推开，即向胡连放数枪，胡应声倒地，该二人立即逃逸。日租界巡捕闻声赶至，追捕凶手，未弋获。胡身中四枪，尚未气绝，当将其送往日租界盐谷医院医治，旋因伤重身死。其夫人右手受有枪伤，现在日租界警察署羁押中。按国权报出版之第一日，胡有文章发表，自称为'国权党总裁'。所谓国权党即国家主义派解散后改组而成者。又此事件与前年日租界振报白逾桓被枪击案，颇相类似云。"①

对于发生在日租界的这两起暗杀事件，当时日方就宣称此乃国民党蓝衣社所为。"国权报社长胡恩溥和振报社长白逾桓，于 5 月 2 日夜和 5 月 3 日晨相继在日本租界内被暗杀。无疑，在这一暗杀事件之背后，有宪兵第三团、政治训练所、蓝衣社等中央系统人物的策动。"②满铁总务部资料课所做调查《华北事件经过》也认为："两人最近均从'满洲国'得到相当的财务援助，专门从事亲日满和反蒋宣传，有鉴于此，本案是有蒋介石谋士之称的蓝衣社所为，几乎是常识性地被人们直接所认为。但据报，日本方面调查结果，有确据标明，此事是受蒋之命调转保定的于学忠作为保持现有位置的手段，体会蒋介石及张学良的意图，通过张天津市市长利用宪兵第三团人员等以 5 千元的成果报酬进行的。"③1935 年 5 月 31 日，日本驻天津总领事川越茂在致河北省政府主席于学忠的通告中也说："观诸被害者平素之志职业、身份、犯行之手段、犯罪现场之状况等，世间部视为寻常之刑事案，而且社会之疑惑（此处似缺字）众正随时日止推移愈加浓厚。观于该馆事件之性质，事件发生以来，我方与关系方面协力锐意进行密查，以迄于今日，将所搜集之诸般材料冷静综核之结果，本件实不外

① 《日租界北洋饭店昨晚枪杀案》，《大公报》（天津版）1935 年 5 月 3 日，第 6 版。

② 中央档案馆、中国第二历史档案馆、吉林省社会科学院合编：《日本帝国主义侵华档案资料选编：华北事变》，中华书局 2000 年，第 349 页。

③ 中央档案馆、中国第二历史档案馆、吉林省社会科学院合编：《日本帝国主义侵华档案资料选编：华北事变》，第 339 页。

推定为有一定政治目标之贵国暴力团体及秘密结社者之所为。”[①]日方之所以咬定为国民党和蓝衣社所为，不过是为了日本在华北策动自治运动和侵略活动制造借口。此后不久，日方就以两人被暗杀之事和张北事件，向中方提出如下要求：①在《塘沽停战协定》延长线以东地区及长城以北地区的宋哲元部队，移驻长城之西南，其撤出地域，中国军队不得再行“侵入”；②要将一切排日机关，如国民党党部、东北军宪兵队、蓝衣社之类，悉行解散；③宋哲元向日方道歉，处罚责任者；④必须在两周内办竣。[②] 由此可见，日方之醉翁之意不在酒也。

对此，中方派遣中国驻日大使蒋作宾于1935年6月5日往见日本广田弘毅外相，表示：“此次华北事件与国民政府毫无直接关系，因此不能承担责任。”另据日人古屋奎二在《蒋总统秘录》一书中提到，胡、白被杀事件是“日军所设计的谋略，据说其幕后人就是日本华北驻屯军参谋长酒井隆”。日人清水实在《秘密结社青帮工作的跃进》一文中揭露说：“此次暗杀原是蓝衣社策划的，由于他们难以进入租界行动，便唆使住在租界里的青帮分子李炉已、沈烛昌进行，而此二人又与青帮头子袁文会隶属于关东军天津特务机关的恐怖班。”因此他认为：“李等是青帮，暗中操纵的是关东军天津特务机关，这未必是别人干的，完全是天津军的谋略。”[③]

真相虽未明，但是日方利用此暗杀事件，胁迫中方退让，步步推进，不断强化其在华北的权势，却是确凿无疑的。

---

① 中央档案馆、中国第二历史档案馆、吉林省社会科学院合编：《日本帝国主义侵华档案资料选编：华北事变》，第400页。

② 小林龍夫、島田俊彦編：『現代史資料8　日中戦争1』，みすず書房1964年，第74、96—97頁。

③ 参见杨大辛：《津门古今杂谭》，天津人民出版社2015年，第228页。

二、天津事变

近代以降，中国陷入了军阀混战、战事不已的境况。首先是外国列强通过战争手段和不平等条约，不断在中国掠夺资源和攫取利权。中国国内则在1912年以后，因北洋军阀之间的争斗而陷入割据混战的局面。加上天津作为北京的“后院”，很多军阀为便于观察时局、随时东山再起，也大都寓居在天津，使其成为“风云际会”之地。频繁的战乱和事变，不仅给中国人民带来沉重灾难，也对居住此地的外国侨民产生了很大影响。日租界紧邻中国街区，更易受到影响。中国街区一有风吹草动，日租界就会闻风而动。甚至还有一些日本侨民居住在中国街区，如果说平常日本侨民还可以安居天津街区的话，那么一旦出现战乱或者事变，他们就会躲进日租界内以求安全，减少与中国人的交往。1925年12月13日，《益世报》报道说：“天津日本警察署因京津战事紧迫，诚恐败兵窜入租界。故在租界毗邻中国地方，设立铁网木栏，并禁止电车同行。于必要时，并断绝租界之交通。”[①]1931年的天津事变，就是一个例子。

天津便衣队最早出现在1926年，是由奉系军阀李景林指使其侄子李书凤组织的。第二次直奉战争当中，李景林于1925年底退入山东时，曾拨给担任督办公署军警督察处长的李书凤一笔款，命令他在日租界组织“别动队”，潜伏窥伺，配合反攻。此举立即得到华北驻屯军司令官小泉六一和日本驻津总领事有田八郎、领事冈本策一、副领事白井康的支持。李书凤以其在吉野街（今察哈尔路）的住宅和李景林在浪速街（今四平道）的住宅为活动据点，网络一些兵痞流氓、无业游民，组成便衣队。日

① 天津市地方志编修委员会办公室等编：《〈益世报〉天津资料点校汇编（一）》，天津社会科学院出版社1999年，第1548页。

本领事馆还命令日本警察署长和侦探长给予保护。1926 年李景林反攻天津时，李书凤率领便衣队从日租界冲出，占领了直隶省军务督办公署及河北一带，马鹤龄一伙则占领了警察厅及河东一带。日租界也宣布戒严。3 月 23 日，李景林率领直鲁联军进驻天津，便衣队为其重新上台立下了汗马功劳。

1928 年 6 月中旬，天津再次发生便衣队暴动。此次是由直隶省军务督办公署军警督察处长厉大森哗变造成的。进入 1928 年，北洋军阀已经奄奄一息，在北伐军的攻势下，张作霖不得不退往关外，并在途中被日军暗杀，即历史上有名的“皇姑屯事件”。依靠张作霖的张宗昌也不得不下台，傅作义上任。这本来符合日本的利益，但是三野友吉却唆使孙润宇、张壁暗中策动厉大森率部哗变，天津市警察局的警察在驻天津附近的何绍南旅的协助下平定暴乱。便衣队头子厉大森、白云生、张凤岭等逃入日租界，傅作义乘坐日本军用汽车，从日租界出发到直隶省军务督办公署就任天津警备司令一职。

1930 年，土肥原贤二[①]来津担任日本华北驻屯军高级参谋，同年九月，阎锡山因在北平召开的国民党中央扩大会议中失败前往太原，而后化装遁入日租界，后在九一八事变前夕，乘坐日本军用飞机回到大同。土肥原贤二来津是为了搞垮张学良的北平军分会及赶走河北省政府主席王树常。其采用的手段之一就是组织便衣队，扰乱社会治安，以此为借口进行活动。

土肥原贤二利用居住在日租界的下野政客、民族败类如李际春、张壁、郑长发、郝鹏、白坚武、温世珍等收罗各色坏人，组织一支数十人的便衣队，由李际春及其堂弟李鼎臣负责。便衣队与日本人的联络地点则设

① 土肥原贤二是日本冈山县人，毕业于陆军士官学校、陆军大学，是日本陆军中有名的中国通，也是一个著名的间谍，号称东方“劳伦斯”。土肥原贤二于 1928 年任奉天督军顾问，参与策划了刺杀奉系军阀首领张作霖的“皇姑屯事件”。1931 年 8 月起任奉天和特务机关长，参与策划了九一八事变。

在迩宫洋行二楼。

李际春系冀东人，行伍出身，民国初年曾被袁世凯任命为东蒙军骑兵司令，后因手下放火烧喇叭庙，被判十年徒刑，不久被释放。后投靠北京步兵统领王怀庆，任其参谋长。第二次直奉战争后李际春蛰居天津日租界，为日本特务机关所收罗。李际春的堂弟李鼎臣，曾任北京军警督察处督察长，是他组织便衣队的得力助手。

李际春居住在日租界须磨街（今陕西路）新德里，从日本特务机关领取大批活动经费，供便衣队吃喝。日本人交给他们的任务就是扰乱社会治安，撵走王树常，并许诺由他担任河北省主席。1931 年 6 月，根据土肥原贤二的部署，便衣队在日本军队的配合下，冲出日租界寻衅骚乱，但受到中国保安队的迎头痛击。为此，中日交界口交通阻塞一个多月。与此同时，土肥原贤二还指示温世珍配合便衣队的行动，炸掉津浦铁路的某一要点。但在法租界裕中饭店策划时事情泄露，温仓皇逃入日租界，后由日本人山本四郎送他们登上日本轮船，逃亡大连。不过，土肥原贤二并没有死心，伺机再次行动。

恰好此时，日本关东军于 1931 年 9 月 18 日发动了九一八事变。土肥原贤二看有机可乘，再次来到天津进行秘密活动。此次主要是将末代皇帝溥仪带出天津，送往东北，扶植其建立傀儡政权“满洲国”。为此，日本驻屯军和务机关花费大约 30 万日元收买以李继春、张壁等为首的千余名中国地痞流氓，由日本军官和日本在乡军人负责训练。“此外，还把日租界内的 6000 日侨全部组织起来，其中 1000 多名在乡军人组成义勇队，协助日军训练便衣队，修筑工事，必要时参加攻打中国地区的战斗，成为日军后备军事力量，妇女成立救护队，对伤员抢救护理。每家每户都被通知储备粮食、蔬菜和必备的消费品。”①当一切准备妥当之后，1931 年 11

① 王律飞：《王一民与“天津事变”》，《天津文史资料选辑》第 67 辑，天津人民出版社 1995 年，第 103 页。

月8日，日军所雇用的流氓、土匪便手持武器向日租界进发，向华中国街区进犯，并进攻中国机关官署，首先在南马路草场庵、东南城角中日交界处，向中国军队开枪射击。而后靠近日租界边沿的一区六所也受到便衣队的猛攻。但由于中国军队事先有所防备，并封锁了通往日租界的各个路口，断绝交通，其便衣队的猛烈进攻均被我保安队击退。事变中有两名日本士兵和一名日本人被打死。此即所谓的便衣队暴动，日本称之为“天津事变”。土肥原贤二趁乱将溥仪放入洗衣服的筐里运出私邸，暂时带入日本酒馆神户馆，使其穿上带有日本陆军军官少佐肩章的军服，然后和土肥原贤二一起乘车，在士兵的注视下全速穿过街区，登上在白河等待的陆军运输部所属的二十吨小船（比治山丸），然后又在塘沽转乘大连轮船的“淡路丸”，终于溥仪被日军带离天津。

针对事变的发生，日租界当局于11月9日宣称事变“实已危及日本租界侨民生命之安全”，要求中国保安队和警察撤退三百米，日本驻屯军司令香椎浩平中将甚至威胁河北省主席王树常、天津市市长张学铭说：“日租界居住着日本侨民6000多人，打死一个日本侨民，日本帝国政府绝对不会答应的。”10日南开和南市一带出现激烈交火，“顿呈黑暗之世界”，“整个天津皆为恐怖可怕的空气所笼罩。商店闭门，交通断绝”。[①]此后中日双方几经交涉，至11月20日才趋于平静。不料日方背信弃义，为配合日军在东北的侵略行动，又于11月26日至30日掩护便衣队发起第二次进攻，并提出种种野蛮要求。日本人于是重又加强警戒，日本义勇队亦出动。“日本租界内各要害，如金山药房、新明大戏院、中原公司、日本公共医院、老九章绸缎庄、泰昌当、盛德里大楼各地，戒备亦紧张。”[②]最终经过多次交涉，以中国的退让而结束。但此后，日本驻屯军不断实行戒

① 中国人民政治协商会议天津市委员会文史资料研究委员会编：《天津便衣队暴乱》，中国文史出版社1987年，第15页。

② 中国人民政治协商会议天津市委员会文史资料研究委员会编：《天津便衣队暴乱》，中国文史出版社1987年，第39页。

严,举行军事演习,致使租界内外十分紧张,严重影响了普通居民的日常生活和商业活动。"一时行人不明真相,面带惊惶之状,奔走街头,同时各商户,亦纷纷上门,停止营业。"①

对于此事件的发生,日本当局一再宣称责任在中国,日本军队只是为保护本国侨民而进行的正当防卫。但是,这只不过是日本企图转移视线,推卸责任的一种手法。"事实上日本不仅是幕后操纵,而且是直接指挥暴乱者。日本军曹长宫本及日兵二名,就是参加指挥便衣队向我地界攻击时被击毙丧生的。"②因此,事变发生后,日本驻屯军当局就要求中国政府"一、取缔排日宣传;二、撤去对日军事设施;三、租界外围三百米以内的区域只能配置携带步枪的巡警"③。当时,南京国民政府在无力支援的情况下,为避免天津再生意外,为日军趁机扩大事件找借口,除留部分驻防原地,以防便衣队再起骚乱外,命令保安队主力撤到河北。1931 年 12 月 4 日,张学铭又辞去天津市市长兼公安局局长职务,李荫坡接任保安总队队长之职。事变最终以中国的妥协而告终。不过,此次事变是日本蓄意而为,是日本为稳固对我国东北的占领与稳定而采取的遥相呼应的狡诈伎俩。同时亦是为挟持溥仪逃出天津而故意制造的混乱。由此可见日本政府的险恶用心和谋略。

尽管此次事变很快被中国保安队击溃,但它所带来的后果却是严重的。居留民团行政委员会于事变发生后,马上召开临时会议,商讨在当地妥善处理的方法。居留民团甚至还和领事馆、驻屯军协商,9 月 24 日在民团会议室召开有领事馆、驻屯军、共益会、义勇队、一般居留民和民团各方面代表参加的事变对策协议会,制定事变波及天津时的居留民避难及

① 天津市地方志编修委员会办公室等编:《〈益世报〉天津资料点校汇编(二)》,天津社会科学院出版社 1999 年,第 1666 页。

② 孙铭九:《回忆"天津事变"》,《天津文史资料选辑》第 37 辑,天津人民出版社 1986 年,第 113 页。

③ 陸軍省調查班編:『天津事変に就いて』,1931 年 12 月 3 日,第 12 頁。

其他对策。同时为防万一，还通过军队从大连及其他地方购买味噌、酱油、泽庵菜、福神菜等食品。

图 2－7　天津事变时日租界山口街(张自忠路)和
大和街(兴安路至荣吉大街)警戒情况
(图片来源:近藤久义收藏提供)

事变过后，“一个繁华的天津，一夕顿成死城。即如平日最热闹的旭街，也行人绝迹”①。“城内与租界之交通，几至完全断绝。而租界内各商家，咸苦店员缺乏，业务冷落，等于闲歇。”②“在闸口、南市、西门里一带破坏尤其严重，劳动人民不能外出作工，又无隔宿之粮，其困苦情况可想而知。”③租界内的日本侨民也深受其苦，“租界内食物告缺，零售物价逐渐

① 中国人民政治协商会议天津市委员会文史资料研究委员会编:《天津便衣队暴乱》,中国文史出版社 1987 年,第 6—7 页。

② 吴弘明编译:《津海关贸易年报(1865—1946)》,天津社会科学院出版社 2006 年,第 492 页。

③ 孙铭九:《回忆“天津事变”》,《天津文史资料选辑》第 37 辑,天津人民出版社 1986 年,第 115 页。

上涨”。日本当局“鉴于日侨极其困苦的情形，特向租界内日、华人食品店发给通行证，便利他们通过旭街、明石街、寿街、芙蓉街的交界线，从其他各国租界购入食品”[①]。靠近中国街区的居住在日租界内的妇女儿童纷纷向靠近法租界的租界区转移，或向英法租界的朋友家避难，无危险区域的居住者则向学校、寺院等地避难。小学校避难所“一时收容人员多达732名”[②]。仅11月12日至23日，前往日本和大连避难的日本人就达到553名。因此，居留民团和总领事馆、驻屯军商量，提出再次增兵的请求。同时，居住在日租界的中国人也有约22000人搬离日租界，实际上日租界内近半数的中国人转移到了其他地区，留在租界内的商家，其商业也受到极大影响。据位于日租界的中原公司职员称，“本公司虽照常营业，然生意毫无，中日交涉未决之前，租界市民多视为危险地，无要事者，皆裹足不前，昨日本公司之卖数，五楼综合，只数百元而已，较前实如天渊”[③]。商店和房租也因战火造成的损失、对日贸易的急剧减少、中国居住者搬迁所造成的税收减少，极大地影响了居留民团的收入，天津的日本侨民社会陷入极为疲弊的境况。

甚至到1932年，日本侨民还没有从困境中摆脱出来。《益世报》1932年2月2日报道说：“两次津变，华租界均受其影响，而日租界所蒙为最巨，事变敉平，迨已二月，但界内居民，迁回者除日侨外仍寥寥，而中日商店，藉此停业或迁移尤多，故迄今依然萧条如故。”“该界之华洋商民，多纷纷迁徙英法意各租界，向无空房之日租界，今已冷落萧条”，“（日租界）事变前，计段祺瑞、陆宗舆、王怀庆、杨以德、高凌蔚等住寓，约共一百十数

① 中国人民政治协商会议天津市委员会文史资料研究委员会编：《天津便衣队暴乱》，中国文史出版社1987年，第103页。

② 中国人民政治协商会议天津市委员会文史资料研究委员会编：《天津便衣队暴乱》，中国文史出版社2015年，第104页。

③ 天津市地方志编修委员会办公室等编：《〈益世报〉天津资料点校汇编（二）》，天津社会科学院出版社1999年，第1663页。

家，事变后，段祺瑞等均分徙英法等租界，现时仅有陆锦等五十余家”[①]。桑岛主计总领事在 1932 年的居留民会议上所说，“现在我日本侨民均陷入困境”[②]“上商工业者现在的生活状态是无法支付房租、民团水、手续费，其日常生活甚至都完全陷入困境，无法用语言来形容”[③]。为此，民团当局决定“和财团法人天津共益会商议借款银二万美元，以无息六个月、十个月内返回为条件，向这些困穷者提供生活维持费”[④]。不仅如此，“租界当局为求恢复繁荣，遂有在福岛街开放娼禁”，并在“旭街北部，开辟夜市，召集小本摊贩，设摊交易，用以恢复事变以前之原状，开市以来，营业尚佳，殊形热闹”[⑤]，企图利用非常之手段，来获得租界之繁荣。

---

① 天津市地方志编修委员会办公室等编：《〈益世报〉天津资料点校汇编（二）》，天津社会科学院出版社 1999 年，第 1697 页。

② 天津居留民団編：『昭和七年第二十五次居留民会通常会議事速記録』，天津居留民団 1932 年，第 4 頁。

③ 天津居留民団編：『昭和七年第二十五次居留民会通常会議事速記録』，天津居留民団 1932 年，第 61 頁。

④ 『社会事業団体調査についての件』，1934 年，アジア歴史資料センター。

⑤ 天津市地方志编修委员会办公室等编：《〈益世报〉天津资料点校汇编（二）》，天津社会科学院出版社 1999 年，第 1700 页。

第三章
日租界的社会空间

我们知道，一定数量的侨民是构成侨民社会的基本条件。租界社会基本上是由外来移民构成，其人口增减的社会因素要远比自然因素大。即人口的变化能反映出侨民社会的繁荣、安定和动荡。从不同职业的人口也可以了解其社会构造[①]。人口结构，可分为人口自然结构和社会职业结构。居住在日租界的居民，主要是日侨和中国人，其他外国人甚少。因此，本章主要围绕日租界内的中日两国居民展开探讨，主要从日租界内的中日两国居民的人口变化、来源、空间分布以及职业构成，探讨日租界社会空间的构成以及所具有的特征。

① 桂川光正：「上海の日本人社会」，上海研究プロジェクト編：『国際都市上海』，産研叢書 1，大阪産業大学産業研究所 1995 年，第 30 頁。

第一节 日租界的日侨社会

日本人在天津活动至迟不晚于1875年开设领事馆之时①。但在20世纪之前，天津日本人的人数一直不多，甲午战争时总计不过48人②。义和团事变后，出现了一个日本人来津的热潮，此后趋于平稳，直到1931年九一八事变后，特别是1935年以后华北自治运动的推行，走私贸易盛行一时，再次出现新的来津热潮。正如日本学者桂川光正所说："除了1901年和1935年以后，在日本国内并没有掀起移居天津的热潮，或者说即便发生热潮，趁此机会而来的日本人，还没有获得如同上海、青岛那样十分完备的定居条件。"③

① 天津居留民団编：『天津居留民団二十周年記念誌』，天津居留民団1930年，第615頁。

② 天津居留民団编：『天津居留民団二十周年記念誌』，天津居留民団1930年，第342頁。

③ 桂川光正：「租界在住日本人の中国認識——天津を一例として」，古屋哲夫编：『近代日本のアジア認識』，京都大学人文科学研究所1994年，第359—360頁。

一、日侨在天津的优势地位

如上所述,日本侨民天津活动始于1875年前后。当时大都是领事馆人员,一般的日本侨民尚不多见。直到19世纪80年代才有日本侨民在天津从事商业活动。如1886年的《津海关贸易报告》提及,此时由于贸易发达,将会诱使一些日本商人前来,说明此时日商极少。至甲午战争时,天津的日本侨民合计为48人,同一时期在上海的日本人已达千人左右[①]。可见,当时天津还并不为日本人所特别注意。1899年,京都大学东洋史学家内藤湖南访问天津时,日本侨民也仅有70余名[②]。1900年义和团事变时,天津的日本侨民也不过约80名[③]。甚至这些侨民在战争爆发后,"为避难开始从天津撤退,向日本或上海转移"[④]。"当时日本侨民多住在天津城外,从事商业的也不多,且大都是经营医药品和杂货。天津市民轻蔑地称其为'鬼子铺'"[⑤]。义和团事变后,天津成为一个任凭帝国主义宰割的城市,人口的国际迁移也活跃起来。随着日本在津开设租界,其国内大肆叫嚣"在海外新天地雄飞"乃国家之大事业,蛊惑人心。这时,各国租界大兴土木建设。日租界也开始设施建设,吸引了不少相关人员前来天津淘金。但是"新渡来者开设新事业的很少,东京建物在大道上建设之洋馆也多半空着,明石街以西的未开发部分也是一片荒野,无人光顾。结果,以日本人为对象的零散商人过剩,他们的市场处于饱和状态。

---

① [日]高纲博文:《上海的日本人居留民》,熊月之、马学强等选编:《上海的外国人(1842—1949)》,上海古籍出版社2003年,第151页。

② 西村正邦:『天津・租界彷徨記』,非壳品2000年,第12頁。

③ 天津居留民团编:『天津居留民团二十周年記念誌』,天津居留民团1930年,第616頁。

④ 坪谷善四郎:『北清観戦記』,文武堂1901年,第29頁。

⑤ 草田耕次:『華北の風雲と天津』,近代文芸社1995年,第95頁。

日租界和日本人很快陷入困境”①。战争结束后、日租界开始扩充和开发，撤退的日本侨民逐渐返回，驻屯军的到来又吸引了愈来愈多的日本人前来天津，出现了一个日本人来津的高潮。1901年，日本侨民达到1053人。同年上海的日本侨民为1477人，两者相差不多。1903年，天津的日本侨民增加到1300人。此后虽因1904年的日俄战争而有所减少，但战争结束后，来津者再次出现热潮。这主要是因为从天津奔赴东北者陆续出现，日俄战争后，日本为加强殖民统治和扩大侵略，提出了“满洲移民论”，日本人开始大批向东北地区移民。1931年后日本政府更是提出一系列移民方案，再次掀起移民高潮，甚至在1936年8月25日，日本广田弘毅内阁宣布向中国东北移民是日本“七大国策”之一。

（一）日侨在天津的优势地位

在这个热潮中，不少都是途经天津，并有一部分侨民留居天津。加上受到战后满洲热潮的影响，还有一部分从日本内地新来者。特别是1905年大阪、天津航线开通，这是日本唯一的一个定期航线。该航路以大阪为起点，经神户、门司、芝罘，往返于天津，每二十天一班，极大地方便了日本人前来天津。因此，到1907年，在天津的日本人便超过了2000人。“这些新来者有怀着一掷千金的梦想之人，他们没有特别的技能和资金，随着市场秩序的恢复，立刻成生存竞争的失败者而回国的也很多”。② 这就是所谓的“一旗族”③。同一时期在青岛的日本人，根据田原天南所著《胶州湾》一书记载，1901年左右仅有五六十名；1906年6月为196人；1911年

---

① 桂川光正：「租界在住日本人の中国認識——天津を一例として」，古屋哲夫编：『近代日本のアジア認識』，京都大学人文科学研究所1994年，第363—364頁。

② 富成一二編：『天津案内』，中東石印局1913年，第16—17頁。

③ 所谓“一旗族”，就是指那些没有什么技术和资金，来天津幻想着一攫千金、并不以天津为终老之地的日本侨民。

为312人[1]。天津的日本侨民远多于青岛,仅次于上海,位居关内第二。至第一次世界大战爆发前,外国人增加了15075人,年均增加数是1900年的12倍[2]。这一时期日本人增加迅速。从1900年的80人,增加到1913年的2792人。十几年间增长了30余倍。

第一次世界大战期间,欧美各国忙于战争,无暇东顾,来津的外国人明显减少。1917年仅有109人,1918年和1919年甚至连续出现了负增长。不过日本人却趁此机会大力发展对华贸易,日本与天津的贸易额激增,从1914年的2741万海关两增加至1919年的6195万海关两,增加了两倍多。伴随着贸易的兴盛,日本人来津者也蜂拥而至。1914年1月为2771人,6月猛增到3028人,10月又达到前所未有的3200余人。"这是因为青岛开战后,从内地或满洲方面希望进入青岛的人暂时滞留该地。"[3]到战争结束的1919年,在天津的日本人达到4613人,五年间增加了近1500人,平均每年增加300人。由此,日租界内逐渐形成一个日本侨民社会。

第一次世界大战结束后,各国又卷土重来。1925年,美国修改了《对华贸易法》,以完全免税的办法鼓励美商来华投资。其他各国也都相继采取扩大投资的办法与美商竞争,例如日本在华北大搞走私生意,以廉价的商品充斥天津市场。在此背景下,外国人来津人数出现前所未有的高潮。仅1926年在津的外国人就净增了5894人,为五十多年来的最高值。同时国际形势也在发生变化,各国在天津的势力对比悄然发生变化。尤其是日、美两国成为在津势均力敌的对手。根据1931年至1933年外国人入境统计,来津的外国人以俄、英、德、美、日为多。特别是借蒋介石发动内战、围剿中国共产党的时候,日本于1931年发动九一八事变,武装占

① 沈殿忠主编:《日本侨民在中国》上册,辽宁人民出版社1993年,第744页。

② 李竞能主编:《天津人口史》,南开大学出版社1990年,第197页。

③ 外務省通商局編:『在支那本邦人進勢概覧』の「北部支那之部」,外務省通商局1915年,第1頁。

领东北三省，并将侵略的魔爪伸向华北。1933 年《塘沽协定》签订后，华北门户洞开，日本还设立了“兴中公司”，制定了“开发华北经济计划”，开始对华北进行大规模的经济侵略和控制。由此，来津的日本人急剧增多。1934 年已有 7000 名。特别是 1935 年以后，日本的华北工作和冀东走私的活跃，吸引很多日本商人从内地、东北、朝鲜等地大量涌入。一些因“事业不成而从内地过来”的日本人，看到天津的兴盛也留了下来。1936 年“由于华北局势日渐明朗，邦人（日本人）渡来者显著增多”[①]，“带着家人的也在增加，但单身者多。每到夜里便集中到租界，征服者日本人开始昂首阔步于天津街道”[②]。1936 年底，日本侨民合计超过了 10000 名[③]，“其增加的大部分是和军队、会社有关的人员，一般各地方的人继之”[④]。一时间天津又出现大量日本单身汉，其中不乏梦想一攫千金者。这使天津日本侨民社会再次回到单身者大量流入的流动性高的社会。

同一时期因日本攻占了青岛，日本国内掀起了一个前往青岛的热潮，青岛的日本人也迅速增加，1915 年 1 月达到 4000 人，9 月猛增到 14000 人，8 个月时间，日本移民猛增了 2.5 倍。至 1917 年底，在青岛的日本侨民已经达到 18600 人，1919 年底更是达到 24551 人[⑤]，远远超过了同一时期居住在天津的日本侨民。不过此后青岛的日本侨民开始出现逐渐减少的趋势，到 1931 年减少至 14319 人，10 年间减少了 10000 人。这是由于中国朝野收回青岛的呼声日炽，1923 年日军撤离青岛。上海的日本侨民则始终占据第一位，自 1912 年至 1927 年，尽管中间伴有短暂的变动，但整体上一直呈现增长趋势。1911 年上海的日本侨民为 17682 人，1921 年

① 外務省外交史料館蔵：『外務省警察史』第 34 巻（支那の部　北支），不二出版 1999 年，第 403 頁。

② 松本正雄：『誰か忘れん——私と中国と中国人』，象文社 1973 年，第 67 頁。

③ 臼井忠三編：『天津居留民団三十周年記念誌』，天津居留民団 1941 年，第 483 頁。

④ 外務省外交史料館蔵：『外務省警察史』第 34 巻（支那の部　北支），不二出版 1999 年，第 406 頁。

⑤ 沈殿忠主编：《日本侨民在中国》上册，辽宁人民出版社 1993 年，第 745 页。

为16717人,1927年为27022人[①]。此后一直到1937年七七事变爆发前,上海的日本人口呈现一个短暂的停滞期,甚至还略有减少。如1928年上海的日本侨民为27660人,1930年5月为27639人,1935年10月为27299人,到了1937年7月中日战争全面爆发前夕,上海的日本侨民下降到26000人。其原因"可能是流向了以华北分离为契机的天津等华北地方"[②]。这一时期,天津则呈现相反的发展趋势。尽管中间也有波动,但日本人口数却是在持续增加,尤其是1935年的华北事变之后,更是呈现急剧增加的趋势,从1934年的7135人,一举增加到1937年的17811人。

从天津日本侨民的人口情况可以看出,1935年前天津日本人的增加速度虽不及上海、青岛,但除了日俄战争时期外,没有出现大的变动。从历年的数据来看,在第一次世界大战前天津的日本侨民人数仅次于上海,位居关内第二位。第一次世界大战爆发后,由于日本占领青岛,居住在青岛的日本人超过了天津。天津日本侨民的人口数降为中国关内第三位。从上述天津日本侨民的人口变化可知,日本侨民的增减与战争密切相关。无论是义和团事变、日俄战争还是第一次世界大战等,每次战争过后都会伴随着日本侨民的急剧增加。大量日本人来到天津,带有强烈的海外移民的扩展空间、扩大市场等意图,这与欧美人到东方是为了赚钱或寻求个人发展的机会有很大不同。

---

① 沈殿忠主编:《日本侨民在中国》下册,辽宁人民出版社1993年,第1887页。

② 桂川光正:「上海の日本人社会」,上海研究プロジェクト編:『国際都市上海』,産研叢書1,大阪産業大学産業研究所1995年,第35頁。

表 3－1　历年居住在天津的日本侨民统计表：(1900—1943 年)

年份	总户数	总人口(人)			男女性别比例(%)	平均每户人口
		合计	男	女		
1900	11	88				8.0
1901	204	1053				5.2
1902	266	1227				4.6
1903	316	1311				4.1
1904	237	936				3.9
1905	356	1538				4.3
1906	414	1477	839	638	132	3.6
1907	496	1612	928	684	136	3.3
1908	385	1452	763	689	111	3.8
1909	413	1536	855	681	126	3.7
1910	444	1640	889	751	118	3.7
1911	607	2049	1088	971	113	3.4
1912	636	2189	1178	1011	117	3.0
1913	748	2792	1541	1251	123	3.7
1914	812	3086	1665	1421	117	3.8
1915	827	3228	1694	1534	111	3.9
1916	959	3510	1870	1640	114	3.8
1917	927	3533	1832	1701	108	3.8
1918	1051	4188	2300	1888	122	4.0
1919	1226	4613	2547	2066	123	3.8
1920	1334	4624	2536	2093	121	3.5
1921	1438	5024	2625	2399	109	3.5
1922	1562	5249	2831	2418	117	3.4
1923	1526	5170	2750	2420	114	3.4
1924	1530	4961	2611	2350	111	3.2
1925	1497	5167	2633	2534	104	3.5

续表

年份	总户数	总人口(人)			男女性别比例(%)	平均每户人口
		合计	男	女		
1926	1557	5664	2838	2826	100	3.5
1927	1539	5237	2956	2905	102	3.4
1928	1617	6060				3.7
1929	1734	5987				3.5
1930	1797	6260				3.5
1931	1826	5598				
1932	1841	6711				3.6
1933	1868	6900				3.7
1934	1890	7135				
1935	2078	7846	4132	3714	111	3.7
1936	3056	8982	4842	4158	116	2.9
1937	6243	17811	9835	7976	123	2.9
1938	7253	28657				4.0
1939	7838	32521				4.1
1940	129994	50072				3.9
1941	14917	61003				4.1
1942	21539	71062				3.3
1943	26472	73562				2.8

资料来源:1911 年至 1926 年的数据来自天津居留民团编:『天津居留民团二十周年記念誌』,天津居留民团 1930 年版;其他数据来自李竞能主编:《天津人口史》,南开大学出版社 1990 年,第 272—273 页。

如果我们以 10 年为一个发展阶段来看人口增长的话,从 1900 年到 1910 年,日本侨民从 88 人增加到 1640 人,增长了 18.6 倍;从 1911 年至 1920 年,人口从 2049 人增加到 4624 人,增加了 2575 人,增长了 2.2 倍。其间 1917 年与 1916 年相比,日本侨民户数减少了,这是因为 1917 年秋天津发生了大水灾,日本侨民中,“不少妇女、儿童等回国或到青岛等地避难”。如果从1917年6月30日到该年底，人口减少了202人，即从3735人减少到3533人[①]。20世纪20年代则是日本侨民人口增长最为平缓的一个时期。只从5024人增加到6260人，10年间只增加了1000余人，即增加了1.2倍，甚至在绝对数上要少于20世纪初。20世纪20年代在天津的日本侨民人口的缓慢增长，一方面是由于这一时期中国政局不稳，军阀混战，影响了日本侨民的安全和商业活动；另一方面则是因为日本不断在中国扩充权益，激起中国人民强烈的“反日”运动，致使日本人不敢前来天津。当然这也标志着日本侨民社会进入了一个相对稳定的发展时期，形成了一个真正的侨民社会。同一时期，上海的日本人则增长明显，人口从1920年的14520人增加到1930年的24207人，10年间增加了将近10000人[②]。进入20世纪30年代，随着日本加紧对中国的侵略，伴随而来的日本侨民也急剧增加，其增加幅度明显超过20世纪20年代。不过在1931年，由于九一八事变的影响，很多日本侨民因事变而回国或转移到别处避难，到年底也没有完全返回天津，因此1931年与1930年相比，日本侨民人数反而减少了600多人。从1932年开始，日本在华北的政治、军事、经济得到很大发展，其人数开始逐年激增，特别是1935年以后日本侨民更是增加迅速。到天津投资“开发”的日本人往来者突然增加，天津的日本人已达8982人，5年间增加了3000余人，增加数约为前年的四倍，增长率高达42%。同一时期，上海的日本人反而从24207人减至23613人。全面侵华战争爆发后，尤其是随着日军占领天津，日本侨民随军队大量涌入，1937年底，日本侨民达到17811人，几乎比1936年增加了一倍。如果从每户的平均人口来看，大部分年份每户都超过3人，从这里也可以看出，当时天津日本侨民社会具有明显的小家庭型特点。

---

① 外務省通商局編:『在支那本邦人進勢概覧(第二回)』,外務省通商局1919年7月,第1頁。

② [日]高纲博文:《上海的日本人居留民》,熊月之、马学强等选编:《上海的外国人(1842—1949)》,第153页。

由于1906年之前和1928年至1934年间的男女人数情况不详，因此想要完全理清这一时期日本侨民男女性别构成及其发展变化情况比较困难。但从上述表格，我们还是可以大致看出日本侨民的男女比例，大部分年份都在110以上。1910年之前，日本侨民男女性别比例高达120以上。这与初期日租界尚处于开发期，渡来者大部分是单身男子有关。而性别比例最为接近的是1925年之后的20世纪20年代。这一时期是日本侨民人口增长最为平缓的时期，同时租界的建设也日趋完备，日本侨民社会进入一个相对稳定时期，渡来者大都携家人前来。而1935年以后，日本侨民的性别比再次扩大，说明这一时期渡来者中的单身重又增多，回到了流动性很强的社会。相比较而言，日本侨民的性别比例还算低，也就是说，男女比例相对平衡。

（二）日侨与外侨之比较

表3－2　日本侨民与外侨人口比例表（1905—1937年）

年份	人口		
	外侨	日侨	所占比例
1905	3724	1838	49.4%
1910	6304	1987	31.5%
1913	7619	3925	51.5%
1921	11144	5168	46.4%
1925	13457	5444	40.5%
1930	8811	6260	71.0%
1936	19785	8982	56.4%
1937	26437	17811	67.4%

资料来源：1905年的数据来自中国驻屯军司令部编、侯振彤译：《二十世纪初的天津概况》，天津市地方史志编修委员会总编辑室1986年，第19页；1910年、1913年的数据来自外務省通商局編：『天津貿易概覽』，第126頁；其他年份来自于李竞能主编：《天津人口史》，南开大学出版社1990年，第307—311页。

相较于日本侨民,欧美侨民更早出现在天津。早在1860年天津开埠之前,就已经有西方侨民在津活动,当时包括传教士、商人尚不足20人。开埠以后,随着对外贸易的发展,外侨人口逐渐增加,1867年增加到112人[①]。根据《津海关贸易年报》统计,1877年天津有外侨175人,1879年增加到262人[②],1890年为620人。由于没有国别之分,不清楚各国侨民的具体人数。但从1860年英、法就在天津开设租界来看,其大部分当为英、法等欧美侨民。如前所述,日本侨民开始在天津活动大约始于1875年前后,但直到1900年之前,总计尚不足百人。可见在20世纪之前,天津的外国侨民主要为欧美人士。

不过,进入20世纪之后,尤其是义和团事变后,日本侨民在天津的外国侨民中所占比例开始不断提高。根据天津海关的调查,1905年天津有外侨3724人,日本人达到1838人,约占全部人口的49%。根据1906年秋季的调查,天津的外国侨民合计6341人,其中日本侨民1769人,英国侨民1652人[③],日本人首次超过英国人,成为人口最多的外国侨民,其所占比例为27.9%。到了1910年,全市合计外侨6304人,日本侨民为1987人,约占31.5%。1921年,天津有外国侨民合计11144人,其中日本侨民为5168人,约占46.4%。1936年外国侨民又增加到19785人,日本侨民则超过了10000人,达到11159人,所占比例达到56.4%,超过了全部外侨的半数。从增长率来看,日本侨民也远远超出外国侨民。日本占领天津后,其他国家的侨民纷纷撤离天津,天津的外国侨民几乎全都是日本人。

从上述的表格还可以看出,20世纪30年代之前,日本侨民在天津全

① 李竞能主编:《天津人口史》,南开大学出版社1990年,第104页。

② 吴弘明编译:《津海关贸易年报(1865—1946)》,天津社会科学院出版社2006年,第110页。

③ [日]中国驻屯军司令部编,侯振彤译:《二十世纪初的天津概况》,天津市地方史志编修委员会总编辑室1986年,第18页。

部侨民所占的比例大致在50%以下。1931年九一八事变爆发后，尤其是随着日本在华北地区扩张势力，大批日本人随之而来，相反，其他国家的侨民则因局势的紧张而日趋减少。如此，日本侨民在外国侨民中所占的比例日渐提高，大多数年份都超过50%，1937年甚至超过60%。

（三）日本侨民来源之分析

日本侨民来源既能反映出在津日本侨民的社会构成，也能刻画出在津侨民的社会特征。我们从下面的表格可以看出，日本侨民来源十分宽泛，遍布日本各地，但又以日本的政治、经济、文化中心地东京、大阪及其附近地区为主。从1925年来津日本侨民的府县表可以看出，以大阪为最多，其次为东京，继之是长崎、兵库、朝鲜、广岛等地；1937年的情况也大体如此。大阪是关西地区的经济中心和日本第二大城市，向来以商业繁盛而著称。随着日本不断对中国扩大军事和经济侵略，大阪及其周围的经商者在国策的驱动下，为“淘金”而来。

表3-3　天津日本侨民府县表(1937年8月、1925年6月)

1937年		1925年		1937年		1925年		1937年		1925年	
府县	人数	府县	人数	府县	人数	府县	人数	府县	人数	府县	人数
朝鲜	2728	大阪	359	神奈川	255	大分	99	德岛	135	奈良	44
东京	1000	东京	356	宫城	252	新潟	92	鸟取	130	德岛	44
长崎	779	长崎	341	静冈	233	长野	87	群马	127	鸟取	42
福冈	772	兵库	302	长野	227	三重	82	山形	119	北海道	42
大阪	742	朝鲜	300	北海道	225	静冈	80	奈良	118	福井	36
兵库	672	广岛	246	石川	220	宫城	73	宫崎	114	宫崎	35
广岛	643	山口	196	香川	205	茨城	70	福井	108	岩手	33
熊本	601	福冈	192	岛根	200	岛根	68	高知	106	崎玉	29
山口	474	爱知	171	福岛	199	岐阜	67	山梨	97	高知	29

续表

1937 年		1925 年		1937 年		1925 年		1937 年		1925 年	
府县	人数	府县	人数	府县	人数	府县	人数	府县	人数	府县	人数
鹿儿岛	446	冈山	171	千叶	198	千叶	65	崎玉	91	台湾	28
爱知	446	京都	170	滋贺	196	富山	64	台湾	88	山形	24
佐贺	424	熊本	166	岐阜	184	鹿儿岛	63	秋田	64	山梨	22
爱媛	411	佐贺	135	三重	171	福岛	62	岩手	60	冲绳	8
冈山	325	滋贺	123	茨城	155	和歌山	59	青森	54	秋田	7
京都	293	爱媛	123	富山	151	石川	57	冲绳	49	青森	6
大分	272	神奈川	119	枥木	150	枥木	56	桦太	12		
新潟	266	香川	116	和歌山	145	群马	49	合计	16115	合计	5208

资料来源:臼井忠三編:『天津居留民団三十周年記念誌』,天津居留民団 1941 年,第 494—495 頁。

从上述对照表格中还可以看出,这两年日侨来源前五位的府县情况变化并不大,只不过是 1925 年的兵库换成了福冈,次序发生了变化。增长最为显著的是朝鲜,从 1925 年 300 人一举增加到 1937 年的 2728 人,增加了 9 倍多,远远超过来自日本内地府县的人数。不过,“这些朝鲜人约有八成是以杂货商为幌子的毒品从业者和艺妓、妓女、女招待等”[①],表明来津的朝鲜人大都是无技术和资本的贫穷者。东京、大阪、长崎分别是日本的政治、文化和经济中心。他们大都经大阪、长崎来到中国。1886 年日本开通了长崎至天津的航线,1905 年大阪商船公司又开通了天津航线,“从大阪出发,经神户、门司、下关、芝罘到天津”[②]。这极大地方便了日本人从长崎、大阪前来天津。甚至其他地方的人,也多是先到长崎、大阪,然后再乘船到天津的。

① 臼井忠三編:『天津居留民団三十周年記念誌』,天津居留民団 1941 年,第 494 頁。

② [日]中国驻屯军司令部编、侯振彤译:《二十世纪初的天津概况》,天津市地方史志编修委员会总编辑室 1986 年,第 106 页。

近藤家家族
右から近藤倬司、近藤準治郎、近藤武彦、日高松四郎、
近藤小枝、近藤恒弘、近藤久義

图 3－1　天津日侨近藤久义一家

（图片来源：近藤久义收藏提供）

表 3－4　日本侨民历年出生及死亡率表（千分比）

年份	总人口	出生人口	出生率（‰）	死亡人口	死亡率（‰）	自然增长率（‰）
1907	1612	66	40.94	72	44.67	—3.73
1910	1640	72	43.90	41	25.00	18.90
1915	3228	111	34.39	53	16.42	17.97
1920	4629	162	35.00	81	17.50	17.50
1925	5176	197	38.13	98	18.97	19.16
1930	6260	216	34.50	122	19.49	15.01
1935	7836	173	22.08	122	15.57	6.51

资料来源：1907 年、1910 年、1915 年的数据来自天津居留民团编：『天津居留民团十周年記念誌』，天津居留民团 1917 年，第 81—82 頁；1920 年、1925 年的数据来自天津居留民团编：『天津居留民团二十周年記念誌』，天津居留民团 1930 年版。1930 年、1935 年的数据来自该年的『天津居留民团事務報告』。

从上表可以看出,除1907年的人口自然增长率为负增长外,其自然增长率基本呈下降趋势。其实从出生率来看,基本上都维持在千分之三十以上,但死亡率却从1915年以后呈逐年上升趋势。随着公共卫生的进步,因疾病而死的人口会逐年下降,但死亡率却在逐年上升,这说明因战乱等其他原因造成的非正常死亡人口在增加。这也是日本侨民多单身赴任,未携家眷而来的原因之一。

婚姻数量呈现逐年增加的趋势,不过这和内地相比还很低。如下表所述,最高为1934年的30组,最低是在1917年,仅有2组。1934年的30组,与当时在天津的日本人口相比不成比例,即大致1000人中有4组半。这和内地的平均婚姻数1000人有7组或8组相比,约低了五成。女子对男子的比例在指数上大体适当,其比例不免偏低。女子人口和男子人口最为接近的是1934年,为93.9%。这是因为该年日本人往来非常频繁,携带家眷者增加和特殊职业妇女大量移住所带来的。相反,女子人口低于90%的年份,即1907年左右因对中国事情的不安和不了解,女子多半没有伴随男子前来;1931年和1937年则因天津事变和中日战争,日侨中的妇女儿童返回日本。

表3-5　日本侨民历年结婚人口统计表

年份	婚姻数	离婚数
1912	5	
1917	2	
1921	17	
1926	13	
1934	30	

资料来源:臼井忠三編:『天津居留民团三十周年記念誌』,天津居留民团1941年,第495頁。

二、日侨向日租界聚集

日租界地处海河东岸，东北临白河，东南紧靠法租界，西北则紧靠中国街区的南市三不管地区，处于一个中西交汇、多民族文化混杂的空间。当时南市三不管地区是一个危险区域，是一个“炼人炉”。很多日本家长都告诫孩子不要到南市三不管地区去玩，甚至日租界当局对新来之日侨，也是谆谆告诫其不要到三不管游乐。法租界虽然地处繁华街区，但因当局后来逐渐禁止了公开设置妓院和烟馆，两国还曾经在分界线秋山街发生过冲突，因此也不为日本侨民所喜欢。这种空间地理位置，对日本侨民的分布带来了一定影响。

如前所述，甲午战争时日租界尚未设立，大部分日本侨民散居在英、法等租界内或中国街区，“英租界的领事馆连家族也只有 10 余人，陆海军武官等则大部分住在法租界”①。租界开辟之初因大都是沼泽地，没有日本侨民愿意入住，大部分仍旧居住在英租界等地区。1900 年，88 名日本侨民居住在城厢一带。义和团事变期间，“往来的日本人也都集中居住在英租界大沽路中国人的中心地带，形成日本人村”②。其后随着日租界的规划与开发，日本侨民才逐渐开始向日租界内移居。根据 1906 年 9 月末的统计，当时天津的日本侨民合计有 553 户、1840 人，其中“居住在日租界的为 329 户、1379 人；英租界为 54 户、180 人；法租界为 21 户、60 人；德、奥、俄租界为 10 户、23 人；租界外即中国街区为 76 户、198 人”③。也

---

① 天津居留民团编:『天津居留民团二十周年記念誌』，天津居留民团 1930 年，第 342 頁。

② 臼井忠三編:『天津居留民団三十周年記念誌』，天津居留民团 1941 年，第 389 頁。

③ 外務省通商局編纂:『清国事情』第一輯（上），1907 年 9 月，『明治後期産業発達史資料』第 292 卷，龍渓書舍 1996 年，第 119 頁。

就是说,居住在日租界的日本侨民已占到其全部侨民的75%,日租界已经成为日本人最主要的居住区域,留在英租界的大都是商人。此后一直到1937年,这种集聚状况都没有发生根本变化,只是居住在日租界的人口比例在逐年增加。1915年日租界内的日本侨民约占全部日本侨民的89.7%,到1936年,这一比例高达90.8%。同时,日本侨民在日租界所占比例也逐年提高。"1928年在租界内只占居住者14%的日本侨民,10年后的1937年跃升至38%"①。

这种居住空间的选择,也与上海的日本人有某种相似性。根据1928年12月末的统计,上海的日本人共计26518人,居住在公共租界的有19852人,占74.8%;租界外中国街区有6399人,占24.1%;法租界有267人,占1.1%。其他年份也大致如此,以公共租界,尤其以虹口地区、北四川路、杨树浦一带为中心,形成了所谓的"日本人租界"。

这一方面当然是由于日本人具有强烈的集团主义色彩,喜欢聚众而住,增强归属感;另一方面也是为了安全,毕竟在他国租界居住,要受制于别国租界的管理,而中国街区又因军阀混战而屡遭破坏,更加不安全。同时从1910年开始,中国的民族主义日益发展,面对日本的侵略,不断掀起反日、抵制日货运动,日本侨民亲身感受到中国民族主义的强大,为保护自身安全,纷纷迁入享有治外法权的本国租界内。中日关系的日益紧张和战争的临近,更是加剧了这种不安全感,只能托庇本国租界。

① 臼井忠三編:『天津居留民团三十周年記念誌』,天津居留民团1941年,第488頁。

表 3－6　天津日本人居住区域分布图(1906—1941 年)

年份	区域								
	日租界	英租界(极管区)	法租界	德租界(特一区)	俄租界(特三区)	比租界(特四区)	意租界	奥租界(特二区)	中国街
1906.9	1379	180	60	德、奥、俄合计 23					198
1909.11	1515	118	43	7	11				136
1911	1773	115	39	22	15		1		84
1912	1925	124	33	25	10		3	1	95
1913	2395	136	56	23	13		5		164
1914	2695	131	46	11	15		4	14	170
1915	2896	122	63	12	15		2		118
1916	3177	150	85	12	22		8		179
1917	3134	125	126	12	25		9		106
1918	3676	107	220	37	25		30		103
1919	3984	122	292	47	37		34		105
1920	3965	143	322	63	36		33		67
1921	4317	146	326	61	42		29		102
1922	4414	182	383	86	44		35		109
1923	4381	149	323	147	44		35		91
1924	4087	184	414	150	35		29		60
1925	3761	190	478	139	33		61		125
1926	4646	192	444	152	35		62		134
1928	4957	132	298	96	21		65	1	180
1929	5107	166	348	119	11		54		126
1930	5416	162	306	110	12		41	6	125
1931	6218	159	272	110	13		48	5	131
1932	5463	104	196	77	16		9		89

续表

年份	区域								
	日租界	英租界(极管区)	法租界	德租界(特一区)	俄租界(特三区)	比租界(特四区)	意租界	奥租界(特二区)	中国街
1933	5519	99	206	74	12		20		89
1934	5549	110	160	60	12		20		98
1935	5915	129	158	72	8		21		142
1936	8159	116	325	214	20	23	25		100
1937	12004	226	1138	446	233	285	48	18	1351
1938	19306	114	85	1591	1860	588	113	253	4747
1939	17072	2		807	2752	660	156	469	10603
1940	23956	371		2669	4946		836		17785
1941	24191	244	676	2507	4243	224	1083	715	16524

资料来源:1906 年的数据来自外務省通商局編纂:『清国事情』第一輯(上),1907 年版;1911 年至 1926 年的数据根据天津居留民团編:『天津居留民団二十周年記念誌』,天津居留民团 1930 年版;1928 年至 1936 年的数据来自历年居留民团事务报告书的统计。1909 年 11 月的数据来自『北清時報』1909 年 12 月 8 日,第 2 版。

从上表可以看出,1916 年之前,居住在日租界外的日本侨民主要分布在英租界和中国街区。这种区域分布也说明了当时日本侨民的居住特点。我们知道日租界紧靠中国街区,1916 年之前中日之间虽有摩擦,但还没有使日本侨民感到太多的不安全感,且居住在中国街区,往来也比较方便。英租界由于是繁华街区,在日租界开设之前,就有不少日本官员和商人居住在此。但从 1916 年开始,这种区域分布发生了很大变化,居住在法租界的日本侨民明显增多,一直到 1936 年,除个别年份外,法租界日本侨民人数都占据首位,而居住在中国街区的日本侨民已经退居到第三位。1915 年日本强迫中国签订“二十一条”,激起中国人民强烈的反日情绪,如此激烈的反日浪潮,让居住在中国街区的日本侨民深感不安,纷纷避入日租界和其他租界内居住。这还与当时中国的政局有关。辛亥革命后，一直到1928年，中国都处于军阀混战当中，中国街区屡遭兵燹，商家店铺经常遭到洗劫。很多中国商人都移居租界内居住经商，更不用说危机意识更为强烈的日本侨民。靠近日租界的法租界梨栈大街地区，随着电车的通行和中国商人的大量迁徙而来，自1920年以后，梨栈大街逐渐成为繁华的商业地带。日本侨民尤以杂货商为主，纷纷迁居于此。

从1923年开始，居住在原德租界的日本侨民明显增多，甚至在很多年份都超过了居住在中国街区的日本侨民。这表明德租界并没有因1919年德国战败被中国收回而发生根本改变，改为特别第一区后，“德国色彩仍相当浓厚”。特别是1921年中德又恢复了外交关系，1922年还将天津领事升格为总领事，因此这里要比那些原中国街区安全得多。加之原德租界位于日租界南面，甚至在日租界开设初期，还曾租用一个码头供日本轮船停靠使用。因此，随着中国街区的日益危险，一些日本侨民也纷纷转移此处。

日本侨民的居住区域分布还有一个显著特点，即居住在俄、意、比、奥等租界的日本侨民始终很少。这可以从各国租界的地理位置来分析。天津的九国租界分布在海河两岸，英、法、日、德四国租界分布在海河西岸，俄、比、意、奥则分布在海河东岸。各国租界的发展很不平衡，最为繁荣的是英租界；日、法租界由于允许开设烟馆、赌场和妓院，“成为畸形繁荣的‘不夜城’”；意、奥租界主要是寓公的“高级住宅区”；“俄、比租界的经济也没有什么起色”；因此“总的来说，海河西岸的租界远比东岸的租界繁荣”。[①] 日本侨民又是以从事贸易、工商业为主，不少人来天津是为了淘金和生活，并非富有阶层。因此商业并不发达的俄、比租界和高级住宅区遍布的意、奥租界就很难吸引他们前去居住。加之与海河相隔，交通并不便利，一定程度上影响了侨民在海河两岸的往来。可以说，租界的空间分布和发展状况，也在一定程度上影响了日本侨民的空间分布。租界内居

① 费成康：《中国租界史》，上海社会科学院出版社1991年，第281页。

住的日本人一向密集住在租界的中心点旭街、曙街一带，到了 20 世纪 30 年代，随着日本人的增加和租界内填埋工事的完成，逐渐在租界西面建设住宅。租界东面多是日本人的商店、公司地带，西面则成了其住宅和工厂地带。①

图 3－2　天津日租界福岛街新建住宅

（图片来源：近藤久义收藏提供）

三、日侨的职业构成

居民的职业、行业构成状况，是随着城市性质的变化及其社会经济的发展而变化的。天津是一个以商业为主体的城市。开港以后，聚集着各

① 外務省外交史料館蔵：『外務省警察史』第 34 巻（支那の部　北支），不二出版 1999 年，第 215 頁。

地来的客商，各国列强的贸易商人更是蜂拥而至，天津的对外贸易日益发展。近代工业和商业的产生与发展，使天津的职业人口在数量和行业性质上都发生了很大变化。初期来津的外国人大都是以公司职员和商人为主。而根据日本学者高纲博文的研究，1929 年上海的日本人所从事的职业中占最多数的是公司职员、银行职员、商店员、事务员等，约占有职业者的 37.7%；其次是物品销售业，约占 10.8%。高纲博文甚至将上海的日本人分为精英阶层、中间阶层、其他一般民众阶层。[①] 那么，在天津的日本人，其职业结构如何？在历史发展中又有何变化？这种职业结构又对天津的日本侨民社会产生何种影响？这正是本节所要探讨的问题。

（一）职业构成的变迁

如前叙述，初来天津的日本人主要是领事馆的馆员及其家属，还基本上没有人在天津从事商业活动。直到 1886 年才有日本商人前来。1886 年的《津海关贸易报告》记载，“贸易已见发达之兆，诱使一些日商前来定居。外传来年之内日侨人数将有所加多，彼等甚至谈及开设该国银行代理行之事”[②]。此后，从事商业活动的日本人开始增多，义和团事变时期，“居住在天津的日本人多从事饮食和风俗行业”[③]。其后来津日本人中也有不少是“没有技术和资本”的一攫千金者，其中不少人没有找到工作，最后不得不“失败回国”。随着来津的日本侨民激增，商人也急剧增加，不过主要还是从事零售买卖的杂货商。从 1903 年日本侨民的职业结构也能够看出这种变化。该年的日本侨民当中，杂货商最多，为 176 人；土

---

① ［日］高纲博文：《上海的日本人居留民》，熊月之、马学强等选编：《上海的外国人（1842—1949）》，上海古籍出版社 2003 年，第 161 页。

② 吴弘明编译：《津海关贸易年报（1865—1946）》，天津社会科学院出版社 2006 年，第 141 页。

③ 古野直也：『天津軍司令部 1901—1937』，国書刊行会 1989 年，第 89 頁。

木承包商次之,100 人;然后就是官吏、店员,分别为 83 人、62 人[①]。说明随着日本驻屯军的到来,出现了许多为之服务的杂货商。而日租界的开发和整备,又带动了土木承包业的兴盛和一批工匠木匠来华。1907 年,天津的日本侨民的职业结构变为"杂货商居首位,为 210 人;其次是会社银行员,为 168 人;第三是清国雇佣者,为 123 人;第四为官公吏,为 91 人。此外职业未定者也达到 127 人"[②]。杂货商和杂业者合计达到 423 人[③],仍旧牢牢占据第一位。可以说在 1910 年之前,占据首位的是杂货商。天津的日本侨民基本是以小商人为主,而且这些小商人专以日本人为服务对象。当时日本商人占了全部在津日本人的三分之一强,他们成了日本社会的主要力量[④]。同一时期,上海日本人的职业构成也是杂货商居首,被雇佣者次之。根据上海 1907 年 6 月的职业统计构成看,经营杂货者,合计达到 1738 人,约占 33%[⑤]。

另一个显著特点是清政府雇佣者的人数明显增多。这与此时的中日关系和中国政局有关。甲午战争后,中国政府开始向日本派遣留学生。进入 20 世纪,清政府的统治日益陷入困境,为了克服这种危机,清政府推行了新政,聘请了大量日本人担任各学堂的教习和教官。甲午战争以后,很多中国的知识分子开始将眼光转向日本,尤其是日俄战争后,中国更是将日本视为学习的榜样,很多中国人奔赴日本学习,掀起一股留学日本的热潮。中日关系也出现前所未有的融洽。1898—1907 年也被美国学者任达视为中日关系的"黄金十年"[⑥]。与此同时,大量的日本教习被聘请

① 外務省通商局編:『通商彙纂』第 67 卷,不二出版 1990 年,第 191—192 頁。

② 外務省通商局編纂:『清国事情』第一輯(上),1907 年 9 月,『明治後期産業発達史資料』第 292 卷,龍渓書舍 1996 年,第 119—121 頁。

③ 外務省通商局編:『通商彙纂』第 67 卷,不二出版 1990 年,第 398—399 頁。

④ 「貿易港としての天津」,『天津商工彙報』第 34 号,1910 年 3 月。

⑤ 桂川光正:「上海の日本人社会」,上海研究プロジェクト編:『国際都市上海』,産研叢書 1,大阪産業大学産業研究所 1995 年,第 86 頁。

⑥ 参见[美]任达著,李仲贤译:《新政革命与日本:中国 1898—1912》序言,江苏人民出版社 2006 年版。

到中国。“不但在陆军方面，在部分海军，特别是教育、农业、工业、警察等各个方面都雇用了大批日本人。仅陆军军官就有近百名之多，下士官也有九十余名。”[①]有人认为 1906 年是全盛期，据估计那时候日本教习“不下五六百名之多”[②]。天津在直隶总督袁世凯主导下，成为推行新政的模范区。其中就有不少是在新政中心的天津各学堂担任教习，如著名教习中岛半次郎、吉野作造就分别在天津的北洋师范学堂、北洋法政学堂担任教习[③]。

直到 1914 年第一次世界大战前，日本侨民都在不断增加，但其职业结构并没有发生太大变化，杂货商一直占据首位，为 325 人；会社员、店员占据第二位，为 288 人[④]。第一次世界大战后，日本乘机向中国倾销商品，两国的贸易额剧增，从事进出口贸易的贸易商显著增加。根据 1917 年 6 月的职业结构，妓女等从事性工作的人最多，为 208 人；其次是会社员、银行职员，为 167 人；第三是商店员等其他事务所工作者，为 113 人[⑤]。妓女等从事性工作者显著增加，成为这一时期的一个特点。同时，会社员、银行职员等靠薪金工作的工薪阶层仍占据重要地位。此时，“不仅有大小不一的洋行商人，且有大批小商贩和一般劳动者，如机械、洗染、皮革、土建以及饮食、理发、浴池等各业的谋生者，许多日本娼妓也大量来到这里”[⑥]。

---

① 孙立民、申泽福等译：《青木宣纯与坂西利八郎》，《天津文史资料选辑》第 30 辑，天津人民出版社 1985 年，第 177 页。

② 汪向荣：《日本教习》，中国青年出版社 2000 年，第 71 页。

③ 汪向荣：《日本教习》，中国青年出版社 2000 年，第 82—83 页。

④ 外務省編：『1914 年海外日本人職業表』。

⑤ 天津居留民团編：『天津居留民团十周年記念誌』，天津居留民团 1917 年，第 26—27 頁。

⑥ 尚克强、刘海岩主编：《天津租界社会研究》，天津人民出版社 1996 年，第 188 页。

表 3－7　天津日本侨民职业表（1912 年 8 月末调查）

职业	户数	人员		计	职业	户数	人员		计
		男	女				男	女	
官属	47	84	66	150	硝酸制造业	16	32	22	54
公吏	8	13	9	22	汽水制造业	1	1	1	2
医生	5	16	13	29	麦藁帽子制造业	4	9	7	16
牙医	2	5	1	6	肥皂制造业	1	3	1	4
教师	6	12	8	20	工业品销售业	1	3	1	4
报业	7	8	6	14	洗涤业	8	13	14	27
基督教传教士	1	1	1	2	制靴业	8	32	15	47
海外实业见习生	12	23	30	53	理发业	17	40	24	64
中国聘任者	12	23	30	53	发髻业	3	1	7	8
僧侣	1	1	0	1	竹器制造业	1	3	3	
助产妇	1		2	2	裁缝业	7	8	10	18
护士	1		10	10	旅馆业	4	11	23	34
画匠	3	5	6	11	澡堂业	1	0	0	0
毛工业	1	6	5	11	俱乐部	1	1	1	2
按摩	2	2	6	8	照相业	12	20	15	35
针灸术	1	2	1	3	木　匠	8	14	8	22
会社员	24	49	46	95	泥瓦匠	2	3	3	6
银行员	10	15	7	22	印刷业	7	17	13	30
贸易商	54	83	27	110	剧场	2	2	4	6
御用商	1	2	3	5	植树员	2	3	2	5
当铺	4	6	9	15	饭馆	11	11	49	60
雕刻业	3	7	5	12	饮食店	7	12	10	22
木材商	4	6	5	11	检票	1	5	7	12
皮革商	2	7	1	8	厨师	6	8	5	13
轧棉机械商	6	20	13	33	艺妓	8	1	58	59
牛骨商	2	7	5	12	女服务员	3	5	43	48

续表

职业	户数	人员		计	职业	户数	人员		计
		男	女				男	女	
铁工业	3	9	6	15	技艺业	5	5	4	9
布匹商	2	7	4	11	外人雇佣者	49	5	59	64
药材商	4	20	9	29	杂业	26	37	39	76
点心商	7	13	15	28	职业未定	8	9	9	18
自行车商	1	3	1	4	药剂师	1	1	0	1
书籍商	1	8	0	8	新闻通讯业	2	2	3	5
豆腐商	1	3	2	5	陆军雇员	17	29	25	54
古物商	3	5	4	9	邮递员	2	8	3	11
钟表商	2	8	3	11	纸商	3	21	9	30
榻榻米商	3	5	1	6	卖药商	16	34	22	56
西服商	3	11	3	14	眼镜商	2	10	1	11
杂货商	75	184	101	285	陶器商	2	3	0	3
漕运业	3	5	7	12	饮料销售	2	5	5	10
运输业	4	5	5	10	鱼商	2	5	4	9
土木承包业	3	7	8	15	纸箱制造业	4	9	7	16
关税代办业	3	7	5	12	金银工艺业	1	1	1	2
合计	610	1122	995	2117					

资料来源：富成一二編：『天津案内』附録，中東石印局1913年，第188—193頁。

从上述日本人的职业表可以看出，从公司职员到杂货商，从艺妓到木匠等，日本人的职业可谓多种多样，满足了日本侨民的日常生活所需。因此，他们大都以当地的日本侨民为营业对象。不过，由于日租界内的华人众多，也有不少是以华人为营业对象。杂货商居首，官公吏次之，贸易商明显增加，也是此时期的一个特点。

表 3-8　在津日本人职业构成表(1917 年)

男		女		合计	
会社银行职员	167	艺伎陪酒女等	208	艺伎陪酒女等	208
商店员等	111	杂业	96	公司银行职员	167
药材商	64	产婆护士	34	杂业	116
杂货商	62	娼寮区管理所	16	商店员等	113
官员公职人员	56	料理店饮食店	11	药材商	64
贸易商	50	各种工匠	9	杂货商	64
各种工匠	27	裁缝业	8	官员公职人员	56
商业	24	理发梳发业	6	贸易商	50
泥瓦油漆工	23	按摩	5	各种工匠	36
木　匠	21	艺伎娱乐关系	3	产婆护士	34
有职业者合计	994	合计	411	合计	1405

资料来源:天津居留民团编:『天津居留民团十周年記念誌』,天津居留民团 1917 年,第 22—27 頁。

表 3-9　在津日本人职业构成表(1919 年)

男		女		合计	
商店员等	350	艺伎陪酒女	332	商店员等	350
银行会社职员	199	产婆护士	42	艺伎陪酒女	332
学生及练习生	84	杂业	12	银行会社职员	199
杂业	65	理发梳发业	11	学生及练习生	85
杂货商	61	料理店饮食店	9	杂业	77
贸易商	58	裁缝业	8	杂货商	67
官员公职人员	54	按摩	6	贸易商	58
各种工匠	48	杂货商	6	官员、公职人员	54
商业	41	旅店公寓	4	各种工匠	48
药材商	38	娼寮区管理所	4	商业	44
有职业者合计	1464	合计	465	合计	1929

资料来源:『天津概観』,『天津商業会議所週報』第 204 号附録。

从上述的两表可以看出，依靠薪金生活的侨民显著增加，这类男性人数从 1917 年到 1919 年大约增加了近两倍。所有业者增加四成多，仅限于男性有职业者，其所占比例从 28% 增加到近 40.5% 。零售商的实际人数有所减少，占男性有职业者的比例也从 25% 降至 14% 。由此也可以看出在天津创业的商店、会社增加和营业规模的扩大。

与在津的欧美侨民以商人为主的职业结构不同，日本侨民的职业则是多种多样。正如当时在天津工作的日本侨民藤江真文所说，“银行、会社的会社员、商店主以及店员占大部分，总领事馆、租界局等其他公务员、医院的医师、从业人员、学校教员、律师、新闻记者及从业人员、僧侣、神官、传教士、接生婆等种类繁多”①。当然这也与日本国内情况有关。“因关东大地震等事情在日本东京地区失去工作、处于破产状态的人，也有不少逃到满洲、北支、天津等地来。……生活穷困者在天津者也不少。”②不过，“天津的日本侨民不像满洲的开拓移民那样，整村或和近邻一起移居。而是从日本各地怀抱着大陆梦想而来的，其中也有欠债者或逃避爱情者，最多也就是以家族单位移居的商工业者”③。说明随着中日两国贸易的发展，从事贸易的商人日益增加，并在日本侨民中占据重要地位。根据 1928 年 12 月末的调查，日本人的营业结构为进出口商为 183 家，加上船舶运输业、通关业已超过 200 家；其他杂业为 170 家，位居第二；再其次是料理屋和饭馆、土木建筑承包商等④。因此，20 世纪 20 年代和 20 世纪 10 年代的日本侨民职业结构从总体上看，其社会构成尽管没有发生本质变化，但贸易商所占比重明显增加，甚至“天津的日本主要商社也是经营进出口的，其中有：三井、三菱（以上兼营进口和出口）；三昌、清喜、正华、

---

① 藤江真文：『天津時代　増田洋行時代』，非壳品 1996 年，第 5—6 頁。

② 中嶋忠三郎：『或る領事館の回想録』，近代文藝社 1995 年，第 186 頁。

③ 田中良平：『天津今昔招待席：租界、にんげん模様　続』，眺有限会社 2008 年。

④ 天津居留民团編：『天津居留民团二十周年記念誌』，天津居留民团 1930 年，第 616 頁。

松本各洋行或土产公司(以上经营出口业);东洋棉花、泰信洋行、大同公司、王子公司、伊藤忠商事(以上经营进口业)等”①。说明随着中日贸易的兴盛,从事此业者的日本侨民迅速增加。因此,“天津的日本侨民社会在20年代下半期,就已经完全没有外出打工的色彩”②。

表3-10　在津日本人职业构成表(1924年)

男		女		合计	
会社员等	380	艺伎陪酒女等	165	会社员等	385
贸易商	160	其他自由业	105	艺伎陪酒女等	168
官员公职人员	108	家事受雇人	66	贸易商	160
鞋商	70	按摩、护士	45	其他自由业	128
陆海军人	53	料理饮食店	30	家事受雇人	109
无职业	45	无职业	30	官员、公职人员	108
家事受雇人	43	裁缝业	15	无职业	75
其他职业者	39	产婆	12	鞋商	73
药品贩卖	36	理发梳发	9	按摩、护士	64
其他商业	36	会社员等	5	陆海军人	53
有职业者合计	1533	合计	484	合计	2017

资料来源:『天津概観』,『天津商業会議所週報』第381号附録。

天津被称为“日本的大阪”,日本人的职业也以商店员、会社员占绝对多数,其次是官公吏等。根据1932年12月的职业统计,当时“总共有1543家,其中最多的是贸易商249家。其次包括在艺妓、舞女、女招待在内的特殊职业者,计117人。再次是杂货商,计209家”③。到1934年,日本侨民的职业构成当中,会社员、银行员、商店员及事务员为最多,577

① 杜恂诚:《日本在旧中国的投资》,上海社会科学院出版社1986年,第381页。

② 桂川光正著,史丽华译:《天津租界日本侨民社会及其意识》,《城市史研究》第21辑,天津社会科学院出版社2002年,第382页。

③ 外務省外交史料館藏:『外務省警察史』第34卷(支那の部　北支),不二出版1999年,第288頁。

图 3－3 天津日侨所经营的洋行——东洋堂(位于日租界福岛街)

(图片来源:近藤久义收藏提供)

人;官公吏、雇佣者 228 人;贸易商 130 人;一般商业者 117 人;物品销售业者 101 人;医务行业 88 人;教育相关行业 45 人;旅馆料理出租业者 54 人;饮食品、嗜好品制造业者 42 人;宗教有关人员 38 人;土木建筑业者 36 人;艺妓、娼妓、招待员等 147 人①。通过对 1936 年天津近 300 名较为重

① 外務省外交史料館藏:『外務省警察史』第 34 卷(支那の部 北支),不二出版 1999 年,第 330 頁。

要的日侨的调查，经商者有 160 人、开办工厂的 13 人，从政者（不包括军人）的 23 人、从事建筑施工的 23 人、经营饮食服务服装和娱乐业的有 32 人之多；另外还有从事医院、教育和报纸的 29 人和 6 名律师。[①] 很多人都是举家迁来工作，会社职员、店员等也有家属陪同，嘈杂动荡的社会生活开始走向安定。以小商人为主的侨民社会，从其居住空间也可见一斑。当时的日本人几乎都将一层面向道路的房间作为店铺，中间设置中庭，里面则是厨房和佣人房间，二楼则为家人的卧室和私人房间。

从上所述可以看出，日本侨民的职业构成是不变之中有变化。尽管时代与中日关系都在不断变化，但经营杂货的小商人和公司职员始终占据重要比例，贸易商的增加，则是随着中日贸易的不断发展而日渐显著，并在二十世纪二三十年代占据显著位置。当然从事娼妓业的日本侨民尤其是妓女，也在其中占据着重要地位。

（二）特殊职业者——妓女

妓女“一边是被社会抛弃的人群，另一边是拒绝她们或被她们所拒绝的社会”。但“对于经济和社会的变化，娼妓界是极其敏感的”。卖淫甚至可以被视为“城市现代化加速发展的晴雨表”[②]。因此，我们在考察社会发展和日本侨民的职业构成时，亦不能忽视本来就占有重要地位的娼妓业及妓女。

天津早期的妓院多集中设立在水陆码头，如侯家后、落马湖一带，“侯家后虽不过七八百户人家，但娼寮妓院鳞次栉比，此外还有被称为相

① 根据早川録鋭編：『北支在留邦人芳名録』（北支在留邦人芳名録発行所 1937 年版）统计。

② ［法］安克强著，袁燮铭、夏俊霞译：《上海妓女——19—20 世纪中国的卖淫与性》，上海古籍出版社 2004 年，第 1 页。

公下处的男妓院"[①]。此后随着南市和日租界的繁荣与兴盛，妓院便逐渐开始向此集中。"天津之坤书馆为日租界之中华、同庆，及南市之权乐、聚华、群英等处。""津门妓馆甚多，分布南市、侯家后，及日法两租界等地。"[②]20世纪20年代以后，南市三不管地区逐渐萧条，妓院更是向日租界地区迁移，以此为轴，随着鳞次栉比的各种娱乐设施兴起，这一带成为具有代表性的娱乐街。日租界当局还特别划出曙街（今嫩江路）一带为"游廊地"，作为日本妓院及酒店开设之地。这里到处都是亮着霓虹灯的妓院，经常有士兵和单身工薪阶层出入，随着日本妓女增多，又扩展到浪速街（今四平道）、松岛街（今哈密道）、蓬莱街（今沈阳道）。正如1936年版的《天津指南》所说："津埠妓院林立，上中下等均有之，最上等者即头等小班，游客多阔绰，均在日界南市一带。……三等堂班，此等妓院在津埠者最占多数。"[③]由于妓院众多，其妓女等更是群聚于此。"日租界内的'野鸡'亦非常之多，数目虽无法统计，但于每日下午四五时以后，在街上随时可看见，尤其日租界内的几个低级的娱乐场，几乎都成为暗娼的麇集地。"[④]这里商店林立，交通发达，又与南市毗邻，影剧院、饭庄、茶楼、妓院集中于这一地区，形成一个娱乐中心，日本人曾自诩为"不夜城"。"当时在旭街芦庄子一带的街道两旁有很多妓院，如裕德里、忠孝里、旭日里、东升里等，后来又逐渐发展到新旅社后以及中华、同庆两茶园附近中日交界处。另外中原公司附近的盛德里、富贵胡同等处也有不少妓院，还有日本艺伎馆和朝鲜妓女馆，四面钟一带还有暗娼。"[⑤]这一地区又连接三不管

---

① 古沢幸吉、稲葉岩吉：『北方支那』，丸善株式会社1902年，第16頁。

② 宋蕴璞：《天津志略》，天津市地方志编修委员会编著：《天津通志・旧志点校卷（下）》，南开大学出版社2001年，第393页。

③ 齐尧封编：《简明天津指南》，中华印书局1936年，第57—58页。

④ 欣晓：《天津的日本租界——"毒的渊薮"》，《国民》1937年第1卷第7期，1937年6月，第153页。

⑤ 刘霁岚、马惠卿、胡君素：《天津日本租界内幕纪实》，全国政协文史资料委员会编：《文史资料存稿选编1 晚清・北洋》上，中国文史出版社2002年，第553—554页。

的南市，成为藏污纳垢之地。1925 年的居留民议会上，“现在的游戏场位于日租界最早的中心附近，玩乐到夜里 12 点也不结束，集聚在此处的汽车、人力车等一直到深夜还喧闹不止，给居住在附近的人造成很大麻烦。建议转移到别处，并可带来其他地方的繁荣”①。日租界寿街还有“一处最有名的日本妓院，名叫神户馆。馆内布置是古老的日本式样，特别讲究。这里分娼妓和歌妓两种，在筵前由娼妓伺候酒饭，歌妓只管唱歌”②。到了冬夏季节，神户馆还会送一些小礼物给客人，上面带有该馆的地址和电话号码，以方便联系。朝鲜妓院则集中开设于秋山街（今锦州道）一带。中国人开设的妓院，多分布在旭街两侧的裕德里、忠孝里、旭日里、吉庆里、利津里、东升里及同庆（茶园）后、中华后、新旅社后、新明大戏院后一带。因日租界的杂税收入中，妓女税高达一万余美元，致使在中外人之间流传有“日租界是天津的魔窟”③这一说法。夜间的日租界犹如“魔界”，在旭街和曙街，半月悬空，“黑影、白影三四组摩肩出没于大小道路”④。1931 年天津事变之后，日租界当局为了繁荣市面，采取各种措施，其中之一就是开放娼禁，“将以前屡请不准之盛德里辟作倡寮，日警署恐不能吸引游客，已于昨日批准得在日租界中开设舞场”⑤。

日本妓女来天津始于 1884 年，1885 年就有新闻报道说“有三人在法租界从事买卖”⑥。义和团事变和日俄战争后出现了日本人来津的热潮，日本妓女也趁此到来。特别是大量的单身年轻人和军人，更是吸引了大量日本妓女前来。加之，当时天津各种其他娱乐设施相对缺乏，很多单身

① 天津居留民团编:『大正十四年度天津居留民会通常会議事録』，天津居留民团 1925 年，第 138 頁。

② 刘炎臣:《旧社会天津妓院概况》，《天津文史资料选辑》第 70 期，天津人民出版社 1996 年，第 174 页。

③ 天津居留民团编:『大正五年通常民会議事録』，天津居留民团 1916 年，第 26 頁。

④ 『北清時報』1909 年 6 月 11 日，第 5 版。

⑤ 《日租界繁荣之挽救》，《大公报》（天津版）1932 年 4 月 24 日，第 7 版。

⑥ 天津市地方志编修委员会编著:《天津通志·附志·租界》，天津社会科学院出版社 1996 年，第 404 页。

图 3－4　被称为“游廊地”的日租界曙街(今嫩江路)

(图片来源:近藤久义收藏提供)

的男性便到妓院寻求刺激和娱乐。最初日本妓女多在法租界从事皮肉生意,到 20 世纪初开始涌入日租界。1906 年 9 月,在天津的日本妓女为 89 人,当时在留的日本女性总计为 724 人①,也就是说,大约 8 名女性当中就有 1 名妓女。《北清时报》甚至还专门介绍了日本一等妓女,如八千代、若吉等有名的日本妓女②。随着人数的增加,租界当局特别划出曙街一带被为“游廓地”,“日本料理店”也全都集中于此,管理体制也完备③。有人看到“曙街一带的日本娼妓穿着怪异的服装,不分昼夜穿行于市区中央,丑态尽显”④。

---

① 外務省通商局編纂:『清国事情』第一輯(上),1907 年 9 月,『明治後期産業発達史資料』第 292 卷,龍溪書舍 1996 年,第 119—121 頁。

② 内容详见『北清時報』1909 年 4 月的连载报道。

③ 天津居留民团编:『天津居留民团二十周年記念誌』,天津居留民团 1930 年,第 685 頁。

④ 吴天生:「まず花柳街を移すべきだ」,『天津商工彙報』第 57 号,1912 年 1 月。

民国后，大批中国人入住日租界，带来了租界的繁荣与发展，使其出现“租界建设以来未有之繁昌”。在此背景下，曙街的12家“料理店”连日热闹非凡，“60余名艺伎每晚彻夜工作，70余名中居接客不暇”①。不过，此后直到1912年，妓女的数量都在减少，这是“因为有人为逃避居留民团的‘课金’，以‘保姆’‘接生婆’的名义申报，实际数量应该更多。”②

表3－11　日本妓女的人数统计表

类别＼年份	1907	1911	1912	1914	1917	1919	1924
艺伎等	95	109	107	182	208	332	165
女性从业者					412	465	514
女性合计	827	900	995	1421	1598	2144	2323
男性合计	1199	1038	1122	1665	2018	2623	2620
总计	2026	1977	2117	3086	3616	4767	4943

资料来源：桂川光正：「天津租界の売春」（近代国家と大衆文化研究課題組編：『近代社会と売春問題』，大阪産業大学産業研究所2001年版）第123頁。

20世纪20年代以后，由于天津经济不景气，日本妓女暂时出现减少趋势。不过在1924年，女性从业者的三分之一是艺伎等职业，“长崎县的女子人数经常超过男子，增长率也占有绝对优势。正如1925年所示，男子为133名；女子208名，从比率来看，男子100，女子为156，但大部分为特殊职业妇女”③。由于日租界把开设妓院当作税收的主要来源之一，1928年人数开始出现上升，艺伎和妓女等合计有128人，仅次于会社员和官公吏，位列第三位④。根据1932年12月日本人职业统计，总共有1543人，其中最多的是贸易商249人。其次包括在艺妓、舞女、女招待在

① 富成一二編：『天津案内』，中東石印局1913年，第230—231頁。

② 天津居留民团編：『大正二年通常民会議事録』，天津居留民团1913年，第46頁。

③ 臼井忠三編：『天津居留民团三十周年記念誌』，天津居留民团1941年，第494頁。

④ 天津居留民团編：『天津居留民团二十周年記念誌』，天津居留民团1930年，第616頁。

内的特殊职业者,计 117 人。再次是杂货商,计 209 人。1933 年日本人从事卖淫的妇女合计达到 268 人。“在特殊欢乐地带工作的妇女随着近年邦人的增加而显著增加。这就是艺妓、妓女、女招待、舞女等。她们大都是在义和团事变后到来的,不过当时人数还很少,其后随着日本人的增加迅速。尤其是 1935 年华北走私的猖獗,经济出现大景气,艺娼妓、女招待、女服务员等显著增多”①,也不断有从大连、九州来的农村艺妓。1936 年,日本人经营的料理饮食店达到 64 家、置屋 15 家②。于是,“娱乐业急速膨胀起来。赌场回力球场兴盛,咖啡屋、酒吧、舞厅繁荣,娱乐街曙街连日来热闹非常。如此,天津的景气达到顶点。……所谓一攫千金在当时也并非完全是梦想。如此赚钱都投入到娱乐当中”③。“根据 1936 年的统计,日租界有营业执照的妓院有 200 余家,正式上捐的妓女(包括中、日、朝鲜)达千人以上。该年向妓女征税总额为 25392 元。”④“特殊职业妇女的女佣、艺妓、媒婆、女招待、舞女等总数达到 475 名,约占女子人口的一成,随着来往日本人的增加而日益增加,1937 年合计超过了 500 人,约占当时全部日本人 6911 名的 7.2%。”⑤“日租界是天津的娼妓大本营。我们由日租界内最繁华的旭街(今和平路北段)大马路走过时,东西两边的‘某某里’‘某某里’内遍贴着红纸的标识,或挂着红灯的招牌,上面写的都是‘某某班’‘某某书寓’‘某某楼’‘某某茶室’等字样,一望即知其为梅毒的传播所了。沿大马路两边有二十一个‘里’(里即等于北平之胡同或上海之弄),进了里口往里走,又可发现若干的小里,几乎都是妓馆。

---

① 外務省外交史料館蔵:『外務省警察史』第 34 巻(支那の部　北支),不二出版 1999 年,第 374 頁。

② 臼井忠三編:『天津居留民团三十周年記念誌』,天津居留民团 1941 年,第 497 頁。

③ 阿鳥羽信:『天津』第二編,京津ガイド社 1938 年,第 8 頁。转引自桂川光正:「天津租界の売春」,近代国家と大衆文化研究プロジェクト編:『近代社会と売春問題』,産研叢書 16,大阪産業大学産業研究所 2001 年,第 127 頁。

④ 天津市政协文史资料研究委员会编:《天津租界》,天津人民出版社 1986 年,第 117 页。

⑤ 臼井忠三編:『天津居留民团三十周年記念誌』,天津居留民团 1941 年,第 530 頁。

每当夕阳西下、华灯初上的时候,这些‘里’内的游人直如过江之鲫,在街头上寻觅顾客的可怜虫,尤触目皆是。日租界的窑子,现在共有二百八十多家,除了十几个日本及朝鲜妓馆外,其余都是中国妓女(白俄及其他国籍的妓女在特别一三两区)。妓女的总数,据日警署统计,现有一千五六百名,日鲜妓女占一百二十三名。”[①]如此众多女性职业者集聚天津,其中又以“艺妓、娼妓以及陪酒女为数较多,反映了日本侨民社会的状况和日本人的生活方式。”[②]

当时日本的著名学者曾评论道:“只要有日本人居住的地方,就有妓馆的招牌、咖啡馆的爵士乐、跳舞场等,几乎到处都可以听到嘈杂的管弦声。这也许是日本人向海外发展的一种规律,是否可以把它当作固定的日本对华企业投资当然还成问题,但是却有相当人数参与这种营业并依靠它来维持生活。”[③]日本人经营的花街不仅仅出现在曙街,可以说是随处可见[④]。例如日租界的常盘街“艺妓屋、料理屋、待合风屋(专供召妓游乐的酒馆)鳞次栉比,间还有寿司、荞麦、果子店,还可以看到中国风格的建筑物入口处有格子窗和暖帘的一样风景”[⑤]。很多“艺妓下处”,像小面馆、小酒肴铺等小规模饮食店,只要是有日本人的地方,几乎都有。

日本政府和租界当局,一直都期望“维持租界的体面品味”,但由于自身实力有限,只能依靠这种特殊的手段来获得租界的发展,其结果是造成日租界内花柳街充盈,乌烟瘴气。这反而妨碍了租界的进一步发展,暴露出日本自身的脆弱。

---

① 欣晓:《天津的日本租界——“毒的渊薮”》,《国民》1937年第1卷第7期,1937年6月,第153页。

② 尚克强、刘海岩主编:《天津租界社会研究》,天津人民出版社1996年,第169页。

③ [日]樋口弘著,北京编译组译:《日本对华投资》,商务印书馆1959年,第92页。

④ 岳南隠士:『支那物語:附・裏から見た天津』,宮越太陽堂書房1939年,第79—80頁。

⑤ 岸田国士:『北支物情』,白水社1938年,第64頁。

四、日侨的娱乐生活

米歇尔在《后现代都市状况》中，将多民族文化混杂的城市文化称为“异质城邦文化”，并指出异质城邦文化具有种族通话的多样性，也有各种文化形式相互融合的复杂性。天津作为一个具有九国租界的国际大都市，同样充盈着各种文化，既有西方文化，也有东方的日本文化，更有中国传统文化的浸染。在租界的现代化空间里，本身就具有很多现代文化娱乐设施，正如上海霞飞路那样，“有吃茶店，有酒场，有电影院，有跳舞场，有按摩室，有德法俄各式的大菜馆，还有‘非摩登’人们所万万梦想不到的秘戏窟”[①]。外国侨民可以享受到国内和中国街区所没有的社会生活。在天津的日本侨民于1905年成立了专为日本侨民服务的天津日本图书馆，大大丰富了侨民的文化生活。对于各国租界的文化娱乐设施，时在20世纪20年代就有人评价认为，“日租界是项事业最为发达”[②]。

城市发展所带来的空间扩大、人口剧增，社会文化和市民的休闲娱乐方式也随之改变。正如李欧梵所说：“电影院、戏院，还有咖啡馆、舞厅以及百货公司都在新的都市空间中成了休闲和消费的主要场所。”[③]娱乐场所是市民文化生活的重要活动空间，在市民生活中占据重要地位。电影院就是如此，它不仅传播了近代文明，还拓宽了人们的视野。

伴随着西方欧美人士的到来，近代各种文化娱乐活动也随之传入。如英租界建立的公共乐队，以及举办歌舞表演和音乐会等，但这些文化活

① 李永东：《租界文化与30年代文学》，生活·读书·新知三联书店2006年，第31页。

② 南开大学政治学会：《天津租界及特区》，商务印书馆1926年，第84页。

③ [美]李欧梵著，毛尖译：《上海摩登——一种新都市文化在中国（1930—1945）》，生活·读书·新知三联书店2008年修订版，第104页。

动仅限于外侨，只有电影是比较大众化的一种娱乐活动，并很快征服了中国市民，成为大众文化的一部分。电影在19世纪末被介绍到中国，首先在上海出现。随着电影的出现，作为用来放映电影的专门电影院也随之出现。天津作为较早开埠的北方工商业大都市，各种娱乐活动都比较发达，看电影更是在20世纪20年代以后成为天津市民最时髦的娱乐活动之一。“天津是华北主要的影片放映区域，美国各影片公司的影片在上海放映后，便直接运到天津放映，不仅到得快，而且数量大。”[①]

天津最早放映电影的是1898年法租界紫竹林附近的老万国舞台，还有一说是法租界的天丰舞台。[②] 1906年法租界营业的“权仙”电影院则是天津最早的电影院。此后电影院在各租界出现，在文化娱乐业发达的英、法、日租界形成了影院群。日本侨民最早经营的电影馆是福岛街的浪花馆。1922年，田中铸太郎又与人在福岛街设立了明星社电影院，放映外国电影和日本电影。[③] 位于英租界小营门的平安影院在全市首屈一指。“二十年代初期，日租界靠近南市的新明和皇宫影院最为兴盛”，一直到1927年，皇宫影院还是除平安影院以外最讲究的影院，1937年其因战争爆发而关闭。20年代末30年代初，电影放映的中心转移到了法租界劝业场一带。这里有明星、光明社、新新、春和、天宫、天丰等影院，形成一个档次不同的影院群。美国学者李欧梵称电影院“令观众眼花缭乱，带他们进入了一个无论是在私人还是公共场所都不曾经验过的世界。这个新奇的世界给看电影本身增加了无与伦比的乐趣”。因此看电影对都市居民来说，“就成了一种新的社会仪式——去电影院”[④]，“在津邦人（日本人）常设的四个电影院每天有三四千人观看，公演演艺随着侨民的增加

① 周利成、周雅男编著：《天津老戏园》，天津人民出版社2005年，第150页。

② 天津市地方志编修委员会编著：《天津通志·附志·租界》，天津社会科学院出版社1996年，第343页。

③ 臼井忠三編：『天津居留民团三十周年記念誌』，天津居留民团1941年，第529頁。

④ ［美］李欧梵著，毛尖译：《上海摩登—— 一种新都市文化在中国（1930—1945）》，第127页。

而增多。在缺乏大众娱乐场所的天津，电影和演艺成为日本侨民慰安娱乐的压倒性活动”。[①] 看电影作为一种摩登的消费方式也为大众所喜好。根据日本文部省对日本市民娱乐爱好程度的调查，活动写真（电影的旧称）占据第一位。对居住在天津的日本侨民来说，更是如此。当时日本人经常到英、法租界的电影院看电影。童年在天津度过的日本侨民，在其回忆录中经常提到其父母带着他们去外国租界看电影的记忆。可以说，“平民健康的娱乐还是电影、剧院”。

租界内的电影院大都放映外国电影，尤其是美国片，这样也能更好地弥合本土观众“他们自身的欣赏观和‘异国性’之间的差异的方式”。美国电影因此在天津电影市场占据强势地位。“美国的电影公司（米高梅、雷电华、环球、派拉蒙、20 世纪福克斯、联美、华纳兄弟）均在天津租界开设了分公司，频繁地上映美国影片。”[②]据当时的一篇报道电影发行市场情况的文章称：“事变前，华北电影界可以说几乎完全依赖上海电影市场，而上海电影界又依赖远在大洋彼岸的美国电影界。因此可以说，上海片和美国片彻底垄断了华北电影市场。”[③]相反，“华北地区普通中国民众的思想倾向也是一样，他们根本不理睬日本电影，而是进行着一种激烈排斥式的无声挑战”[④]。其影片大都只能在日本人设立的电影院放映，而且观众也多为日本侨民，这一状况一直持续了很长时间。在华北地区的城市当中，“日本故事片仍然只能在日本电影专映影院上映，且观众几乎都是日本人。这种状况一直持续，并未得到改善”。“在称为占领区心脏的城市地区，占领大部分电影院银幕的仍然是美国片或中国片，日本电影的国策工作毫无进展，人们在电影院甚至没有感受到日本占领这一现

① 『京津日日新聞』1939 年 6 月 7 日，第 2 版。
② 「華北電影の現状」，『映画旬報』1942 年 11 月 1 日号，第 15 頁。
③ 伊藤玉之助：「華北の映画興行」，『映画旬報』1941 年 5 月 11 日号，第 74 頁。
④ 浅井昭三郎：「支那人と日本映画」，『映画旬報』1942 年 11 月 1 日号，第 22 頁。

实。”[①]一直到太平洋战争爆发后,由于美国电影在华北地区被禁映,“过去一直上映美国影片的电影院,一齐改为上映中国影片、欧洲影片和日本影片”[②]。日本为了打开华北电影市场,甚至选放了一些日本国内已经遭到批判的言情剧,如《热砂的誓言》《唤君之歌》等。不过,对于揭露日本国内黑暗现实的影片,日本政府是禁止出口的。“《小岛之春》《我的爱情记录》,前者描写日本麻风病患者的凄惨景况,后者刻画了伤残军人,两部作品在当地均有曲解日本之嫌;至于《明朗五人男》《姑娘的凯歌》等一系列作品,因其存在过度的反时局内容,且流于庸俗,故禁止出口。”[③]甚至出口华北地区的日本电影,还受到日本内务省和当地宪兵及伪政府的多重审查。

日租界的电影院,既有中国人开设的,也有日本人开设的。这些影院既放映外国片,也放映日本影片。据西村正邦回忆,“日租界的电影院有福岛街佐佐木箪笥店前的浪花馆、旭街北端的天津剧场和中间的大和剧场三个”[④]。1942 年 6 月“华北电影”公司主导的新体制实施,日本电影专映影院在华北 24 座城市达到 43 家,其中天津有五家,即浪花馆、天津剧场、大和剧场、天津映画馆、光华剧场。“这些电影院均为日本国内电影公司的直系影院,松竹、东宝、日活、大映等公司的影片在这些影院首轮上映一周,二轮上映四天。”[⑤]此时,浪花馆的负责人是横井种次郎;天津映画馆位于特三区二经路,负责人是上田清。当时,天津的电影馆每天都放映美国奥斯卡公司的电影,首先在大光明电影院首映,尔后在法租界天祥市场的几家电影院上映。这些影院和娱乐场所,经常在《京津日日新闻》

---

① 晏妮著,汪晓志、胡连成译:《中日电影关系史 1920—1945》,北京大学出版社 2020 年,第 203 页。

② 晏妮著,汪晓志、胡连成译:《中日电影关系史 1920—1945》,北京大学出版社 2020 年,第 208 页。

③ 「昭和十六年度　華北映画の足跡」,『映画旬報』1942 年 2 月 1 日号,第 68 頁。

④ 西村正邦、樋口隆一:『天津日本租界五十年』,非売品 2000 年,第 223 頁。

⑤ 東武郎:「華北映画界新体制」,『映画旬報』1942 年 8 月 11 日号,第 26 頁。

等报纸上打广告，尤其是逢年过节，更是大肆宣传，吸引人们前来观看。例如浪花馆在 1940 年 1 月 22 日的《京津日日新闻》登广告说，满映作品初登场，李香兰主演的《东游记》将在浪花馆上演。不仅如此，作为满映明星的李香兰还于 1940 年 3 月 16 日来津，在浪花馆举行了独唱会。随着电影院的红火，观影人数激增，侨民也开始从游荡转向电影，仅 1940 年 3 月份，日租界的几大影院就接纳顾客 126000 人。据报道，当时每天有近一成的在津日本侨民走进电影院观看电影，其中尤以浪花馆最为繁盛。这一方面是因为随着局势的紧张，其他娱乐较少，另一方面侨民还可以通过电影，欣赏到日本国内的风物，以解思乡之情。浪花馆尤具日本特色，是一家专门放映日本电影的影院。据《大公报》报道说："津埠电影院林立，日夜观众如云，中西毕至。而日租界曙街有一日人所开之小影院，名曰浪花馆，专演日本影片，日本男妇排夕往观，自成一特殊之电影界。一般社会均不甚注意，华人往者更属极少。记者前往曾一往调查，该院系每晚七时半起至十一时半止，计共演影片三种，休息 interval 两次。场中容积不甚大，似可坐三四百人，楼上每座售价洋一元，楼下每座售洋七角，入门左方为售票处，右方坐一女郎验票，并发给说明书。记者于九时半入场，其第一种影片'旗本五人男'已将演毕，休息数分钟，接演'火之笑'……近日浪花馆有一特别记载之事，即东京讲谈界之名人邑井贞吉氏现已到津，定于四月一日（今晚　）在该场登台，演讲映画（即影片　）。日本影院注重讲谈，此亦为日本影界特殊之一点。讲谈之长处在能绘声绘色、稚妙稚肖。闻邑井贞吉氏最擅胜场，日人之欢迎，自不待言也。记者观日本影片后，有一成想即吾国影片均染欧化，接吻跳舞、举止动作，乃至一切琐屑之事，无不摹仿西洋，而完全失却本来之面目。日本影片则处处保守其地方之色彩与原来之习惯，而同时亦遂能充分表现其民族的精神，言念及此重有慨矣。"①

---

① 《浪花影事谈》，《大公报》（天津版）1929 年 4 月 1 日，第 10 版。

表 3－12 日租界电影院放映日本电影情况

片名	上映影院	影院座位数	观众人次
《雪子与夏代》	浪花馆	814	6497
《榎本健一之炸弹儿》《秀子售票员》两部连映	浪花馆	814	7437
《世纪微笑》	天津剧场	1171	5097
《电击二重奏》	天津剧场	1171	5426
《水户黄门断案》	大和剧场	600	4354
《樱花之国》	大和剧场	600	10138
《新门辰五郎》	天津映画馆	600	1663
《天下的系平》	天津映画馆	600	1089

资料来源：晏妮著，汪晓志、胡连成译：《中日电影关系史 1920—1945》，北京大学出版社 2020 年，第 220—221 页。

民国时期的电影院分为首轮、二轮和多轮三种。获得首映权就能够保证上座率和高价位，带来可观的经济效益。因此各电影院为获取首轮权，不断改善院内设施，并配备一流的音响设备。在天津，获得首轮放映权的电影院有光陆、平安、大光明等影院；二轮的有光明、明星等影院，其他小电影院一般都是三轮或四轮影院。位于日租界旭街中原公司斜对面的皇宫电影院，最早是日本人开设的天津影戏院，始建于 1924 年左右，后改名皇宫戏院。1925 年由电影事业家罗明佑接办重建，更名为皇宫电影院，聘请广东人郑直臣任经理。它是一座比较先进的电影院，其门厅设三层，左右两侧有副楼。主影院内设有电扇，备有咖啡、西点，主要上映西方原版影片，而入场券只要两角钱，因此很是红火。当时人们一度将前往皇宫电影院看电影作为一种时尚标榜。1925 年 3 月 29 日的《大公报》报道说："北京之真光电影院，久为彼都人士所称道。鉴于津埠无规模宏大之影院，近即日租界天津电影院旧址，设立分院，命名曰皇宫电影院，并特别大加修改，一切俱务臻上乘。执事人员，多半从真光调来，对于影业，富有经验，开幕以来，迭选佳片，更番映演，且票价低廉，尤为一般人士所欢迎。

以致每日座客，异常拥挤。”[①]不过 1931 年 11 月天津事变之后，该影院大受打击，停演一段时间，1932 年罗明佑将其转给他人，改演戏剧或新闻片。“日租界皇宫电影院，自津变以后，停演甚久，其业主华北电影公司亦无心再在该院经营，当将全院交换房东，从此华北公司在天津所属之平安、光明、皇宫三大院，乃仅存平安与光明，而皇宫更无人过问矣。前日皇宫院，忽有日人映演影片，名《肉弹三勇士》，闻系上海战事新闻片，开演两日，座客不多，华人尤属绝无仅有。昨日该院仍演此片，并招待日本军人参观，一时座上，均为日军，华人更裹足不前。现日租界到处墙壁贴有《肉弹三勇士》之广告，大肆宣传，然吾国此次在沪抵抗，完全以血肉相拼肉弹牺牲更多，其勇果忠义之气，自更有表扬之价值也。”[②]由此可见，此后皇宫电影院此时已经逐渐沦为日本宣扬日军“忠武”精神之场所。天津沦陷后，皇宫电影院更是成为承担宣传“中日亲善”“大东亚共荣”的专门场所。根据日方的统计，皇宫电影院一年放映 349 天，观众达到 285137 人次；浪花馆一年有 339 天放映电影，观众合计达到 54877 人次；新明戏院主要是戏剧和电影，观众也有 21989 人次，三者合计观众人次达到 371003 人次。[③] 日租界的新明影院（原下天仙）改演电影，“日上座九成以上”。新明大戏院原为天仙茶园，位于日租界闸口西，建于清光绪初年，是当时著名的茶园之一。义和团运动时期毁于战火，1903 年重建，为砖木结构，园内宽广，可容纳观众一千余人，赵广顺任经理。1919 年其更名为大新舞台，1925 年孙宝山接任经理，更名为新明大戏院，兼演戏曲和电影。1937 年日本占领天津后，其改名为樱花馆（即天津剧场），专门放映日本电影。1906 年 9 月 18 日，来津参加考试的贺葆真曾到天仙茶园观剧，他在日记中如此写道：“昨观剧于日租界，曰天仙茶园。座分三等，价

---

① 《精益求精之皇宫电影院》，《大公报》（天津版）1925 年 3 月 29 日，第 6 版。

② 《影剧消息》，《大公报》（天津版）1932 年 3 月 21 日，第 7 版。

③ 外務省外交史料館藏：『外務省警察史』第 34 巻（支那の部　北支），不二出版 1999 年，第 315 頁。

倍于都中。声调坐派虽或逊于都中，而妆师之华美且过之也。"[①]当时，"在中原公司购买内地无法买到的外国流行的服装和高级品，在最上层的电影馆欣赏到西部电影、卓别林电影、迪斯尼电影。看完电影后，一边从最高处快乐地欣赏天津的夜景，一边吃中华料理等"[②]，成为一些日本侨民的休闲娱乐方式。根据京津日日新闻社1940年7月的调查，相对于体育运动，日本侨民更喜欢看电影。

图3-5　日租界福岛街的皇宫电影院

（图片来源：近藤久义收藏提供）

当时，英法租界的电影院，在电影播放之时，除了西文字幕外，还配有中文字幕，可以让中国观众看得懂。但是当时在日租界的电影院，除了中原映画馆配有中文字幕外，其他的电影院都只有日文字幕，显然都是以日侨为观影对象，也显示出日人的狭隘和对中国人的轻视。因此，这也引起一些日本人忧虑，希望电影院不要唯利是图，最好能够添加中文字幕，以

① 贺葆真著，徐雁平整理：《贺葆真日记》，凤凰出版社2014年，第138页。

② 八木哲郎：『天津の日本少年』，草思社1997年，第134頁。

传播日本文化，以为"中日亲善"而努力。自然，这种想法也具有很强的"大东亚"色彩，达到其所谓的"大东亚共荣"。

日侨的娱乐还有传统的一面。浪花座是多功能的剧场，也是天津唯一的日本剧场，舞台构造、观众席式样也全都是日本式的，经常从日本或满洲招聘新老演员及其他相声、讲坛浪花节等艺人，或者业余演出、业余净琉璃会等。[①] 日本侨民还定期在偕乐馆举行音乐会。1909 年 11 月 14 日，天津会、鞍马会联合在正金银行内举行了"素谣会"，出席者达到 30 余名。[②] "一般居留民参加的吊瓶、借东西、弹子等温和的游戏也大量举行，侨民愉快地度过悠闲的租界节日。"[③]很多人都精通日本传统的技艺——短歌、三弦曲等。母亲有三味线和琴，女儿则有钢琴或小提琴的家庭也不鲜见，可以说"天津日本人的音乐文化是稍微保守的和洋混合文化"[④]。

每年的 1 月，日租界内就会"举行新年宴会、县人会、各同业者恳亲会等活动，同时台球会、围棋会、滑雪会等游戏颇为兴盛"[⑤]。如"1909 年 3 月 26 日晚在大仓洋行皆川广亮处召开临时围棋小会，并进行比赛"[⑥]。"在预想不到的战争空气下，下士官以上之人带着妻子者，也允许从日本招来家人，和家人一起开始和平的家庭生活。天津是国际城市，由于各国军队的驻扎，还有两身仪表堂堂的服装（比新衣服稍微旧一点），因此很漂亮。冬季有滑冰工具，可以尽情在冰上游玩。"[⑦]河水结冰以后，除了滑冰外，还进入了所谓的"歌留多时期"，即成员们一起玩纸牌。[⑧] 当时，一

---

① 富成一二編：『天津案内』，中東石印局 1913 年，第 239 頁。
② 『北清時報』1909 年 11 月 16 日，第 2 版。
③ 西村正邦、樋口隆一：『天津日本租界五十年』，非壳品 2000 年，第 111—112 頁。
④ 田中良平：『天津今昔招待・租界人間模様』，眺有限会社 2004 年，第 80 頁。
⑤ 富成一二編：『天津案内』附録，中東石印局 1913 年，第 193 頁。
⑥ 『北清時報』1909 年 3 月 28 日，第 2 版。
⑦ 古野直也：『天津軍司令部 1901—1937』，国書刊行会 1989 年，第 215 頁。
⑧ 『北清時報』1909 年 12 月 7 日，第 5 版。

般日本侨民的娱乐活动主要以长呗、常盘津、谣曲、义太夫、筑前琵琶、筝曲等中心，而用于消遣的还有围棋、象棋、麻将、纸牌、花骨牌、撞球等娱乐。尽管如此，“在 1920 年代后半期至 1930 年代初期，即便是天津、上海这样的大城市，外来的摩登文化也没有占据压倒优势，而是西欧文化和传统文化并行发展”①。

孩子们的娱乐则有所不同，在天津度过童年生活的近藤久义说：“孩子们的游戏因各个时期的流行而变化。在家附近和朋友一起踢罐子、跳橡皮筋、拍洋画、玻璃球、单腿跳游戏，还有季节性的放风筝和炮竹。”②游玩的地点大都是居住房屋的周边地方，偶尔也去朋友家里游玩。冬天孩子们经常去居留民团开设的滑冰场游玩，夏天则到天津商业学校附近的民团游泳池游玩。此外，孩子们还经常到郊外捕鱼、捉蜻蜓。

传统娱乐活动与西方娱乐活动的并存和兴盛，说明在天津这个国际大都市中，各种文化是相互交融的，各国侨民也很难完全沉醉于本国固有的文化娱乐之中。正是在这种文化背景下，日本人逐步接受西方文化的熏陶，享受着西方传来的各种文化娱乐生活。

不过，从整体上看，文化娱乐活动还是相对缺乏。正如一位曾经在天津生活的日本人所说：“各国租界都有比较高级的社交场所，但日租界似乎缺少这样的场所。而且租界的热门游戏地点，英租界有维多利亚公园，德租界有起士林，意租界有回力球场，法国有老西开大教堂。但日租界却缺少这样的场所，因此，日本上层人士和孩子们便经常到法租界及其他租界去玩和购物。”③娱乐设施的缺少，造就了租界内赌博业的兴盛。当时，“秘密赌窖各租界都有，但多集中在日租界”④。这使得天津日租界成为

---

① 貴志俊彦:「近代天津の都市文化とナショナリズム」,西村成雄編:『現代中国の構造変動 3　ナショナリズム:歴史からの接近』,東京大学出版会 2000 年,第 192 頁。

② 近藤久義:『天津を愛して百年　そして子々孫々』,新生出版 2005 年,第 167 頁。

③ 西村正邦:『天津・租界彷徨記』,非売品 2000 年,第 146 頁。

④ 涂培元:《天津租界中的赌窟》,《天津文史资料选辑》第 27 辑,天津人民出版社 1984 年,第 236 页。

华北地区最大的赌场。界内仅官许赌场就有20多个,这些赌场,既有日本人开设的,也有中国人开设的,种类繁多,样样俱全,既有牌九、盒子宝,也有金钱摊、骰子摊等。其中主要有芙蓉街的中和公会、福岛街的大东旅社、福岛街的辽东问题研究会、同裕附近之同文俱乐部、大新舞台附近的亲仁公会等。这些赌博场所公然赌博,官府和警察很少搜查。赌风甚炽的日租界,抓赌也成了一项重要工作。如1927年8月17日,日租界当局抓获赌徒58人;1936年12月14日,又从鸿义栈附近抓获赌徒75人。但最终都是罚款释放。由于警察的纵容和受贿,租界内的赌博之风屡禁不止,风波过后,卷土重来。

此外,就是意租界的回力球场。该球场于1935年春开始运营,和赛马场一样,都是借运动竞技为名开设的大赌场。当时居住在天津的豪绅巨贾、下野军阀、投机商人以去回力球场为时髦,回力球场也成为很多日本单身汉光顾的地方。"事变后由于日本人增加,去回力球场的日本人竟然占到总人数的近八成"①,"对押赌的人来说,有时也能像万马券一样,获得十倍、百倍甚至是千倍的红利。无论是中国人,还是其他外国人,都有很多人去那里"。1938年以后,随着日本侨民的激增,"事变后由于日本人增加,去回力球场的日本人竟然占到总人数的近八成。……领事馆和宪兵队联合发出禁止日本人出入的命令。"②"日本侨民去回力球场的也增加很多。即便是会社员等,不要说星期六和星期天,平常也有去那里寻乐的"③,赌博造成不少日本侨民身败名裂,甚至家破人亡,为此,日本总领事馆和宪兵队联合发出禁止日本人出入回力球场的禁令。警察署在通往意租界的入口布置警察和宪兵,劝阻日本人不要前去赌博,一旦发

① 天津総領事田代重徳述:「北支の近情と天津の諸問題に就いて」,『日本外交協会講演集』,1938年9月,第20—21頁。

② 天津総領事田代重徳述:「北支の近情と天津の諸問題に就いて」,『日本外交協会講演集』,1938年9月,第20—21頁。

③ 中嶋忠三郎:『或る領事館の回想録』,近代文藝社1995年,第232頁。

现赌博者，以赌博罪问罪。

华北汽车公司于1938年9月上旬开通了天津游览巴士，费用约为两元，路线是从天津站出发，经万国桥、法租界、英租界大道，围绕旧德租界、赛马场、运动场、共同墓地、法租界公园进入日租界，路过天津神社、总领事馆，在中原公司吃午饭，然后在中国城内转一圈，再从北站进入意租界观看回力球比赛。

第二节　日租界的华人社会

一、华人向租界聚居

最早在天津设立的英、法两国租界，其设立之初是不允许中国人居住的，甚至还要求原有的居民迁出。因此“天津的租界区是和一般中国人完全隔绝的另一个世界。走在租界区域犹如漫步于欧洲街道。但是，其背后的中国人居住区和中国其他城市同样成为贫民街，贯穿街道的白河上流淌着浊水，经常漂浮着狗和猫的死尸”①。然而，由于租界当局自身实力的限制，并不能使租界获得完全的开发和繁荣。为此，租界当局便逐渐采取吸引中国富人前来租界投资的措施，由此开始允许中国人居住。不过，直到民国初年，租界内的华人居民才开始大量增加，人口来源主要是天津华界和北京及其他地区。最初迁居租界大都是因为战争、政变、动乱等政治原因或自然灾害所致。此外因租界具有治外法权，不受中国政府管辖，也不施行中国政府的制度和法令。尽管中外双方有协议，居住在

① 山口淑子、藤原作弥:『李香蘭　私の半生』,新潮社 1987 年,第 87 頁。

租界内的中国人仍受中国政府的管辖，但实际上难以实行。“在外国租界内逮捕不论是否受外国人雇用的中国居民，惯例都是要求中国官厅须取得首席领事在拘票上的副署，并由外国警察实际执行逮捕。”[①]由于租界自成一体，俨然“国中之国”。即便在租界实行戒严时期，日本领事馆也会给予居住在租界内的中国有身份之人以特别通行证，使其免受检查。[②] 一些失意的官僚、贵族、军阀、政客纷纷跑到租界内藏身避风。可以说隐居此处的“多为退职官员，或下野军人”。当然租界优越的环境和设施，也是吸引上层华人入住的一个重要原因。正如曾任国务总理的颜惠庆选择天津英租界隐居时所说，“该地颇适合于家居生活，区域道路开阔，拥有良好的市政管理和安全的居住环境”。[③]

清朝灭亡后，“那些知名的、胆小的满族官员，包括一些皇族，纷纷迁居到大连和天津，在租界地寻求庇护所”[④]。不过，民国建立后，国内并没有获得稳定的秩序，反而陷入了军阀混战的动乱时期。1912 年袁世凯为不去南京就职以免受制于临时约法，遂决定在北方制造局势不稳，必须由其坐镇北京的假象。于 1912 年 2 月，袁世凯唆使手下曹锟发动兵变。1912 年 3 月 2 日晚八时许，“天津穿军服的乌合之众、士兵、警察以及总督的卫队之类开始抢劫、纵火和破坏。在东马路和北马路上的大商店及住户，估衣街和锅店街附近的繁荣的商业中心，大胡同两侧的商店以及沿着大经路继续往北的地区，都相继成为这些城市‘护卫者’的注意所在。银行、当铺以及大货栈均遭劫掠和焚烧，大胡同两侧的建筑物几乎都被大火烧毁了。造币厂也遭到袭击，存在那里的金银锭被抢光了，随后被付之

---

① ［美］威罗贝著，王绍坊译：《外人在华特权和利益》，生活·读书·新知三联书店 1957 年，第 354 页。

② 曹汝霖：《曹汝霖一生之回忆》，中国大百科全书出版社 2009 年，第 300 页。

③ 颜惠庆著，吴建雍、李宝臣、叶凤美译：《颜惠庆自传—— 一位民国元老的历史记忆》，商务印书馆 2003 年，第 211 页。

④ 颜惠庆著，吴建雍、李宝臣、叶凤美译：《颜惠庆自传—— 一位民国元老的历史记忆》，商务印书馆 2003 年，第 99 页。

一炬。……这次天津所遭受的损失估计达5百万元”[①]。可以说,“一夜之间,华北工、商重镇天津,面目全非,仅被烧毁的店铺就有三百多家”[②]。而在租界内,由于各有驻军把守,例如日租界当局在租界旭街口上架设多挺机关枪,以防备变兵的窜扰。加之变兵害怕引起外交纠纷,也不敢肆意妄为。譬如东门里电话局,因由日本兵营的日军把守,并悬挂日本国旗,不仅未受到侵袭,甚至东门里一带的商民也免于被抢。结果,很多避难的人群纷纷涌向租界区。在从华界通往租界的道路上,“沿途搬运物件者颇形拥挤”,“迁避租界居住者大有人满之患”[③]。

此后,商人为避免再遭兵燹,纷纷迁入租界以避安全。可谓“当风鹤频惊之时,居民纷纷迁入租界,以为适彼乐郊”。因此,“遂致租金腾贵”。反过来,不少商人又“以为时机不可失,莫不营建新居以牟利,颇有层楼栉比、广厦万间景象”[④]。每当华街变乱谣言再起,商家便“将所存货物,率皆迁入租界”[⑤],以致“凡有外人之地方,吾人竟皆视同世外桃源。谣诼一兴,各界人士无论贵贱贫富,凡稍有身家者,皆纷纷迁入租界”[⑥]。1920年7月29日《益世报》就曾报道说:“我国近数年以来,国内一发生事端,人民即以租界为安乐窝。此次近畿发生战事,一般阔人避居租界者颇多。昨经调查,日界现达678人。”[⑦]1922年国内又爆发直奉战争,京津附近一片混乱,致使“人心惶惶,不知所可,故有多日居民铺户,争相携带贵重物

---

① 吴弘明译,陈剑恒校:《天津海关十年报告书》,《天津历史资料》13期,1981年10月,第73—74页。

② 参见来新夏主编:《天津近代史》,南开大学出版社1987年,第240—242页。

③ 《本埠新闻》,《大公报》(天津版)1912年5月13日,第3版。

④ 吴弘明编译:《津海关贸易年报(1865—1946)》,天津社会科学院出版社2006年,第306页。

⑤ 吴弘明编译:《津海关贸易年报(1865—1946)》,天津社会科学院出版社2006年,第333页。

⑥ 《外人警察权果可收回耶》,《大公报》(天津版)1922年5月8日,第7版。

⑦ 天津市地方志编修委员会办公室等编:《〈益世报〉天津资料点校汇编(一)》,天津社会科学院出版社1999年,第1535页。

品,移居租界,而运载什物之车辆,则每日拥塞通衢。盖富户巨商,在租界中皆备有住所,以便遇有政变,或他种急难时迁入避居。”①由于各地逃难之民纷入租界,致使“租界中之有房屋者,大抵以小房之业主或房客,最占优胜,均将房间腾出一二间,租与避乱者,籍获厚利”②。“河北一带之公馆,多有迁避于租界者,故街市上之摩托车、马车满载衣服,络绎不绝,而尤以军政界占多数,故人心恐慌,风声鹤唳。”③而在通往日租界旭街的路上,“几十之六七尽载箱箧行李,且亦有男妇老幼六七人蜷处一轿车中,身上堆满衣物者,此辈多半为中等社会以下人家,狼狈仓皇,情甚堪怜”④。由于华人大量移居租界,使得华人居住区日渐凋敝。为此,1925年11月2日天津市政府警察厅发布训令,禁止居民迁入租界。认为“平民无事迁居,最足摇动人心。尤以军人移家,更易发生误会。如不严行制止,殊不足以靖地方而维治安”⑤。然而,人口的迁移很难依靠行政命令取得实效。富裕者此后并没有停止向租界迁移。可以说,大量中国人的到来,带动了租界的繁荣和发展,“以现状察之,占居留地人民之大部者,仍为华人,故华人之多寡,居留地之盛衰系焉”⑥。正如《津海关贸易年报》所说,“本埠之发展,纯系属于私人方面,其原因实由中国有多数富户,移居津门,以作寓公之故,并非由于商务发达”⑦。

---

① 吴弘明编译:《津海关贸易年报(1865—1946)》,天津社会科学院出版社2006年,第391页。

② 吴弘明编译:《津海关贸易年报(1865—1946)》,天津社会科学院出版社2006年,第402页。

③ 《风声鹤唳之天津》,《大公报》(天津版)1922年4月15日,第10版。

④ 《华界居民恐慌》,《大公报》(天津版)1928年6月4日,第2版。

⑤ 天津市地方志编修委员会办公室等编:《〈益世报〉天津资料点校汇编(一)》,天津社会科学院出版社1999年,第561页。

⑥ 《李大钊全集》第二卷,河北教育出版社1999年,第113页。

⑦ 吴弘明编译:《津海关贸易年报(1865—1946)》,天津社会科学院出版社2006年,第476页。

表 3－13　寓公等华人上层居住分布(1927 年 3 月)

租界	人数
英租界	75
法租界	30
日租界	52
意租界	31
特一区	2
特二区	2
华　界	4
不　明	21
总计	217

资料来源:天津市档案馆等编:《天津商会档案汇编(1912—1928)》(2),天津人民出版社 1992 年,第 1380—1385 页。

表 3－14　日租界内日本侨民和华人对照表

年份	户数			人口		
	日本人	中国人	合计	日本人	中国人	合计
1905	356		356	1538	9371	10909
1910	444	1790	2234	1640	7154	8794
1917	927	1841	2768	3533	12782	16315
1926	1557	2460	4017	5664	21347	27011
1930	1730	3136	4868	5799	27051	32850
1935	2012	4051	6063	7185	27162	34347
1936	3205	3717	6922	10153	26362	36515

资料来源:臼井忠三編:『天津居留民团三十周年記念誌』,天津居留民团 1941 年,第 488 頁。

从上表可以看出,1930 年之前,中国人口基本上是呈上升趋势的。而从 1930 年开始,随着中日关系的日益紧张,移居租界的中国人出现停滞状态。我们再从每户的平均人口数来看,1928 年,日本侨民平均每户为3.2人,而中国人平均每户9.8人;1937年,日本侨民平均每户为3.4人,中国人则为6.7人。总体来说,中国人每户的平均人口数要远远高于日本人家庭,但中国人每户的人口数也在减少。这也可以看出当时日本侨民虽然有携家前来就职,但还是有不少为单身前来赴任。中国人每户平均人口数的大幅下降说明随着中日关系的紧张,不少人已非全家迁居日租界,只是到此工作。

如前所述,早在1901年,日本驻天津领事伊集院彦吉就采取“招抚中国人的政策,允许设置戏场和落子馆,对于其他一切经营也不征税,而且由警察严厉管理不逞之徒,使其安全居住、经营”①,并游说当时的北洋大学教授方若成立利津公司,在临近中国街区的北旭街建造了大量房屋。由此,中国人才开始逐渐入住日租界。广袤的北旭街两侧沼泽地逐渐被中国土地所有者及其他人填埋。由此,租界内的中国人口大幅增加。根据1906年秋季的统计,日本租界有2244户,10064人,其中日本人只有539户,1769人,而中国人则有1705户,8295人②。中国人占到82%。而1909年10月日本总领事馆警察署的调查结果则是,居住在日租界的中国人合计为9693人,男性为6448人,女性为3045人,主要居住在第五区至第九区当中,合计为6682人,约占全体中国人的68.9%。商店数合计为490家,受雇于日本侨民者仅有709人。③ 此后经过二十多年的经营,日租界的人口又有了很大增长。可以说,“随着民团法的实施,整顿居留地,我(日本)官宪一视同仁,保障生命财产的安全,移住者逐渐增多”。1928年日租界约有中国人31453人,约占日租界全部人口的86%④。大量中国人入住日租界,也带动了日租界的建设和发展。日本居留民团所

① 天津居留民团编:『天津居留民团二十周年記念誌』,天津居留民团1930年,第373頁。

② [日]中国驻屯军司令部编,侯振彤译:《二十世纪初的天津概况》,天津地方志编修委员会总编辑室1986年,第19页。

③ 『北清時報』1909年11月20日,第2版。

④ 臼井忠三編:『天津居留民团三十周年記念誌』,天津居留民团1941年,第488頁。

编写的《天津居留民团三十周年纪念志》就写道："天津日租界达到今天这样的繁荣，当然是在留官民一致多年努力的结果。一方面这些在留官民参与策划计划，成为租界发展的一翼，但也应该看到努力合作的中国方面官民的诚意尽力。这些中国官民或在政界起带推动日本进入的重要作用，或在实业方面充实日租界的发展。……其建设史实际上是交织着日中两国官民血汗的苦斗史。"[①]

二、华人的租界生活

当时居住在租界内的中国人很多并非一般人士，大都是富裕阶层，不少还是拥有大量资产的商人、买办、贵族、官僚和政客，可谓名流云集，"有退休的大总统，前国务总理和内阁总长，下野军阀和各省督军，此外，还有地方巨富望族"[②]。根据1927年的一项统计，天津的华人上层大部分居住在英、法、日、意四国租界。其中英租界为最多，75人，日租界位居第二，为52人，即便是固守传统生活方式的士绅、遗老们也有不少都搬到租界的洋房去住。大量的清室贵族遗老、军阀官僚以及各地有钱人纷纷移居各国租界，在民国初年到20世纪30年代初，在天津租界形成一个特殊的"寓公"阶层。据统计，这批人在民国初年寓居天津租界者不下500人。[③] 据罗澍伟先生对108名寓公的调查，有30人在1912年至1919年寓居天津，占总数的27.8%；有76人在1920年至1928年寓居天津，约占

---

① 臼井忠三編:『天津居留民団三十周年記念誌』，天津居留民团1941年，第538頁。

② 颜惠庆著，吴建雍、李宝臣、叶凤美译：《颜惠庆自传—— 一位民国元老的历史记忆》，商务印书馆2003版，第215页。

③ 罗澍伟：《民国初年天津的寓公》，《城市史研究》第21辑，天津社会科学院出版社2002年，第419页。

70.4%；而仅有两人是在1928年以后寓居的，不足1.8%。[①] 可见大部分寓公是在北洋军阀时期寓居天津的。这主要是因为这一时期，中国政局动荡不安，内阁犹如走马灯，可以说是你方唱罢我登台。由于天津距离北京近，很多军阀、政客便隐居天津，以便随时东山再起。因此，当时社会上就流传着“北京是前台，天津是后台”的说法。如曾担任国务总理、北洋政府执政的段祺瑞每次下台，都会前往天津隐居，以便准备随时东山再起；黎元洪两次被逼下野后也都是避居天津。清朝逊帝溥仪自1924年逃至天津日租界后，一直居住到1931年底。庆亲王载振、大太监小德张则居住在英租界长达二十多年，直到他们去世。由于他们“几乎全是巨富，所以，大都不惜斥巨资修建豪华宅邸，尽情地寻欢作乐”。因此，“天津上流社会的社交生活迷人而有趣”。黎元洪寓居天津时，除了和夫人一起步行到剧场去看戏或电影外，还会宴请中外朋友，既有外国总领事、副领事、驻军的各级军官、租界工部局的一些负责人，以及外国公司和银行的经理，也有在津的本国军政要员及社会各界名流。[②] 不过由于他们隶属各自的政治派系集团，平常并不怎么交往，“纵然同处一城，鸡犬相闻，各派系成员都坚守各自的社交圈子，不越雷池一步。除非某些国际社交场合，否则绝少相互往来酬答”[③]。清朝遗老避居天津时，一般都沉迷于戏曲和奢华的生活，较少过问政事。如庆亲王载振寓居天津时，深居简出，尽量避免与各方尤其是军政界联系。[④] 曾任刑部尚书、礼部尚书、弼德院副院长的荣庆在1912年清朝灭亡后也曾寓居在天津日租界陈列所，后迁

① 罗澍伟：《民国初年天津的寓公》，《城市史研究》第21辑，天津社会科学院出版社2002年，第422—423页。

② 参见孙启濂：《黎元洪晚年居津生活琐记》，《天津文史资料选辑》第52辑，天津人民出版社1990年。

③ 颜惠庆著，吴建雍、李宝臣、叶凤美译：《颜惠庆自传—— 一位民国元老的历史记忆》，商务印书馆2003年，第215页。

④ 爱新觉罗·溥铨：《我父庆亲王载振史略》，《天津文史资料》第44辑，天津人民出版社1988年，第216页。

居英租界孟庄余庆里，日常以饮酒看花、听戏游览自娱，并与寓居天津的遗老那桐、铁良、严修等常相往来。如1912年2月5日的日记载："早步至马家口，乘人力车经日本界寿街至东门，绕南门、西门至文昌宫后访范孙（即严修），寓孟老久谈，范孙遣车送。"

当时，商人大都居住在法租界，而中产阶级以下、下层社会的民众居住在中国街。居住在日租界的则主要是有留学日本经验的人和知识分子，多数是从事面向日本人的住宅建设的投资家，即所谓的中小资本家和留日的知识分子，也有不少是亲日的清朝遗老遗少、下野的军阀政客、富商大贾。"例如第八镇统制张彪、四川布政使李保恂、邮传部尚书陈壁、内务总长孙洪伊、交通总长曾毓隽、农商总长金邦平、陆军总长吴光新、驻日公使李盛铎、陆宗舆、外交总长曹汝霖、曾任内务总长，后在抗战时任华北政务委员会委员长的王辑唐等人都住在天津日租界。甚至1930年中原大战后下野的阎锡山也一度住在此地，并和土肥原贤二过往甚密。"①再加上日租界又是一个"藏污纳垢"之地，地痞流氓、青帮无赖之流也不少。如天津青帮头目袁文会不仅向妓院征收保护费，还在日本租界的警察机构担任官职，同样日租界的官员也与中国黑社会之间相互勾结，并参与中国北方的毒品交易，以牟取暴利。

日租界当局为了加强在当地的统治，非常注意培养亲日势力，极力拉拢清政府的遗老遗少和下野的北洋军阀政客，以便为他们在天津进行政治、经济、社会活动提供便利。如段祺瑞与黎元洪的"府院之争"、张勋复辟、溥仪被带走到东北出任伪满洲国傀儡皇帝等，都是在日租界内策划的。当时，日本驻屯军参谋三野友吉"接触中国人很广，在内汇集情报，在外对中国官僚、政客、军人的接触颇多，与中国社会中帮会、流氓、地痞、赌棍、混混之流，及在津各租界内进行政治活动者，均有联络"②。不仅如

---

① 草田耕次：『華北の風雲と天津』，近代文藝社1995年，第93頁。

② 南桂馨：《我任阎锡山驻津代表时与日人三野来往的经过》，《天津文史资料选辑》第51辑，天津人民出版社1990年，第99页。

此，他们还对当时寓居在日租界及天津的军政人物予以保护。1927 年阎锡山驻津代表南桂馨居住在日租界时，三野友吉也过来说："他们绝对注意我在日租界内的安全。"[①]曾任北洋陆军总长的段芝贵于 1920 年直皖战争失败后便曾躲避在日本使馆。1925 年因第二次直奉战争，"各派失意政、官僚纷纷潜逃来津，匿居各国租界，现日租界当局特派员多人调查界内各旅馆栈房，凡有政界要人，在界内居住者，君特加以特别保护"[②]。《益世报》12 月 17 日又报道："迩来战事勃发，同室操戈阋墙自斗，以致人民涂炭。……均以避居租界为唯一安全地。兹闻日本当局只从此次变乱调查租界之居民，较比原有额数增加二万八千余人，可见拥挤之一般。"而"对于居住该租界内之军政人员，非常注意，已派探调查姓名职务，及其一切行动"[③]。天津日本总领事馆 1921 年的调查证明，有 35 名曾经任总长、督军、将军以上的权贵聚居在英租界，在日租界居住名人的数量和身份略低于英、法等国租界。[④] 对于这些曾经的权势要人，为防止他们被其他派别所暗杀，日本领事馆还特派警备予以保护[⑤]，以备将来为其所用。除此之外，日本甚至还为他们所认为有用之人才提供帮助，如李景林 1926 年下野后寓居津门，野心不死，随时窥测方向，伺机而动。当其企图东山再起时，便是借助日本总领事馆和驻屯军的帮助，从天津前往上海的。[⑥]

---

① 南桂馨：《我任阎锡山驻津代表时与日人三野来往的经过》，《天津文史资料选辑》第 51 辑，天津人民出版社 1990 年，第 97 页。

② 天津市地方志编修委员会办公室等编：《〈益世报〉天津资料点校汇编（一）》，天津社会科学院出版社 1999 年，第 1548 页。

③ 天津市地方志编修委员会办公室等编：《〈益世报〉天津资料点校汇编（一）》，天津社会科学院出版社 1999 年，第 1549 页。

④ 天津総領事船津辰一郎呈外務大臣内田康哉機密第 34 号「租界内居住の重なる支那人調査報告の件」，1921 年 3 月 14 日，外務省外交史料館蔵：『支那国内事情関係雑件』A6－1－0－4。

⑤ 参见曹汝霖：《曹汝霖一生之回忆》，中国大百科全书出版社 2009 年，第 248 页。

⑥ 参见张同礼：《李景林督直及其附蒋经过》，《天津文史资料选辑》第 6 辑，天津人民出版社 1980 年。

寓居在天津日租界内的军阀、政客人数众多。如原第八镇统制张彪住在宫岛街的张园，1925 年溥仪来津后入住张园，张彪移居张园后的鸿基里。原四川布政使李葆恂、原邮传部尚书陈壁、新疆巡抚袁大化、后来出任财政次长的杨寿楠，都住在花园街（今山东路）。原驻日公使李盛铎则住在须磨街。原驻日公使陆宗舆、原外交总账曹汝霖也都住在天津日租界。魏宗瀚在日租界须磨街也有住宅，段祺瑞曾租住于此。复辟策划人胡嗣瑗、商衍瀛、金梁也都曾住在日租界。溥仪的岳父荣源则在日租界拥有大批房产。罗振玉自 1921 年从日本移居天津便居住在嘉乐里，其前门开在法租界，后门则是日租界秋山街，并得到日本驻屯军和警察署的保护。还有很多官僚、政客、军阀在下野前后在天津广置房产，将天津日租界当作他们的政治避风港和糜烂生活的销金窟。1930 年，蒋、冯、阎中原大战后，阎锡山下野来津住在日租界，最初住在日租界宫岛街的南桂馨家中，第二天又搬到位于日租界明石街的妹夫薄以众家中。后来由于其家属和部属陆续来津，他又租赁伏见街（今万全道）的一处楼房供其家属居住，秋山街太原里一号的房屋则由其部属居住。在津期间，他与老同学、日本大特务土肥原贤二等人来往密切，日本人为其东山再起提供各种条件，后来阎锡山果然重返太原重掌政权。李盛铎不但是政界中人，还是著名的藏书家，当时报纸称其为“当今海内私人藏书家之冠”，“全部藏书，最精华部分为名家稿本、明版而为清代所禁者、抄本、宋版、日本刻本等等，共约五千种，而抄本及稿本则占三分之一”①。他的藏书楼木犀轩最初在英租界，1920 年隐退后在日租界秋山街 201 号购买洋楼，一直居住到 1937 年病逝。

寓居在日租界的军人政客，大都与日本关系密切。如曹汝霖为清末民初的政治家、实业家，早年曾留学日本，先后担任过交通总长、外交总长等职，1915 年曾代表北洋政府与日本签署“二十一条”。他还是近代中国

---

① 《李木斋全部藏书政府正接洽收买》，《大公报》（天津版）1937 年 6 月 3 日，第 10 版。

第一个拥有职业资格的律师。1919 年五四运动爆发后，曹汝霖和陆宗舆、章宗祥被视为“亲日派卖国贼”，受到声讨。此后，他退出政界，于同年冬天隐居天津，最初在德租界赁房而居，1922 年后寓居在日租界陆宗舆家。其父亲去世后，他便在日租界秋山街与明石街交口处购地建房，房屋由著名建筑师沈理源设计。“地本有四亩，以二亩盖了住宅，其余二亩另盖出租小楼七所，名洪德里。”[①]其住宅为三层砖木结构西式小洋楼带地下室，外立面为红砖墙面并装饰有很多罗马式雕刻雕塑。主楼一楼为餐厅、会客厅和小舞厅，二楼和三楼为卧室和书房。该旧居有前后院，前院为平房，设有传达室、佛堂、车库和厨房等。三楼专门为其母亲修一经堂，供其念佛诵经。虽然曹汝霖仍与日本保持联系，甚至还接收驻津日本领事馆和驻屯军的保护，但是尽量避免参与政治。日本占领天津后，土肥原贤二还曾劝说曹汝霖担任“华北临时政府主席”，但是被他以身体有病为由推辞了。后在日本逼迫下，他先后担任过新民印书馆董事长、“中日恳谈会”会长等职，但并不到职视事。说到曹汝霖，就不能不提陆宗舆。他也是在 1919 年五四运动当中被免职的，随后来津寓居日租界。陆宗舆早年也曾留学日本，后为徐世昌所赏识，先后担任资政院议员、印铸局长、财政部次长等职，还曾被派为驻日全权公使。他于 1921 年在日租界宫岛街建设乾园，作为寓居之所。此建筑为西班牙式建筑，包括前院、后院、西跨院，主楼是二层、局部三层的砖木结构。1929 年 7 月，溥仪从张园迁居此地，并将其改名为“静园”。

说到陆宗舆，还必须提到另一位曾借住在他家的人物，即汪荣宝。汪荣宝曾留学日本早稻田大学和庆应义塾大学，回国后曾任京师译学馆教习，后担任资政院议员，民国以后曾任众议院议员、宪法起草委员。1911 年 11 月北京形势日益紧张之时，他携带家眷避居天津日租界曹汝霖家，

---

① 曹汝霖：《曹汝霖一生之回忆》，中国大百科全书出版社 2009 年，第 272—273 页。

其在 1911 年 11 月 8 日的日记中记载："携铺被往润生寓住宿。"[①]此后不久，他即在旭街 78 号租房居住。1911 年 11 月 11 日，汪荣宝在日记中记载："昨四弟在旭街觅得一屋，门牌七十八号，楼底各两间半，另有厨房一间，月租七十元。"[②]从 11 月 24 日起，汪荣宝即居住于此。在日租界居住期间，他与陆宗舆、范源濂、李景稣、大理院少卿刘若曾、度支部员外郎钱承鋕等人时相往来。同时，他还关注北京局势，并不时回北京处理事务。1912 年 2 月 17 日，他回到日租界旭街，"一路见五色旗飘扬空际，气象一新。与立夫同访念慈、仲芳，谈片刻。又与立夫同至一日本理发店理发，回旭街饭"[③]。尽管日记只记载了他在日租界居住的三个月情况，但也能够一窥其在日租界的日常生活、交友以及社会活动情况。

曾任吉林巡按使、永定河工事督办的孟宪彝（1866—1924），于吉林巡按使任上被弹劾后也避居天津，直至去世。他于 1915 年 7 月 20 日到达老龙头火车站，7 月 21 日"同佑臣租定日租界荣街卞姓小楼房一所。楼系新筑，一切相宜，月租七十五元。到华园洗澡，求柴瑞周兄代买器具，即日迁入"[④]。在津期间，他与寓居天津的原吉林督军孟恩远、原甘肃省长潘龄皋、华世奎、梅韵生等人交往颇多，如其 8 月 1 日日记载："午后，到三义庄，看视孟树村新筑楼房，规模宏敞，可以登高望远，可以为娱老之地矣。往旁边李氏花园一看，树木幽深，虽未周历其胜景，然在津避嚣之所，当无逾于此者。"[⑤]孟宪彝经常与友朋聚餐，常去的饭馆有松竹楼、会芳楼、全聚德、同福楼、明湖春饭庄等。他还特别喜欢看戏，经常去东天仙、天仙茶园、中华茶园、权乐茶园等戏院，并对演员予以点评，颇为专业，如 1915 年 8 月 11 日，"到东天仙观剧，刘鸿升演《空城计》，有意要好，然不

---

① 汪荣宝著，赵阳阳、马梅玉整理：《汪荣宝日记》，凤凰出版社 2014 年，第 246 页。
② 汪荣宝著，赵阳阳、马梅玉整理：《汪荣宝日记》，凤凰出版社 2014 年，第 247 页。
③ 汪荣宝著，赵阳阳、马梅玉整理：《汪荣宝日记》，凤凰出版社 2014 年，第 270 页。
④ 孟宪彝著，彭国忠整理：《孟宪彝日记》上，凤凰出版社 2016 年，第 196 页。
⑤ 孟宪彝著，彭国忠整理：《孟宪彝日记》上，凤凰出版社 2016 年，第 197 页。

如谭鑫培之出以自然”[①]。9 月 10 日,“晚同锡九到天仙茶园观剧。瑞德宝演《李陵碑》,极稳妥。盖叫天演《恶虎村》,手段灵活,仅见之技。惟武生,嗓子不亮,以名盖叫天则不当矣”[②]。1916 年 2 月 19 日,“恩溥来,同观大舞台部须生吴铁庵,年十五六,尚不稚气。老旦为龚处,老而音滞,尚偶有当年清脆之声”[③]。其在津生活可谓丰富多彩。

日租界还居住着一位亲日派人士,即王揖唐。王揖唐(1877—1948)是进士出身,早年赴日本留学,在法政大学学习法律,回国后进入政界,先后担任吉林巡按使、内务总长等职,是安福系的重要成员。1924 年避居日租界蓬莱街(今沈阳道)耕余里,该建筑为三层砖混结构公馆式楼房。他以研究佛学自娱,实际上并不安分,1932 年 11 月中日密教研究会成立后,担任副会长,段祺瑞去世后他又继任会长。1927 年 7 月起,他还以“逸塘”志明,在《国闻周报》连载《今传是楼诗话》,后由大公报社出版单行本。1935 年“冀察政务委员会”成立后,王揖唐担任委员,并曾任天津汇业银行经理。日本全面侵华后,他甘心附逆,出任伪职,助纣为虐,后被以汉奸罪判处死刑,于 1948 年 9 月在北平结束其罪恶的一生。

方若更是寓居日租界的一位重要人物。方若是浙江定海人,1893 年来津谋生,担任永定河工委员。后来因缘巧合,成为《国闻报》主笔,后又成为《天津日日新闻》的社长兼总编。再然后,他与日本领事馆的女职员汤豹子结婚,得日本领事的照顾,与同乡购入日租界北旭街的大片土地,成立利津公司,自然经理,开发房地产,由此成为巨富。方若最初住在福岛街仁寿里,后在福岛街中段建设二层砖木结构的庭院式别墅,内部装饰豪华,院内还建有花园和假山。方若与寓居日租界的遗老遗少、官僚政客交往颇多,社会地位不断提高,在日租界绅商联合会的推荐下,方若成为日租界华人绅商公会会长,与日租界居留民团长臼井忠三并称日租界中

---

① 孟宪彝著,彭国忠整理:《孟宪彝日记》上,凤凰出版社 2016 年,第 199 页。
② 孟宪彝著,彭国忠整理:《孟宪彝日记》上,凤凰出版社 2016 年,第 204 页。
③ 孟宪彝著,彭国忠整理:《孟宪彝日记》上,凤凰出版社 2016 年,第 224 页。

日民间组织两巨头。日本驻天津总领事十分倚重他，到任时必到方宅拜访，日方宴请中方官员时也一般请方若作陪。太平洋战争爆发后，天津防卫司令官接收英租界，设立极管区行政公署，也是由方若担任署长。日本战败投降后，方若被以汉奸罪逮捕入狱，1954 年病逝。还有一位后来担任伪天津特别市市长的高凌霨，1926 年 6 月下野后居住在日租界桃山街（今包头道）10 号。九一八事变后，他与伪满洲国外交大臣张燕卿暗地勾结，投靠日本人，后来相继担任亚细亚协会天津支会副总裁、伪天津治安维持会会长等职，还曾任伪河北省省长，后被日本人抛弃，1939 年病逝。

图 3 – 6　段祺瑞曾经寓居的日租界宫岛街吴光新旧宅

（图片来源：笔者收藏）

段祺瑞几经沉浮，每次出京也都是寓居天津，特别是第二次和最后一次下台都寓居在日租界。1920 年直皖战争失败后，他第二次寓居天津，入住日租界寿街。不过生活和北京公馆时期并没有多大变化，仍旧是“早晨以后就看看书或会会客，午饭后休息起来仍旧是下棋、作诗，晚饭之后，还是打牌消遣”。段祺瑞尤其喜欢下围棋，闻名日本的一代围棋大师吴清源当年还在段公馆内待过，并受到过其资助。有时段祺瑞也会举办诗会，当时王揖唐、梁鸿志都是段公馆诗会的座上客。当然，在来客当中，不少都是怀有目的者，既有昔日段祺瑞之手下，也有不少日本侨民，“在号簿上面仍旧不断出现日本人的很绕嘴难记的名字，……城口，更是经常在公馆里出现”。段祺瑞甚至“开始吃斋念佛起来”①，并“在家里开辟一间佛堂，每天清晨起来便焚香诵经，这个功课成为晚年生活中不可缺少的部分”②。1924年第二次直奉战争后，奉系军阀张作霖获胜，控制了北京政权，积极拥戴段祺瑞出山。其实，早在直奉战争之前，张作霖就已经和在天津的段祺瑞暗通款曲，并在天津的段公馆内密商合作事宜。战争结束后，1924年11月10日，张作霖再次来到天津，并电邀冯玉祥来天津会晤，召开“天津会议”，商定了今后的权力分配。于是，段祺瑞决定再次出山，前往北京“执政”，结束了他为期四年的第二次天津寓公生活。好景不长，1926年段祺瑞又因三一八惨案再次下野，第三次来天津寓居，这次他住在日租界的须磨街（今陕西路与鞍山道交口的段祺瑞旧居），和王揖唐的公馆正对面。此时，“公馆的规模缩小了。厨房里面只剩下八九个人。当差打杂的，连看门的在内，不过十来个人”。相比其他寓居天津的前清贵族和军阀官僚，段祺瑞的生活还是比较简朴的，他不追求奢侈的生活，“衣着随便，饮食也很平常。他任总理时，服装和车马排场还不如一总长大。平时在家里，段祺瑞经常是一件长衫，头上戴个瓜皮帽，谁看见他也想象不到这是位赫赫有名的大人物”③。而他的几个姨太太和经常背着他外出听戏、看电影，特别是段祺瑞到大连小住的时候，更是“经常打扮得花枝招展，出去逛张园，划船，天天晚上要到深更半夜才回来”。1931年九一八事变发生之后，除在东北建立伪满洲国，日本还积极在华北寻找代理人，因过去段祺瑞与日本的密切关系，成为日本积极拉拢

① 王楚卿：《段祺瑞公馆见闻》，《文史资料选辑》第41辑，文史资料出版社1980年，263页。

② 周俊旗：《百年家族——段祺瑞》，河北教育出版社2006年，第272页。

③ 周俊旗：《百年家族——段祺瑞》，河北教育出版社2006年，第283页。

的对象。“日本人如城口等等，便三三两两，陆续在须磨街段公馆出现。老段的亲信，一些人如梁鸿志等，利欲熏心，希望老段再一次东山再起，也在一旁打边鼓，极力怂恿。”[1]段祺瑞还曾担任天津“中日密教研究会”会长，其会员有不少下野政客，如孙传芳、曹汝霖、王揖唐、齐燮元等人，还有一些华北驻屯军军官和日侨。中日密教研究会名为研究佛教密宗，实则为日本笼络北洋人物的机构。蒋介石闻知消息，担心其老师被日本拉落水，便决定将段祺瑞接到上海居住。1933 年，段祺瑞乘车南下，在妻弟吴光新、侄子段宏纲以及魏宗翰等人的陪同下前往上海。至此，段祺瑞结束了在天津的寓公生活。

梁启超自戊戌变法失败后流亡日本十余年，后于 1912 年 10 月回国，其回国的第一站就是天津，在津的第一个居所就是日租界荣街 17 号。1913 年 2 月 21 日，他在给女儿梁思顺的信中写道：“荣街十七号之屋可住之房仅四间，已月租百三十元，庭园则绝无也。”[2]除了在此居住外，他还在日租界旭街十七号创办了《庸言》半月刊。由于需要接家人来津居住，日租界的房屋显然不敷使用，梁启超遂开始另寻他处，但是一直到 1913 年 4 月才在德租界找到合适的房屋，因此他在日租界居住时间差不多有半年时间。不过，其间他经常去北京参加各类活动，实际居住的时间并不长。1926 年与张季鸾、胡政之联合接办《大公报》的吴鼎昌，于 20 世纪 20 年代前后为其日本妻子在日租界福岛街 216 号建造了一座花园式私邸劬园。“庭院为中国传统造型，有雕花照壁、太湖石假山、小桥流水、环形长廊、曲折凉亭等，小巧雅致，富有江南园林韵味。建筑为砖木结构硬山平房，其左侧筑有六角形穹顶堂屋，造型为典型的日本传统风格。园

① 参见王楚卿：《段祺瑞公馆见闻》，《文史资料选辑》，文史资料出版社 1980 年，第 41 辑。

② 梁启超著，胡跃生校注：《梁启超家书校注本》，漓江出版社 2017 年，第 366 页。

内建筑总面积1238平方米。”[①]此楼房1949年后曾是天津日报社的宿舍。曾任察哈尔都统的王廷桢,1920年直皖战争后也隐居日租界须磨街(今陕西路3号),依靠出租房产维持生活。另据记载,他还在日租界福岛街裕德里有房产。后来为躲避日本人的纠缠,躲入英租界蔡成勋家暂住,后又移居法租界。他在日租界的寓所和房产均被日本人强行查封,其本人也在1940年初遭日本特务暗算,同年3月6日逝世于天津。[②]

居住在日租界的前清贵族、官僚、军阀政客等,生活奢侈,追求享乐,经常出入各种晚宴和舞会活动,他们喜欢打麻将、赌博,但因中国政府命令禁止,于是“他们便大摇大摆地去日租界游玩”,“一次就有三五千元的输赢”。许姬传在天津时,去过日租界的一个大赌场,说“赌客中我认得的有张岱杉(弧)、李律阁、吴季玉……赌的是四门摊、牌九,这些大赌客可以把‘么三’当作‘二四’,牌九也可以从‘天门’移到‘横塘’(上下门),如果赢啦得双倍,输啦赔双倍,往往一副牌,一门摊有上千元的输赢。”[③]1917年在日租界开办的“大罗天”游艺场内,“包括京剧院、露天电影、杂耍剧院(有曲艺、大鼓、时调、戏法等),并建有袭来饭店(兼旅馆)、小卖部,备有烟酒点心,台球房、套圈等赌博游戏。剧院后附设演员宿舍,厨房等”。其和当时的张园、桃园并称为天津三处闻名的夜花园。因此,“居住在租界内的逊清遗老和北洋政府的朝野官僚政客,多来此游览休闲”[④]。同时一旦政局有变,他们还可以躲进租界以策安全。当时“北京是政争之地,不知道何时发生变化,便逃到天津的安全地带日本租界,日

---

① 张绍祖:《吴鼎昌旧居》,天津市档案馆等编:《旧天津的日租界》,天津人民出版社2012年,第100页。

② 参见杜鱼:《陕西路上的王廷桢旧宅》,天津市档案馆等编:《旧天津的日租界》,天津人民出版社2012年,第118—119页。

③ 许姬传:《天津十年》,《天津文史资料选辑》第38辑,天津人民出版社1987年,第210—211页。

④ 田金海:《天津大罗天古玩市场的兴衰》,《天津文史资料选辑》第69辑,天津人民出版社1996年,第108—109页。

本也优待。去年奉直战争时,就从各地过来很多大官。张作霖、冯玉祥、孙文等各方首领悉数集聚于此。他们日夜游玩。……有时玩到深夜,早晨一直睡到中午"[①]。还有一部分人由于心灰意冷,再也无心政治,便深居简出,闭门谢客,自得其乐。如曾任福建督军的李厚基在寓居天津的二十余年当中,"空下来的时间,或用于阅读史书,或用于太极拳锻炼,或用于授课孙辈,或用于同家人闲话聊天和玩牌自娱,而更多时间则是用于攻练书法,笔墨自乐了"[②]。

1924 年清朝末代皇帝溥仪被冯玉祥的国民革命军赶出紫禁城时,居住在日租界的亲日派人物陆宗舆等人便极力推荐溥仪来天津日租界居住,日租界当局也表示非常欢迎。这样,失魂落魄的溥仪带着家眷和随从来到天津,入住在日租界内的张园。此宅原是陆军统制张彪的住宅,他对溥仪极为忠心,不但免费将住宅提供给溥仪居住,还负责打扫卫生。

在天津时,溥仪和驻天津的日、英、美、法、意等国使馆均有来往,尤其和日本总领事馆关系密切。"每逢溥仪重大节庆之日,日驻军和使馆首脑都亲自登门求见问安"[③]。其在日租界居住的第一年,时任天津总领事的吉田茂便热情邀请他参观日本小学,并组织日本小学生手持纸旗,夹道高呼万岁,让溥仪大受感动。溥仪本人在后来的回忆录中也写道:"在我往返的路上,日本小学生手持纸旗,夹道向我欢呼万岁。这个场面使我热泪满眶,感叹不已。"[④]不仅如此,天津日本驻屯军司令官小泉六一中将还特意来到张园向其保证说:"请宣统帝放心,我们决不让中国兵进租界一步。"这使溥仪大为感动。而且"每逢新年或我的寿辰,日本的领事官和军队的将佐们必定到我这里祝贺。到了日本的'天长节',还要约我去参

---

① 服部源次郎:『一商人の支那の旅』,東光会 1925 年,第 94—95 頁。

② 张建虹:《福建督军李厚基在津的寓公生活》,《天津文史资料选辑》第 107 辑,天津人民出版社 2006 年,第 281 页。

③ 王简斋:《我跟随溥仪二十八年》,《天津文史资料选辑》第 42 辑,天津人民出版社 1988 年,第 229 页。

④ 爱新觉罗·溥仪:《我的前半生》,群众出版社 1964 年,第 233 页。

图3－7　溥仪在日租界张园
（图片来源：笔者收藏）

观阅兵典礼”①。1929年7月，溥仪移居静园，有“静观变化，静待时机”之意。在日本当局的拉拢和支持下，溥仪在天津的七年间一直居住在日租界。正因如此，他才相信只有日本才可能帮助其实现“复辟清国”的梦想。并最终于1931年由日本特务大佐土肥原贤二带往日军占领的东北三省，结束了他在天津日租界长达七年的生活。奉命将溥仪赶出紫禁城的鹿钟麟，1929年从日本回来后也曾住在日租界须磨街宅邸（今陕西路53号），并得到日本方面的暗中保护。该楼房是一所砖木结构的三层英式楼房。

与此同时，在天津这个国际化大都市当中，溥仪耳濡目染，逐渐改变旧的宫廷生活方式，开始过上新潮的西式生活。不仅室内陈设变得现代化，无事时还经常和身边人打网球或高尔夫球，穿衣以西服为主，夏日常带婉容出去吃西餐、冷食或逛商场、游乐场等。……天津当时那些大的商

① 爱新觉罗·溥仪：《我的前半生》，群众出版社1964年，第234页。

场和游乐场他大都去过。偶尔也出去看戏，到天津驻军司令部看武术表演或参加舞会。[①] 当时隐居在天津的前国务总理、外交总长颜惠庆也说："他（溥仪）在天津时，总着西装，常携夫人驱车在马路上兜风。"[②]甚至，还因此引起一些遗老们的不满。

说起溥仪，还有一位不得不提的人物，那就是文绣的代理律师、负责与溥仪办理离婚案的律师张士骏。张士骏出身科举世家，直隶省丰润县人，早年在天津求学，毕业于天津法政学堂，此后从事律师职业。他曾在20世纪20年代居住在日租界花园街（今山东路）14号，不过在1931年代理文绣离婚案时，其律师事务所已经搬到河北天纬路。

这些遗老遗少、军阀政客、达官贵人寓居日租界，不但带动了日租界的房地产热，也推动了日租界的建设和发展。他们在享受租界便利的同时，也为日租界当局所监控，以便随时为日方所利用。1921年3月14日，天津日本总领事馆总领事船津辰一郎向日本外务大臣内田康哉呈报一份调查报告，其内容就是对寓居天津各处的军政人物的调查表，"涉及150人之多，以军政人物为主，包括北洋政府要员、各省军政长官、清末官员、皇室成员等，间有地方官、律师和工商界知名人士"[③]。其中，"在日租界范围内的调查占全部调查量的20%"。根据这份调查名单，寓居日租界者共有32人，"多为二线人物或地方名人"。但是到了1930年前后，寓居日租界的名人达到了100多人。1932年1月11日《益世报》报道说："本市各租借地，向为我国军政各界要人寓住之所，尤以日租界占多数。"天津便衣队暴动前，日租界内"计段祺瑞、陆宗舆、王怀庆、杨以德、高凌霨等住寓，约共一百十数家"。便衣队暴动之后，"段祺瑞等均分徙英、法等

① 参见王简斋：《我跟随溥仪二十八年》，《天津文史资料选辑》第42辑，天津人民出版社1988年。

② 颜惠庆著，吴建雍、李宝臣、叶凤美译：《颜惠庆自传——一位民国元老的历史记忆》，商务印书馆2003年，第215页。

③ 王勇则：《日本驻津领事馆秘查寓津名人》，天津市档案馆等编：《旧天津的日租界》，天津人民出版社2012年，第148页。

租界,现时仅有陆锦等五十余家”①。日租界内之所以有如此众多军政各界人士居住,除了自身所需外,更有日本当局的笼络与利用,“日本当局的目的在于监控这些举足轻重人物的一举一动,伺机拉拢、腐蚀,网罗、豢养其中的意志薄弱者,妄图利用其社会影响,为实现日本军国主义不可告人的阴谋充当马前卒”②。

三、华人的职业构成

尽管租界居住着很多华人中产阶级甚至上层阶级,但更多的还是那些辛苦讨生活的平民阶层。他们或者自己做着小本生意,或者在日本人开设的洋行打工,抑或受雇于日本人家庭。因此,要全面认识租界内的华人社会,我们必须关注他们,分析其职业构成。

表 3-15　日租界华人居民职业构成表(1913 年)

男		女		计		户数	
无业	1012	无业	760	无业	1782	小生意	241
小生意	879	官吏	685	小生意	1543	无业	293
拉车	792	小生意	664	官吏	1284	拉车	195
官吏	599	拉车	402	拉车	1194	官吏	145
洋货铺	328	班子	278	班子	523	匠人	73
合计	9830		4828		14658		1964

资料来源:『天津商工彙報』第 70 号(1913 年 7 月),第 22—24 頁。

从上述表格可以看出,无业者占首位,当然这并不是说他们无工作,而是表示这些人都是靠出租房租和拥有雄厚资产的前清遗老遗少或军阀政客。其次是做小生意的,这也是为什么中国人会集中在旭街、福岛街等

① 《津变后租界要人住宅之比较》,《益世报》1932 年 1 月 11 日。

② 王勇则:《日本驻津领事馆秘查寓津名人》,天津市档案馆等编:《旧天津的日租界》,天津人民出版社 2012 年,第 148—149 页。

繁华街区的原因。而官吏位居第三位，说明也有不少中国人受雇于租界当局，负责租界内的基层工作。

表 3 - 16　日租界内华人居民职业构成表（1928 年）

类别	人数	类别	人数	类别	人数
无职及住宅	2080	洋铁商	23	棉花商	11
妓院等	213	料理店	21	洗涤业	11
食品杂货商	108	汽车租赁业	21	药材商	10
西服、成衣铺	85	当铺	20	五金商	9
大饼、果子、包子铺	59	洋布商	18	电器商	8
钱铺	53	鞋店	17	寺院、庙	7
家具店、木工	43	医院、医师	15	酱油、酒商	6
仓库、仓库业	38	服饰杂货商	14	书籍、文具商	6
纸烟商	37	水铺	13	报业	5
煤炭商	33	钟表商	13	学校	5
牛羊猪肉商	26	旅馆	13	其他（杂）	122
米面商	23	理发业	13	合计	3199

资料来源：天津居留民团編：『昭和三年民团事務報告書』，天津居留民团 1928 年，第 129—130 頁。

表 3－17　日租界华人居民职业构成表(1936 年)

类别	人数	类别	人数	类别	人数
贸易	20	承包	6	租赁汽车、自行车行	20
绸缎	3	棉花	3	染料、颜料	7
报关	2	洋铁铺	36	洋布	30
砂糖	29	电料	12	金银钟表店	16
旅馆	10	经租处	31	成衣	71
庙	18	照相馆	4	汇兑、纸烟、杂货	69
饭馆	37	肉铺	29	鞋铺	15
仓库	36	妓院	219	行商	22
木厂	9	点心	12	报纸、通信	2
贷款	24	玻璃铺	2	人造棉、棉布	55
酒店	4	服饰杂货	10	厨师	13
洗衣	20	豆腐	11	印刷	10
古玩	3	百货店	1	脚行	6
油漆	15	律师	3	家具	14
理发	26	西服	23	叫卖行	10
食品杂货	87	米面铺	14	水铺	15
盐务	3	五金行	23	麻布袋	9
烧炭	3	银行、银号	23	医院	38
政界	5	木匠	12	药材	26
鲜货	25	南纸	9	戏馆	2
学校	5	澡堂	3	石匠	1
大饼包子	49	茶叶	5	油铺	5
住宅、无业	2325	其他	23	合计	3718

资料来源：天津居留民团编：『昭和十一年民团事務報告書』，天津居留民团 1936 年，第 105—107 頁。

从上表我们可以看出，居住在日租界的中国人的职业仍旧是以无职业者和出租房屋的房东占首位，达到2325家；其次是妓院经营者，达到219家；再其次是食品杂货、汇兑商、绢、棉布商等。无职业者、房屋出租者、妓馆经营者等约占居住在日租界内全体中国人的67%。[①] 由此，我们也能知道居住在日租界的中国人不少都是富裕阶层，他们建筑房屋租给中日一般民众，坐享其成。这也是日租界内华人社会的一个特点。

当时，还有很多中国人在外国家庭充任佣人。由于没有完整的统计，很难知晓究竟有多少中国人受雇于外国家庭。根据当时在天津生活的外国人的回忆录可知，不管是中流阶级以上的家庭还是一般之家庭，大都会雇佣一两个中国佣人，甚至更多。日租界紧靠中国街区，且租界内主要居住的是中国人，加之中日两国自古以来的密切关系，日本人更容易接受中国人。因此，在天津的日本侨民家庭当中，有大量的中国贫民充当佣人。正如当时在天津担任日本小学校教师的松本正雄所说，"当时老师的家中几乎都雇佣中国少年和妇人"[②]。童年在天津度过的近藤久义也在回忆录中说，"伙计一家三代都在我家工作"[③]。当时在天津工作的藤江真文在回忆录中写道："从城垣外眺望穿过公园的道路，有外国人的孩子、日本人的孩子，在中国阿妈的看护下游玩"[④]。当时日本人开设的工厂、经营的公司、洋行就雇佣了不少中国人。"在工厂中，作业员包括熟练工大部分是中国人，厂长和现场领班是日本人"[⑤]。甚至"当时在自己经营公司、洋行的日本人家庭或内地企业的天津支店干部的家庭中，也雇佣很多男女中国人。"[⑥]这种雇用中国佣人的做法，并不局限于天津一地。在上海，虽然日本大公司支店长家庭一般都雇用日本女佣，但"日本中层家

---

① 臼井忠三編:『天津居留民団三十周年記念誌』,天津居留民団1941年,第491頁。
② 松本正雄:『誰か忘れん——私と中国と中国人』,象文社1973年,第14頁。
③ 近藤久義:『天津を愛して百年　そして子々孫々』,新生出版2005年,第177頁。
④ 藤江真文:『天津時代　増田洋行時代』,非売品1996年,第3頁。
⑤ 樋口隆一:『終戦前後——ある少年期の記憶』,非売品2003年,第77頁。
⑥ 田中良平:『天津今昔招待・租界人間模様』,眺有限会社2004年,第19頁。

庭一般雇用中国阿姨”[①]。尽管如此,双方的交流也并不频繁,正如一个曾经在天津生活过的日本侨民回忆说,“日本人和中国佣人之间虽然住在一起,但佣人一般居住在地下室,平常很少交流,倒是孩子之间在一起玩”[②]。

樋口隆一回忆说:“一说到雇佣阿妈和伙计,听者可能觉得奢侈,但在当时的中国社会,在中流以上的家庭,夫人不打扫卫生、不做饭、不洗衣服是常识。”而且佣人之间有明确分工,不能越权,否则会发生纠纷。“尤其特别的是做饭,临时、每天的区分就不要说了,必要的时候,除了阿妈和伙计,还要雇佣负责厨房和购买食品的炊事员。在外国,要想根据当地习惯维持家事、生活,在有大力帮助的制度下,阿妈中也有相当见识的人。”[③]

丰田势子在回忆录中写道:“由中国佣人(汉语称阿妈)带着每天都去不知道名字的公园玩……。在忙着和朋友聊天的阿妈旁边,没有玩伴的我无事可做,但是也不是无聊,只是心不在焉地度过。”[④]过年的时候,阿妈还教他们包饺子,在回忆中用惊奇的眼光看着“阿妈一边转动擀面杖,简直像做玩具一样,非常轻松地擀成了大小均匀的圆饺子皮。”而且阿妈还和他们一起准备生日的饭菜。甚至当“我”受到委屈的时候,“坐在阿妈的旁边,心情就会变好”。就是在这样的生活当中,他们之间形成了深厚的感情,当1939年天津发大水的时候,丰田一家回国之际,还在担心“照顾我们的伙计和阿妈怎么样了”[⑤]。松本正雄在回忆录中写道,当其妻子回国后,便由阿妈、他们称为“李奶奶”的佣人照顾其日常生活。甚至当作者的妻子从日本国内来信时,佣人比他还关心信中内容,并询问

---

① 陈祖恩:《上海日侨社会生活史(1868—1945)》,上海辞书出版社2009年,第272页。

② 八木哲郎:『天津の日本少年』,草思社1997年,第62頁。

③ 樋口隆一:《終戦前後——ある少年期の記憶》,非壳品2003年,第39頁。

④ 豊田勢子:『天津租界の思い出』,文芸社2004年,第23頁。

⑤ 豊田勢子:『天津租界の思い出』,文芸社2004年,第262頁。

孩子是否健康，等等，还要求先生在回信的时候，一定要代写上问候的话，并盼望着她早日回到天津。当其一家搬离租界与佣人分别之际，作者满怀感情地写道："对我们来说，李奶奶不仅仅是佣人。五年来，犹如母亲和女儿一样，一起相互照顾、安慰。"①

当然也并不是所有的家庭都与中国佣人和谐相处。出生于大连、后转移到天津的樋口隆一回忆说："我记得来过两个年轻的女佣人，但不知道是不是都和母亲不合，不久就走了。"②不过后来的阿妈是个基督教徒，和他的家人相处融洽。他出生不久的妹妹就受到阿妈无微不至的照顾，而且非常听她的话，"无论如何哭闹，只要一听着阿妈用汉语劝解或说话就会慢慢停止"③。不仅如此，阿妈还"教给我们中国礼仪和风俗"，"是和母亲在语言上不能完全交流的有名搭档"④。甚至在作者的母亲回国期间，"阿妈全权照顾满两岁的妹妹和我们兄弟的衣食住行，代任看守家庭的主妇"⑤。因此当和阿妈分别之际，作者充满感情地写道："在和我们临别之际，记得她含着眼泪对我妈妈说：'以后夫人会很辛苦，孩子也要注意，要健康……'，便静静地离开了。"⑥近藤久义则说，他雇佣的"伙计姓李，记得比我哥哥大二三岁，一直都相处得很好"⑦。由于父亲和中国人交往多，偶尔因病休养的时候，也会有中国朋友过来看望。

当时，普通的日本侨民之所以也能够雇佣中国佣人，这与中国佣人的低廉佣金有关。正如《天津居留民团二十周年纪念志》所言，"工资便宜，中国伙计、妈妈等的雇佣比较容易，日本人家庭雇佣者多"⑧。当时，"俄

---

① 松本正雄：『誰か忘れん——私と中国と中国人』，象文社 1973 年，第 107 頁。

② 樋口隆一：『終戦前後——ある少年期の記憶』，非売品 2003 年，第 38 頁。

③ 樋口隆一：『終戦前後——ある少年期の記憶』，非売品 2003 年，第 38 頁。

④ 樋口隆一：『終戦前後——ある少年期の記憶』，非売品 2003 年，第 39 頁。

⑤ 樋口隆一：『終戦前後——ある少年期の記憶』，非売品 2003 年，第 64 頁。

⑥ 樋口隆一：『終戦前後——ある少年期の記憶』，非売品 2003 年，第 88 頁。

⑦ 近藤久義：『天津を愛して百年　そして子々孫々』，新生出版 2005 年，第 247 頁。

⑧ 天津居留民团編：『天津居留民团二十周年記念誌』，天津居留民团 1930 年，第 619 頁。

侨家庭的佣金是每月12元”[1]。日本侨民家庭的佣金，据在天津担任教师的松本正雄回忆说：“当时阿妈的工资是8至12元。”[2]八木哲郎则在回忆录中写道：“(1939年)水灾前佣人的月工资大约20元，但现在阿妈一个人的工资就需要70元。”虽然较之上面所说高出不少，但“她一月的工资还不够买一袋小麦粉的”[3]。

不过，随着日本不断扩大对中国的侵略，尤其是“二十一条”和日本不断在中国扶植代理人攫取权益，激起中国民众的反感，不断出现反日、抑制日货运动。租界作为列强侵略中国的前沿阵地，民众自然也将目光集中到租界地区。天津日租界自然也成为民众攻击的目标。在天津的不少日本侨民，尤其是小商人因中国的反日、排斥日货陷入徘徊、彷徨和生活的困境。“随着排日运动的发展，日本人中间逐渐形成敌视中国人的感情、敌对意识”。加之“天津正处于贸易依存性社会的形成期，其时实行经济绝交战术，使天津的日本人社会受到极大的打击”[4]。中日相互之间开始出现敌对情绪，日本人也对中国人持有了一种警戒心，以前那种融洽的气氛已经不复存在。特别是“日本占领天津后，中日之间的紧张关系，也影响到普通大众。有不少日本孩子在和中国孩子碰面时，会说‘混蛋’等”[5]。一名在天津生活过的日本人后来回忆说：“有时候当中国孩子玩耍的时候，一听到呼喊的声音，就会马上停止游玩，进入房间，根本都不看我一眼。”[6]甚至，“在庆祝日本占领南京的盛装游行活动中，有人喊着侮辱中国人的言语。由于观众中有很多中国人，即使孩子也感到反感，充

---

① 尚克强、刘海岩主编：《天津租界社会研究》，天津人民出版社1996年，第190页。

② 松本正雄：『誰か忘れん——私と中国と中国人』，象文社1973年，第18頁。

③ 八木哲郎：『天津の日本少年』，草思社1997年，第196頁。

④ 桂川光正：「租界在住日本人の中国認識——天津を一例として」，古屋哲夫編：『近代日本のアジア認識』，京都大学人文科学研究所1994年，第387頁。

⑤ 豊田勢子：『天津租界の思い出』，文芸社2004年，第212頁。

⑥ 豊田勢子：『天津租界の思い出』，文芸社2004年，第213頁。

满着可耻的令人气愤的心情”[①]。日租界和中国街区的边界除了有夜间和骚乱发生时需要关闭铁门的几条主要道路外，其余都有高墙隔着。相反，日租界和东临的法租界则互通有无，往来自由。马千里在1910年6月17日的日记中记载，“本堂毕业生顾、高二君因行路与日本巡捕起冲突，遭揪辫之辱，且下黑屋三小时，至晚九时始放出”，由此气愤地写道：“今日本待我士人如此可知矣。”可以说，日本人对中国人的轻侮是造成中国人反感日本人的一大原因。因此，熟知中国的多田俊司令官对此感到忧虑，他说：“每逢看到在北支趾高气扬的日本人，就担心其行动，并忧虑未来。”于是，他决定“制作《对华基础观念》的小册子，加强规劝在留的日本人”[②]。

曾经在天津生活的日本侨民事后疑惑地问道：“当时中日进行战争，为什么我们周围的中国人不恨日本人呢?”但接着又肯定地说：“其实内心是恨的，到了一定阶段就会爆发，或许会袭击我们。”[③]日本总领事的警察署也认为，“尽管日本号称建设大东亚新秩序进入一个新阶段，但就连日本人也承认，很多中国人只是单单将其作为保全自己的策略，或是作为不抵抗的弱者表面上服从我方。……就是华北政务委员会各机构以及所属的地方团体对日本人的态度，也只是表面合作，并非真正融合”[④]。也有日本人认为这是“从他们自身无法理解当中，在内心深处产生的不安和恐怖”。并批评他们说：“即使在这里居住十年，汉语说不流利，也不想努力理解中国人，这样的日本人应该很多吧。如果一直困守在自己的世界里，谁都会疑神疑鬼。”[⑤]

大量中国人的入住，为房地产公司提供了商机。“各房产公司，既乐

① 豊田勢子：『天津租界の思い出』，文芸社2004年，第215頁。

② 古野直也：『天津軍司令部1901—1937』，国書刊行会1989年，第207頁。

③ 八木哲郎：『天津の日本少年』，草思社1997年，第168頁。

④ 外務省外交史料館蔵：『外務省警察史』第35巻(支那の部　北支)，不二出版1999年，第254—255頁。

⑤ 松本正雄：『誰か忘れん——私と中国と中国人』，象文社1973年，第8—9頁。

投资于建筑营业，遂使荒废土地，一变而为广厦华屋林立之街。”而“富豪华人，又多视租界为安乐土，房甫落成，即赁而居焉”[①]。这致使很多房屋都为中国人所建设和拥有，因此引起了日本人的忧虑。在1925年的居留民会议上，日本议员就曾忧虑地表示，日租界内的土地、房屋“名义上虽然是日本人的，但实际上是中国人建设的，可以说没有日本人的土地、房屋”[②]，担心“租界内的土地，随着中国居民的增加，其所有权逐年转移到中国人手中。倘若任其发展，若干年之后，除外务省所辖数万坪土地外，或许终将悉数归于外国人之手”[③]，最终“专管居留地将有名无实”[④]。其实这种情况不仅仅限于日租界。民国以后，大批华人尤其是遗老、官僚、军阀、政客涌入租界，成为租界历史上的一个突出现象。他们带着依靠非法手段聚敛的大量钱财，在租界掀起一股华人购买土地、建造房屋的高潮。如1912年英租界扩展界工部局拍卖出售工部局所有的土地38亩多，平均每亩售价1100多两，买主都是有钱的中国人。[⑤] 不少人还置有多处房产，如民国大总统黎元洪在英租界购置了4块土地，还在原德租界拥有一处房产。袁世凯、曹锟、鲍贵卿、李纯等军阀政客等人也都拥有多处房产。到了20世纪20年代后期，一些租界土地已经有相当一部分属于华人拥有。甚至连限制中国人拥有地产的老租界区，也不过是以外国人的名义注册罢了。他们在租界过着纸醉金迷、醉生梦死的生活，租界内到处都是繁华商店和游乐场所。

中原公司便是一例。该商场最初想建在法租界，但由于法租界的地

---

① 吴弘明编译:《津海关贸易年报(1865—1946)》,天津社会科学院出版社2006年,第337页。

② 天津居留民団編:『大正十四年度天津居留民会通常会議事録』,天津居留民団1925年,第19頁。

③ 天津居留民団編:『天津居留民団二十周年記念誌』,天津居留民団1930年,第437頁。

④ 臼井忠三編:『天津居留民団三十周年記念誌』,天津居留民団1941年,第478頁。

⑤ 《天津英租界扩展界工部局董事会报告,1912年》,第3页。转引自尚克强、刘海岩主编:《天津租界社会研究》,天津人民出版社1996年,第59页。

皮昂贵而举棋不定，此时日本总领事闻听此消息，马上表示将给予多种便利条件，方才使中原公司落户日租界。不过当时的旭街毕竟是日租界最为繁华的街区，且位于南市和梨栈街区的中间地带，可以沟通南北市场，补两地之不足。最主要的是旭街地价较低，三万余元就购得了大楼的建筑基地。建筑设计则是由著名设计师关颂声主持的基泰工程公司负责，他们参照港沪各大公司蓝图，采取各大建筑的优点，并结合基地条件进行设计，1926 年底动工，1927 年底建成。楼高七层，并设有升降电梯。中原公司参照港沪各大公司的业务情况，确定一、二、三层楼为百货商场，经营洋广杂货、布匹、呢绒、绸缎及食品用具，以后逐渐增建鞋厂及家具工厂；四、五层开设游艺场、大戏院；六楼及七楼是露天花园，并附设酒楼。1928 年 1 月 1 日，中原公司百货大商店正式开业，邀请民国大总统黎元洪到会致辞。该公司系“津埠首创之百货商场”，开幕时，“大有人山人海之势，内部楼梯拥挤尤甚，妇孺叫唤，声可震耳”。① “考虑到开张后的秩序与安全问题，首先决定采取购票入场办法，门票每张一角，作为代购代用券……仍是应接不暇。”②

中原公司开业后，生意日渐兴隆，商业信誉日益巩固，无论港沪及日本各厂商都乐于赊销商品，并在秋季举行大减价，“受到各界人士欢迎，拥挤不堪，竟至挤破柜台，大肆抢购。由此一举营业额突然提高日销五六万元，不特为全市只管，比之港沪各大公司亦无逊色”③。中原公司带动了日租界的发展，更繁荣了和平路一带的经济。然而，好景不长，九一八事变爆发，华北政局急剧变化，日租界顿时冷落萧条，英法租界以及华界的居民轻易不肯踏入日租界。反日运动也是日渐高涨，抵制日货的呼声

① 《中原公司昨日开幕》，《大公报》（天津版）1928 年 1 月 2 日，第 7 版。

② 史斯闻：《天津中原公司概述》，《天津文史资料选辑》第 16 辑，天津人民出版社 1981 年，第 119 页。

③ 史斯闻：《天津中原公司概述》，《天津文史资料选辑》第 16 辑，天津人民出版社 1981 年，第 121 页。

图 3-8　位于日租界旭街的中原公司

（图片来源：近藤久义收藏提供）

更是遍地响应。这使得中原公司深受其害，陷入瘫痪状态。甚至在 1931 年 11 月份的便衣队暴动时，有二十余天无法营业。为了应对这种局面，中原公司开始在法租界设立分公司，后来又于 1934 年在北京王府井大街开办了北京分店，形成三处鼎立之势。

1937 年日本占领天津后，日租界当局为限制中国商品，指令必须经销日本产品，甚至为了便利日侨，还要求添聘日本翻译。后来日本松坂屋百货公司又通过领事馆租借大楼三楼，作为松坂屋经销场所，更使其业务一落千丈。松坂屋号称是天津最好的日商百货店，商品从日本进口，并在《京津日日新闻》上大打广告，吸引日本侨民光临。而中原公司的主要客户又是以日侨为主。据报道，光临中原公司的主要是日本侨民，占其顾客的八成，中国人和欧美人只有两成。日本占领天津后，特别是 1939 年封锁英法租界以后，更是让中原公司深受打击。所谓屋漏偏逢连夜雨，1939 年天津发大水，由于总店和分店位于日、法租界地势最低地段，水深六七尺，虽然货物抢救及时，但货柜、家具损失不小，还停业月余，修理耗费十余万元。1940 年 8 月 28 日大楼玩具柜失火，蔓延全楼，全部商品、货柜、装修设备均化为灰烬。尽管后来得到日商三井洋行的赔付，但已经是元气大伤。再加上股东多次变化，中原公司只能是勉强维持，直到天津解放后才获得新生。由于中原公司地处日租界内，经常发生一些自杀事件。1927 年秋天，画家白宗魏就从该地六层楼上跳楼自杀，轰动社会。其原因是当时的军阀褚玉璞之兄褚玉凤霸占其妻，白宗魏最后不堪忍受欺辱而自杀。

第三节　日租界的“华洋分离”

关于空间，很多学者都做了论述和分析。福柯强调空间的重要性：“空间是任何公共生活形式的基础。空间是任何权力运作的基础。”①法国新马克思主义哲学家亨利·列斐伏尔则认为，“每一社会空间都产生于一定的社会生产模式之中，都是某种社会过程的结果”，“另一方面空间也是一切社会活动、相互矛盾和冲突的一切社会力量纠葛一体的场所，是社会的‘第二自然’”②。而美国后现代地理学家爱德华·索亚的“第三空间”则“既是对第一空间和第二空间认识论的解构又是对它们的重构”，用他本人的说法则是“它源于对第一空间—第二空间二元论的肯定性解构和启发性重构，是我所说的他者化——第三化的又一个例子”③。针对列强设立的租界，福柯认为，殖民列强实行的空间再造机制具有人种置换和等级排外的本质特征：他们强化外国居民和本土居民的隔离，除非他们能够达到外国人的身份标准或能够为租界增添一种“贵族”气。天

① 包亚明主编：《现代性与都市文化理论》，上海社会科学院出版社2008年，第110页。

② 包亚明主编：《现代性与都市文化理论》，上海社会科学院出版社2008年，第112页。

③ 包亚明主编：《现代性与都市文化理论》，上海社会科学院出版社2008年，第115页。

津先后存在九国租界,居住着很多外国人。这些不同国家的侨民,不同的民族文化混杂在一起,"一方面共同分享都市的公共空间,另一方面又各自具有相对封闭的局域空间","在这些区域里,相同民族的人聚居在一起,形成了富有民族特色的区域文化而自成一体"[①]。也就是说天津租界从最初的"华洋分居",逐渐变成了"华洋杂居"。当然,这种"华洋杂居"是有其局限性的。尽管租界内也有大量华人居住,但仍与洋人的居住空间呈现一定的分离。即洋人集中居住在某一个区域,而华人则集中居住在另一个区域。

因此,在北京,皇城、满人居住区和汉人居住区就有明显的空间隔离,就连建筑的色彩也体现出封建时代严格的等级制度[②]。义和团事变以后,外国侨民不断入居北京,"他们生活在自成体系的文化圈子中,在使馆区过着与中国百姓隔绝的生活"[③]。诚如法国公使施阿兰所说:"我们同中国人之间的交往仅仅是属于公务性质的;我们的社交生活被限于外交使团、海关官吏和教士们的小圈子里。"[④]天津虽无首都北京那样明显的居住区划,但仍有谚语说:"北门贵,东门富,南门穷,西门贱。"这种聚居趋势就是空间隔离。开埠以后,随着各国租界的相继设立和大量外国侨民的涌入,整个天津城的空间结构再次发生巨大变化。尤其是在租界,人们的社会地位取决于财产的多寡,富人不仅拥有社会权利,还会得到社会的赞许和保护。因此,其居住空间的隔离就更为明显。富人居住在独居洋楼、别墅内,中等阶级则居住在高级排式或里弄式公寓住宅,下层人士则只能居住在连排式集合住宅,居民按不同的社会阶层聚居,形成了泾

---

① 包亚明主编:《现代性与都市文化理论》,上海社会科学院出版社 2008 年,第 161 页。

② 吕超:《东方帝都——西方文化视野中的北京形象》,山东画报出版社 2008 年,第 270 页。

③ 吕超:《东方帝都——西方文化视野中的北京形象》,山东画报出版社 2008 年,第 274 页。

④ [法]施阿兰著,袁传璋、郑永慧译:《使华记》,商务印书馆 1989 年,第 191 页。

渭分明的住宅区。

各国租界大都有外侨相对集中的住宅区。在英租界,外侨较为集中地居住在扩展界,特别是马场道及靠近跑马场一带。法租界的东部老街拥有大量欧式住宅,成为外侨集中居住的区域。意、俄租界更是在早期的规划当中,专门划定供外国人和华人上层居住的街区。如意租界当局规定界内大马路两侧的建筑必须是欧式的,并对其居住者的身份进行了严格限制,致使意租界有"贵族租界"之称。俄租界也从1915年专门划定花园住宅区,并规定只能是外国人或华人上层才能居住。日本人在租界内的空间分布也具有类似特点。例如,上海虽然没有日本的专管居留地,但日本侨民仍然集中居住在几个主要区域,甚至上海的虹口地区被称为"日本人租界",1904年在虹口中心大街百老汇陆上,"日本人开了很多杂货店……日益繁荣,百老汇路看上去简直成了日本人的大街"。其中又以文路为日本人居住者最多的大街①。到了20世纪20年代,"超过半数的日本人居住在以吴淞路和北四川路为中心的公共租界北边的周边地区,居住在公共租界中心的旧英租界的人极少"②。可以说,上海的日本人也是集中居住在一起的,而非和欧美各国的侨民混居在一起。

日本侨民在天津市的空间分布如此,那么居住在日租界的日本侨民呢?他们是与中国人混合而居,还是与中国人分割而居?如前所述,日租界最先得到开发的是花园街以东地区。早在1903年的时候,北旭街一带就已经"颇为繁华,成为不夜城,终日行人不绝,成为租界最为繁华之地"③。日租界也逐渐以旭街为轴发展起来。到1905年,日租界"颇有兴

① [日]高纲博文:《上海的日本人居留民》,熊月之、马学强等选编:《上海的外国人(1842—1949)》,上海古籍出版社2003年,第151页。

② [日]高纲博文:《上海的日本人居留民》,熊月之、马学强等选编:《上海的外国人(1842—1949)》,上海古籍出版社2003年,第155页。

③ 天津居留民团编:『天津居留民团二十周年記念誌』,天津居留民团1930年,第374頁。

隆景象"[1],很多日本侨民和商家开始在此居住和开设店铺。中华民国建立后,天津的商业中心从旧时的北门外、东门外转移到南门外的南市地区,电车经过的旭街成为商业中心。大批的中日两国商人在此开设店铺。

一、日租界的空间布局

第一次世界大战结束后,日租界进入迅速发展阶段,从海河挖出的淤泥顺着输送管不断填充日租界西部的洼地,大片的水坑、沼泽被填平、垫高,各类建筑物拔地而起,并逐渐形成了不同功能的分区。正如参与租界开发和建设的东京建物会社,在后来撰写的《东京建物百年史》中所说的那样:"如果将日本租界分为商业地区、工业地区、仓库地区、特别地区、住宅地区的话,首先作为商业地区最繁荣的是市内电车经过的全长 711 米的旭街路,其次是寿街、芙蓉街、明石街,都是面向通过外国租界和中国人居住的地区。此外,曙街和福岛街的一部分也形成商业区,这些商业区域约为 54600 坪。住宅地域则散布在整个租界,其中可以称为住宅区域的是常盘街、荣街、花园街、橘街、春日街、须磨街、淡路街,这些住宅区域的土地面积为 156300 坪,占了租界的大部分。"[2]

此后的租界发展,也基本上是按照这种功能区域的划分而进行的。"东部海河沿岸为仓储区,主要是各大洋行、轮船会社等建造的码头和仓库;与其邻近的旭街和寿街(今兴安路)两侧以及福岛街(今多伦道)东段为商业区,但是随着电车过往的旭街日益繁荣,寿街的商业日减衰落;租界的中部和西南部还划定了一片特别区,租界内的官署以及其他公共设

① 吴弘明编译:《津海关贸易年报(1865—1946)》,天津社会科学院出版社 2006 年,第 241 页。

② 東京建物株式会社社史編纂委員会編:『未来への信頼——東京建物百年史』,東京建物株式会社 1998 年,第 45 頁。

施如日本领事馆、警察署、宪兵队、租界局、公园、神社、寺院、学校、医院乃至墓地等都集中建在这些地区；租界的西南部靠近日军兵营一带划定为工业区。……各国居民的住宅大都分布在旭街以西。”[①]这从1917年出版的天津日租界地图中也可以看出，日本洋行大部分分布在靠近白河的山口街至旭街区间，学校则位于芙蓉街与春日街之间。日租界在几次开发和建设过程中，逐渐在“面向大路一面建起楼房，逐渐发展成为商业区。北旭街是比较集中的地区，而海河沿岸多为商社、仓库、洋行、批发商”[②]。

表3－18　日侨在日租界内的居住街区分布图（1928年12月底统计）

街区	人数	街区	人数	街区	人数	街区	人数
桥立街	71	吉野街	34	小松街	6	山口街	167
扶桑街	16	常盘街	265	曙　街	540	三岛街	128
桃山街	42	住吉街	36	伏见街	118	花园街	105
橘　街	147	大和街	4	寿　街	563	须磨街	56
秋山街	35	浪速街	126	明石街	149	淡路街	53
吾妻街	102	荣　街	116	闸口街	49	春日街	136
宫岛街	217	新寿街	161	松岛街	185	蓬莱街	36
芙蓉街	255	福岛街	562	旭　街	467	合　计	4957

资料来源：天津居留民团編：『昭和三年民団事務報告書』，天津居留民团1928年，第121—123頁。

① 尚克强、刘海岩主编：《天津租界社会研究》，天津人民出版社1996年，第95—96页。

② 草田耕次：『華北の風雲と天津』，近代文芸社1995年，第95頁。

表 3－19　中国人在日租界内的居住分布图(1928 年 12 月底统计)

街区	人数	街区	人数	街区	人数	街区	人数
桥立街	623	吉野街	342	小松街	370	山口街	295
扶桑街	562	常盘街	247	曙　街	277	三岛街	763
桃山街	284	住吉街	233	伏见街	901	花园街	716
橘　街	409	大和街	783	寿　街	381	须磨街	1157
秋山街	893	浪速街	674	明石街	899	淡路街	926
吾妻街	13	荣　街	655	闸口街	652	春日街	912
宫岛街	843	新寿街	919	松岛街	1317	蓬莱街	1136
芙蓉街	1117	福岛街	3832	旭　街	8316	合　计	31447

资料来源:天津居留民团編:『昭和三年民团事務報告書』,天津居留民团 1928 年,第 121—123 頁。

从上述两表可以看出,日本侨民最为集中的街区是福岛街、曙街、寿街、旭街,合计为 2132 人,约占居住在日租界的日本侨民人口的 43%。同一时期,中国人主要居住在旭街、福岛街、松岛街等几条主要街道。人口超过 1000 人的街区有旭街、福岛街、松岛街、须磨街、蓬莱街、芙蓉街等六条街区,总人口为 16875 人,约占全部人口的 41.3%。旭街、福岛街两条主要街区的中国人有 12148 人,约占全部人口的 30%。旭街一条街区的中国人就占了全部人口的五分之一。这就是说,旭街、福岛街作为繁华的商业区,中日两国都有不少商人聚集在这里。但福岛街是日本人最为集中的街区,而旭街则是中国人最为集中的街区,两者还是有所区别的。除此之外,日本人还主要居住在寿街、曙街、常盘街、芙蓉街、宫岛街等街区。这些街区大都位于远离中国街区和法租界的中间街区。中国人则比较集中居住在松岛街、须磨街、蓬莱街、芙蓉街等街区,这些街区则是靠近法租界的东南地区。因此,中日两国人的居住区域还是呈现出一定的隔离倾向。

表 3－20　日本侨民在日租界内的居住街区分布图(1936 年 12 月底统计)

街区	人数	街区	人数	街区	人数	街区	人数
桥立街	52	吉野街	117	小松街	25	山口街	89
扶桑街	22	常盘街	285	曙　街	522	三岛街	128
桃山街	119	住吉街	36	伏见街	270	花园街	115
橘　街	164	大和街	5	寿　街	524	须磨街	267
秋山街	35	浪速街	156	明石街	365	淡路街	621
吾妻街	81	荣　街	191	闸口街	18	春日街	156
宫岛街	886	新寿街	146	松岛街	242	蓬莱街	69
芙蓉街	391	福岛街	1195	旭　街	526	合　计	8159

资料来源:天津居留民团編:『昭和十一年民团事務報告書』,天津居留民团 1936 年,第 95—97 頁。

表 3－21　中国人在日租界内的居住街区分布图(1936 年 12 月底统计)

街区	人数	街区	人数	街区	人数	街区	人数
桥立街	436	吉野街	179	小松街	334	山口街	176
扶桑街	449	常盘街	290	曙　街	222	三岛街	476
桃山街	350	住吉街	258	伏见街	561	花园街	635
橘　街	434	大和街	657	寿　街	274	须磨街	2448
秋山街	581	浪速街	617	明石街	856	淡路街	996
吾妻街	15	荣　街	728	闸口街	542	春日街	622
宫岛街	647	新寿街	670	松岛街	1571	蓬莱街	770
芙蓉街	1188	福岛街	2723	旭　街	5607	兴津街	48
合　计				26360			

资料来源:天津居留民团編:『昭和十一年民团事務報告書』,天津居留民团 1936 年,第 99—101 頁。

到了 1936 年,日本人集中居住的街区为福岛街、宫岛街、淡路街、旭街、寿街、曙街,合计达到 4274 人,约占租界内全体日本人的 52.3%。同 1926 年相比,宫岛界和淡路街人口增加明显,分别从 217 人、53 人增加到

886 人、621 人，各增加了 4 倍和 12 倍。尤其是淡路街，从 53 人猛增到 621 人，从一个几乎没有多少日本人居住的街区，变成了一个日本人街区。而该年中国人则集中居住在旭街、福岛街、须磨街、松岛街、芙蓉街等街区，总计达到 13547 人，约占全部人口的 51.3%，超过了日租界全部华人的半数。同 1928 年相比，居住在日租界的中国人减少了 14000 余人。大部分街区都出现了人口减少的趋势，说明随着中日关系的日益紧张，不少中国人开始从日租界内迁移出去。但须磨街的人口增加显著，从 1157 人增加到 2448 人，约增加了一倍。这与全部人口的减少相反。此外，与 1928 年的人口分布区域相比，人口区域分布还出现集中的趋势。1928 年旭街、福岛街等六条街道占到 41.3%；而到了 1936 年，旭街、福岛街等六条街区的人口就占了 55.2%。这显然与中日两国关系日益紧张有关。从 1936 年的中日两国居民的分布区域来看，旭街和福岛街仍旧是两国人居住都较为集中的区域。随着日本人的增加，宫岛街、淡路街发展成为日本人的主要居住街区，中国人的主要居住区域没有太大变化，主要是居住在蓬莱街的中国人出现明显减少的趋势。中日两国的居住隔离仍旧没有改变。甚至随着中日关系的日益紧张和战争的临近，中日两国居民的这种分隔趋势更加明显。

截至 1935 年末，居住在日租界的华人有 23000 余人。“由于没有区域限制，散居各处。但是他们风俗习惯所生出的生活方式的差异，给我邦人一般的生活环境直接带来不少的坏影响。为保持卫生，和他们杂居一处不免陷入生腐同盖的不满。”①

华人居住的区域，大部分都是繁华区域和租金比较昂贵的街区，这也从一个侧面说明居住在日租界的中国人有相当一部分是比较富有。不过，中国人在日租界的居住区域分布也显示出一种阶级分割。正如罗芙

① 外務省外交史料館藏：『外務省警察史』第 34 卷（支那の部　北支），不二出版 1999 年，第 373 頁。

芸所评价的那样:“租界的中国居民也显示出一种类似的社会阶级的分隔,包括了商人、学者和前清官员的精英社区,一些人作为居留民团的成员与日本人交往。但是中国人口也包括数万工人、小贩和服务人员。最贫穷的中国人集中在租界的西北角,沿着与华界的‘南市’毗邻的街道。这一地区有大量的小饭馆和主要吸引中国客人的低级妓院。”①

从上述中日两国人民不同年份的居住区域分布可以看出,日本人集中居住的街区既不靠近中国街区,也不紧挨法租界,而是远离两地的日租界中间的街区或者靠近海河的区域。这样的居住区域选择既可以避免与他国人的过多接触,以策安全;也有利于日本人之间的相互交往,增强归属感。由此,我们可以看出,随着时局的变化,中日两国的居住区域也在发生着微妙的变化,逐渐呈现出一种分隔而居的局面。不过,在一些商业繁华区域,两国人仍旧是比邻而居,虽然是因为商业利益,但也多少说明居住同一空间内的两国人民并没有想象中那样对立,或者说至少没有完全表面化。

从日租界内的人口空间分布来看,日本人主要是居住在最早开发和最为繁荣的旭街、曙街等地。旭街是日租界最为繁华的街区,甚至被称为中国的“大阪”,拥有“洋服商场、吴服商场、玩具商场、小物品商场、菜市场、食堂等,犹如内地商店的缩影”②。日本人络绎不绝地前来游玩、购物。20 世纪 20 年代,日本居民主要集中在三条街道周围:旭街、福岛街和荣街,这是租界最繁华的部分。很少有日本人居住在中国人密集的地区,即租界的西北地位(毗邻华界)或东南地带(法租界附近)。③ 到了 20 世纪 30 年代,这种居住区域分布也没有发生太多变化,“居住在租界内的

① [美]罗芙芸著,向磊译:《卫生的现代性——中国通商口岸卫生与疾病的含义》,江苏人民出版社 2007 年,第 278 页。

② 八木哲郎:『天津の日本少年』,草思社 1997 年,第 132 頁。

③ 《天津日租界企业年度报告》,1928 年,第 120—121 页。转引自[美]罗芙芸著,向磊译:《卫生的现代性——中国通商口岸卫生与疾病的含义》,江苏人民出版社 2007 年,第 277—278 页。

日本侨民多密集在租界中心区旭街、曙街一带，……现在，租界东面多为日本人商店、会社地带，西面成为住宅地和工厂地带"[①]。这反映出日本人所具有那种深切的排外性和保守性。正如罗芙芸所评价的那样："这种居住的分隔模式反映了日本居民一种极度的比欧洲租界更深的本土偏狭思想。"[②]

可见，虽然同居日租界，似乎可以说是"华洋杂居"，其实并非双方在租界中毫无区别地平等地聚居，而是"华洋杂居"中又包含着"华洋分居"。即便同居一条街区，中日两国居民相互之间也鲜有交往，大有"井水不犯河水"之势，过着彼此安静的生活。只是随着两国关系的紧张，这种相安无事的生活也随之发生了改变。中日两国居民之间冲突事件的不断增多就是明证。

这种分隔而居的状况，还可以从日租界内居住的其他外国人口数窥知一二。日租界内的居民基本上是中日两国人，其他外国人很少。根据1910年的统计，日租界总计有9177人，其中日本侨民为1987人，约占21%；中国人为7154人，约占全部人数的78%，合计达到99%，其他外国人只有36人[③]。1911年日租界的其他外国人仍旧只有36人[④]。到1928年，日租界已有人口4807户，36632人，其中日本侨民为5160人，约占14%；中国人为31466人，约占86%；其他外国人只有区区6人[⑤]。而英租界的情况却与此相反，居住着很多国家的外国人，1913年就有15个国家的外国人在英租界居住，1925年增加到18个国家，人口也比英国人要

---

① 外務省外交史料館蔵：『外務省警察史』第34巻（支那の部　北支），不二出版1999年，第215頁。

② ［美］罗芙芸著，向磊译：《卫生的现代性——中国通商口岸卫生与疾病的含义》，江苏人民出版社2007年，第278页。

③ 富成一二編：『天津案内』附録，中東石印局1913年，第283頁。

④ 天津市地方志编修委员会编著：《天津通志·附志·租界》，天津社会科学院出版社1996年，第379页。

⑤ 李竞能主编：《天津人口史》，南开大学出版社1990年，第274页。

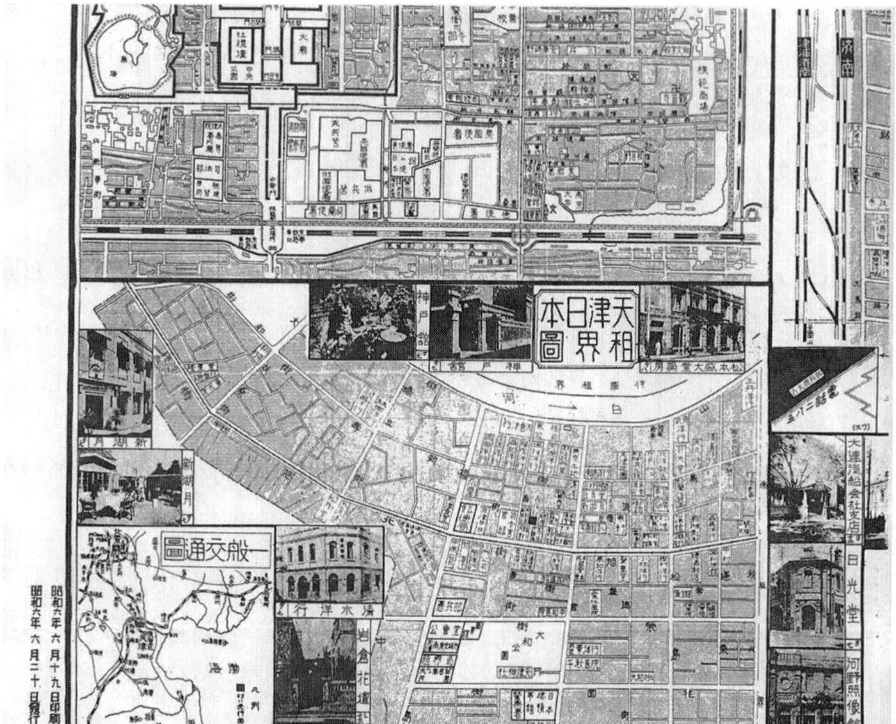

图 3－9　1931 年天津日租界地图

（图片来源：近藤久义收藏提供）

多。如 1913 年居住在英租界的外国人为英国人 388 人、其他外国人 469 人;1925 年有英国人 682 人,其他外国人 1363 人;1934 年则是英国人为 1451 人,其他外国人为 2584 人。[①] 可以说,居住在英租界内的外国人主要不是英国人,而是其他国家的外国人。俄租界在 1923 年总计有人口 5000 余人,其中中国人 4000 余人,俄国人 500 余人,其他外国人则有 400 余人。根据天津警察局的调查,1910 年奥租界内有外国人 261 人,其中奥匈帝国人 204 人,其他外国人为 57 人。这些租界都与日租界内的人口情况形成了鲜明对比。

表 3－22　居住在日租界的其他外国人统计表

年　　份	1910	1928	1929	1930	1931	1932	1933	1934	1935	1936
人　数	36	6	17	9	8	17	6	5	4	2

资料来源:1910 年的数据根据富成一二编:『天津案内』附録,中東石印局 1913 年,第 184 頁;1928 年至 1936 年的数据根据历年『民団事務報告書』。

在各国租界当中,外国人享有治外法权,并且主导租界内的各种事务。但租界内占据压倒多数的居民还是中国人。他们甚至在各国租界的开发中也发挥了很大的作用。尤其是居住在租界内的华人有不少是富有的中产阶级,甚至还有很多富商、大买办、贵族和军阀,他们所带来的财富和积极投资房地产业,带动了租界的发展和繁荣。

二、困惑中的交流

基于中日两国的历史渊源和特殊的地理位置,经济以及文化上的相通,在天津特别是日租界这一共同的生活空间中,中日两国居民要想彼此不相往来也是不可能的。毕竟与中国人交往,日本人也不用背负沉重的

① 李竞能主编:《天津人口史》,南开大学出版社 1990 年,第 264 页。

自卑感,相反还可以找到一种自豪感和文化上的亲近感。

天津的日本人,“与上海的公共租界不同,他们并没有和华人分开居住”,而是混居在一起。可以说“在1920年代之前,两者的居住和活动是交错在一起的,希望的不是对立而是共存”①。特别是在日租界内,由于日租界内居住着大量的中国人,且很多日本商店是面向中国人开设的,并且很多日本人的洋行和工厂也雇佣大量的中国人,因此,最初在天津的日本侨民,无论是从文化上还是从现实利益考虑,大都是将中国人视为朋友的,“至少在日本侨民的有实力的那部分人中,是希望他们和中国人的关系规范为基本上是普通的商品交易关系,确信两国人士可以结成相互以来的伙伴关系”②,至少是居住在同一个空间的邻居。因此即便有时因外部原因,或者其他问题而发生不愉快,但双方并没有伤害到感情,仍旧会在一起工作和生活。因此,天津的城市精英们如严修才会和他的日本客人们喝着茶,讨论教育和现代化的问题,并互相交换书法作品以巩固交谊;天津的盐商望族华学澜及其家族也经常招待日本的军官们,一起喝酒、闲聊,甚至有时候在庭院里玩相扑角力③。徐世昌下野在津时,也经常接待来访的日本人,仅1927年就接待了9人次,其中有总领事、将军、驻屯军司令官和文人等。④ 因此,“最先到来的侨民习惯平等地和当地的中国人、外国人交往,很多人使用汉语、英语”⑤。

1911年编纂的《华瀛宝典》就是较为典型的事例。该书是向中国商人介绍日本的中文书,主编是日本众议院议员天津大宝报馆长松本君平,

① 貴志俊彦:「近代天津の都市文化とナショナリズム」,西村成雄編:『現代中国の構造変動3　ナショナリズム:歴史からの接近』,東京大学出版会2000年,第183頁。

② [日]桂川光正:《租界日本侨民的中国观——以天津为例》,《城市史研究》第19—20辑,天津社会科学院出版社2000年,第125页。

③ [美]罗芙芸著,作舟译:《卫生与城市现代性:1900—1928年的天津》,《城市史研究》第15—16辑,天津社会科学院出版社1998年,第197页。

④ 参见《徐世昌日记》,稿本,1927年,天津社会科学院图书馆藏。

⑤ [俄]鲍里斯·克拉埃夫:《东来之风》,日文未刊本,第27页。

书中有内阁总理、各省大臣、陆海军元帅，以及贵族院、众议院和枢密院议长等人的签字；有银行、产业、政界、商界首脑和众多贵族所写的序言，介绍了日本国体、行政、风景、金融、工矿业、农业、水产、外贸、交通、卫生、教育、宗教、出版概况，并从地理、人种、语言、历史、通商、宗教等方面总结和预测日中关系，希望中国人更多地了解日本，以达到交流和经济交往的通畅。①

1932 年，尽管因九一八事变的发生，中国掀起反日浪潮，但是对于生活在日租界的日侨来说，他们似乎并没有感受到太多的不便。“有日本风格的花柳街，五千日本人犹如一个村落共同体在生活，相互帮助。……没有任何不自由，即便在排日激烈的时候，天津也是一个充满平和和安静的城市。”②

《国立文学会特刊》1934 年创刊号刊登有笔名为 MY 所写的《浪迹津沽》，其中说道：“日租界，因为九一八之后，又连着几次津变，所以不如以前的繁荣，人们多少有点怕。可是该去的人，一样还是去。因为日租界里，特别多的，就是明娼，暗娼与大烟，白面馆，这是日本人迎合中国一般心理的设置。日租界的建筑也不整齐，街道也不干净，反正多少总比中国地强些。在日租界的街上走，尤其在晚上走，妖精似的女人，油头粉面的登徒子弟，随处都可以看见。如果经过德义楼、新旅社、大北饭店与息游别墅等旅馆楼下时，那浓浓的大烟气，时时爬入你的鼻子里，加入瘾君子闻着，一定要赞美一句：‘烟气冲天，飞鸟迹，闻香化凤’。”“尽管日本号称建设大东亚新秩序进入一个新阶段，但就连日本人也承认，很多中国人只是单单将其作为保全自己的策略，或是作为不抵抗的弱者表面上服从我方。这些中国人对我居留民的动静，不用说属于重庆政权的各团体及个人不合作，就是华北政务委员会各机构以及所属的地方团体对日本人的

---

① 大宝報館編輯編：『華瀛宝典』，大宝報館支局 1911 年。

② 川合貞吉：「天津時代の記憶」，『魚・水』1972 年 9 月 18 日，第 3 号(4)。

态度,也只是表面合作,并非真正融合。”①

1943 年春天从秦皇岛来到天津的平山桦一郎,回忆起小时候的事情,满是亲切:在校园里看着姐姐滑冰玩,和同学们一起游玩,母亲会带着他去起士林吃西式点心,他也会缠着妈妈去中原公司买自行车和其他玩具,还会在傍晚骑着自行车去大和公园和四面钟处玩。② 小泽安子在去英租界的宫岛高中女学校的途中,路过维多利亚公园,她看到四季都有花开,坐在长椅上一边和孩子游玩一边读书,一边织物一边聊天的外国主妇,感叹这样的悠闲和气氛在日本主妇中间是没有的。③

在天津,当时还有日本侨民开设的牛奶场。“日本侨民所熟悉的是金牛斋。”它是 1913 年从驻天津日军退役的兽医野馆活天少佐开设的。他从大连和日本岩手县购入荷兰种乳牛,在中日学院旁边的徐胡圈村建立牛奶场。最初主要是供给驻屯军和兵站医院,同时也向英租界的美军第十五联队派送。西村西邦战后回忆说:“1940 年前后的小学,在午饭时会送来高温灭菌牛奶,孩子们还经常到地下室的高温室旁边的牛奶室取牛奶。”④当时牛奶是七分钱一袋。“与其说是入乡不随俗,无视居住在那里的人的价值观,还不如说是赶走原居民,外来者随心所欲带来各自的风俗、习惯。”⑤满洲事变以后,大资本和追求利权的人以配合政府的海外政策涌到华北,再加上所谓的“一旗族”、看到需要乘机而来的商工业者等,天津的日本人激增。“由此,当时租界内出现了建筑热。以前从未见过的公寓在街道各处开始兴建,不知不觉间出现了完全是日本胡同风格的住宅群。”⑥

---

① 外務省外交史料館蔵:『外務省警察史』第 35 巻(支那の部　北支),不二出版 1999 年,第 254—255 頁。

② 平山樺一郎:「天津の記憶」,『魚・水』1973 年 8 月 1 日,第 4 号。

③ 小沢安子:「頭が浮く記憶」,『魚・水』1974 年 7 月 20 日,第 8 号。

④ 西村正邦:『天津・租界八史略』,非売品 1999 年,第 92 頁。

⑤ 豊田勢子:『天津租界の思い出』,文芸社 2004 年,第 32 頁。

⑥ 豊田勢子:『天津租界の思い出』,文芸社 2004 年,第 98 頁。

对于当时日本当局在庆祝活动中侮辱中国人的事情，日本侨民也表示了担忧："在庆祝日本占领南京的盛装游行活动中，有人喊着侮辱中国人的言语。由于观众中有很多中国人，即使孩子也感到反感，充满着可耻的令人气愤的心情。实际上与游行的规模相比，相呼应的观众很少。"当然也并非完全如此，"租界内的日本侨民感到战争距离很远，周围到处都是中国人，和他们一如往常地生活在一起"①。

这一时期日本国内虽然已经物资缺乏，但在天津并没有受到影响，日用品、食品也没有什么不方便。但将原先住在这儿的中国人"赶走"，在那里建造神社，无疑会践踏中国人的民族感情。"日曜学校都在准备圣诞节。练习赞美歌，准备戏曲，气氛逐渐热烈，连孩子都能感受到。"②六年级学生所演的鼓吹战争、歌颂天皇的戏剧，由于过于露骨，不仅不能让人感动，就是现在想来，也觉得是完全的不像小学生的阴暗戏剧。

1942 年以后在天津的军人家属和华北交通等国策会社社员等日渐增多，居住在其他地区的日本人明显比日租界的人口增加迅速，不过有地位和金钱的人还是希望居住在日租界，一些不法分子就利用贿赂，强行要求居住在日租界的中国人和韩国人搬家。"我们小国民的衣服也是国防色的小仓布，即咖啡色的制服配上没有口袋的裤子，陆军的战斗帽、绑腿、黑色革编制的靴子，不仅如此，背囊甚至都和军队一样，里面装着学习用品和便当。学校到处都是粗鲁的军国主义教育。"③但"在第二学期结束后逐渐不去学校，勤劳动员增加。在某一地点集合，从那儿乘卡车到天津各地的部队，进行挖防空洞、拔杂草、搬运物资等工作，最常去的是货物厂"④。为了宣传"中日亲善"，《京津日日新闻》还专门于 1940 年 3 月刊出《新中国的女性群像》专栏，介绍在日本公司会社工作的中国人，以此

---

① 豊田勢子：『天津租界の思い出』，文芸社 2004 年，第 115 頁。

② 豊田勢子：『天津租界の思い出』，文芸社 2004 年，第 188 頁。

③ 八木哲郎：『天津の日本少年』，草思社 1997 年，第 189 頁。

④ 八木哲郎：『天津の日本少年』，草思社 1997 年，第 197 頁。

来表达所谓的“大东亚共荣”。例如在公立医院做护士的小李、小张；出身名门、工作机敏的楠药房店员王氏姐妹；具有日本参观经验、改善服务方法的在中原公司三层松坂屋工作的小刘和小曾；认为工作比结婚更有意思的、在特一区电话交换局工作的罗氏姐妹。

第四章

日本在津的经济活动

第一节　日本与天津的贸易

天津是华北最重要的工商业城市，也是外资麇集之地，经济影响超出华北范围。在北洋军阀统治时期，天津不仅成为华北最大的近代工业基地，还发展成为商业和金融的中心，以及华北最大的对外贸易港口。到抗战前夕，天津年贸易额大约2亿元，约占全国贸易额的12%，位居全国第二位。天津还是当时中国的第二大城市。有利的地理位置使它成为华北平原与西北地区货物的主要集散中心。其势力范围覆盖黄河左岸以北——直隶、山东、山西、河南、甘肃、陕西六省及内蒙古、新疆、宁夏等九个区域，经济腹地面积约200余万平方英里，人口约六千七百万人。在这些区域消费的货物，要从海外各国输入。天津同时负担着把内蒙古、陕西、甘肃、山西、直隶地区的土产进行输出的任务。铁路运输也是其便利条件之一，京奉铁路与津浦铁路都经过天津。"天津，……其犹属进口货在华最大销场之一。"①优越的地理条件和重要地位，开埠后必然会吸引外侨前来此地淘金。如果说"在19世纪后期到20世纪30年代，'到上海

① 吴弘明编译：《津海关贸易年报(1865—1946)》，天津社会科学院出版社2006年，第10页。

淘金去’是许多西方青年的美好理想”①,那么,“到天津淘金去”恐怕也是不少外国人的理想,其中当然包括日本人。“日本资本主义依靠地理上靠近中国和拥有较多的专管租界,取得了比欧洲列强更为有利的条件,登上了开拓中国市场的新旅程。”②尤其是随着日租界的设立和中日贸易的发展,很多日本侨民更是络绎不绝地前来天津,其中既有从事小商业和贸易者,也有不少是所谓的“一攫千金者”。

一、天津的对外贸易

第二次鸦片战争后签订的《天津条约》,使天津被迫开埠通商。开埠后天津贸易发展迅速,很快成为北方首屈一指的对外贸易通商口岸。最初其在全国所占比重并不大,且地位和影响也远在上海之下。1873 年,天津的直接进出口贸易货值只占全国直接进出口货值的 1.83%,位居第八位;1893 年升至 3.63%,位居第五位;到了 1900 年则降到了 1.02%,位居第九位。③ 开港后,天津的进口洋货第一位是鸦片,其次是纺织品。19 世纪 80 年代以后,鸦片的进口量逐年下降,纺织品成为进口商品的第一位,1892 年占天津直接进口值的三分之二,成为支柱商品。这一时期,糖也成为主要的进口商品。出口的商品主要是豆类、猪鬃、皮张、驼毛、羊毛、杏仁、枣类、鹿茸、药材、草帽辫等。1885 年的《津海关贸易报告》中说:“天津之洋货贸易今时殆皆操于华商之手,其货则取给于上海之大销场。”④进入 20 世纪以后,品种增加到 50 多种,但仍以消费品为主。从义

---

① 熊月之、马学强、晏可佳选编:《上海的外国人(1842—1949)》,上海古籍出版社 2003 年,第 4 页。

② [日]信夫清三郎编:《日本外交史》上册,商务印书馆 1980 年,第 293 页。

③ 姚洪卓:《近代天津对外贸易》,天津社会科学院出版社 1993 年,第 29 页。

④ 吴弘明编译:《津海关贸易年报(1865—1946)》,天津社会科学院出版社 2006 年,第 137 页。

和团事变后的 1902 年开始，天津对外贸易进入一个发展较快的时期，1902 年达到 8947.9 万海关两，1906 年突破 1 亿海关两，高达 11286.5 万海关两。[①] 因此可以说："天津的贸易近来获得长足发展，进出口很高，仅次于上海。以前外国商品大都以上海为中转站，即经上海商人之手转卖运到天津。从去年开始，从欧洲和美国过来的各种货物直接运入当地的逐渐等多"[②]。

进入 1910 年之后，天津占全国对外贸易中的比重日益增加。1911 年，"对外国直接贸易额占进口总额的 12%，出口总额的 16%。现在天津在贸易的规模和重要性上已仅次于上海了"[③]。这一时期，进口的商品主要是棉纺织品、煤油、糖、五金等；出口的商品主要是各种兽毛、皮货、猪鬃、药材、豆类、酒、枣等，首位的是药材。第一次世界大战更是成为日本帝国主义意想不到的"发展之机"。借欧美各国无暇东顾，日本乘机大肆向中国倾销商品，占据对华贸易的重要地位，并一跃成为天津对外贸易额的第一位。1917 年天津对日的贸易额超过 8000 万两，约占天津对外贸易额的 35%。20 世纪 20 年代发展速度更快，1921 年为 22477.9 万海关两，到 1931 年增至 35022.9 万海关两。1931 年比 1912 年相比增长了 2.42 倍。[④] 这一时期，天津"进口的主要是棉织品、棉布类、糖精、面粉、棉花、木材、印刷用纸等；出口的主要是棉花、鸡蛋、麸子、兽皮、绒毡羊毛等"[⑤]。出口商品则变为棉花、生熟皮货、驼毛、羊毛、豆类、蛋品等，棉花成为占据首位的大宗商品。

---

① 姚洪卓：《近代天津对外贸易》，天津社会科学院出版社 1993 年，第 255—256 页。

② 外務省通商局編纂：『清国事情』第一輯（上），1907 年 9 月，『明治後期産業発達史資料』第 292 巻，龍渓書舎 1996 年，第 13—14 頁。

③ 许逸凡译：《天津海关十年报告书（1902 — 1911 年）》，《天津历史资料》第 13 期，1981 年 10 月，第 27 页。

④ 张利民：《华北城市经济近代化研究》，天津社会科学院出版社 2004 年，第 67 页。

⑤ 天津居留民团编：『天津居留民団二十周年記念誌』，天津居留民団 1930 年，第 623 頁。

进入20世纪30年代以后，伴随着世界资本主义经济危机的到来，各国的贸易都受到严重打击，天津亦不例外，1936年贸易额仅为1931年的45%。加之九一八事变后，天津失去了东北市场；华北政局动荡不安，人心恐慌，各种商业活动裹足不前；特别是日本在华北大肆进行走私贸易，1933年走私贸易额为法币2500万元，1935年走私贸易额达到法币3609万元，使正常的进出口贸易受到严重打击，1933年比1931年下降24.08%，1935年又下降31.15%。这一时期进口的商品仍旧以大米、面粉、棉花、煤油、糖等为主，但钢材、木材、电气、机械等生产原料商品不断增长。出口的商品中棉花仍旧占据首位，其他依次是羊毛、蛋制品、皮革皮货、猪鬃、地毯、草帽辫等。总的来说，天津的进口商品集中在棉纺织品、棉花、煤油、糖等消费品和部分机械制品，而出口商品则主要是各种皮货、兽毛、猪鬃、棉帽辫、药材等农、副、土、特产品，第一次世界大战后开始出现机制产品，其出口贸易格局也变为以农、副、土、特产品为主、机制产品为辅。①

天津开埠后，大批的外国商人和商业机构进入天津，北方传统的经济运行机制发生了前所未有的变化。其轮船和货物也相继来到天津港。但在1884年之前的二十余年当中，没有一艘日本轮船驶达天津港，直到1884年才有两艘日本轮船抵达天津港。1886年“日本于天津与长崎间新辟之航路，俾日船之吨数加至9195吨”②。因此，津海关1886年的贸易年报说：“本埠贸易之新特点，则系日本邮船会社于天津与长崎间确立途经仁川之直运航线，……诱使一些日商来此定居。外传来年之内日侨人数将有所增加，彼等甚至谈及开设该国银行代理行之事。”③不过，“1885年

---

① 根据历年《海关中外贸易统计年刊》。

② 吴弘明编译：《津海关贸易年报（1865—1946）》，天津社会科学院出版社2006年，第140页。

③ 吴弘明编译：《津海关贸易年报（1865—1946）》，天津社会科学院出版社2006年，第141页。

图 4－1　天津日租界码头风景

（图片来源：近藤久义收藏提供）

至 1895 年，日本平均每年来津船舶不足 18 艘”，“仅有经营杂货及药品的商人散居在天津城厢一带”。因此，“不论航运和贸易都远远逊色于英、美、德各国”①。甲午战争后，日本轮船增长迅速，很快超过其他国家。1906 年，外洋贸易“本年比上年愈形踊跃。尤因日本与本埠各商直接之生意畅旺”，“本年径由外洋运来货物价值总数，合计关平银 400 万两，内约有 120 万两由日本船运来。而各种杂货，以日本为最巨”。因此，“以国论之，则日本船只吨数并由日船运进之货为最”②。日本船只往来数目，自 70 次增至 290 次。以船只并吨数而论，日本略低于英国。1906 年日本商船超过丹麦和德国，比中国船还多 61 艘。1910 年以进出口船只吨数来计算，“英国占 37%；日本国占 22%；中国占 20%；德国占 14%；其

① 《天津港史》编辑委员会编：《天津港史》（古、近代部分），人民交通出版社 1986 年，第 103 页。

② 吴弘明编译：《津海关贸易年报（1865—1946）》，天津社会科学院出版社 2006 年，第 250 页。

他诸国,合计占7%"[1]。从清朝末年到民国初年,英国轮船一直占据着进入天津港的首位,但是随着第一次世界大战的爆发,欧洲各国无暇东顾,日本轮船进入天津港口的数量大增,1914年达到447艘,成为到港船舶最多的国家,也是"各国船舶到港水量增长最快的国家"[2]。1918年日本驶入天津港的船只吨数占到整个进出天津港船只吨位量的42%,1922年这一比例为34.7%,1931年为35.7%。

二、日本的优势地位

开埠初期,天津对外贸易主要依附于上海,间接贸易占了主要部分。正如1866年的津海关报告所言:"天津,其所仰给之洋货,多半经由上海,而非经由生产国运来。"[3]但天津与日本却存在直接贸易,"当前除了日本与暹罗外,与外国无有直接贸易"[4]。1878年,上海三井分社社长上田安三郎"包雇法国船圣玛丽号,向天津输出面粉,同时,开设天津办事处,开始经销煤、米灯物。这是日本对华北贸易的开端"[5]。其后随着天津的发展和港口的修缮,直接对外贸易也逐渐开始发展。到1900年,天津对外贸易的地区已经遍及欧、美、亚、非、澳各洲,主要是英、日、美和中国香港地区,且在进出口贸易中占据重要的比重。[6] 在天津的进口贸易中,1893

---

① 吴弘明编译:《津海关贸易年报(1865—1946)》,天津社会科学院出版社2006年,第289页。

② 《天津港史》编辑委员会编:《天津港史》(古、近代部分),人民交通出版社1986年,第110页。

③ 吴弘明编译:《津海关贸易年报(1865—1946)》,天津社会科学院出版社2006年,第10页。

④ 吴弘明编译:《津海关贸易年报(1865—1946)》,天津社会科学院出版社2006年,第3页。

⑤ [日]东亚同文会编,胡锡年译:《对华回忆录》,商务印书馆1959年,第439页。

⑥ 姚洪卓:《近代天津对外贸易》,天津社会科学院出版社1993年,第35页。

年英国占25.2%；日本为23.3%；中国香港地区为43.2%。在同年的出口贸易中，日本占16.1%；中国香港占73.9%。可以说在1900年之前，天津的进出口贸易中，中国香港占据第一位，日本第二，英国第三。

不过随着日租界的设立，日本商品开始直接由日本商人输入，不久便获得飞速发展，1904年日俄战争后，日本商品蜂拥而入，力压欧美各国，占据第一位。这是日本产业方面显著进步的结果。然而，日本商人并没有满足于此，“而是更进一步地对中国的国情以及居民嗜好性情、风俗习惯等等进行细微调查，扩大原来货物的销路”，因此“日本商人将来仍然具有发展的余地，有着极其有希望的前途”。① 随着中国输往日本的棉花持续增加，日本贸易商社的数量也在增加。从1892年至1902年的十年间，“日本商行的数字从4家增加到21家”②。这一时期，“日本经营的货物主要是棉纱、棉布、海产物、杂货类的进口以及毛类、皮类、废骨类的出口等，继之是土木建筑业、运输业、玻璃、肥皂、汽水等制造业及其他照相、绸缎、药材、台球等各种杂业。除了重要货物的进出口外，主要是应对在留日本人的相互需要”。“事变后，很多无资本的投机商人等因贪图所谓的一攫千金之暴利，欺瞒清国商人或者采取奸猾的手段偷偷办理进出口通关手续，致使我国人的信用坠落，造成营业苦难”③。1903年，日本在天津的进口贸易总值中已占到30%，超过英国并位居首位。至1906年，天津的进口贸易有了空前的进步，特别是日本的进口额加倍，“英国与香港合在一起也赶不上日本”。这是因为“日本距天津与各个外国相比最近，向天津开始了定期航海以后，通商贸易变得便利；以及在甲午、庚子、日俄

① ［日］中国驻屯军司令部编，侯振彤译：《二十世纪初的天津概况》，天津市地方史志编修委员会总编辑室1986年，第253页。

② ［英］派伦著，许逸凡译：《天津海关1892—1902年十年调查报告书》，《天津历史资料》第4期，1965年10月，第88页。

③ 外務省通商局編：『通商彙纂』第67卷，不二出版1990年，第188頁。

各次战役以后，日本人特别地用力于华北的贸易所致”①。从历年天津进出口总额可以看出，出口日本的货物所占之比重在逐年增长。1908 年天津对日出口所占比例还不到总出口的 3%，到 1912 年这一比例已经增加到 12%。第二次革命时期，日本进口到天津的商品，三分之二以上由日本人直接卖给华籍商人。② 这也就是说，到了辛亥革命时期，天津对日贸易的主导权已由中国人转移到日本人的手中。

第一次世界大战期间，欧洲各国无暇东顾，同天津的贸易也大为减少，法、德两国几乎没有一艘货船来进行贸易。可以说“一战期间天津的洋货进口贸易一直处于萎缩状态”。直到 1920 年以后，“天津洋货的进口值才逐渐恢复，并超过了战前的水平”③。与此同时，日本却乘机巩固地盘，将大宗斜纹布、标布及棉纱输入天津，倾销华北市场，其数量超过了任何国家。日本向天津进口的染料在 1917 年占到天津进口染料的一半，天津进口的化学用品、电料、纸张也几乎都是日货。从贸易额上来看，1916 年日本的进口贸易占天津进出口贸易额的 20%，1917 年这一比例达到了 67.26%，而英国只有 3.43%。正如 1917 年的海关贸易报告所言：“其中以日本贸易，占大半。进口货仍为本埠畅销，故时甫开河，货物之输入，颇形蓬勃。……布匹来源，几全由日本。日本布匹，不第能维持昂价，且较前数年，大有蒸蒸日上之势。”④1919 年日本所占比重达到 65.62%，远远超过英国，占据第一位。因此，第一次世界大战之前，“在天津的外商中占有最优势地位的是日、英、德三国”，到战后则是“日、英、美

① [日]中国驻屯军司令部编，侯振彤译：《二十世纪初的天津概况》，天津市地方史志编修委员会总编辑室 1986 年，第 270 页。

② 「商况」，『天津商工彙報』第 64 号，1913 年 1 月。

③ 樊如森：《天津与北北方经济现代化 1860—1937》，东方出版中心 2007 年，第 42 页。

④ 吴弘明编译：《津海关贸易年报(1865—1946)》，天津社会科学院出版社 2006 年，第 343 页。

三国竞争，而日本的势力最大”[1]。日本甚至在1917年至1919年的天津港的进出口总额中占到60%以上，超过英国。这一时期，从日本输入天津的主要商品则是布匹、棉纱、砂糖、纸张、烟草、木材等，而由天津港出口日本的商品主要是榨油用种子、牛骨、花生、豆饼、棉花、羊毛、猪毛等农产品及工业原料，后逐渐发展成为“两白、两黑”即棉、盐、煤、铁。

表4-1　天津和各国直接贸易额比较(单位:海关两)

国名＼年份	1914	1917	1918	1919	1920
日本	27415457	46695625	65376424	61955032	43729305
英国	8510070	2378781	1831511	4174614	10832044
香港	6747680	8109265	8668514	6586886	7298196
美国	7653464	10471602	5980655	16576835	19600424
法国				598203	679948
德国	7525299	50			256714
日本所占比例(%)	46.1	65.9	76.7	66.4	49.6
全额	59495246	70887522	86190794	94409258	88100213

资料来源：天津商業会議所編：天津商業会議所週報第255号附録『天津概観』，1921年，第9頁。

第一次世界大战之后，日本在天津进出口贸易中所占的比重虽然有所下降，但仍然居各国之首。1921年日本所占的比重为40.82%，1933至1935年间降为28.2%。其中进口比重，1928年为43.3%，1930年为45.1%，1936年日本及其属地所占的比重为39.43%；出口比重，1928年为35.6%，1931年达到38.2%，1936年日本及其属地合计所占的比重为28.21%。[2]除了出口比重不及美国外，在进口和进出口总值中日本均居首位。“1932年天津的对外贸易总和为167425000海关两，约占全国对

① 参謀本部編：『天津商工業調査』(北支那報告)，1922年，第249頁。

② 王怀远：《旧中国时期天津的对外贸易》，《北国春秋》1960年第2期，第41页。

外贸易的10.76%，约为上海的四分之一至五分之一，为青岛的二倍，是中国仅次于上海的第二大贸易港。日本在天津对外贸易中，其进口贸易约占40%，出口贸易也约占40%。不过在1929年由于受排日运动的冲击，曾激减至25.2%。”①根据统计，1936年日本与天津的贸易额比明治末年增长了82倍。这一时期，日本比重下降的原因一方面是英、美、德等国拼命追赶，特别是美国发展成为唯一能同日本竞争天津对外贸易控制权的国家。1933年至1935年，美国占天津进口比重的26.78%，接近日本占天津进口比重的数据，即28.2%。二是日本在第一次世界大战后，加速对中国的侵略，特别是强占山东半岛，制造济南惨案，发动九一八事变等，激起了中国人民的反日情绪，中国人民多次举行反日运动和抵制日货运动。第三则是第一次世界大战后的几次世界经济危机，特别是1929年始于美国的世界经济萧条，更是严重打击了日本的经济，致使日本的对外贸易深受重创。这一时期，天津从日本进口的主要商品为棉丝、棉布类、砂糖类、印刷用纸及新闻用纸、麦粉、自行车及零部件、橡胶轮胎、化学制品及药品等；还有一个显著的特点是铁制品等商品明显增多。而天津出口日本的主要商品还是棉花、鸡蛋、亚麻、骨粉、兽皮、麸子、山羊毛等初级产品。

从上述几个时期天津对日本贸易的变迁和主要进出口货物情况可以看出，天津从日本进口的主要商品是棉布、砂糖、纸张、木材等工业制成品，特别是进入20世纪30年代，棉纺织品、铁制品等工业品有了显著增加。而天津出口日本的商品则主要是棉花、棉籽、骨粉、花生等初级农产品。因此除了个别年份外，天津对日本的贸易逆差非常严重。不但使外商获得了巨额利润，还严重打击了中国的民族工业。

① 『天津商業会議所時報』1934年4月5日，第1頁。

表4-2　1909至1936年天津对日本贸易额(单位:海关两)

年度	总进口	总出口	合计
1873	122480	618	123098
1888	211706	23722	235428
1893	1034037	53441	1087478
1894	915139	29254	944393
1898	2400616	74766	2475382
1901	2580450	240961	2821411
1903	5693021	285692	5978713
1905	9595804	1353174	10948978
1906	12540885	1132382	13673267
1909	7467584	696918	8164502
1910	9851530	1021991	10873521
1911	10336199	3675088	14011287
1912	11855651	4595054	16450705
1913	19781890	4695318	24477208
1914	21843653	5571804	27415457
1915	23230848	11707264	34938112
1916	26015104	17235592	43250696
1917	33143969	13551656	46695625
1918	41582233	23794191	65376424
1919	40478164	21478868	61955032
1920	31398598	12330707	43729305
1921	31135324	20674735	51810049
1922	36614533	19087902	55702435
1926	36152845	28773330	64926175
1927	46644168	34627797	81271965
1928	48717660	29154011	77871671
1929	28721479	31996464	60717943

续表

年度	总进口	总出口	合计
1930	47038487	37068044	84106531
1931	46228798	33867362	80096160
1933	34762461	23905943	58668404
1934	32721336	18901923	51623259
1935	31419649	17324756	48744405
1936	11992151	28440410	40432561

资料来源:1909 年至 1913 年的数据来自外務省通商局編:『天津貿易概覽』;1922 年的数据来自外務省通商局編:『天津総領事館管轄区域内事情』(外務省通商局 1924 年 3 月);其余源于姚洪卓主编:《近代天津对外贸易 1861—1948》(天津社会科学院出版社 1993 年版)附录。

如果说 1937 年之前日商已经占据优势地位的话,那么在天津沦陷后,日本在天津的对外贸易更是垄断一时。正如李洛之在《天津的经济地位》一书中所说:"事变(七七事变)以后,日本在天津的对外贸易上,占着更重要的地位,民国 29 年(1940)以后,简直是日本一手独占了。"①不仅如此,甚至出现了天津的对外贸易只限于对日贸易,天津对朝鲜等的贸易,也都为日商所把持。根据统计,1933 年至 1935 年,天津的对日进口贸易约占天津对外全体贸易额的三分之一,即 34.3%;在出口贸易方面则超过四分之一,即 26.9%。七七事变爆发后,1938 年天津对日贸易在进口和出口两个方面都超过半数,即进口贸易达到 59.99%,出口贸易达到 55.79%。

① 李洛之编著:《天津的经济地位》,经济部冀热察绥区特派员办公处结束办事处驻津办事分处 1948 年,第 112 页。

第二节　日本在天津的工商业及金融

20世纪前，天津的中心商业区位于旧城东北的针市街、侯家后、河北大街、宫南大街、宫北大街等地，后来转移到以东北角为中心的北马路、东马路以及以北的大胡同三条街。20世纪20年代年以后，中心商业区再次南移至日租界和紧邻的法租界一带。最明显的特征就是商业中心南移，由华界移向租界。同时由于华界战乱频仍，城市人口也开始向租界迁移，尤其是富裕阶层纷纷迁入租界居住，很多大商店也随之迁入。由此，租界成为天津最为繁荣的街区，尤其是日、法租界的和平路与滨江道的交叉口地区至今还是天津市的商业中心。

一、日本在天津的商业

(一)初期的发展

帝国主义对华侵略不仅表现在军事、政治上面，更表现在经济方面，而经济侵略的一个重要手段便是设立洋行。“所谓洋行，即外国在中国的大公司、大商行的统称,遍设于全国各通商口岸,特别在各地的租界里。”①这些洋行在帝国主义和租界当局的庇护下,利用不平等条约赋予的特权,在中国贩卖鸦片、走私军火并高价倾销商品,以获取经济利益。

天津自1860年开埠,尤其是各国开辟租界后,外国商人纷至沓来,洋行林立。1861年已有林得赛公司、麦多士公司、菲利普和穆尔公司、怡和公司。② 1867年外国商人在天津开设的洋行已达17家,其中开办洋行的有英国、俄国等商人。到了1879年,天津的外国洋行有26家,其中英国9家、俄国8家,仍无一家日本洋行。③ 可见直到19世纪80年代,还鲜见日本商人来津活动。日本商人最早在天津从事经济活动的是1886年在天津开设店铺的武斋洋行④。根据1925年出版的《京津在留邦人官商录》所载,该洋行位于日租界山口街,资本金为25万元,主要从事进出口贸易、骨粉制造销售、羊毛、棉花、棉籽及其他中国土产等,有工人100余人,还有一工厂位于天津市外的小刘庄。⑤ 此后,经营进出口贸易的三井洋行、大仓洋行等也先后在天津设立分支机构。不过,直到甲午战争时期,重要的日商也只有三井、武斋、松昌、大仓等几家洋行。

1897年在天津的45名日本侨民中,“从事商业的不过10人,且当时的商业只是从事杂货等小买卖,大都没有从事进出口贸易”⑥。日租界设立后,“由于靠近白河岸地方狭窄,没有日本人在此设立店铺”⑦。在义和团事变后,随着日本驻屯军的到来和租界建设的进行,日本侨民开始迅猛

---

① 袁继成:《近代中国租界史稿》,中国时政经济出版社1988年,第176页。

② 王伟凯:《海河干流史研究》,天津人民出版社2003年,第81页。

③ 吴弘明编译:《津海关贸易年报(1865—1946)》,天津社会科学院出版社2006年,第110页。

④ 天津居留民团编:『天津居留民团二十周年記念誌』,天津居留民团1930年,第619頁。

⑤ 天津興信所編:『京津在留邦人官商録』,天津興信所1925年,第94頁。

⑥ 外務省通商局編:『在支那本邦人進勢概覧』の「北部支那」,外務省通商局1915年,第3頁。

⑦ 坪谷善四郎:『北清観戦記』,文武堂1901年,第119頁。

增加,“各种营业者陆续进入天津”,“图利之辈经白河或铁路或陆路陆续到来”。据统计,1901 年 2 月,天津已有日本侨民 800 名,“这些人散居在各国租界、日租界及天津城内外,从事酒保、料理店、澡堂、杂货店、点心店及类似于租房等各行业”。不过,“这些人大都是一攫千金之辈,从事不正当行业的占多数。甚至穿着奇异服装横行街道,或者假装成商人,借用军队的威力,侵占人家,掠夺财物的者层出不穷”[①]。据说,“义和团后拆除城墙的工事是日本商人承包,由其雇佣中国人夫来做”[②]。1901 年 7 月,又有日本驻屯军 1400 人驻扎天津。于是,“为获取一时暴利的投机式的人物、军队承办商之类,或瞄准日本侨民的小商贩及餐饮业经营者”纷纷来到天津,从事米店、旧货店、柠檬汽水制造业等各式各样的商行也逐渐增多,达到 21 家。[③] 其中有的“为军队处理控制大米的买卖奔走”,继而还有“因北京各国军队竞买,尝试收购废铜铁或出口的投机商人”,真正“打算长期从事与本国贸易的商店”不足 10 家。[④] 1901 年的津海关贸易报告也说:“前年日本商人住天津者仅 77 人,本年增至 1210 人之多。”[⑤]由于“事变后各种营业者陆续进入天津,当时天津是清朝北方商业中心,且各种营业者集中,而且各国军队多数亦集中在天津附近。因此,图利之辈经白河或铁路或陆路陆续到来。他们从日本专管租界始,在外国租界或者中国街进行各种营业,也有没有一定居所,在各地游荡,以谋获利。还有在和外国人之间制造事端,惹起诸种麻烦等。至于其资格,实

---

① 外務省外交史料館藏:『外務省警察史』第 34 卷(支那の部　北支),不二出版 1999 年,第 16 頁。

② 吉澤誠一郎:『天津の近代——清末都市における政治文化と社会統合』,名古屋大学出版会 2002 年,第 286 頁。

③ [英]派伦著,许逸凡译:《天津海关 1892—1902 年十年调查报告书》,天津历史研究所编:《天津历史资料》第 4 期,1965 年 10 月,第 88 页。

④ 木村粂市:『北清見聞録』,私刻 1902 年,第 25—27 頁。

⑤ 吴弘明编译:《津海关贸易年报(1865—1946)》,天津社会科学院出版社 2006 年,第 209 页。

际上是鱼龙混杂,其纷杂之状况较之北京更乱”①,让军方当局头疼不已,不得已制定管理本国人之规则,限制其来津。正因如此,其对日直接贸易约六成被中国商人控制,日本商人只限于从事以日本人为对象的杂货商等零细的小商业。

日俄战争期间,“天津的日本商人前往营口者络绎不绝,其商品也多运往该地”,“留在当地(天津)的是最健全的正当职业者”。② 同时,由于天津成为日俄两军军需品的供应地,天津腹地也出现多年不遇的丰收,农民购买力增加,从而促使贸易显示出全方位、大幅度增长的态势③,天津呈现一派繁荣景象。1904 年日租界码头建成,促使大批日货涌入天津,为以后的发展奠定了基础。④ 1905 年,日本已经占据天津对外贸易的首位,“但这并不意味着贸易商成为日本商人的中心。直到 1907 年,天津的重要日商也只有大仓洋行、武斋洋行等 17 家,其中法租界有 2 家,日租界内有 15 家。各种零售商人还占全部商人的四分之一强,约有近半数为杂货商,甚至是专门以日本人为客户的零散生意,可以说当时的日本人社会的主流是零散业者和一旗族”。⑤ 天津日本侨民商业活动也在这一时期扎根,其标志就是 1908 年 8 月天津日本人商业会议所的设立。不过这并不意味着日商整体的发展,“从租界的店铺情况看,超过一半的商人经营杂货业,其顾客主要是日本人。数量与在留日本人的总数相比并不多。供给超过需要造成商业不盛”⑥。可以说,此时依然是以面向日本人的零售业者、淘金者占大多数。⑦ 例如,“日本麦酒进口天津的总额约 4000

① 参謀本部編纂:『明治三十三年清国事変戦史』(巻五),川流堂 1904 年,第 408 頁。

② 外務省通商局編:『通商彙纂』第 109 巻,不二出版 1990 年,第 138 頁。

③ 外務省通商局編:『在天津総領事館管轄区域内事情』,外務省通商局 1924 年,第 16 頁。

④ 「日清銀行設立趣意書」,『天津商工彙報』第 43 号,1911 年 1 月。

⑤ 桂川光正:「租界在住日本人の中国認識——天津を一例として」,古屋哲夫編:『近代日本のアジア認識』,京都大学人文科学研究所 1994 年,第 362 頁。

⑥ 「日本租界繁栄策」,『天津商工彙報』第 22 号,1910 年 3 月,第 1—2 頁。

⑦ 「貿易港としての天津」,『天津商工彙報』第 23 号,1910 年 3 月。

箱,主要是供日本侨民和日本驻屯军需要"①。"1908 年和 1897 年相比,天津 10000 元以上的商业贸易的会社、银行、商店从 26 家增加到 76 家,约为 3 倍,和资本总额约 6360 万元相比,增加到 11480 万元,约增加 2 倍。因此,其交易额也从 1907 年的 1718.670 万元和 138.1 万两一跃为 2433.3 万元和 454.8 万美元及 40 余万两。"②以此为基础,是年日本商人成立了天津日本人商业会议所。关于商业会议所,将在后面的日本人社团一节详细叙述。1909 年,中外人士还联合成立了市面救济问题研究委员会,同时中外商人还召开了华洋商务理事会,以探讨活跃天津市面的贸易问题。甲午战争时,天津的对日贸易还大都是经中国人之手将日货在天津销售,1900 年义和团事变后,日货不直接由日商进出口,而是要经中国人之手。"日本商人以天津日租界为基地,大力从事进出口。他们在收购中国的原料和白银的同时,还向中国大量进口各种工业品、医药卫生器材、文具教育用品、罐头等食品,运到天津后转卖到中国内地。"③

甲午战争后至辛亥革命前这一时期来天津的日本商人,有相当一部分是以日本官吏、士兵、建筑业者等为客人的零散小商人。贸易商中也有不少"一旗族",他们缺乏经营商品的知识,连最低的商业道德也没有,从事不当高价出售的欺诈活动,遭到中国商人的痛恨,同时也使其他日本商人信誉坠地。可以说,不在天津扎根踏实地从事商业活动,而企图一攫千金的投机商人有不少。④ 日本的一些有识之士对此予以强烈批评,说:"在天津的日本人中,究竟有几个人考虑过与各国商人竞争,最后获取胜利的? 来到异乡,只是一味地考虑以同胞为对手做生意的占主流,可以说对未来的发展心中没有底。在各国租界里,首先让人觉得不景气的便是

---

① 外務省通商局編:『通商彙纂』第 103 巻,不二出版 1990 年,第 188 頁。

② 外務省通商局編:『在支那本邦人進勢概覧』の「北部支那」,外務省通商局 1915 年,第 14 頁。

③ 草田耕次:『華北の風雲と天津』,近代文藝社 1995 年,第 95 頁。

④ 桂川光正:「租界在住日本人の中国認識——天津を一例として」,古屋哲夫編:『近代日本のアジア認識』,京都大学人文科学研究所 1994 年,第 363 頁。

日租界,并非没有道理。”[①]随着军队的到来,其他日本人也随之而至,并出现很多以此为目标的商店。正如时人所说:“军队一旦行动起来,一般人就会紧随其后,称为慰安妇的人过来了,劳动者过来了。以这些人为对象,出现了简易食堂和只能喝杯酒的商店,这些都不是新建的,而是租借中国人的房屋,胡乱改装而成。”[②]事实上,大多数的日本商人专以日本侨民为顾客的状态,到19世纪20年代也依然没有改变。

辛亥革命之前,明石街以西未开发地区还是一片“茫茫原野”[③]。以日本人为对象的市场已呈饱和状态,以商业为生活基础的日籍商人过剩[④],日租界和日本侨民陷入困境。“1907年日本侨民达到2040名,以三井大仓(大仓至1907年只进口,不从事出口)开始,武斋松昌洋行等经营进出口业务,本国商人的势力逐渐增加,但和日本的直接贸易,日中商人的比例还是四比六,经中国商人之手从事的商品占多数。”日本商业不振,“一是因为金和银的汇兑不同,另一方面也是因为商家的轻浮”。日本人“多以暂时的小成功为目标,即便不失败,也无法获得大的成功”[⑤]。甚至在日俄战争后至辛亥革命这一段时间内,虽然天津的对日贸易每年增加二至三成,但日货的进口一半仍旧为中国商人所把握,日本商人所占比例还不高。辛亥革命后,中国街区遭受兵乱,商人纷纷避居租界。租界商业日益发展,“租界的商铺虽然表面上宣称不景气,实际上具有往年的生意,特别是现金买卖占多数,也是避难客人需求大增的一个明证,可以说皆为事变所赐”[⑥]。与此同时,日本在天津开设的商店也随着人口的增加而增长。1911年底,日本商社为72家,英国为71家,德国为60家;

① 「貿易港としての天津」,『天津商工彙報』第23号,1910年3月。
② 松本正雄:『誰か忘れん——私と中国と中国人』,象文社1973年,第67頁。
③ 「日清銀行設立趣意書」,『天津商工彙報』第43号,1911年1月。
④ 「天津租界繁栄策」,『天津商工彙報』第22号,1910年3月,第1—2頁。
⑤ 小島晋治編:『大正中国見聞録集成』第6巻,ゆまに書房1997年,第396頁。
⑥ 外務省通商局編:『通商彙纂』第173巻,不二出版1992年,第494頁。

1912 年，这一数字分别为 78、73、63 家，1913 年分别为 95、75、69 家[①]。从这三年的商社数来看，日商虽然占据第一位，但并没有和其他两国拉开距离。可以说，这一时期是日、英、德三国外商并驾齐驱。因此在 1913 年的居留民议会上，有议员说："我日租界的繁荣与商人之兴衰大有关联，商人的兴衰又与租界的发展相伴。"[②]到 1914 年，"拥有 1 万元以上商品交易的会社、银行、商店数增加到 74 家（1914 年），交易额也大幅度增加"[③]。"从前年末开始，本国商人新设支店或代理店者增多。"[④]

第一次世界大战是日本商人发展的第二个转机，日租界也"出现依靠极为真挚的日本人发展的迹象，加上长期的欧洲战乱，我国对中贸易的日益隆盛，可靠的日本商人相继前来开设店铺"[⑤]。特别是日本对华日元外交的兴起，出现了政治贷款与经济贷款的双重资本侵略模式。1915 年，日本人开设的商社达到 150 家，此时全部外国人商社才有 381 家，日本约占 39.4%，大大超过英国的商社，占据第一位。到 1919 年，商社数又猛增到 383 家，该年天津所有的外国商社为 610 家[⑥]，日本商社所占比例达到 63%。这一期间，日本商社之所以猛增，是因为第一次世界大战期间，日本乘机大力向中国倾销商品，同时在中国投资设厂，建立商社。日本参谋本部的调查报告也认为："日本人多数是在北清战争（即义和团事变）后来的，特别是随着第一次世界大战中日本产业的扩张而得到大发展，最终执当地贸易界之牛耳。"[⑦]不过，第一次世界大战结束后，由于日

① 外務省通商局編：『天津貿易概覽』，外務省通商局 1914 年，第 126 頁。

② 天津居留民団編：『大正二年通常民会議事録』，天津居留民団 1913 年，第 35 頁。

③ 外務省通商局編：『在支那本邦人進勢概覧』の「北部支那」，外務省通商局 1915 年，第 14 頁。

④ 外務省通商局編：『天津貿易概覽』，外務省通商局 1914 年，第 4 頁。

⑤ 天津居留民団編：『天津居留民団十周年記念誌』，天津居留民団 1917 年，第 19 頁。

⑥ 参謀本部編：『天津商工業調查（北支那報告）』，参謀本部 1922 年，第 234—235 頁。

⑦ 参謀本部編：『天津商工業調查（北支那報告）』，参謀本部 1922 年，第 250 頁。

本国内陷入经济不景气的状况，天津的日本商人也深受影响，可以说“最近数年间不景气的恶风遮蔽租界，日本商人意志低沉”①，甚至还出现一些商社倒闭的状况。因此，1920 年日本商社的数量比 1919 年有所减少，只有 351 家，其所占比例也有所下降，为 59.5%。1921 年，天津的日本商社数为 363 家，约占外全部外国人商社 633 家的 57.3%，继续呈下降趋势。

表 4－3　1915 年至 1920 年在天津的外国人商社数表

年份＼国别	美国	奥地利	比利时	英国	法国	德国	意大利	日本	俄国
1915	19	4	7	86	25	64	10	150	13
1916	25	5	6	89	27	96	10	112	14
1917	27	6	7	81	28	32	6	140	8
1918	32	5	8	89	29	9	11	163	12
1919	55	5	8	93	34		8	383	18
1920	62		12	93	30		12	351	22

资料来源：外務省通商局编：『天津概況』，第 8 页。

（二）20 世纪二三十年代的日商困境

1915 年之前，尽管中国境内也发生过反日、抵制日货运动，但日本人并没有感到多少恐惧和害怕，正如当时日本商业会议所认为的那样，“对华‘二十一条’要求在中国人中间无论激起怎样的民族激愤，对天津的日本人都不过是单纯的民族间的感情隔阂。无论在中国各地开展多大规模的排日运动，对天津的日本人来说都不过是特殊的政治运动。日本人和

① 天津居留民团编：『天津居留民团二十周年記念誌』，天津居留民团 1930 年，第 620 頁。

中国人作为好的合作者能够在租界中共存共荣"[①]。但进入20世纪20年代以后，这种乐观的想法逐渐发生变化，因此1920年7月22日，日本总领事函请河北省省长，提请保护在华界的日本商人。甚至同年11月16日至23日，由上海日本商业会议所在华提议，在上海召开在华日本人商业会议所联合会，针对日本人的共同利害问题和如何应对进行商讨，天津日本人商业会议所派评议员大泽大之助和书记长小林阳之助出席。20世纪20年代的低利资金请愿运动就是在此背景下由遭遇困难的日本商人提出的。而在《天津邦人（日本人）实业维持振兴资金贷款请愿书》上签名的，多是在各地居住时间长、拥有土地、房屋的中层以上的营业者。租界当局的"这一低利资金请愿运动的目的是维持中产阶级；日本政府、外务省则是要确保最为侵略中国大陆基地的租界"[②]。

商业的这种衰败气象也为旅行者所见。1925年来津的旅行者看到，即便是天津贸易所也只能经营，而无法分红。"贸易商除了三井物产外，还没有商店可以经营"[③]，"旭街出现日本人逐渐关闭商店，被中国人取而代之的倾向，日本人多同类相残，即使偶尔与中国人为伍，在竞争上也是失败"，"食品商如加藤洋行、玉井洋行、友田洋行的店铺虽然大，但没有什么活力"[④]。因此，今井常三郎认为"在中国经商自相残杀是不行的"，"必须努力向外"[⑤]，并提出如果能让中国人来租界居住，因治外法权一切服从日本领事裁决的话，必定能够繁荣[⑥]。前来天津视察的哈尔滨日本商业会议所人员也认为，天津的日侨虽然比山东的日侨习气稍微好点，但

---

① 桂川光正：「租界在住日本人の中国認識——天津を一例として」，古屋哲夫編：『近代日本のアジア認識』，京都大学人文科学研究所1994年，第371頁。

② 幸野保典：「天津居留民団の低利資金請願運動」，波形昭一編：『近代アジアの日本人経済団体』，同文館出版株式会社1997年，第154頁。

③ 服部源次郎：『一商人の支那の旅』，東光会1925年，第94頁。

④ 服部源次郎：『一商人の支那の旅』，東光会1925年，第96頁。

⑤ 今井常三郎編：『北支』，大阪国文社1925年，第55—56頁。

⑥ 今井常三郎編：『北支』，大阪国文社1925年，第56頁。

图4－2　商铺林立的日租界旭街

（图片来源：近藤久义收藏提供）

“具有晚睡晚起的恶习和从事正业者少，很多人不热心工作，颇让人遗憾。加之又受到中国商人的压迫，更是日渐呈现出衰退之势”①。

1929年至1930年，各地市场的不景气自然波及日本商人，特别是由于银币持续暴跌，从日本进口的商品价格日益攀升，中国人的日货购买力减退，造成日本人的商品贸易不振，致使民团税金滞纳者增加、房租征收不良、请愿者增加。除此之外，日本侨民因无法生活，或请求总领事馆警察署救济，或者请求回国、免除债务等，也如实反映了不景气的情况。特别是九一八事变以及此后的天津事变，让天津的日本商人陷入了前所未有的困境：“多数中小工商业者气息奄奄，陷入无法振兴的困境，租界中枢的活动机能也几乎瘫痪。”为摆脱困境，民团开始从事此等救济事业②，召开临时民会，决定向政府请求实施低利资金贷款。为此，派遣行政委员长上野寿和民团理事中岛德次郎两人回国据陈实情。1932年9月，“从

① 哈爾賓日本商業会議所編：『北支那視察記』，哈爾賓日本商業会議所1927年，第39頁。

② http://www.jacar.go.jp，亚细亚历史资料中心网页。

政府借款银约543000美元作为复兴资金，并从当年12月开始放贷。到1936年3月末，申请贷款为416件，银494710美元9美分”[①]。即财团法人天津共益会向小商业者提供六个月的无息贷款，帮助他们渡过难关。

到20世纪30年代，法、日租界已发展成为天津的中心商业区。这一带店铺林立，各种娱乐设施齐全，交通便利，不仅商业竞争激烈，顾客也可以“货比三家”。天津的日本租界，“随着租界的发展，日本人活动的基础完全形成，逐渐成为北支一带我商权的策源地”[②]。1935年华北自治运动开始后，特别是冀东防共自治委员会的设立，大批日本企业和商品开始涌入天津。“在内地拥有本社的大商社的支店和办事处的营业活动自然成为日本人经济活动的核心，其干部自然在日本人社会当中处于指导性地位。天津日租界在向定居性高的社会转变的同时，也开始形成四层构造，即内地拥有本社的支店干部和定居商人、‘二三流’的定居商人、众多的零散小商人和艺妓、妓女。”[③]“日本政府以贷款的方式鼓励日本商人来天津做生意，因此日租界的日本洋行、商店发展非常迅速，根据1935年的统计，日商在天津开办的洋行、商店达1800余家，其中绝大多数设在日租界内。”[④]“某某洋行、某某公司、某某会社支店、办事处等，新的广告牌每天都在增加，开业广告应接不暇。办事处扩充为支店，支店扩充为支社。”[⑤]天津出口的棉花从种植、生产、收购、检验、贩运、出售乃至价格都被日商洋行控制。天津出口的农副产品也多由日商洋行经营，甚至某些商品为其所独占，如天津进口的人造丝为日商洋行所独霸，纺织品也多为日商洋

---

① 天津共益会编:『财团法人天津共益会事業概況』,天津共益会1936年4月,第56頁。

② 真鍋五郎:『北支概観』,亜細亜出版協会1936年,第37頁。

③ 桂川光正:「租界在住日本人の中国認識——天津を一例として」,古屋哲夫編:『近代日本のアジア認識』,京都大学人文科学研究所1994年,第366頁。

④ 天津市政协文史资料研究委员会编:《天津租界》,天津人民出版社1986年,第103页。

⑤ 支那問題研究所編:『支那問題研究所経済旬報』,1938年3月21日,第7頁。

行所经营。[①] 1936 年,各国在天津开设的各类洋行达 982 家,其中日本洋行有 689 家[②],约占全部外国洋行的 70.2%。

由于天津的物价是日本的两倍半,很多人从大阪过来淘金,天津的大小商社不管做什么都会赚钱。因此,"天津的日本人在这里存钱到内地买地成为惯例。称为一旗族的野心家、不务正业者、诈骗犯也都到来"[③]。特别是七七事变后,随着日本人的激增,商人汹汹,特别是旅馆业、饮食业得到很大发展。不仅日租界内,就是整个天津市也都是日本商家的广告牌,正如《支那问题研究所经济旬报》所说:"不仅日租界内,外国租界、特别区,甚至中国街,日本的旅馆、咖啡屋、饮食店的广告牌到处都是,天津日本人村急剧膨胀。"[④]例如日本药品仁丹的广告"不仅遍及天津的大街小巷,华北各地的中小城镇也处处可见",而且"天津最早的霓虹灯广告也是出现在旭街日商江头药房的门前"。不过,"宣传方式最多、效果最好的则是日本若素制药公司生产的胃药若素"[⑤]。当然,中小业者进入,还是因为"平津地方因皇军的威力而全无损伤,商权得到维护。加之,我国强制实行的战时统制日益剧烈,纺织业界的潜入就不用说了,只要战争独占的形态强加给企业,内地的中小业者必定穷困,而解决之路必然是进入中国"[⑥]。如此,"中国市场不仅成为金融、产业资本家的好投资地,也成为内地中小企业者最后的逃避地"[⑦]。1937 年日本人在天津新设 132

---

① 参见姚洪卓主编:《近代天津对外贸易 1861—1948》,天津社会科学院出版社 1993 年,第 216 页。

② 天津市地方志编修委员会编著:《天津通志·附志·租界》,天津社会科学院出版社 1996 版,第 209 页。

③ 八木哲郎:『天津の日本少年』,草思社 1997 年,第 93 頁。

④ 支那問題研究所編:『支那問題研究所経済旬報』,1938 年 4 月 1 日,第 7 頁。

⑤ 王木:《天津广告业话旧》,《天津文史资料选辑》第 60 辑,天津人民出版社 1994 年,第 55 页。

⑥ 支那問題研究所編:『支那問題研究所経済旬報』,1938 年 9 月 11 日,第 11 頁。

⑦ 支那問題研究所編:『支那問題研究所経済旬報』,1938 年 3 月 21 日,第 11 頁。

家商社，可以看出中小业者的大力进入。①

表 4－4　1937 年天津日租界商业统计表

商业种类	铺数	商业种类	铺数
总计	1025	包子铺	49
妓馆	219	医院	38
食品杂货店	87	饮食店	37
成衣铺	71	洋铁铺	36
烟钱铺	69	仓库业	36
人造丝贩运商	55	薪炭商	30
洋布商	30	当铺及金店	24
砂糖商	29	洋服店	23
肉铺	29	五金行	23
理发馆	26	商行	23
药铺	26	贸易商	20
洋货店	25	自行车铺	20

资料来源：《河南统计月报》1937 年第 3 卷第 1 期，第 124—125 页。

表 4－5　天津日商历年概数表

种类＼年份	1935	1936	1938	1940
贸易商	585	689	829	3687
制造业	36	64	92	417
一般商业	736	866	890	2145
各种产业	270	315	378	617
合计	1626	1934	2385	6866

资料来源：李洛之编著：《天津的经济地位》，经济部冀热察绥区特派员办公处结束办事处驻津办事分处 1948 年，第 112 页。

① 支那問題研究所編：『支那問題研究所経済旬報』，1938 年 9 月 11 日，第 11—12 頁。

从上述天津日商历年概数表可以看出，日军占领天津后，由于军事上的优势，大量日侨随之而来，使得天津的日本商人迅速发展。1935 年合计只有 1626 家，到了 1940 年已经猛增到 6866 家，短短五年时间就增加至4 倍。然而，数量的增加，使得质量参差不齐。当时有在天津的日本人如此写道："天津日本人的商店给人的第一印象是物资丰富，优秀店员少，而且陈列商品的技术非常低下，甚至可以说店头陈列根本不行。""没有一个商店可以和英法租界的外国人商店及华人的一流商店相比，只有大丸和大川洋行勉强可以说是还可以。宫岛街市场是一个日用品市场，由于附近没有竞争的商店，发展很快。寿街市场更是令人失望，店员吵嚷，橱柜满是尘埃。清水洋行布置得还不错。平林吴服店由于是老店铺，总能吸引一些人。反倒是旭街的松本药房、广济堂，服务还不错。东洋药房虽然新装修，但内部摆设确实乱七八糟。"①基于此，在津的日侨希望大小商店都要抛弃旧时代的盈利观念，而应该是以"奉仕"的观念来经营，以获得更大的发展。

二、日本在天津的工业

洋务运动时期，中国兴起了一股创办新式企业的热潮，天津也开始出现不少工矿企业。尤其是甲午战争后，清政府采取了"奖励设厂"的政策，各类工厂犹如雨后春笋。第一次世界大战则是中国民族工业发展的黄金时期，天津也得到很大发展。从 1914 年到 1925 年，天津资本金在万元以上的工厂有 26 家，资本总额达到 2926 万元。天津已经成为中国北方的工业基地。外资经营的工厂企业最早出现于 1864 年，是大沽驳船公司。自 1860 年至 1894 年，外国人在天津开办的工厂有 13 家。但由于这

① 川村香二：「天津の商店」，『京津事情』第 4 卷第 10 号，1941 年 10 月，第 122 頁。

一时期外国侵略者还没有取得在中国投资设厂的权利,其所办工厂企业主要是一些为其商品输出服务的规模不大、资本不多的小型工厂。甚至整个20世纪以前,天津外国资本经营的工厂企业总共才有16家,全部资本总额还不到100万两。

日本获得在华设厂的特权是通过《马关条约》,即“日本臣民得在中国通商口岸城邑,任便从事各项工艺制造”①。此后日本开始扩大在华投资,并着手建立工厂。最早在津开设的工厂是1896年桑茂洋行主桑田兴一建立的石碱厂,最初资本金不详,工人只有10人,主要生产肥皂。其美人牌肥皂“质量特别好,最适合日本人使用”②。该厂也是天津最早的造胰工厂,生产的肥皂也深受中国人欢迎。1909年,其“制造的肥皂近来在中国人中间销路显著增加,伴随着需求的增长,需要扩张工厂”③。永信料器厂创立于1909年,位于日租界福岛街,经营者为成濑新三,资本为30000美元,有职工日本人2人、中国人150人,专门生产洋灯和灯罩,1917年在意租界开设了分厂。④ 1911年,“有日本商人在津创设工厂,备有轧花电机40架,每日可出净棉花5000斤”⑤。1912年底,日本商人经营的制造业有2家硝子工厂、肥皂制造业及制轴业各1家。⑥ 1913年,日本在天津开办的工厂则有茂泰洋行、三井铁工厂、轧花厂等8家工厂。⑦不过,直到1915年,日本外务省在日本人进入中国情况的报告中还认为:“时至今日仍有不少遗憾,只有骨粉工厂、硝子工厂及其他小规模的铁工

---

① 王铁崖编:《中外旧约章汇编》第一册,生活·读书·新知三联书店1957年,第616页。

② 『北清時報』1909年6月1日,第5版。

③ 『北清時報』1909年4月15日,第2版。

④ 外務省通商局編:『在支那本邦人進勢概覧(第二回)』,外務省通商局1919年7月,第14—15頁。

⑤ 吴弘明编译:《津海关贸易年报(1865—1946)》,天津社会科学院出版社2006年,第300页。

⑥ 外務省通商局編:『通商彙纂』第173卷,不二出版1992年,第497頁。

⑦ 李竞能主编:《天津人口史》,南开大学出版社1990年,第13页。

厂印刷所，其资本额合计不足 20 万元。"[①]"场地设在意大利租界的寿星制粉株式会社是天津第一家日中合办企业，专门进行小麦粉的制造和买卖、谷类的买卖以及附属的事务，1917 年有工人 50 人。"[②]

第一次世界大战爆发以后，日本的经济实力显著增强。1913 年日本还是有 12.24 亿日元的债务国，到 1915 年贸易已转变为黑字，黄金储备将近 11.5 亿日元。日本开始利用本国资本在中国进行投资。1916 年 6 月，西原龟三向当时的朝鲜总督寺内正毅提出《适应时局的对华经济政策纲要》，认为"目前日华关系毫无经济基础，在此种状况下，不得不从打地基开始"。他主张组织以日本大银行和纺织公司为中心的实业贷款团，承担 2 千万日元的贷款，用这笔贷款改革中国的币制，实现日中货币的混合使用，以便在中国扶植日本的经济力量。[③] 此后便出现了所谓的"西原借款"。随着在华投资增加，日本在天津所设立的工厂也有所增多，其中尤以纺织业方面最为显著。由于在中国经营工厂，工资远比日本国内低，又可以减轻运费和减免关税等，从而可以获取更多的利润，所以日商争相在华经营工厂。其投资除了在中国单独开办企业外，还以资本渗入中国的民族资本企业。在 1917 年至 1929 年间，单纯日资企业的资本增加了 214%，而"中日合办"的企业中，日方资本竟增加了 655%。[④]

1917 年，日本人在天津设立的工厂有永信料器厂、寿星制粉株式会社、安部洋行制肥工厂、武斋洋行肥料工厂、天津肥料公司、茂泰硝子厂等几家[⑤]。根据参谋本部 1922 年所编的《天津商工业调查》所统计，包括中

---

① 外務省通商局編：『在支那本邦人進勢概覧』の「北部支那」，外務省通商局 1915 年，第 14 頁。

② 外務省通商局編：『在支那本邦人進勢概覧（第二回）』，外務省通商局 1919 年 7 月，第 115 頁。

③ 外務省編：『日本外交文書』（大正六年）第 2 冊，第 244 頁。

④ 高书全、孙继武、顾民：《中日关系史》（第二卷），社会科学文献出版社 2006 年，第 118 页。

⑤ 外務省通商局編：『在支那本邦人進勢概覧（第二回）』，外務省通商局 1919 年 7 月，第 14—16 頁。

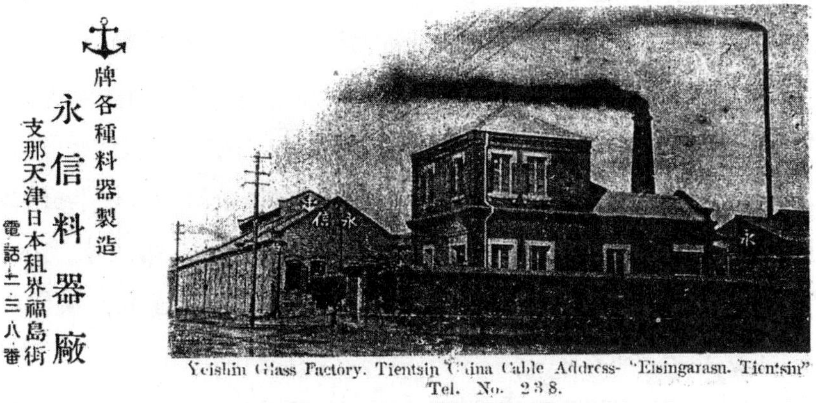

图 4－3　位于日租界福岛街的永信料器厂

（图片来源：近藤久义收藏提供）

日合办的工厂在内，合计达 13 家。[①]到 1928 年已有数十家工厂，其中规模较大的有东亚烟草、中华磷寸以及武斋、清喜、内外化学等骨粉工厂，裕元和裕大两大纺织厂也投入了资本和经营。[②] 不过从整体来看，此时“天津邦人经营的工厂还没有大规模的”[③]，只是一些当地的特产工业，如火柴、橡胶、骨粉等工厂。甚至一直到 1931 年九一八事变爆发前，日本在天津的投资重点仍旧是轻纺工业和进出口行业，以掠夺原料和倾销日货；投资规模除了银行业和棉纺织业外，一般数额都不多；中日合办形式比较普遍。

20 世纪 30 年代初期，日本在天津的工业力量仍旧无法和上海、青岛等城市相比，在一些民族资本工业实力较强或其他外资工业占优势的行

① 参謀本部編：『天津商工業調査（北支那報告）』，参謀本部 1922 年，第 236—238 頁。

② 天津居留民团編：『天津居留民团二十周年記念誌』，天津居留民团 1930 年，第 622 頁。

③ 『実業の日本』第 41 巻第 1 号附録『北支進出案内』，実業之日本社 1937 年，第 98—99 頁。

业中，日本人甚至无法插足。[①] 但1929年的世界经济危机加速了资本主义各国的资本输出，各国在天津的投资，尤其是日本发展得最为迅速。特别是九一八事变后，日本国策把华北视为投资基地，鼓励财团到天津投资建厂。1935年日本对华北提出"中日经济提携"并成立"兴中公司"[②]，日本工业财团才迅速将投资的注意力转向天津。据统计，1936年日本在天津的投资为89393000日元，占其在华投资的9%，占其在华北投资的20.7%。[③] 而至"七七事变爆发前，日本在华北的投资总额已突破11亿日元"[④]。不仅天津的几大民营纱厂被日本人收购，有着大财团背景的面粉、造纸、榨油、钢铁等行业也相继在天津投资设厂。此时，天津在工业方面有轮胎制造工厂和硫化染料工厂、烧磁工厂，已经取得不错的成绩。但是该年来自满洲、关东州和日本内地的工商业者，主要还是以天津为舞台进行各种工商业经济状况和企业的调查，希望借此进入河北、山西和察哈尔方面。当然，此时满铁已经在天津开设了事务所。尽管如此，日本在天津所开办的工、矿业方面仍极为微弱。

1936年8月，兴中公司收买了天津市电业新公司，建立了中日合办的天津电业股份有限公司。截至1937年7月七七事变爆发前，虽然很多投资兴建的大型日资企业尚未竣工投产，但是日本在天津的工业不论是企业数目、规模还是投资额，都已经大大超过了欧美诸国。根据有关统

① [日]樋口弘著，北京编译组译：《日本对华投资》，商务印书馆1959年，第30页。

② 1934年满铁就开始筹建兴中公司。1935年12月20日，兴中公司在大连成立，总部设在大连，在东京有支部，天津、上海、济南、大阪等地设事务所；其资本金1000万日元，共20万股，十河信二任社长。兴中公司事业计划十分庞大，虽然是纯经济机关，但作为对华经济工作的统一机构，负有统治和推行对华经济工作的使命，实际上是想在对华经济入侵中占有垄断地位，是当时日本军政当局在华北经济侵略的先驱机构。七七事变前，在华北的活动主要集中于发电、盐业、矿山、棉花和交通等重要国防资源行业和基础部门。参见居之芬、张利民主编：《日本在华北经济统制掠夺史》，天津古籍出版社1997年，第41—42页。

③ 姚洪卓：《近代天津对外贸易》，天津社会科学院出版社1993年，第90页。

④ 天津市政协文史资料研究委员会编：《天津租界》，天津人民出版社1986年，第104页。

计，到1937年前后，日本在天津开设的主要工厂合计有72家[①]，总资本约为7414万元。具体为纺织工厂7家，资本额1525万元；化学工厂20家，资本额2710万元；食品工厂10家，资本额606万元；能源、自来水工厂2家，资本额600万元；机械制造修理工厂11家，资本额853万元；金属品工厂3家，资本额63万元；其他工厂19家，资本额1057万元。[②]“天津和青岛大致成为两个工业地。天津和青岛的对外贸易占到中国北方的九成，而天津又是青岛的两倍。不过近代大工厂却大都在青岛，天津多是中小工厂。”[③]而“制造工业除纺织工业外，几乎还都没有脱离家庭工业的范畴，可以说是过渡时期不得已的现象”[④]。不过此情况到1939年发生了变化，年初进入天津的日本工厂不过30余家，而到年末工厂已达140余家。1940年12月，天津有纤维工业（纺织、毛织厂）10家，总资本为2280万元；金属机械器具工厂11家，资本925万元；化学工业工厂11家，资本7200万元；饮料工厂2家，资本850万元；制材工厂5家，资本235万元；此外还有压榨、捆包、汽车电池、烟草等工厂15家，资本5130万元。大大小小的工厂合计约有190家。“制造工业除纺织工业外，几乎还都没有脱离家庭工业的范畴，可以说是过渡时期不得已的现象。”[⑤]

面粉业方面，虽然天津是全国第一座机制面粉厂——贻来牟机器磨坊的诞生地，但直到1906年才增加一家资本仅42000元的涌源面粉厂，1916年增加资本20万元设立的寿星面粉厂，日产面粉三千包。1920年以后，随着面粉利润大增，新厂开始雨后春笋般地建立前来，不少军阀也开始投资于面粉业。在1920至1925年的六年期间，天津先后建立了11

① 王学海：《旧中国外商在天津设厂行名录》，《天津历史资料》第19期，1983年8月，第50页。

② 王学海：《旧中国外商在天津设厂行名录》，《天津历史资料》第19期，1983年8月，第68—72页。

③ 真鍋五郎：『北支概観』，亜細亜出版協会1936年，第38頁。

④ 支那問題研究所編：『支那問題研究所経済旬報』，1937年2月11日，第9頁。

⑤ 支那問題研究所編：『支那問題研究所経済旬報』，1937年2月11日，第9頁。

家面粉厂,约占同一时期全国增加数的9%,其中大丰面粉公司资本百万元,是当时全国资本额最高的面粉厂之一。可以说,天津是全国面粉工业发展最快的城市之一。不过1926年以后,天津面粉工业却迅速衰落下去。如庆丰面粉公司1928年毁于战火,三星面粉公司也毁于火灾之中。进入20世纪30年代,面粉业一直处于动荡、不景气当中。1933年,寿丰面粉公司兼并三津永年面粉公司和民丰天记面粉公司,共有资本170万元,磨粉机66部半,一举成为华北规模最大的面粉厂。不过这些工厂生产的面粉,在市场上都不能和申粉、洋粉相竞争。当时在天津,"洋粉和南粉总要占全部销量的75%以上,天津当地粉厂的面粉只能占25%弱"①。进口面粉的牌号繁多,日本的有飞鹤、竹字、三菱等。其中日商很早曾参与寿星面粉厂的经营,不过在1919年的反日运动和抵制日货的风潮下被迫退出。日本面粉真正进入天津市场,是在1937年的七七事变之后。日清制粉于1937年秋天在法租界新华大楼内设立办事处,扩充销路。11月末其销量达125.6万袋,从1937年12月至翌年4月进货合计202万袋,占从天津港进口总数的45%。② 此后华北地区也都成为日本面粉的天下。

火柴业是中国较早出现的行业之一。1911年以前,天津的火柴厂仅有4家,1912年增加到10家,资本约460万元。其中天津丹华火柴公司是当时国内大型火柴公司之一。它是1917年由北京的丹凤与天津的华昌合并而成,资本25万元。其机械多购自日本,有职工1100余人,年产火柴18000箱。其原料约有25%来自法国或德国,75%则从日本进口。但各工厂时常受到战争的影响,致使产量经常出现减少或歇业状态。其产品主要销往河南、山东、山西、陕西等地。原料最初主要使用黄磷制造,

① 孙冰如:《解放前天津的面粉工业》,《天津文史资料选辑》第42辑,天津社会科学院出版社1988年,第188页。

② 「日清小麦粉と北支市場」,『支那問題研究所経済旬報』第26号,1938年4月1日,第17頁。

1923年7月禁止黄磷火柴进口后，以硫化磷火柴代之。北方气候干燥，制造硫化磷火柴非常方便，且当时人们的生活水平低下，没有小火柴盒也可以很方便地使用硫化磷火柴。日本人经营的则有两家，即中华、三友，其中又以中华火柴株式会社最大。中华火柴株式会社是黑泽兼次郎于1920年建立，资本金100万元，年营业税达到120银元。其工厂位于日租界福岛街，有日本人7名、中国人10名、杂役12名，工厂职工约700名，1925年日产能力为70吨，到1938年日产能力超过150吨。其木材原料来自北海道，黄磷和染料则从大阪进口，生产有双碟、船牌、飞马、金鱼等商标的火柴。其产品行销直隶、河南、山东、山西等地。[①] 黑泽兼次郎1902年来津，1906年担任天津居留民团书记，并兼任天津日本人商业会议所嘱托，此后又先后任居留民会议员、副议长等职，是日本侨民社会的头面人物。

在日本与天津的贸易当中，纺织业始终占有重要的地位。早在甲午战争后，由于日本棉纱的产量大增，供给超过需求，因此开始寻求海外销路。最初是向上海出口，但因没有打开销路，遂转向天津出口。可以说，“这就是日本棉纱向华北输入的开端”[②]。日俄战争的时候，由于日本棉布价格大涨，致使日本向天津出口的棉纱大为减少，“1904年以来，日本洋标布输入减少，现在几乎在天津市场上被人们忘却”[③]。日本商人正是“以天津日租界为基地，利用种种特权，对华北各地丰富的资源大肆掠夺，日本在天津经营棉花出口的洋行有30家左右，其中80%设在日租界，较大的有三井、三菱、东棉、三昌、冈崎、日信等洋行”[④]。自1911年以来，天津就已经发展成为一个对外输出棉花的重要口岸，其中绝大多数棉

---

① 天津興信所編：『京津在留邦人官商録』，天津興信所1925年，第226頁。

② ［日］中国驻屯军司令部编，侯振彤译：《二十世纪初的天津概况》，天津市地方史志编修委员会总编辑室1986年，第371页。

③ ［日］中国驻屯军司令部编，侯振彤译：《二十世纪初的天津概况》，天津市地方史志编修委员会总编辑室1986年，第375页。

④ 王渭泉、吴征原等编著：《外商史》，中国财政经济出版社1996年，第322页。

花是运往日本,而且数量逐年上升。到 1935 年,日本已经占到天津出口棉花总额的 60% 。纺织业也是天津工业中发展最快的产业,六大纺织工厂的资本额占到天津全部工业资本总额的 67.8% 。

日本在中国投资设立纺织工厂,最早出现在 20 世纪初期的上海,此后随着投资规模的扩大,日本才逐渐将青岛和天津作为在华北投资纺织业的重点。在青岛,日本人以新建和扩建为主。1918 年设立的内外棉纺厂是日商在山东最早建立的棉纺厂。1921 年和 1922 年,日商在青岛新设了富士、大康和隆兴 3 家株式会社。1925 年至 1936 年,日商在青岛的纺织业得到快速发展,精纺机增加 120% ,织布机增加 692% ,约增加了 5 倍。① 天津的纺织工业于第一次世界大战中发展起来,计有恒源、华新、裕元等七家纱厂。而日本商人则一直企图跻身于天津纺织行业,但因受到日货运动的抵制一直未能如愿,直到九一八事变前,在天津还无一家由日本人直接经营的纺织厂,仅以借款形式对华商纱厂投资。1922 年的《津海关贸易报告》甚至认为,“日人在棉业上所占之地位,日行减色,有江河日下之势”②。

不过之后因中国纱厂陷入资金危机,日商乘机渗透,并开始包揽技术及机器设备,使中国纱厂逐渐成为日本资本的附庸。日本外务省通商局经过调查,也认为“日本人应该关注的事业一是纺织业及棉纺业;二是地毯制造业”③。1925 年裕大纱厂因欠日商债务被迫折价卖给日商,成为日本人主导的中日合办企业。1931 年至 1936 年的五年间,裕元、华新与宝成等纱厂先后被日商收购。如裕元纱厂、华新纱厂在 1935 年为钟渊纺织株式会社所收买。“天津纺织 1936 年的资本为五百万元,东拓和伊藤忠

① 沈殿忠主编:《日本侨民在中国》上册,辽宁人民出版社 1993 年,第 753 页。

② 吴弘明编译:《津海关贸易年报(1865—1946)》,天津社会科学院出版社 2006 年,第 392 页。

③ 外務省通商局編:『在天津總領事館管轄区域内事情』,外務省通商局 1924 年,第 194 頁。

出资一半，购买中国人经营的宝成纺，设立第二工厂，和第一工厂（裕大纺）一起成为有关东拓的唯一纤维工业，成为重要的相关事业。”[①]到1937年七七事变爆发时，日商已控制天津棉纺织厂总数的70%，“概自华北沦陷，平津屏藩尽失，日人处心积虑，不独置华北政权于其势力之下，即对津沽实业亦眈眈焉。天津六纱厂，除裕大早归日商经营外，今裕元、宝成、华新又先后为日商所收买，再进而窥伺内地之纱厂，则势力蔓延，危害更大”[②]。因此，“在如此情况之下，日本纺织工业在中国的前途，将来在华北方面，愈将有飞跃的发展，不难想象”[③]。

果不其然，至1936年，日本纱厂获得迅猛发展，拥有纱锭168407枚，布机1000台，形成了相当规模的棉纺织生产系统。而华商纱厂则减少了三分之二左右，生产规模反而小于日商纱厂了。如此，到20世纪30年代后期，天津的棉纺织业几乎为外国人，尤其是日本人所掌握。但和上海、青岛不同，天津没有日本人在内的外国投资商所投资建立的工厂，只收买陷入困难的企业。1936年，天津的中国纱厂由日方资本收买的有70%。不过外资对小规模的工厂还是投入了不少资金，尤其是地毯业。此时“日本资本在增加，而且有相当多数量的日本资本从上海转移到天津”[④]。随着日本占领天津，日本投资者开始加大对天津的投资，纺织锭数也从1937年的25000个增加到1941年的479000个，跃居华北地区第一位。与英国将大多数输出资本分散投入到商业、不动产和租界的城市建设不同，日本资本则是在棉纺织业、炼铁工业等遏制中国经济命脉的部门拥有压倒性的势力，并拥有像“满洲”那样不允许其他帝国主义进入的强有力的势力范围。[⑤]

① 支那問題研究所編：『支那問題研究所経済旬報』，1938年3月11日，第22頁。

② 《中国银行天津分行行史资料》第三册，第301页。转引自龚关：《近代天津金融业研究（1861—1936）》，天津人民出版社2007年，第92页。

③ ［日］东亚同文会编，胡锡年译：《对华回忆录》，商务印书馆1959年，第445页。

④ ［英］琼斯著，许逸凡译：《天津》，《天津历史资料》第3期，1965年3月，第62页。

⑤ 外務省編：『日本外交文書』大正三年（1914）第3冊，第384—385頁。

对此，日本《东方经济报》如此分析道："首先，也是最主要的一点是，这样做合算。华北的生产成本低，而一个既定数目资本的获利能力是可观的——比在日本多得多了。中国出产棉花，而且运用关税保护纱厂。然而，更有利的情况是：中国是世界棉货最大的销售市场之一，并且表现了未来增加消费的完全可能性。当然，也有种种不利因素在某种程度抵消了这些有利条件，然而，全面地衡量一下，无疑中国为棉纺工业的有利可图提供了许多基本的主要条件，而且华北更是如此。""当然这些条件并不是进入才有的，其中许多早已存在着，但是，除去基本情况以外，形势多变化，而这些变化又是促进日本在华北开办纱厂的因素。首先，日本棉纺工业从整体来看正处于转折点，就是说，在制造设备发展方面已达到饱和点。实际上，在继续改进制造技术方面，在提高产品质量标准方面，以及经营管理方法的多样化方面还有大有可做的事。然而，现有的一千二百万纱锭是纺织工业发展的最大容量，这一点可以从目前纺织工业缩小生产的事实上看出来。因而日本纺织工业的进一步发展必须在国外发展，而华北已被选作解决困难处境的地区。""另一些条件是：日本要乘机恢复其在中国发展中国自己的纺织工业以前在中国占有的棉货市场；抗日运动的高涨；以及比其他任何因素都重要的采取高关税抵制。仅仅是作为制服最糟的一种贸易障碍——高关税的方法，日本的棉纺当局发现在中国设厂有利。""近年来中国社会愈趋稳定的情况已使此前日本在华发展棉纺厂的一个最大的障碍消除了。特别在华北，这种稳定已近于完成，因而，现在再也无需为在哪儿投资的资本的安全担忧了。""同时，纺织工业是在华北地区最易筹办，也是产量最大的工业。一个繁荣的棉纺工业将会经常促进棉花的生产。这会是久已企求的日中经济合作的最合适的方式之一。"[①]"制造工业除了纺织工业外，几乎还都没有脱离家庭工

① ［英］《东方经济报》（*The Oriental Economist*）1937年5月号，第280页。转引自［英］琼斯著，许逸凡译：《天津》，《天津历史资料》第3期，1965年3月，第56—57页。

业的范畴，可以说是过渡时期不得已的现象。”①

表 4-6 天津日商与华商纱厂比较表(1937 年)

厂名与所有权	锭数		织机数
	纱锭	线锭	
(日商)			
公大六厂(钟渊公司)	71360	976	1000
公大七厂(钟渊公司)	30272	—	—
天津纱厂(东洋拓殖公司与伊藤联合所有)	27082	2520	—
裕大纺织厂(伊藤)	39747	2380	—
四家日商纱厂合计	168461	5876	1000
(华商)			
恒源纺织厂	35440	3230	310
北洋纱厂	27056	—	—
达生制线厂	3230	1820	—
三家华商工厂合计:	65726	5150	310

资料来源:[英]琼斯著，许逸凡译:《天津》,《天津历史资料》第 3 期,1965 年 3 月，第 58 页。

七七事变后，日本发动全面侵华战争，中国各地相继成为战场，遭受损失颇大。相比较来说，天津因为战争持续时间短，直接遭受战祸损失较少。尤其是青岛的日资纱厂大都被毁，使得天津的纺织业成为华北之首。此后一直到 1940 年，天津纺织业都处于发展之中，“建设到了最高峰，其设备比事变前，在纺机加倍(由 255404 锭增至 505940 锭)，织机增至 3 倍(由 2522 架增至 8737 架)之多”②。

① 支那問題研究所編:『支那問題研究所経済旬報』,1937 年 2 月 11 日，第 9 頁。

② 李洛之编著:《天津的经济地位》，经济部冀热察绥区特派员办公处结束办事处驻津办事处分处 1948 年，第 251 页。

三、日本在天津的金融业

帝国主义在中国设立洋行、从事贸易的同时，还设立银行，对中国进行金融和财政控制。同时工商业的繁荣也离不开金融业的支持。外国在华企业、商业活动，更需要本国银行的大力支持。外国在天津设立银行要晚于香港、上海等地，直到1880年汇丰银行才在天津筹设天津分行，1882年开始营业。民国以后，天津进出口贸易日趋繁盛，外资银行日趋活跃，先后有12家外资银行在天津设立。从清末到民国前期，天津先后共有外商银行19家[①]。最初，外国洋行的资金运作主要靠洋行自身所设的银行部来解决。此后随着外国银行的设立，其资金的周转和流动便逐渐交由各国银行来完成，使其成为天津洋行的资金周转中心。如汇丰银行主要侧重辅助在华英商之天津英国贸易，花旗银行则是美国洋行的资金周转机关，“关于金融事宜，多由此行单独办理之”[②]。到1927年，总行和分行先后设在天津的现代银行，共有34家之多。其中外资及中外合资的银行共有22家。[③] 到了20世纪30年代，天津的金融业更加繁荣，“在津的外国银行由19世纪末的8家增至17家，资本总额4.34亿万元，占外国在华银行资本总额的16%，仅次于上海，居全国第二位”[④]。

日本在天津设立的金融机关以1899年横滨正金银行在天津开设支店为嚆矢。最初“由于天津的金融机构缺乏，为弥补不便，当地有志者发

① 龚关:《近代天津金融业研究(1861—1936)》,天津人民出版社2007年,第253页。

② 《天津之外商银行》,《银行周报》19卷29期,1935年7月30日。转引自龚关:《近代天津金融业研究(1861—1936)》,天津人民出版社2007年,第71页。

③ 樊如森:《天津与北方经济现代化》,东方出版中心2007年,第60—61页。

④ 天津市档案馆编:《近代以来天津城市化进程实录》,天津人民出版社2005年,第456页。

起设立储蓄融通银行”①,成为设立小银行的先声。其后1912年铃木敬亲、平林仪左卫门、冲天介次郎等人成立天津商工银行。1920年7月,天津商工银行和北京实业银行合并,改称天津银行,北京实业银行成为天津银行北京支店。1915年、1918年正隆银行和朝鲜银行也分别在天津开设了支店。1922年,大东银行开设天津支店,1924年北京中华汇业银行也在天津开设分店,不久因资金回收困难而关闭。这样,在天津的日本银行主要是上述四家。第一次世界大战后,日本在天津的经济实力增强。一些日本侨民还以个人投资或集资的形式开办小规模的金融企业,从事小额金融、信托、汇兑和保险等业务。诸如天津信托兴业公司、中日共益储蓄会等,其资本额一般都在二三十万元,经营业务单一,服务对象主要是在津的日本侨民。1936年,日商在天津经营的钱庄有5家,投资额12.5万日元;当铺9家,投资额8.4万日元。②

这些银行大都办理汇兑等其他一般业务,但又有所不同。正金、朝鲜两家银行一般多是服务比较大宗的贸易商等;其他两家银行主要办理小额资金的融资。“日籍银行中,正金、朝鲜二家侧重巨额资金之供给,为辅助在华日商经营国际贸易之主要金融机关。”③三井、武斋、日信等洋行,在经营进出口贸易时,得到了日本横滨正金银行资金上的支持。1915年至1931年,横滨正金银行又通过各种手段支持在天津的日本洋行向华北大量输入商品和掠夺资源。不过在1930年,“由于受到未曾有的银元暴跌、一般购买力的显著减退等影响,天津金融业陷入梗塞状态。进口商品与前两三年相比几乎是成倍暴跌,除了必需品很难销售。出口因担心汇兑、不景气所造成的需求不振等,也很少成交,和进口交织在一起,使当地日本商人陷入极度悲惨困顿的局面。在贷款方面,因日本商人的困顿

① 『北清時報』1909年12月11日,第2版。

② 沈殿忠主编:《日本侨民在中国》上册,辽宁人民出版社1993年,第898页。

③ 《天津之外商银行》,《银行周报》19卷29期,1935年7月30日。转引自龚关:《近代天津金融业研究(1861—1936)》,天津人民出版社2007年,第70页。

和华商的疲弊而无投资，陷入拥有巨大资金旁观的境地，且加上对汇兑不稳的担心，金融陷入持续缓慢的境况"[①]。1932 年至 1936 年间，在其支持下，日本洋行除大量向华北倾销商品外，还通过资本输出，兼并中国民族工业。在兼并天津裕大、裕元、华新、宝成等纱厂时，该银行曾起到很大作用。日本占领天津后，"短短一年之内，日本对天津的投资额即增加了 5 倍，对金融业的投资增加了 15 倍"。"日本对天津金融业（银行和投资业）的投资推定额为 15332.7 万日元，再加上其他金融业 215.0 万日元，共计15547.7万日元。占日本在中国金融业投资总额的 31.3%，占在华北金融投资总额的 41.9%。"[②]

表 4－7　1938 年与 1936 年日本对华北及天津金融业投资一览表

类别 / 地区	1936 年 投资额（万日元）	1936 年 对全国（%）	1936 年 对华北（%）	1938 年 投资额（万日元）	1938 年 对全国（%）	1938 年 对华北（%）
天津	1094.0	5.4%	10.7%	15547.7	31.3%	41.9%
华北	10260.7	40.9%	100.0%	37125.3	74.7%	100.0%
全国	20141.4	100.0%		49700.0	100.0%	

资料来源：李洛之编著：《天津的经济地位》，经济部冀热察绥区特派员办公处结束办事处驻津办事分处 1948 年。

（一）横滨正金银行天津支行

明治维新以前，日本的金融机构只有类似中国钱庄性质的"汇兑组"，由富商独资经营。他们经营兑换、买卖金银、存放款等业务，主要保管、汇兑公款，是隶属政府的御用金融机构。当时，这些金融机构主要掌握在隶属于官府的少数富豪手中，但是这些汇兑组随着幕府的垮台而瓦

① 外務省外交史料館藏：『外務省警察史』第 34 卷（支那の部　北支），不二出版 1999 年，第 216 頁。

② 沈大年主编：《天津金融简史》，南开大学出版社 1988 年，第 26 页。

解。明治维新以后，明治政府确立了“富国强兵、殖产兴业”的政策，由于原始资本积累少，故需要资金支持，这就需要建立近代金融货币体系。为此，政府首先设立了汇兑公司，为通商公司提供融资，同时利用民间金融，由政府给予特殊保护。昔日御用汇兑组的三井小野等富豪相继设立了八家汇兑公司。由于各自为政，内部经营不善，这些汇兑公司很快就负债累累，最终有七家解散。但是民间对于资金的需求却日益高涨，1871 年向政府提出成立私立银行的申请就超过一百家，于是政府遂决定设立银行来疏通金融，繁荣置产贸易。

为此，大藏少辅伊藤博文于 1871 年 12 月赴美，亲往美国财政部考察，并派随员考察银行，又借来各种金融书籍翻译研究，对美国财政、银行、公债、货币制度进行全面研究考察。他认为美国的银行制度“万国无比之良法，我国在预防其弊害情况下采用，可成为我国将来富国之基本”，并建议日本学习美国建立自己的银行制度。日本政府经过激烈争论后，最终决定“仿照美国设立国法银行，整理纸币的先例”，计划设立国立银行。日本于 1872 年制订了《国立银行条例》，其中也引入了英国的银行管理方法。1872 年高薪聘请亚历山大・A. 香德为大藏省纸币书记官，其撰写的五卷本《银行簿记精法》，成为日本最早的银行簿记教科书。香德还开设银行学讲习所，所培养的学生日后都成了日本近代银行业的重要骨干，香德也被日本人称为“银行业的恩师”。日本于 1873 年相继成立第一、第二、第四、第五国立银行，1876 年修改《国立银行条例》，规定银行向大藏省缴存相当其资本 80% 的公债券，便能发型同额纸币，其余 20% 的资本以政府纸币充作银行纸币的兑换准备。由此，国立银行获得飞速发展，对于日本近代工业的发展奠定了基础。但是这也造成了日本国内银价腾贵、金银外流。此时，丰桥藩士出身的中村道太和早矢仕有的等 23 人筹集 300 万元，商议成立一家贸易银行，以吸收分散于民间的金银币，供给市场流通，调解金银币供求，疏通金融，以扭转贸易周转困难的局面，并决定取名“正金银行”，设在横滨。所谓正金就是正币之意，即金银硬币，取名正金银行的意思就是：该行是专门供给金银币的流通，促进贸易的银行。

1879年11月10日，中村道太等人向大藏大臣大隈重信提交了《创立正金银行申请书》，12月11日获准设立。他们之所以能够获批，很大程度上得益于其老师——日本著名思想家、教育家福泽谕吉。正是在福泽谕吉的大力支持和斡旋下，中村道太获得面见大隈重信的机会，并向其说明正金银行的设立目的和详细计划。

横滨正金银行于1880年2月28日正式开业，总行设在神奈川县横滨区四丁目五十八番地，创立资本为300万元，每股100元，共3万股。因为担心不为民众信任，中村道太请求政府入资三分之一，年股息6%，并要求大藏省选派管理官监督政府资本和银行一般业务。由此，横滨正金银行从一开始就具有半官半民的性质，政府派管理官进行监督。根据《国立银行条例》，他们制订了《横滨正金银行章程》作为营业规则，股东总会每年召开两次，商定重要事情。董事由拥有30股以上的资本金的股东中选出5至10人，组成董事会，并推选出总经理和副总经理各一人，任职一年。董事会有权以三分之二多数罢免之。日常业务由总经理和董事负责。横滨正金银行最初主要是为了聚合国内正金，希望以运转流通金银为主要业务，后来因市场形势的变化，开始转变经营方针，向以存贷款业务、国外汇兑业务为中心的国际贸易金融发展。横滨正金银行业务经营以国外汇兑、押汇为主，同时还经营国内汇兑和押汇，存放款，各种票据贴现和托收，兑换货币，买卖有价证券。此外，横滨正金银行还依据政府命令办理有关外国公债及公款业务。

伴随着国际汇兑业务的发展，正金银行的很多业务都与海外有关，一旦发生纠纷，不容易处理，故其决定在海外成立分支机构。1887年7月，内阁通过《横滨正金银行条例草案》，以敕令第29号公布《横滨正金银行条例》，共有26条。其中规定准予正金银行在国内外通商要地设置分支机构，并同其他银行订立通汇契约。但是为处理海外押汇业务，早在

1880年，横滨正金银行就在伦敦、纽约、里昂、旧金山设立了办事处。在中国的分支机构则以上海办事处为最早，时在1893年。横滨正金银行天津办事处设立于1898年8月，1900年1月升为支行。第一次世界大战前，正金银行共在海外设立25家分支机构，其中16家设在中国，9家设在关外，6家在关内。

图4－4　位于天津英租界中街的横滨正金银行天津支店

（图片来源：近藤久义收藏提供）

横滨正金银行天津分行的行址最初设在英租界中街（现利顺德饭店内），1901年迁至英租界中街2号，1926年于该地建筑新楼房。其主要办理储蓄业务及其他一般银行业务。该行设经理、副经理各1人，下设秘书、预金、送金、输出入、贷付、电信、计算、庶务、考查等课和华账房。第一任华账房经理魏信臣，第二任为魏伯刚。该行业务范围包括：存款、放款（内含往来透支、出口押汇放款、贴现）、出进口押汇、汇款、代理日本银行、寄存保管等，其中主要业务为国外汇兑，尤以清算中日两国间贸易的汇兑为大宗。1937年上半年其盈利总额为30.2万元，国外汇兑的利润占70%。1937年七七事变后，该行为扩展业务，于1939年1月在日租界旭街开设分店，1943年9月又开设宫岛街分店，专门负责军事开支。

1944 年开设了河东老车站、特一区中街和天贸大楼三个出张所。日本投降后,横滨正金银行天津分行及分店均被国民政府指派中国银行天津分行接收。

横滨正金银行总行一开始就对上海、天津、北京、牛庄、香港五分行的资金运转方针做出详细规定,要求“在清国各分行努力吸收更多存款”,各分行筹措的银本位资金相互融通,天津、北京两分行吸收的存款除本行运用外,应集中于上海分行,由上海分行对中国各分行的资金供给统一调度调剂。并规定:上海分行的借款支付年利为 3%,天津、北京两分行对上海分行的借款付年利 5%,北京、天津两分行之间借贷付年利 2%,上海、天津、北京各分行从日本各分行透支付年利 3%,日本各分行从中国各分行透支同时支付年利 3%。最初,正金银行在华吸收的存款很少,1901 年关内分行总计只有 165 万两,1902 年以后,天津、北京两分行的存款额增加很快,后来逐渐形成上海、天津、北京三家分行三足鼎立之势。

天津是港口城市,也是外国侵略势力集中之地,外国租界有大量寓公。他们将多年搜刮的非法收入存入外国银行。天津外国银行的存款“多为官吏存款,另外政府公开款也不少”。溥仪、铁良、增崇、那桐、段芝贵、倪嗣冲及怡和洋行买办梁炎卿等都在正金银行天津分行存有款项。为了吸引更多中国官吏、商人存款,1902 年 3 月正金银行天津分行在租界外的中国街区内设立支行,由买办在天津分行的监督下经营,从营业时间到交易方法都尽量按钱庄方式营业。1908 年该支行吸收定期存款 104 万两,7300 元。活期存款为 32.8 万两,分别占天津分行定期存款的 50% 和活期存款的 40%。

国际汇兑始终是正金银行的业务重心,上海分行的汇兑业务占压倒性比重,天津、汉口分行的汇兑业务分列第二位和第三位。最初,日本商人的贸易结算大部都是由正金银行结算。三井物产横滨正金银行的联系是国际汇兑不可缺少的条件,海外贸易的汇兑资金依靠正金银行提供,是三井物产成立以来的特征。正金银行中国关内分行对大部分的中日贸易发挥了促进周转的作用，在日本扩大对华商品倾销和原料掠夺中起到了推波助澜的作用。

贷款也是正金银行中国分行的另一重要资金运用项目。正金银行中国关内分行的贷款额13年间增长了20倍。其贷款种类有放款、票据贴现、活期透支等。贷款一般分为信用贷款和抵押贷款，又以抵押贷款比重较大。从贷款对象来说，经营并控制日本对华贸易的三井物产等日本商社，是正金银行资金融通的主要对象。如1910年，正金银行总行决定天津分行、汉口分行分别为三井物产会社常年提供5万两额度的担保信用透支。除此之外，也对中国商人放款。上海分行有不少部分是对钱庄的拆款。天津分行的贷款业务中相当大部分是对中国盐商的放款。天津是当时中国的重要盐区——长芦盐区的产、运、销中心，天津盐商又是政府控制下对盐进行专卖的大商人，财力雄厚，但庚子事变之后，累赔不赀，无力维持，为此不得不向正金、华俄道胜等外国银行告贷。1908年天津分行对盐商的放款为680万两，约占贷款总款的70%，天津分行所辖的支行对盐商放款近30万两，约占其贷款总额的50%。

从时间段来看，天津支行的经营方针也有所变化。1899年至1914年，其经营方针主要是致力于扶植日商来津设立洋行。大仓、日信、副华、中裕等都经营进出口，获得了正金银行的大力支持。1915年至1931年，重点支持在津的旧有洋行和新设洋行，通过贷款、透支、贴现、押汇等特殊优惠办法，帮助它们大量对华北输出商品，利用不等价交换手段，掠夺廉价原料。如三菱洋行天津支店、东棉洋行天津支店、朝鲜银行、增幸洋行天津支店、增田洋行、东洋拓殖株式会社天津支店、国际运输公司天津支店都曾得到正金银行的大力支持。1932年至1936年，则是由支持商品输出发展为奖励资本输出。给予投资设厂的企业以贷款扩大在天津等地的发展，如中华火柴股份有限公司、东洋制纸工业株式会社，甚至在东洋拓殖株式会社收购裕大纱厂和宝成纱厂，日本钟渊纺织株式会社收购裕元纱厂，都有正金银行的影子。日本特务野崎丰，化名吕文祥，参加帮会活动,自身经营野崎商店,为1820部队大量抢购军用物资,所需款项就在正金银行透支,他曾为佐藤强行收购天津全市所有的自行车以充军用。东洋火药株式会社、中山制钢厂、味之素公司、森永糖果厂等工业,也多得到正金银行的支持而得以设立和发展。正金银行还操纵正福公司黄金市场。该公司是由正金银行天津支店和福民公司共同组成,地址初在杨福荫路,董事长为谢吕西,副董事长为常铸九(聚义银号经理),经理王佐才,真正的幕后人物则是横滨正金银行天津支店的副理泷口英二,所需黄金由正金银行提供。

横滨正金银行在华的分支机构,最初只是作为普通的外汇专业银行,经营国际汇兑和存放款业务,但随着日本不断加强对话的政治、军事和经济侵略,这些分支机构也都成了日本侵华的工具,为推行日本侵华政策服务。早在清朝末年,横滨正金银行就选派该行董事、曾任日本在华领事的小田切万寿之助常住北京支店,同清末官僚勾结,并用贷款等方式拉拢主管海军事务的大臣肃亲王,还以贷款名义,用陈宝琛、郎贝勒等清廷遗老的财产充作贷款抵押,以免其财产被国民政府没收。在北洋和国民政府时期,正金银行更是秉承日本的侵华宗旨,利用其金融手段,在上海、天津、青岛和汉口等地,大量发行正金钞票,扰乱中国的金融市场,还积极与北洋政府签订善后借款和满蒙铁路借款合同,掠夺中国丰富的资源。

九一八事变后,为建立伪满政权,正金银行插手创建并操纵伪满洲中央银行,发行伪满洲国币,承担伪满洲国同欧美各国之间的贸易汇兑,全面控制我国东北地区的经济金融和进出口贸易。为破坏中国的币制改革,正金银行还带头组织在华的日方银行,阻挠中国实行白银国有化。七七事变后,日本全面接管中国海关,正金银行又成为海关存款和支配"关余"资金的管理机构。正金银行一方面用以支持伪政权的行政费开支,另一方面用以支持日本军方特务机关的工作经费。

日本占领华北以后,正金银行又积极扶植王克敏伪政权,为其组建中国联合准备银行,发行联银券。正金银行在华中扶植汪伪政权,发行储备券；在内蒙扶植伪蒙疆银行，发行蒙银券；通过与伪中国联合准备银行、中央储备银行签订所谓“对存存款”合同的手段，大量套取伪币，为侵华战争筹措军费。同时为控制中国各沦陷区的经济和贸易汇兑，正金银行多次制定各地区的货币比价和推行有关汇兑统制的政策措施，并以大量贷款支持以华北开发株式会社为首的一系列统制机构，开发和掠夺我华北资源，为扩大侵略战争提供物资保证。太平洋战争爆发后，日本对英美在华的资产实行冻结，正金银行实行“特别圆”结算制，取缔英镑、美元为外汇基础，从而进一步控制了中国整个沦陷区的经济金融和内外贸易汇兑。

正金银行在日本对华侵略过程中发挥了重要作用。正金银行董事加纳久郎 1943 年在华中华南各支店经理会议上曾说：“大东亚战争在各地制胜，说它的成功，大多是由于正金为之付出了巨大的努力，也是不过分的。”可以说，横滨正金银行伴随着近代日本对华侵略的整个过程，它在为日本对华投资、筹措军费、控制中国金融等各方面都起到了很重要的作用。也正是由于日本这些金融机构的存在，才使得日本的军事和经济活动能够不断取得所谓的“成功”。这也告诉我们，金融领域的斗争是多么重要。

（二）朝鲜银行天津分行及其他

朝鲜银行原为 1909 年 11 月日本人在汉城设立的韩国银行，它是韩国的中央银行，额定资本为 1000 万日元，实收资本 250 万日元。1910 年日本吞并韩国后，改国名为朝鲜，使其成为日本的殖民地。1911 年 3 月，日本政府颁布《朝鲜银行法》，将其改名为朝鲜银行。其总裁由日本政府任命，委派日本驻朝鲜总督对银行直接控制和监督，赋予其经理国库、发行货币的权力。它最初只是活动在朝鲜半岛的一家银行。1913 年大藏省理财局长胜田主计就任总裁后，提出了“鲜满经济一体化”的政策，首先在中国的安东县设立分行，此后陆续在上海、大连、抚顺、长春、天津、北京、青岛等地设立26家分行。朝鲜银行主要是在中国的东北、华北进行业务活动。其业务主要是存款、贷款和汇兑,还有特种贷款。其在东北地区活动七年后,“其抱负之雄伟、行动之活泼,实足令一般资格老大之银行望尘弗及。此后,东三省若有新设铁路、开辟海港、开发矿山等新事业发生,则供给资金一突,舍该行又将奚属耶”①。20世纪30年代,朝鲜银行又向华北地扩充业务,并派遣理事松山华北考察,在天津停留一周。此乃受日军部之怂恿。朝鲜银行计划天津、青岛原有两支行扩充为分行,在北平和济南两地设立支行,在通州、塘沽、唐山设立出张所,并试图在市面直接推行纸币。据1936年8月《大公报》报道称:“至朝鲜银行票在华北流通一节,现在津平两市流通者在七十万元至百万元左右。”②1937年七七事变爆发后,日本不断向华北地区增兵,朝鲜银行发行了大量纸币强迫华北人民使用。1937年9月时,朝鲜银行券的流通额达到了1000万金元,到1937年末甚至达到了6000万金元,1938年10月回收之前,更是达到了6500万金元。另据日本方面统计,截至1938年6月,该行纸币在华北的流通额就达7000多万元。③ 朝鲜银行纸币以日本金元为单位,俗称“金票”。其发行的纸币有10钱、20钱、50钱、1元、5元、10元、100元、1000元8种面额、多种版别,大部分都是日本内阁印刷局印制。由于1938年伪联合准备银行准备发行纸币,朝鲜银行决定收回在华北流通的纸币,并扩充其在华北地区的金融网。“朝鲜银行纸币,现在华北通用之额,约达六千万元。银行当局因‘联合准备银行’准备发行纸币,决定收回华北方面该行纸币,同时在华北各地开设支店,扩充其金融网,经营普通银行业务。即将十年前废止之济南支店重行复活,在石家庄、太原、彰德各地设立营业所,又在山西南部、河南北部日军作战地带挨次设立支店

① 《朝鲜银行在东三省之活动状况》,《银行周报》1918年第2卷第7期。

② 《朝鲜银行扩充支店事》,《大公报》(天津版)1936年8月18日,第4版。

③ 中国人民银行金融研究所编:《资本主义国家在旧中国发行和流通的货币》,文物出版社1992年,第31页。

或营业所，该行北平支店现已实行扩充内容，作为华北支店网之中央机关，任命东京支店总务课长中野正永为支店长，新义州支店长安藤弘为次长。”[①]对此，《支那问题研究所经济旬报》评论道：“作为当时紧急对策而出现的朝鲜银行券，它在帮助军事行动的意义上，却不能给予过低的评价。”“从朝鲜银行券解决了军方资金需求并助成了现地的经济活动这一点来说，无论如何，这也是在事变的形势下，朝鲜银行所从事的活动中做出的最大的贡献。”[②]

图 4－5　位于日租界旭街的朝鲜银行支店

（图片来源：近藤久义收藏提供）

朝鲜银行天津分行设立于 1918 年，行址位于法租界中街（今解放北路 97 号），1938 年迁至日租界旭街（今和平路）。朝鲜银行天津支行的第一任经理为野崎，1927 年为山上逸，1936 年天津支店长则为斋藤。其主要业务是存款、放款、贴现、汇兑和代理收付等，曾在中国发行钞票，总额

① 《朝鲜银行收回在华北流通纸币》，《金融周报》1938 年第 5 卷第 10 期。

② 支那問題研究所編：『支那問題研究所経済旬報』第 61 号，第 565 頁。

达12521万日元。当时天津通行的老头票,大多为朝鲜银行所发。1937年3月,朝鲜银行总裁加藤敬三郎曾随日本经济考察团来津,与日本驻津总领事堀内干城、华北驻屯军参谋长桥本、参谋和知鹰二、海军武官久保田等会面,并出席在英租界利顺德饭店举办宴会。该行设有华账房,第一任经理为赵幼田,1919年就任。第二任经理为华欣如,华欣如曾在北洋政府财政部任职,是永丰银号、和丰银号和宏源银号的股东。该行1938年撤销华账房,1945年被国民政府按敌伪产业接收,宣告歇业。

正隆银行是在华日商合股组建的银行,创设于1906年,总部设在大连,1911年总行迁至大连,注册资本金为1200万日元,实收562万日元。1932年正隆银行实收资本560万日元,各项存款5723万日元。其在中国天津、青岛、沈阳、哈尔滨、长春等地设立分行,董事长为安田善四郎。1936年正隆银行与满洲银行和朝鲜银行在关东分支合并为满洲兴业银行,主要代理大连市金库及关东州收税事务。天津分行设立于1915年,行址在日租界旭街。1945年,国民政府接收该行财产而结业。

天津银行创办于1920年,总行设在天津,行址位于日租界旭街55号,注册资本金为250万日元,实收62.5万日元,董事长为富成一二,天津银行在北京设有分行。抗战胜利后,其被国民政府接收而歇业。

日本对华的投资始于甲午战争之后,不过当时日本实力有限,在华投资数额甚微。根据统计,1902年,日本在华投资额约为100万美元(不包括日占之台湾),仅占各国在华投资总额的0.1%。当时英国占33%,俄国占31.3%,德国占20.9%,法国占11.6%。[①] 此后,日本在华的投资迅速增加。1914年,日本在华投资额在各国在华投资总额中已经占到13.6%,位居第四位,而根据杜恂诚的估算,1914年日本在华投资额占各国在华投资总额的22.2%,仅次于英国而居第二位。[②] 到了1931年,这

① [美]雷麦著,蒋学楷、赵康节译:《外人在华投资》,商务印书馆1959年,第55页。
② 杜恂诚:《日本在近代中国的投资》,上海社会科学院出版社2019年,第6页。

一比重已经达到 50.9%，将其他国家远远甩到身后。1936 年末，这一比重又增至 52.6%，英国则跌至 22.6%。1930 年末，日本在中国大陆部分的直接投资总额也已经达到 223274.5 万日元。日本全面侵华战争的第二年即 1938 年，根据东亚研究所的调查，其投资额达到了 2733599 千日元，两年之间增加了约 8 亿日元，增加了四成。1937 年之前，日本在华的投资主要集中在矿工业、金融、商业、交通、通信、仓库、不动产、土木、公共事业、农水产等，1937 年之后，其顺序则变为金融业、商业、矿工业、仓库、不动产、建筑业、农水产、公共事业，尤其是金融业增加最为显著。“它占增加总额的 40.8%，再加上商业的增加额 186752 千日元（25.8%），矿业的增加额 114059 千日元（15.7%），以上三项占增加总额的 82.3%，596409 千日元。”①

表 4－8　日本在天津投资额及所占比重表

年份	1936 年			1938 年		
类别 区域	投资额（千日元）	占全国比率（%）	占华北比率（%）	投资额（千日元）	占全国比率（%）	占华北比率（%）
天津	89393	9.0	20.7	423549	24.8	41.3
华北	432604	43.5	100.0	1025440	60.0	100.0
全国	993478	100.0		1709366	100.0	

资料来源：李洛之编著：《天津的经济地位》，经济部冀热察绥区特派员办公处结束办事处驻津办事处分处 1948 年，第 273 页。

1936 年，日本在天津的投资为 85016 千日元。具体情况如下：银行业为 10940 千日元，工业为 47752 千日元，进出口业为 15801 千日元，航

① 李洛之编著：《天津的经济地位》，经济部冀热察绥区特派员办公处结束办事处驻津办事处分处 1948 年，第 266 页。

运业为10528千日元。到了1938年,日本在天津的投资额达到了423549千日元,增加了近五倍。其中金融业占总投资额超过了三分之一,达到155477千日元,矿工业也约占三成,商业投资占两成多,以上三种合计占总投资的九成。从日本在中国的投资总额来看,天津也占据重要地位。1936年,日本在天津投资额的占9%,1938年为24.8%。天津在华北地区所占比例更高,1936年为20.7%,1938年为41.3%。[①]

① 李洛之编著:《天津的经济地位》,经济部冀热察绥区特派员办公处结束办事处驻津办事处分处1948年,第273页。

第三节　排日运动与租界对策

明治维新后,日本对中国的侵略是两国关系紧张的原因。甲午战争时日本海军击沉的中国运兵船高升号,因船上士兵大都是天津人,激起天津市民的极大愤慨,天津人民反日情绪高涨,为了自身安全,日本侨民大都躲进法租界。[①] 这可以说是天津早期的反日运动。抵制外货运动始于1905年。起因为1904年美国国会通过了十年内拒绝接纳任何中国工人的法案。从1905年夏天,中国城市中的商人开始抵制美货,一直持续到1906年。天津也在商界的共同努力下,"所到各帮凡平日购买办理美货者,均立书表示今后不买美货"[②]。同时,中国人开始提倡购用国货、生产国货。对于其带来的影响,一位外国观察家认为:"中国人抵制美货是老大帝国反对外国的不公正和入侵的愤恨情绪在觉醒的显著证据。"[③]1908年,因日本轮船"二辰丸"私运军械引起中日外交纠纷,香港粤商自治会发起了中国近代历史上第一次抵制日货运动 。1909年又因日本人强行

① 参见天津居留民团编:『天津居留民团二十周年記念誌』,天津居留民团1930年,第342頁。

② 林原文子:《清末天津工商业者的觉醒及夺回国内洋布市场的斗争》,《天津文史资料选辑》第41辑,天津人民出版社1998年,第116页。

③ [美]葛凯著,黄振萍译:《制造中国——消费文化与民族国家的创建》,北京大学出版社2007年,第132页。

改筑安奉线，引发了全民抵制日货运动，天津的中国街区有人派发抵制日货的檄文："泣告中国同胞，不要购买日货，日人欺我太甚……抵制抵制抵制，千万不可忘却。"1915 年日本向中国提出"二十一条"无理要求，全国掀起反日高潮，"打倒日本""排斥日货"的呼声响彻全国。天津居留民团甚至命令"居住天津的一部分日本人做好回国之准备"。日本商业会议所当时并不如此认为，他们从中日关系的大趋势分析认为，这次排日运动不过是中国政府保护政权的一种策略，而且抵制日货，受伤害的不只是日本商人，一般消费者也会感到不方便，中国政府也会因为关税收入减少而受到损害；而日本新闻界的傲慢态度和无视中国人的权利，是形成此次风潮的原因。因此，百姓的反日风潮是为维护自己政府的感情而做出的姿态，排日并不是中国民众的想法。因此，有学者认为，尽管排日运动席卷全国，但在天津的日本人认为其不过是一场"特殊的政治运动，日本人和中国人能够成为友善邻邦"，能够"在租界中共存共荣"。然而，天津作为华北地区的经济中心和北京的前沿，民众在民族危机下视"抵制日货，诚为自救第一要著"，也成为许多行业商人的共识。[①] 持续的抵制外货运动，使"外国商人试图在梦想的'中国市场'销售货物开始看起来更像是场噩梦"[②]。

一、排日运动的兴起

第一次世界大战后，中国虽然作为战胜国参加了巴黎和会，但却并没有收回德国所占的青岛等地，青岛反而为日本所占据。外交上的失败和

① 胡光明等主编：《天津商会档案汇编》（1912—1928）第 4 册，天津人民出版社 1992 年，第 4748 页。

② ［美］葛凯著，黄振萍译：《制造中国——消费文化与民族国家的创建》，北京大学出版社 2007 年，第 134 页。

马克思主义思想的广泛传播带来民众意识的空前觉醒，在国内掀起了轰轰烈烈的五四爱国运动。由于日本强占山东半岛，这次运动成了一次反对日本帝国主义侵略扩张的爱国运动。日本对德发布最后通牒之时，就有“一部分中国有识之士，认为日本的最后通牒是日本拟取代德国掌握华北之霸权，因此责难日本”①。中国国内更是各地纷纷掀起排日、抵制日货运动。天津各界也立即行动起来，进行讲演、发传单、游行示威，揭露日本帝国主义的侵略和军阀政府的卖国罪行，开展抵制日货的斗争。当时，天津就有报道说，“二十一条”于我国关系重大，所以无论何界，全都应慷慨激昂地竭力去争。“关于排日问题的公民大会下午 1 点在河北公园召开，商务总会工作人员会亦于 4 点召开，形势稍微出现险恶之征兆。”②天津总商会也在学生联合会的催促下，布置各业商人调查清理店内所存日货，制定抵制日货简章，并派赵春亭等六人担任审核各行商抵制日货审查员。各行业也都积极响应，纷纷制定或发表抵制日货的章程或宣言。如绸缎、棉纱、洋布同业公会于 1917 年 7 月 16 日召开全体大会，报告说：“本会对于抵制日货之事亟应积极进行。……如再有破坏抵制日货之人，各界以公敌对待。”③学联代表马骏甚至提出：“不买卖日货，各铺商所有日货尽皆焚毁，如有藏匿日货者，严重处罚。”④在此基础上，于 1919 年 7 月 24 日成立了各界联合会抵制日货委员会。

由此，在天津的日本商人受到很大打击。“天津自学生风潮以来，排日货之声，愈起愈高，而直接受害者，厥为日商。故驻津日本商人，昨日（7 月 21 日）在大和公园公会堂内，开会商议组织天津商谈会”⑤。“在天

① 孙立民、申泽福等译：《青木宣纯与坂西利八郎》，《天津文史资料选辑》第 30 辑，天津人民出版社 1985 年，第 197 页。

② 『大阪朝日新聞』1919 年 6 月 11 日，第 1 版。

③ 《益世报》1919 年 7 月 17 日。

④ 宋美云：《近代天津商会》，天津社会科学院出版社 2002 年，第 347 页。

⑤ 天津历史博物馆、南开大学历史系编：《五四运动在天津》，天津人民出版社 1979 年，第 265 页。

津,所有的汉文报纸都成为排日报纸,……在中国街的日本人店铺逐渐被毁坏,妇女儿童也有生命危险,到租界避难。就是卖给中国商人的日货被发现后都被烧毁,往来的日货也被没收。”①马千里在1919年12月17日的日记中也有“商会大捣乱。学生李之常与刘渭川通过礼拜六以前街市上不见日本货”②的记载。天津街区“通商完全断绝”,“一时去中国街区也变得非常危险”③。日本人商业会议所书记长武市俊明和大阪朝日新闻通讯员小仓知正,在视察中国街区的情况时遭到袭击,最后仅以身免。④ 这使得在天津的日本人人人自危,不敢外出。当时的中国报纸也大力宣传说:“日本为仇国,日本人为仇人,日货为敌货。加害亲日派,迫害日货经营者,随着发展,甚至威胁到了天津租界内的中国人。煽动愚民,说向食品投毒也是日本人所为。”⑤日本工商业者在此运动中蒙受重大损失,甚至不少人因此而破产。这使得日本工商业者极度悲观,认为“我国商工业者对谋求中国市场已不可能”,“如此重要的市场已经毁坏了根基”,对未来已不抱希望。⑥

面对中国国内风起云涌的抵制日货运动,日本华北驻屯军司令官南次郎在1919年11月上报给陆军大臣田中义一的《有关天津设施之所见》中对其原因做了如下分析:“排日排货的原因直接的动机发端于山东问

① 天津居留民团編:『天津居留民团二十周年記念誌』,天津居留民团1930年,第354頁。

② 《马千里日记》未刊本。

③ 天津居留民团編:『天津居留民团二十周年記念誌』,天津居留民团1930年,第354頁。

④ 天津居留民团編:『天津居留民团二十周年記念誌』,天津居留民团1930年,第354—355頁。

⑤ 古野直也:『天津軍司令部1901—1937』,国書刊行会1989年,第128頁。

⑥ 参见天津日本人商业会议所:《有关天津日货排斥运动的陈情书》(1919年7月22日);船津总领事:《有关天津日货排斥运动天津日本人商业会议所提出的陈情书进达之件》(1919年8月5日);外务省记录:《在中国日本商品同盟排斥一件》,第四卷,MT3.3.8.5。转引自[日]桂川光正:《租界日本侨民的中国观——以天津为例》,《城市史研究》第19—20辑,天津社会科学院出版社2000年,第112页。

题,而英美的煽动和在野政治家的滥用等则是主因。同时之前日本国民对中国人的观念及待遇等存在缺点也是不争的事实。尤其是日本朝野官民对在日本留学的中国学生冷淡,使得他们抱有很大的排日思想。”①黎元洪说过:“留学欧美的留学生大都持有好感,回国后都大力赞赏、敬慕留学的国家;只有留学日本的学生,除了军人之外大都抱有恶感。”甚至一般知识阶层也都对日本没有好感。“现在天津排日煽动者约七成多都是留学日本者。”在此背景下,要想缓解中国的排日、抵制日货的情感,必须采取如下一些措施:“首先对于留学日本的中国留学生,日本朝野必须改变管理及待遇,禁止日本下层民众及儿童等侮辱中国留学生,并提高他们的待遇。二是要大力发展在天津的日本医院,为中国人提供良好的医疗;三是扩大在天津的日语学校教育,培养致力于两国亲善的中国学生;四是要发展在天津的日本人报纸,扩大其在舆论上的影响。”②

一些日本考察者认为,“很多日本的物资都是从该港进口,在经济上和日本关系最为密切,因此炽烈也是当然的。……天津不得不经常成为反日和排斥日货的发源地”,加之容易接触新思想,“其反日运动和宣传有根基,确实具有持久力”,并认为这“背后有亲美之集团操纵”,呼吁日本“不要长期放任不管,必须迅速制定对策,以免日后后悔”。③ 为此,日本领事馆要求中国政府对那些超出常规的行为加以制止,不能破坏正常的商业秩序。然而事态的严重性,使普通日本人对领事馆的态度极为不满,甚至谴责当局方面对中国的态度。④ 其后随着事态的发展,天津日本

---

① 支那駐屯軍司令官南次郎:『天津施設に関する件』,1919 年 11 月 21 日,アジア歴史史料センター。

② 支那駐屯軍司令官南次郎:『天津施設に関する件』,1919 年 11 月 21 日,アジア歴史史料センター。

③ 東京高等商業学校東亞倶楽部編纂:『中華三千哩』,大阪屋号書店 1920 年,第 248—249 頁。

④ 船津总领事发内田外相宛电报(1919 年 7 月 23 日),外务省记录:《在中国日本商品同盟排斥一件》。转引自[日]桂川光正:《租界日本侨民的中国观——以天津为例》,《城市史研究》第 19—20 辑,天津社会科学院出版社 2000 年,第 113 页。

商工协会的态度变得强硬起来，希望领事馆提出如下条件：即处罚暴力殴伤日本人者，给予受害人补偿，省长亲自道歉，解散学生运动联合会和童子军，保证以后不再出现类似情况，为确实有效，帝国臣民因自己采取的必要自卫行动所造成的一切后果，责任在中国政府。[①] 几天后日本商业会议所也向总领事馆提交了一份对中国政府的强硬“要求”，强调日本人保留自卫的权利，且所造成的后果也由中国自负。由此，天津日本的工商业者一致对中国强硬起来，这主要是因为“日本商人因排日运动的蔓延影响社会治安而不安，为商路受阻而越发焦急、紧张”[②]。驻津日本总领事于7月22日“在本会堂厅宴请日本官商。宴席之上，商议组织商务维持会，皆以现正中国抵制日货之时，诚不可一日少缓，故当场议决，即日实行，并拟不日军选举实行委员会，以便进行”[③]。同时，为了挽救这些工商业者，并振兴天津的日本贸易，他们“组织天津商工协会，采取扶助政策；另一方面，正金银行和总部在内地的大银行组织商务维持会，对濒临破产的店铺提供贷款，帮助其渡过难关”[④]。日本当局为应对排日风潮，在天津商品交易所开设之际，天津驻屯军司令官甚至向日本陆军大臣提出，以500万日元的资本发行1000万日元，由亲日的中国人持有股票，以增进友好。1920年7月22日，日本总领事还致函天津当局，请求保护坐落在华界之日商。西原龟三在回忆录《七十余年的幻梦》中，回忆1915年以后的情景时说：“中国人民对凶相毕露的日本的愤怒以及对日本人的憎恨，并且由此而引起的排日和抵制日货的风暴，就是在京城（指当时的朝

① 《天津商工协会决议》，见船津总领事：《关于竹市及小仓遭难事件商工协会陈情书等送付之件》，1919年9月6日，外务省记录《在中国日本商品同盟排斥一件》第七卷，MT3.3.8.5。转引自[日]桂川光正：《租界日本侨民的中国观——以天津为例》，《城市史研究》第19—20辑，天津社会科学院出版社2000年，第114页。

② [日]桂川光正：《租界日本侨民的中国观——以天津为例》，《城市史研究》第19—20辑，天津社会科学院出版社2000年，第115页。

③ 天津历史博物馆、南开大学历史系编：《五四运动在天津》，天津人民出版社1979年，第265页。

④ 臼井忠三編：『天津居留民团三十周年記念誌』，天津居留民团1941年，第247頁。

鲜汉城,现在为韩国首都首尔——引者注)附近都已感觉到了。在长春和奉天,把日本造的帽子扔在地上用脚踩,高唱抗日救国的口号,中国人的眼睛里燃烧着对日本人憎恨的火焰。”①“由于日本租界面临建设以来从未有过的大事件,租界警察只能专注于保护在留邦人和保卫租界,警察署雇佣的中国人巡捕345名对日感情恶化,特别是天津事变以来受外部的压力,被谩骂为日本的走狗或卖国贼等,甚至其家人也受到威胁。”②

图4-6　天津的抵制日货宣传画

(图片来源:高津忠彦收藏提供)

1923年因日本政府拒绝归还辽东地区租借地的要求,在中国国内又掀起一场“对日经济绝交”运动。其后这一运动虽因临城事件而减弱,但6月1日长沙民众与日本海军发生冲突,反日运动再趋高涨。天津则于3月下旬出现反日呼声,天津总商会也于4月宣布抵制日货,以中国人为主

① [日]西原亀三:《七十余年的幻梦》,转引自草柳大藏:《满铁调查部内幕》中译本,第169页。

② 外務省外交史料館藏:『外務省警察史』第34卷(支那の部　北支),不二出版1999年,第239頁。

要顾客的日本商店，进入 5 月后几乎无人光顾，致使一般中小日商均遭重创。由于依赖对日贸易，天津日租界比其他城市日本人社会所受的打击更大。正如天津日本人商业会议所在《天津的排斥日货运动》的报告书中所说："自 5 月初始没有新的贸易合同，只是允许旧合同商品交易。这也必须通过各同业组合向总商会提出，贴上认可的放行单，才允许在市内搬运。未被允许的商品只能在夜里不被人看到时运出，商标或换或抹掉，换成中国商品或英美商品的包装，让人感到犹如买卖走私品的恐怖。市面停滞，金融紧张，市内陷入熄火的惨状，居住在中国街的甚至关门回国，或协议转让。"[①]不仅如此，日本侨民的人身也受到很大威胁。"天津的排斥日货运动，使日本侨民在精神和物质上都受到很大影响。在精神上，对日本人的轻蔑之心增长，且日益露骨。最近中国街对骑马通过的我宪兵进行谩骂、投石头，以显示敌忾之心。和数年前的谦恭态度相比，实有天壤之别。"[②]

天津日本人商业会议所认为，如此发展的话，排斥日货运动"最终会颠覆我国对中贸易的根本，不仅给在中国的日本人带来致命的损害，甚至会在中国的日本人和排斥日货运动者之间酝酿危险的敌忾心，最终带来日中国民之间难以融合，感情疏离"，甚至忧虑地表示，"如果放任不管的话，必然会带来破坏国交的重大结果"[③]。由此，天津日本商业会议所提出比 1919 年更为强硬的要求："一为解散排日团体，处罚主谋人；二为取缔排日不力之官吏，更换或撤差；三为如实行取缔排日之官吏，由日本政府保举其得重要位置；四为商人所受损失，由中国政府赔偿；五为总商会及各国业会有排日之举动者，完全取消；六为新闻、杂志、通信、集合、讲演、演剧、传单及其他宣传抵制日货办法，一律严禁；七为排日举动，实行

---

① 天津日本人商業会議所編:『天津に於ける排日貨運動』,1923 年,第 3 頁。
② 天津日本人商業会議所編:『天津に於ける排日貨運動』,1923 年,第 3 頁。
③ 天津日本人商業会議所編:『天津に於ける排日貨運動』,1923 年,第 68 頁。

停止，中国政府并以诚意对待日本。”[①]“如中国政府不能答应这些所提条件，为了保护日本自身的经济利益，立即采取相当的自卫措施。”[②]

天津日侨也于7月3日召开大会，出席会议的约有1000人，约占为侨民总数的20%。其提出成立义勇队、增派驻华北日军等“自卫直接行动”的具体方法[③]，显示出日侨的极度不安和危机感。在1923年7月10日甚至还召开了在华日本商业会议所联合会，通过的共同决议表明事件的解决已经关系到全体在华日侨。1925年因日本巡捕枪杀工人顾正红而发生的著名的五卅运动，使各地再次掀起反日浪潮，天津也出现罢工和反日景象，天津的日文报纸如《天津日报》和《京津日日新闻》，都曾因印刷工人的罢工而无法出版。日本驻津总领事有田八郎当年11月14日拜会李景林督办，“要求对于侨民之生命财产，充分之注意，予以保护云云”[④]。这次抵制日货运动，正如雷麦所分析的那样，“更多是试图改变日本政策的更大努力的一部分”，“它的长期意义在于提高了对中国消费文化民族化意义和目标的认知”。[⑤]

---

① 天津市地方志编修委员会办公室等编：《〈益世报〉天津资料点校汇编(一)》，天津社会科学院出版社1999年，第766页。

② [日]桂川光正：《租界日本侨民的中国观——以天津为例》，《城市史研究》第19—20辑，天津社会科学院出版社2000年，第118页。

③ 吉田总领事：《对排日问题天津居留民大会宣言文及决议文送付之件》，1923年7月10日，外务省记录：《大正十二年日货排斥一件·天津地方》MT3.3.8.10—8。转引自[日]桂川光正：《租界日本侨民的中国观——以天津为例》，《城市史研究》第19—20辑，天津社会科学院出版社2000年，第120页。

④ 天津市地方志编修委员会办公室等编：《〈益世报〉天津资料点校汇编(一)》，天津社会科学院出版社1999年，第783页。

⑤ [美]葛凯著，黄振萍译：《制造中国——消费文化与民族国家的创建》，北京大学出版社2007年，第172—173页。

二、对华侵略的加剧

1927 年蒋介石发动“四一二”反革命政变后，在南京建立了国民政府。1928 年初与汪精卫领导的武汉国民政府合流，史称“宁汉合流”。1928 年 3 月，南京国民政府宣布继续北伐，当国民政府军绕道济南北伐的时候，日军蓄意进行阻拦，并制造了震惊中外的“济南惨案”①。虽然蒋介石的南京国民政府采取妥协姑息的态度，但中国各地的民众掀起了排日和抵制日货的运动。济南惨案发生后的第二天，天津、宜昌、南京等地的群众举行游行示威。5 月 10 日，全国商界联合会发表了同日本断绝经济往来的通电。华北地区作为反日的前沿，反日和抵制日货运动风起云涌，《津海关贸易报告》也说“济案引起华北抵制日货运动”②。天津作为华北地区的前沿阵地也不甘落后，“天津商界的同胞爱国之念不让人后，此次日货抵制尤应奋起直追，努力从事”③。于是，天津总商会、天津总工会、“组织天津特别市反日会，集中反日力量，与日本帝国主义者作永久之奋斗”④。最初主要是专注于口头文字宣传，后随着运动的深入开展，

---

① 1928 年 5 月 3 日，日军为阻止北伐军北上，借口保护在济南的日本侨民，向济南发动进攻，致使中国军民死伤千人以上，造成震惊中外的“济南惨案”，亦称“五三惨案”。日方甚至还将战地政委会外交处长兼山东特派交涉员蔡公时杀害。由于蒋介石的妥协、退让，日本于 5 月 8 日第三次出兵山东，炮击济南城，又使军民死伤四千人以上。同年 10 月，中日两国就此进行谈判，并于 1929 年 3 月 29 日达成协议：由中日双方组成调查委员会，就地调查解决，南京政府负责保护在华日本人之生命财产安全。协定换文两个月后，日军方才撤出山东。参见高书全、孙继武、顾民：《中日关系史》（第二卷），社会科学文献出版社 2006 年，第 156—159 页。

② 吴弘明编译：《津海关贸易年报（1865—1946）》，天津社会科学院出版社 2006 年，第 476 页。

③ 天津排日貨対策実行会编：『天津における排日運動の真相』，1929 年 1 月，第 4 頁。

④ 胡光明等主编：《天津商会档案汇编（1928—1937）》下，天津人民出版社 1996 年，第 2392 页。

“宣传工作又以劝说日货商人自觉登记，接受检查；要求市民不到租界购买便宜货；提倡国货，警告国货商人不许乘机抬价，以及抵制日货各项规章制度等为主要内容”。[①] 从 1928 年 11 月开始调查日货并登记，并对被认定为日货的商品按其价值征收 9% 的“救国基金”费。截至 1928 年底，计有“221 家日货被扣留，反日会将其存 5 个仓库，造册验收，贴封保管。12 月份征收救国基金 153000 余元”[②]。

中国民族主义的高涨和抵制日货运动，使得天津的日本侨民人人自危。《益世报》报道说：“自济案发生外交问题以来，侨津日人即大举警备，布兵士、置麻袋、备电网、查户口，大忙特忙，激进不已，一若有大难将至之趋势。”[③]不仅如此，甚至将租界各路口封闭，仅留四处通行。“津埠秩序混沌以来，各租界虽曾积极警备，盘查行人，然均未如日租界之甚。当直鲁军退走之时，该租界即于中日交界处堆筑麻袋，安设电网，所有交通完全断绝。”直至 6 月 25 日才允许将平安大街和芦庄子两处的电网撤去，但晚上 10 点以后仍旧安放，而且中日交通要道山口街仍未开放。1928 年 12 月 9 日，中日合办的中华汇业银行改组，并休业一个月，日本工商界认为其“破坏了我国经济在海外的信用，还扰乱了北支经济界”[④]。面对此种情况，天津日本人商业会议所于 1928 年 12 月 14 日召开职员会，决议要求政府“对于违反国际间的法规惯例并世界公道的狂妄不能漠视之；对于在经济上残忍破坏自然组织和统治的暴行，在当地生存上也

---

① 林开明、李淑英：《天津反日会与抵制日货运动》，《天津文史资料选辑》第 78 辑，天津人民出版社 1998 年，第 88 页。

② 林开明、李淑英：《天津反日会与抵制日货运动》，《天津文史资料选辑》第 78 辑，天津人民出版社 1998 年，第 90 页。

③ 天津市地方志编修委员会办公室等编：《〈益世报〉天津资料点校汇编（一）》，天津社会科学院出版社 1999 年，第 1553 页。

④ 天津排日貨対策実行会编：『天津における排日運動の真相』，1929 年 1 月，第 40 頁。

不能旁观,因此此时应促请中国官宪深刻反省”①,以求尽快摆脱自身所处的困境。

然而,事情并没有他们所想的那么简单。尽管两国于 1929 年签订了解决事变的相关协定,但中国民间的抵制日货运动并没有完全消停,“津埠抵制日货,异常严厉。日本匹头货之进口,乃为之一落千丈。本埠工界,亦曾现不安之象。罢工情事,层见叠出”②。天津日本人商业会议所在提交的请愿书中也说:“天津的排日运动在 3 月 28 日签订的济南事件解决后仍在继续。”③直到 5 月 10 日天津日本人商业会议所在给日本外务省次官吉田茂的报告中,还有“天津排日暴动时至今日还未熄灭,当地日本商人在窘迫的状况中呻吟”④的描述。这不但给中日贸易带来了极大影响,也严重打击了在中国的日本商人。1929 年 1 月召开的国际商会上,中国代表在演讲中说:“目下外国商人仍以租界租地为护符,为进取之根据地,其结果则中外通商只限于通商口岸,只能间接由买办处理。”⑤日本代表则抱怨“现在日本货物受中国通商各口岸抵制”⑥,甚至认为“和事变解决前相比,毋宁说出现了恶化的倾向,表现暂且不说,日货排斥日益深刻”⑦。中国各地的日本商团组织纷纷向日本外务省报告他们所面

① 天津排日貨対策実行会编:『天津における排日運動の真相』,1929 年 1 月,第 40 頁。

② 吴弘明编译:《津海关贸易年报(1865—1946)》,天津社会科学院出版社 2006 年,第 483 页。

③ [日]http://www.jacar.go.jp/DAS,支那ニ於ケル排日貨ニ関スル陳情ノ件。支那ニ於ケル排日貨ニ関スル陳情ノ件。

④ [日]http://www.jacar.go.jp/DAS,支那ニ於ケル排日貨ニ関スル陳情ノ件。支那ニ於ケル排日貨ニ関スル陳情ノ件。

⑤ 胡光明等主编:《天津商会档案汇编(1928—1937)》上,天津人民出版社 1996 年,第 594 页。

⑥ 胡光明等主编:《天津商会档案汇编(1928—1937)》上,天津人民出版社 1996 年,第 596 页。

⑦ 『支那に於ける排日貨に関する陳情ノ件』,1929 年 5 月 16 日,アジア歴史資料センター。

临的困境,强烈要求外务省向中国外交部抗议,立刻停止排斥、抵制日货运动。

此次的反日、抵制日货运动,使各地日本人的工厂以及主要以中国人为销售对象的小商人受到沉重打击。有的工厂虽然拥有几万美元的制品,但由于无资金,最终不得不暂时休业。而以中国人为销售对象的小商人和工厂则"自10月18日以来几乎没有新的合同"①,购入的商品无钱支付,店铺无钱维持,甚至连生活费都陷入困境。同时,"还给在天津从事日本商品贸易的中国商人及一般需求者、以后和中国商人有密切金融关系的银行钱铺等带来很大打击"②。甚至随着年末的到来,中国街区也出现破产者,陷入经济恐慌,在华的日本商人也"在经济封锁的网络中呻吟"③。

事变严重打击了日本商人尤其是小商人的生意,也给一般日本侨民的社会生活带来很大影响,天津排斥日货对策实行会就曾忧心忡忡地说:"如果此种状况放任不管,任其胡乱盲动的话……,在留邦人以大量资本和巨大努力的积累、历经二十余年培养的经济基础不仅不能保持,还会失去生活的根基,甚至可能危及到生命。随着事态的发展,可能会陆续出现在留邦人不得不回国的情况。"④日侨认为:"排日运动的扩大会导致治安不稳,对其的不安和焦躁以及从焦虑于'通商断绝'的状态中断不提高其紧张度,是产生如此强硬态度的背景。"⑤而"主要商人、商社在排斥日货

① 天津排日貨対策実行会编:『天津における排日運動の真相』,1929年1月,第31頁。

② 天津排日貨対策実行会编:『天津における排日運動の真相』,1929年1月,第39—40頁。

③ 天津排日貨対策実行会编:『天津における排日運動の真相』序言,1929年1月,第1頁。

④ 天津排日貨対策実行会编:『天津における排日運動の真相』,1929年1月,第1—2頁。

⑤ 桂川光正:「租界在住日本人の中国認識——天津を一例として」,古屋哲夫編:『近代日本のアジア認識』,京都大学人文科学研究所1994年,第374頁。

运动中并没有受到大的损失，对前景也比较乐观。但是中小商人为主的中下层日本人没有受益，反而依然受到日货排斥运动的影响，陷入经济困境。并对重要邦商回归‘坚忍主义’表示很大的不满和不安，进行强烈反驳”①。对日侨来说，天津是一个具有“乐土”和“魔都”双重色彩的区域。因为拥有治外法权，他们可以安全躲在这种建设在别国领土上的“飞地”租界内，还可以体验到国内所没有的快乐。然而这只是一个侧面而已。面对持续的排日、抵制日货运动，日侨又充满着不安全感，时刻处在一种忧虑当中。这种矛盾心理，让他们的异国生活充满艰辛和刺激，犹如置身茫茫大海中的一片孤舟，处于风雨飘摇当中，一有风吹浪打，便如临大敌。因此，天津的日侨虽然没有身居岛国那种自然所赋予的危机感，但身处中国人的茫茫人海中，在心里会产生更大的危机感，更何况这些领土本就是通过侵略而取得的。

进入20世纪30年代，日本面临国内外的压力，为此悍然发动了侵略中国东北三省的九一八事变，妄图以战争来缓解世界经济危机所来的冲击，因此激起了中国人民的激烈抵抗。“反日高潮激荡，全国各地纷纷成立反日团体，实行对日经济绝交。”②在民族危机日益严重的形势下，各界人士通力合作，中国抵制日货运动获得广泛成功。日本的对华贸易受到沉重打击，其在中国销售的全部商品也从1930年度的40330万日元降至1931年度的25800万日元、1932年度的17980万日元。

同时，天津也掀起了新一轮的反日、抵制日货运动。“天津排日、侮日的行为日益猛烈，‘对日战斗’、‘对日经济绝交’等叫嚣充斥街头，侮辱日本的言论不计其数。”③天津的中国商人也自发成立对日经济绝交委员

① 桂川光正:「租界在住日本人の中国認識——天津を一例として」，古屋哲夫編:『近代日本のアジア認識』，京都大学人文科学研究所1994年，第375—376頁。

② 胡光明等主编:《天津商会档案汇编(1928—1937)》下，天津人民出版社1996年，第2396页。

③ 陸軍省調查班編:『天津事件に就いて』，1931年12月，第13—14頁。

会,后来又为彻底反日,天津反日救国联合会"决议将各商行所存日货,除门市陈列之零星货物加盖本会查讫图章暂准销售外,其余货物一律封存"。对玩忽职守者,"将其所存货物全数没收外,并严厉处罚"[①]。虽然后来因为中国政府的干涉,最后未能完全坚持下来,但因平津地区的形势日益严峻,日本侨民深感不安。不仅如此,抵制日货运动还严重打击了日租界的税金收入,中国商民认为"日本租界不久就会被中国夺回","纷纷拖延缴纳税金"。不少人还逃离日租界,"特别是老九章等其他著名大商店、饭店等搬离租界或营业额减少",房屋、土地、营业等税金大为减少,日本商人更是因贸易不振而无力缴纳税金。[②]

图 4－7　天津的抵制日货运动

（图片来源:高津忠彦收藏提供）

① 胡光明等主编:《天津商会档案汇编(1928—1937)》下,天津人民出版社 1996 年,第 2396 页。

② 天津居留民团编:『昭和七年民团事務報告書』,天津居留民团 1932 年,第 50 頁。

对于这次抵制日货运动，日本方面认为“抵货运动是南京的一个阴谋，用来摧毁日本在华利益。在日本的商业组织要求采取行动以结束这场运动”[①]。于是，华北驻屯军司令官香椎中将于 1931 年 11 月 8 日发布戒严令，宣称由于日租界靠近中国街区，会影响到租界的治安，为保证日本侨民的生命财产及权益不受损害，命令日军紧急警戒。龟泽省朔在回忆中说：“每次因为中国的排日、排斥日货，家人不得不一再到大连或祖国日本避难。”[②]甚至不少人因此回国，再也没有踏足天津。日本人产生焦虑、不安和危机感的主要原因之一，就是排日运动这一中国民族运动的高涨及其发展态势，这是不争的事实。[③] 由于“一般商业断绝，金融困难，小商业者连过年的费用都出现困难”。为了使天津的日本人摆脱这种困境，居留民团当局向日本政府申请低利资金贷款，最终获得复兴资金银元 50 万元。但由于兵乱和世界性的经济不景气，以振兴贸易为目的复兴资金并没有取得预想的效果。

从根本上说，抵制日货运动和提倡国货运动是一体的。抵制日货运动是把民族观念和商品强有力地联系起来的最为重要的方法。因为抵制日货运动为国货取代日货提供了机会，数以百计新的中国工厂涌现出来，生产中国货以取代流行的日货，例如肥皂、火柴、毛巾、棉制品、鞋和靴子、雨伞以及蜡烛。[④] 因此，通过抵制日货运动，国货运动显著扩展，民族主义的消费意识也得以增强。

对日本侨民来说，排日运动所带来的困扰和严重损失，使他们变得焦躁不安，并开始敌视中国。他们认为经济绝交，使天津的日本人社会受到

---

① ［美］柯博文著，马俊亚译：《走向“最后关头”——中国民族国家构建中的日本因素（1931—1937）》，社会科学文献出版社 2004 年，第 17 页。

② 龟沢省朔：『回想三十年——天津の思い出』，未刊本 1976 年，第 22 頁。

③ 参阅桂川光正：「租界在住日本人の中国認識——天津を一例として」，古屋哲夫編：『近代日本のアジア認識』，京都大学人文科学研究所 1994 年。

④ ［美］葛凯著，黄振萍译：《制造中国——消费文化与民族国家的创建》，北京大学出版社 2007 年，第 144—145 页。

沉重打击。而租界也成了民族主义运动和与帝国主义矛盾的焦点，因此除日租界内需要武装起来进行自卫外，还需要日本政府的支持，那就是请求政府出兵，保护日本侨民的利益。可是，他们根本没有认识到，中国屡屡兴起排斥日货运动的根本原因是日本不断加紧对中国的侵略所激起的中国民族主义情绪的高涨。只要日本不放弃对华侵略和不友好态度，反日运动和排斥日货运动就无法消停，也不会消停。

第四节　走私贸易与贩毒

租界由于享有治外法权，是所谓的“国中之国”，因而成为很多冒险者的乐园，他们在租界内从事不法活动和非法贸易以获利，不但破坏了中国正常的经济活动，还损害了中国人的利益。“各国在中国的租界，既是冒险家的乐园，也是藏污纳垢的地方。在租界当局的庇护和纵容下，烟馆、赌场、妓院比比皆是，称得上烟、赌、娼的世界。”①不仅如此，“各个租界也是骗人钱财的赌场、跑马场、赛狗场、球场、枪场云集之处，是帝国主义用另一种方法剥削中国人民的场所”②。这其中，尤以在华的日租界为甚。尤其是随着20世纪二三十年代日本国内经济危机的爆发，很多日侨来华，他们以日租界为基地，从事各种非法活动，尤以走私、贩毒、经营赌场为主要营业，日租界由此成为走私贸易和进行毒品生意的据点。

一、华北事变与走私

毒品残害的是中国人的身躯，走私则严重破坏了中国的对外贸易和

① 袁继成:《近代中国租界史稿》,中国财政经济出版社1988年,第212页。

② 袁继成:《近代中国租界史稿》,中国财政经济出版社1988年,第214页。

民族经济，沉重打击了中国的国民经济。走私早已有之，就在日租界刚刚划定之后，就有日本人从天津收购白银、铜圆等私运回国。七七事变的前三年期间，日本在扩大军事占领的同时，还进行大规模的经济掠夺，最为卑劣的手段就是在华北各地进行走私活动。天津因为有日租界存在而尤为猖獗。在日租界内，经营走私的日本“洋行”或“公司”比比皆是，从事走私买卖的不仅是日本和朝鲜的浪人、少数中国商贩，日本大财阀系统的三菱、三井等洋行，也曾参与其中。“日本的大洋行整船运来货物公开走私，所运来之物，大多是税率大的，如麻丝、呢绒、麻丝织品、白糖等物。”① 天津海河码头上，堆满了走私货物，其中有人造丝、布匹、白糖、火柴、卷烟、煤油、颜料、西药、车胎等，品种繁多，无人敢于过问。在最猖狂的时候，从秦皇岛、留守营、昌黎以至天津塘沽等沿海各个口岸上，走私船舶成百上千，码头上堆积的货物，绝大多数是日本走私货品，关卡缉私，几成虚设。大量的财货外流，使中国财政金融和工商经济损失惨重，大大加深了民族危机，也激发了中国人民抗日救亡的爱国热情，“个人经营的贸易商和一般商业者中，从事当地特殊贸易的禁制品贸易业者占了大部分”②。

1933 年《塘沽协定》签订后，日本商人从事走私贸易特别盛行，使得天津的商业活动受到很大打击。例如，因砂糖走私，天津的砂糖商相继倒闭。1936 年 5 月，经由天津的走私量超过 5 万吨，为从日本正常进口数量的 4 倍。这使得天津港正常的对日贸易额激减，海关收入减少。殷汝耕成立伪自治政府后，缉私任务更难以执行，致使“私运情事乃甚猖獗，走私之徒，益觉有恃无恐，肆其猖狂。影响所及，市面货价，急剧跌落，正式进口商家，颇蒙不利”③。到了 1936 年，“走私情形，猖獗异常，为害之烈，

① 杨梓年：《从学生到工商业者》，《天津文史资料选辑》第 73 辑，天津人民出版社 1997 年，第 57 页。

② 外務省外交史料館藏：『外務省警察史』第 34 巻（支那の部　北支），不二出版 1999 年，第 330 頁。

③ 吴弘明编译：《津海关贸易年报（1865—1946）》，天津社会科学院出版社 2006 年，第 503 页。

空前罕见。所有糖品、人造丝、匹头、煤油以及其他高税物品,私运进口者,源源而来,充斥市阛,正当贸易,备受摧残”[1]。“在华北发生了中国人所说的‘走私狂潮’。”[2]“当时的大连是日本走私的重要根据地,天津则成为销售私货最大的中心市场。”[3]冀东地区走私贸易的猖獗,使得天津成为走私贸易的重要据点。走私商品除部分在当地销售外,大部分运至天津,因此在天津专营或兼营走私的所谓“贸易公司”“洋行”亦有200家至300家。[4] 天津租界福岛街的奥田洋行,甚至设置了武装走私者的指挥本部,即天津贸易协会。日租界内的大和、小松、福岛、蓬莱等街区空房均堆满私货。同时很多走私货又从天津运往全国各地,如赁长途汽车向察、绥、陕、甘销售,甚至远到包头、宣化、西安、平凉、重庆以及鲁、豫、皖、苏、浙各省,无不发现由天津运往之大批私货。[5] 另据天津、秦皇岛两海关的调查,1935年8月至1936年10月,向天津的走私逃税总额达3460余万元,可见走私之猖獗。日本商工会议所经过详细调查后,向驻天津总领事和东京商工会议所建议,应采取措施保护日本商人。[6]

由于大批私货经铁路运到天津,天津成了走私货物的大本营,而“在日租界内,走私日货堆积如山,有80多家商店转运私货,有200多家洋行将私货转运内地,并由日本人组成‘特殊贸易协会’,使走私公开化和合

---

① 吴弘明编译:《津海关贸易年报(1865—1946)》,天津社会科学院出版社2006年,第505页。

② [美]柯博文著,马俊亚译:《走向“最后关头”——中国民族国家构建中的日本因素(1931—1937)》,社会科学文献出版社2004年,第322页。

③ 《天津港史》编辑委员会编:《天津港史》(古、近代部分),人民交通出版社1986年,第174页。

④ 中国问题研究会编刊:《走私问题》,上海版1936年,第44页。

⑤ 参见李正华:《九一八事变至七七事变期间日本在华北走私述略》,《云南教育学院学报》1991年第1期,第55—58页。

⑥ 东京商工会议所:『天津地方に於ける密輸入取締に関し依頼ノ件處理記錄』,东京商工会议所资料中心藏。

法化”[①]。特别是“松岛街、蓬莱街、吉野街一带，有字号的(如千叶洋行、天龙组、清水组等)和无字号的走私组织达数十家之多”[②]。正如时人观察说：“当时日本侨民中从事吗啡和可卡因等禁品走私的不法之徒很多，特别是表面上堂堂正正地打着药店的招牌，背后从事走私而获福，在租界也有获利甚多的无道德的伪绅士。”[③]对此，也有一些日本人表示了不满，在报纸上发表文章批评，如藤江真文就曾在《日华公论》上发表《马上实行消灭走私禁品者》等文章，呼吁租界当局进行管制。然而这并未能阻止走私的膨胀。“以大连为基地，以天津为中心的冀东走私贸易日趋泛滥成为有组织的活动。到 1936 年 4 月间，天津日租界内，经营偷税贩货的‘贸易公司’已达 200 多家。”[④]街上随处可见这种悬挂着某公司或某洋行招牌的走私机关：“明石街、宫岛街、秋山街一带，近半年来新开的那些门口横钉着黑字白底的××贸易公司、××洋行、××进出口商、××委托代办部招牌的商店，在两边街上密密层层排列着。……这真是一个奇怪的商业组织，我们友邦的要人，名之曰特殊贸易。”[⑤]天津的走私商也由几百户猛增到几千户之多。张天为在《最近华北走私状况》一文中也谈到天津的走私情况：“天津方面，由山海关铁道私运者，势颇浩大。专营私运之浪人，公然组织堂堂队伍，以二百人为一队，队之前后并加二十名骑队，以为监护。直接担任缉私之税关人员，怯其威势，不敢拘捕。此等走私者，即多为从前偷运白银出口之浪人。走私货品，多为人造丝、砂糖、毛织物、丝织品、精制纱布、卷烟纸、酒精、橡皮鞋、车胎、海产物、味之素以

---

① 居之芬、张利民主编：《日本在华北经济统制掠夺史》，天津古籍出版社 1997 年，第 38 页。

② 天津市政协文史资料研究委员会编：《天津租界》，天津人民出版社 1986 年，第 106 页。

③ 藤江真文：『天津時代　天津日本青年会時代』，非売品 1996 年，第 6 頁。

④ 郭贵儒：《华北事变前后的华北走私评述》，转引自《天津港史》(古、近代部分)，人民交通出版社 1986 年，第 175 页。

⑤ 杜若：《天津漫步》，《申报每周增刊》第 1 卷第 24 期，1936 年 6 月 21 日，第 577 页。

及其他各种杂货。山海关东临一小驿之万家屯,去年六月以来,暂时囤积之货物,约逾平时数十百倍。人造丝一项,自去年六月至十月十五日之四个半月间之走私推定数量,约有二万一千四百余箱,是项走私品卖价,较天津正当进口之市价,没百磅贱卖五十元乃至八十元,正当进口商全部货物,无从贩卖,其所受之损失可知。天津之走私货物,约有四百万元。"① 很多走私货物都是从日租界内运出,据《大公报》报道称:"日租界内之载重汽车共约百余辆,每夜由一时起,分三四批运输,一路由日租界赴河北转黄纬路往平津线,一路由日租界出西营门往津保沿线,每辆货车上,有鲜人二名华人二名押运,至翌晨均空车返回。此项私货存储处,大部在某租界,多数为华人所经营,雇用鲜浪人为护符,起运时,任用外国旗。"②因此,"天津不仅是冀东走私的中心市场,而且是私货输入和转运的最大口岸"③。天津日本警察署的调查亦能看出问题之严重:"1936 年末在留日本人合计超过 11000 名,其增加的大部分是和军队、会社有关的人员,一般各地方的人继之。天津的日本人所处的形势处于往年最好的时候,纺织业出现未曾有的好景气,有关日本人受其余惠,以前从事禁制品贸易的一部分人向张家口转移,去年以来新增加的邦人几乎都不从事有关禁制品的贸易,禁制品贸易商在在留邦人的比例中非常低。与此相反,从满洲方面来的流浪者及有赌博习惯者非常多,管理起来极为麻烦。"④

从事走私贸易可以获得暴富,一桩买卖就可以轻松获得 5000 日元。如此高的暴利使商人趋之若鹜,大量私货不仅充斥天津市场,而且通过天

---

① 张天为:《最近华北的走私状况》,《东方杂志》第 33 卷第 12 号,1936 年 6 月,第 23 页。

② 《无边伪钞萧萧下　不尽私货滚滚来》,《大公报》(上海版)1936 年 9 月 4 日,第 4 版。

③ 《天津港史》编辑委员会编:《天津港史》(古、近代部分),人民交通出版社 1986 年,第 175 页。

④ 外務省外交史料館蔵:『外務省警察史』第 34 巻(支那の部　北支),不二出版 1999 年,第 406 頁。

图 4－8　日本在华北的走私活动
(图片来源:《日本侵华图志之华北走私》)

津贩运至华北、西北及长江流域,日货垄断了全部市场,国货无人问津。走私贸易,给中国的关税收入和民族工业带来严重打击,但“中国对此则束手无策,眼睁睁看着日本工厂的产品潮水般涌来,顿时将中国的工业冲垮”。走私贸易同时也损害了外国人的合法贸易,“合法经营的英美进口行和其他进口行,亦发现生意难以为继。中国商界成百上千地倒闭,然后被日本人和韩国人三钱不值两钱买去”。尤其是中国的纺织业更是深受打击,很多华人企业被日商吞并,“天津地区的大型华资丝织厂和棉织厂无法与日货竞争,因后者只付了平常关税的四分之一。于是只有破产关门,被日本人收购”①。制革业由 1930 年的 60 余家,骤减至 1937 年的 12 家。② 可以说,“走私活动是日本人从经济上统治华北的更大的计划的组成部分”③,是日本“摧毁我们整个国民经济的最毒辣的手段”④。日本不法商人的走私活动,因为严重破坏和打击了正常的贸易,日本总领事馆迫于舆论的压力,不得不进行取缔。“邦人(日本人)的不正,即制造、走私麻药,公然走私……有损于日本的信用和名誉,特别是白天完全无视中国官员做坏事,

① [美]哈雷特·阿班著,杨植峰译:《民国采访战——〈纽约时报〉驻华首席记者阿班回忆录》,广西师范大学出版社 2008 年,第 176 页。

② 天津社会科学院历史研究所主编:《天津简史》,天津人民出版社 1987 年,第 307 页。

③ 张肖梅:《日本对沪投资》,第 6—7 页;*China Weekly Review*,July26,1936,P267;October10,1936,P204。转引自[美]柯博文著,马俊亚译:《走向“最后关头”——中国民族国家构建中的日本因素(1931—1937)》,社会科学文献出版社 2004 年,第 323 页。

④ 《世界知识》4 卷第 6 期,1936 年 6 月。

必须断然取缔,命令宪兵严厉取缔。”[①]然而“日本并无法律禁止将日货走私进中国”,且其中又与日本军部关系极深,“在这下流勾当中,真正挑大梁的是日本海军”。[②] 因此,其走私“是以日本军事威胁和不平等条约为背景,以分裂华北为目的,对中国实行的强迫的、公开的和不等价的掠夺”,它“增强了日本在华北乃至全中国的经济实力,在实现其分裂华北和破坏中国经济发展的阴谋中起到了不可替代的作用”。[③]

二、霓虹灯下的罪恶

租界既是冒险家的乐园,也是藏污纳垢的地方。在租界当局的庇护和纵容下,烟馆、赌场、妓院比比皆是,其中尤以日租界为烈。“早年天津公开销售鸦片烟之所,多在日租界的旅馆,如新旅社、德义楼、乐利旅馆和息游别墅等处,公然开灯供客。至于销售海洛因、吗啡、红丸等毒品,多设在寿街(现兴安路)一带,不下百余家之多。”[④]1898 年,日本驻天津总领事说:“在天津有日本侨民 5000 余人,70% 从事吗啡等违禁品的贩卖。从中药铺到饭店、杂货店,鲜有不经营违禁品的,而且都是大宗现货交易,日租界的繁荣应该归功于吗啡交易。……从天津日租界某高级饭馆雇有 158 名艺妓一例,就可看出日本人的富有,而这些财富全都是吗啡的结晶,这是令人难以置信的事实,而领事馆对此竟不闻不问,毒品贩子只有在中国海关被捉获,或因其他事情牵连,才有可能受到法律的追究,尚未

---

① 古野直也:『天津軍司令部 1901—1937』,国書刊行会 1989 年,第 207 頁。

② [美]哈雷特·阿班著,杨植峰译:《民国采访战——〈纽约时报〉驻华首席记者阿班回忆录》,广西师范大学出版社 2008 年,第 177 页。

③ 居之芬、张利民主编:《日本在华北经济统制掠夺史》,天津古籍出版社 1997 年,第 35 页。

④ 周恩玉:《解放前的天津南市概述》,《天津文史资料选辑》第 33 辑,天津人民出版社 1985 年,第 243 页。

发现被领事当局检查而暴露罪行者。”[①]在1913年的居留民团议会上也有人说：“贩卖鸦片逐渐从法租界、支那街向日租界集中，现在大约有10余家。”[②]当时很多日本人开设的药房都公开或暗地里销售鸦片等毒品，如天顺堂、天喜堂、须田药房、寺田药房、松本盛药房、丸二兄弟药房、楠德义药房、金山药房、广济堂药房等，这些药房都是以贩卖吗啡、海洛因为主。甚至很多日本洋行如金山洋行、乾卯洋行、康召洋行等更是公开挂牌，专门或代售麻醉剂，还有专门运输毒品的洋行，如斋藤洋行等。据在日租界担任过巡捕的人说，每天夜间巡逻，几乎每隔几条胡同就有一家白面工厂，气味浓厚扑鼻。[③] 根据统计，1921年，日租界已有鸦片烟馆70家，海洛因、吗啡店100家。[④] 另据关东厅事务官藤原铁太郎的调查，20世纪20年代初期，天津日租界就有烟馆70家，贩卖烟土的商店近百家，甚至有七成日本人和毒品贸易有联系。藤原铁太郎认为天津日租界的繁荣是吗啡贸易的结果。即便在中国的所有日本租界中，天津也是毒品贸易最为繁盛的地方。对此，天津总领事馆充耳不闻，任其发展。甚至在战争开始后，由于财政困难，日本居留民团竟然实行烟馆制度，公开向日租界内的中国人经营的特殊旅馆征收居住税，使得烟馆和青帮、警察官、不良日本人之间相互勾结，弊端重生。尽管其后随着日本人的大量涌入而取消了烟馆制度，但租界内的鸦片、毒品走私却并没有因此而减缓，烟馆反而呈蔓延之势。“在旭街及其附近一带，公开制造或贩卖吗啡、海洛因等毒品的日本商店有松本盛大堂、广济堂、丸二兄弟、楠德义、须田等药房以及卖日用杂货为名的金山、乾卯等洋行约一百六十余家。中国人经营的德义楼、乐利、新旅社、息游别墅、大北饭店等旅馆内开灯供客以及贩卖

---

① 江口圭一：『日中アヘン戦争』，岩波書店1988年，第39頁。

② 天津居留民团編：『大正二年通常民会議事録』，天津居留民团1913年，第51頁。

③ 刘霁岚、马惠卿、胡君素：《天津日本租界内幕纪实》，全国政协文史资料委员会编：《文史资料存稿选编1 晚清·北洋》上，中国文史出版社2002年，第99页。

④ 李恩涵：《日本在华北的贩毒活动（1910—1945）》，中央研究院近代史研究所集刊，1997年第27期，第56页。

鸦片的土庄、烟馆等约有五百余家。”①

面对日租界严重的制毒贩毒问题，日租界当局并没有采取严格的取缔措施，相反出于增加税收和繁荣租界的目的采取了纵容政策。正如《益世报》1917 年 5 月 8 日所报道的那样：“日本租界对于吗啡一项表面上亦似严禁，去年日本领事招集各大药房，严行告诫：凡属不正当营业之各药房，限本年四月一律停止营业，驱逐回国。孰料阳奉阴违，又有协兴里组织一吗啡公司，所有各大药房之吗啡均送该公司售卖，获利较前更厚。”②尽管 1920 年天津日本总领事以禁烟一事关系甚重，业经饬令巡查员严加取缔，凡私设烟馆一律驱逐界外。德义楼、新旅社等也均不准再住烟贩及私运吗啡丸药之旅客，以期禁绝。但情况并没有因此好转，《益世报》报道说：“天津日租界内官许赌博场二十余家，如芙蓉街中合公会、福岛街大东旅社、大新舞台附近亲仁公会、同裕当旁同文俱乐部、吉神街澄卢、福岛街远东问题研究会、范永和附近关帝庙对过大赌窟、大罗天附近某所、胡家马号附近某所、同庆后附近某所。尔等赌博场，殆为公然之营业。……而其他类似之不正当事件，颇为繁多，不遑枚举。”③据调查，日租界的德义楼、乐利旅馆、新旅社、雅园饭店等，在内中皆贩卖鸦片，兼设灯局。日租界成为鸦片销售的主要基地。租界当局不仅从鸦片贩卖中获取暴利，甚至还公然保护、运送鸦片。除了公认的鸦片贩卖和吸食外，还大量制造吗啡、海洛因等。“旭街上许多‘药店’里能轻易弄到吗啡、海洛因和鸦片”，成为“一个能让游客在一种外来而友好的环境中寻欢作乐的

---

① 天津市政协文史资料研究委员会编：《天津租界》，天津人民出版社 1986 年，第 113 页。

② 天津市地方志编修委员会办公室等编：《〈益世报〉天津资料点校汇编（一）》，天津社会科学院出版社 1999 年，第 1532—1533 页。

③ 天津市地方志编修委员会办公室等编：《〈益世报〉天津资料点校汇编（一）》，天津社会科学院出版社 1999 年，第 1537 页。

地方”。[①]

到了20世纪30年代，日本人贩毒更为严重。“到1930年，当地的日本人大半直接或间接从事禁止品生意。直接从事者大致可分为三类：一是大买卖；二是小买卖；三是开设麻药吸食所。”[②]“和1929年相比，大量走私者及大量‘中间商’逐渐减少，但少量小商贩及小商贩兼开烟馆者有逐渐增加的倾向，眼下需要将小商贩兼营烟馆者详细登记，计划从1931年进行彻底管理。”[③]特别是，“在从事商业人中间，表面上是贸易商，实际上很多都是从事禁制品贸易的”[④]。《社会新闻》1933年第3卷第2期发表作者热峰的文章《天津租界之罪恶》，文中写道：“旭街是日租界最热闹的一条马路，在那条街上，有一所西式的旅馆，叫作‘德义楼’，房屋分新旧两部，倒有一二百号房间，但是它的二层楼全数开设大烟间——上海人所谓燕子窝，其余的房间，当然全是瘾君子和烟贩子，他们是得到了倭子的默契，可以行若无事地公开买卖。我们只需推进德义楼的大门，便觉得香烟缭绕，飘飘欲仙，这是日租界最大的一个安乐窝。次之若大北饭店、新旅社等等。”“日租界好像是鬼蜮，是大烟、白面、暗娼、手枪……荟萃区。”[⑤]“租界的‘白面馆’真够得上‘林立’，不必进日租界，只要走近日租界，即可望见一排一排的白面馆。白面馆所用的字号都是‘洋行’二字。在寿街（今兴安路）、新寿街（今兴安路）、桥立街（今北安道）、大和街（今兴安路）、荣街（新华北路）、福岛街（今多伦道）及常盘街（辽宁路北段）一带，‘洋行’触目皆是，记者约略计算一下，总在二百七十家以上。初来

① ［美］罗芙芸著，向磊译：《卫生的现代性——中国通商口岸卫生与疾病的含义》，江苏人民出版社2007年，第278页。

② 外務省外交史料館蔵：『外務省警察史』第34卷（支那の部　北支），不二出版1999年，第206頁。

③ 外務省外交史料館蔵：『外務省警察史』第34卷（支那の部　北支），不二出版1999年，第210頁。

④ 外務省外交史料館蔵：『外務省警察史』第34卷（支那の部　北支），不二出版1999年，第216頁。

⑤ 《天津的租界区》，《大报》1933年10月26日，第4版“社会”版。

观光的人,以为‘洋行’是普通商店,但是仔细地观察一下,马上可发现这般‘洋行’有几种特征:如(1)‘洋行’大半是占用一间或两间的楼下门面,或是一两间破烂的小平房;(2)沿街的玻璃窗户都用油漆涂成黑色或白色,一少部分是挂着黑布帘子;(3)由门缝往屋内看,则见陈设品是三数支破木床,地上及炕上铺着破席子,桌上及橱内放着一些大小不同的瓶子,另外陈列着数十小包卷烟;(4)出入的人都是囚首垢面,衣服不整洁,皮黄骨瘦,及类似乞丐的份子。凡有以上特征的‘洋行’,我们立即断定其为吸取国人金钱及血液的‘白面馆’。如果你肯牺牲一角法币,不妨推开门说,‘一毛钱的白面儿’,马上就有一个小纸包给你。开‘白面馆’的大半是朝鲜人,小部分是日本人及日租界内的‘帮’首——流氓头。这些日鲜浪人,十分之九是无职业的,他们既不易找到职业,又无资本开设商店,所以都走了开设白面馆的一途。开设白面馆不用什么本钱,只要每月花几元钱租一两间窄小破旧的房子即可开业。”①“在日租界的旭街,公开贩卖鸦片烟具和赌具的小铺子,到处可见,这种铺子多为刻字店兼着经营的,一间小门面,在临街的玻璃窗内,摆着各色各样的烟具和赌具。”②甚至连日本人自己都说:“日本人的商店一般都是某某洋行,大的商店不算,很多商店如果只从外表来看的话,很难知道里面究竟卖的是什么东西。那些多是狭窄的店面,若素、酒、牙膏等仅有的集中商品摆在壁橱里。当然,这不过是表面情况,背后则是秘密制造和销售鸦片。”③仅 1933 年 9 月,日本人中间就出现了 73 名中毒者,但“由于吸食或注射禁止毒品是秘密进行,故上述数字恐怕是实际中毒者的十之二三”④。连天津总领事馆

① 欣晓:《天津的日本租界——“毒的渊薮”》,《国民》1937 年第 1 卷第 7 期,第 152 页。

② 绍庵:《华北的一块安乐土》,《人言周刊》1934 年第 1 卷第 9 期,1934 年 4 月,第 183 页。

③ [日]藤江真文等著,万鲁建编译:《近代天津日侨回忆录》,天津人民出版社 2014 年,第 68 页。

④ 外務省外交史料館藏:『外務省警察史』第 34 巻(支那の部　北支),不二出版 1999 年,第 285 頁。

的司法领事中岛忠三郎也不得不承认,“其制造毒品的设施大部分在华北。受到国联批评的场所也不是二三处。那时我看到的文件里是就有十几处”,而且“由于是非常获利的买卖,做的人很多”。[①] 甚至还有“一部分军队的特务机关参与军队医疗上的毒品制造、加工”,不过,“这并非因军队医疗上需要麻药,而是军队的特务机关想要获得在各种工作上稍微宽裕的交际费”。因此,“加强管理会非常困难”[②]。有日本议员在租界的居留民议会上指出,这“成为天津日租界的耻辱”[③]。

当时,很多贩毒者都是尾随日本军队而来。他们“从张家口带着内蒙产的鸦片的内行人购入鸦片,带入日租界公寓,在那里制造吗啡。不名一文的日本人、朝鲜人大都从事这一行业”[④]。“在旭街及其附近一带,公开制造或贩卖吗啡、海洛因等毒品的日本商店有松本盛大堂、广济堂、丸二兄弟、楠德义、须田等药房及以卖日用杂货为名的金山、乾卯等洋行约160余家。中国人经营的德义楼、乐利、新旅社、息游别墅、大北饭店等旅馆内开灯供客以及贩卖鸦片的土庄、烟馆等约有500余家。在日租界开设烟馆或土庄也比较容易,只需向居留民团缴纳‘公益费’,再向有关部门行些贿赂就可以了。”[⑤]“1935年日军控制华北以后,天津成了毒品这一‘特别交易’的中心,大量的波斯鸦片和提纯后的毒品从日本和伪满洲国流入。”[⑥]到1937年,“根据中国禁毒会对天津日租界的调查,该处有248家外国洋行贩卖吗啡和海洛因,有137家烟店和烟馆,另外在紧靠租界边

---

① 中嶋忠三郎:『或る領事館の回想録』,近代文藝社1995年,第184頁。

② 中嶋忠三郎:『或る領事館の回想録』,近代文藝社1995年,第185頁。

③ 参照天津居留民团編:『昭和四年第二十四次居留民会臨時会議事速記録』,天津居留民団1929年,第6頁。

④ 八木哲郎:『天津の日本少年』,草思社1997年,第73頁。

⑤ 天津市政协文史资料研究委员会编:《天津租界》,天津人民出版社1986年,第113页。

⑥ 伊洛:《日本在华北的“特种贸易”》,转引自魏斐德著,章红等译:《上海警察,1927—1937》,上海古籍出版社2004年,第290页。

图 4-9　日租界大东旅馆附近的贩毒洋行

（图片来源：近藤久义收藏提供）

界的马路上还有烟店与烟馆”[①]。而 1941 年天津市商会在报告本市土膏店中也提到：“本市在事变前多数土膏店设于日租界德义楼新旅社、鸿义栈、乐利旅馆等处，开灯供客，约有 300 余家。”[②]另据其他调查：“日租界内的鸦片毒窟约有二十余处，最大而最有名的为‘德义楼’‘乐利旅馆’‘新旅社’‘大北饭店’‘德义饭店’‘息游别墅’等数家。首两家是纯粹的鸦片贩卖所，后四家是旅馆业，鸦片是兼营的买卖”[③]。由此，天津成为远

① 《密勒支评论报》1937 年 6 月 26 日第 114 页，转引自魏斐德著，章红等译：《上海警察，1927—1937》，上海古籍出版社 2004 年，第 291 页。

② 天津市档案馆等编：《天津商会档案汇编 1937—1945》，天津人民出版社 1997 年，第 1053 页。

③ 欣晓：《天津的日本租界——“毒的渊薮”》，《国民》1937 年第 1 卷第 7 期，第 153 页。

东最大的毒品集散地。日文报纸也经常报道不良日本人被遣送回内地的新闻,虽然内容模糊,但很多都是销售毒品者。因此美国人马库斯·梅尔文(Marcus Mervine)在文章《天津日租界与毒品贸易》中写道:"天津日租界为鸦片及毒品贸易之大本营,已历有年矣。""今日之日租界几全部为制毒工厂、堆栈、烟馆及洋行所充塞。……甚至高等住宅区以及日本或中国学校附近亦莫不有此类制毒贩毒之场所。"①方回在《天津杂记》中也写道:"日租界内烟馆林立,有几家规模很大。其中要算新旅社和德义饭店最为著名。新旅社是一所四层的洋楼,占地颇广,位于旭街中原公司的北首。内中有烟间一百几十间,每一间里设的烟铺自四五只至十余只不等。出入的烟客却很整齐,如商店的老板、政客、绅士、公务员……等都是他们的主顾。一天到晚,一夜到天亮,其门如市,营业非常发达,听说每一间烟间的利润每月自二三百元至一二千元不等,所以全社的月入并算起来,甚是可观。新旅社里面还附设有浴堂,有大菜间。所以烟客可以在内沐浴、吃饭、遇瘾,生活亦颇舒适。德义饭店是一个规模略微小些的烟窟,可是它里面雇有女子招待,一般年轻的少爷班子,自然更趋之若鹜。据说全租界的烟窟每月缴到租界某机关的费用达七万元。这是指公开的而言,至于暗地里所用的小费,更不在少数。"②杜若也在《天津漫步》中写道:"天津的鸦片馆……大都先前是营旅馆业的,现在旅业却变成副业,鸦片生意好的,甚至连旅业都索性取消了,可是旅店的招牌还挂着。这些变相的旅馆,在旭街有副华公寓、新旅社,有大北饭店,有德义楼等,在松岛街有中华旅社,在芙蓉街有万国公寓。"③

《密勒氏评论报》主持人鲍惠尔在1937年6月来到天津之时,看到日租界的驹井街、小滕街、花泽街、桥达街,描绘道:"这几条街上所有的商

---

① [美]马库斯·梅尔文(Marcus Mervine):《天津日租界与毒品贸易》,《禁烟汇刊》1937年第1期,1937年6月,第14页。

② 方回:《天津杂记》,《新时代》1937年第7卷第2期,1937年2月,第86—87页。

③ 杜若:《天津漫步》,《申报每周增刊》第1卷第24期,1936年6月,第578页。

店,实际上全都是海洛因的制造或贩卖所。”①另有记载云:“日租界的大规模制毒所,现有五六处,小的有十几处,大半设在新寿街(今兴安路)及福岛街(今多伦道)一带。门面上的招牌是‘某某公司’或‘某某洋行’或‘某某药房’。……据内行人的粗略计算,日租界所造出的毒品,有五分之二是在本埠售卖,五分之二是运销于我国内地,五分之一是运至上海,然后转运至南洋群岛、旧金山、古巴及墨西哥一带(因为唐山通州亦有很大的制毒机关,其制品均系由秦皇岛直接出口,运销于外洋各埠,所以天津的制品只有小部分运销于外国)。海洛因等毒物,在天津的市价是每袋(七百格里姆)二百五十至三百元,运到上海可售四百五十至五百余元。”②为了掩藏烟馆,供应海洛因的地方常将外表改为住宅模样。对于鸦片烟的盛行,中国政府采取了严厉措施:“规定凡在日租界周围中国地区被捉到的鸦片烟盒海洛因吸食者与贩卖者,一律处死。”然而这种斗争几乎是徒劳的,时侨居天津的一位美国人在目睹日本贩毒事实后断言,“治外法权一日不能取消,毒品贩卖即一日不能终止”③。而且“人所共知的事实是,设在天津和大连的吗啡和海洛因制造厂,确系日本皇军特务处所直接管辖”④。如此肆无忌惮地进行毒品贸易,使得“全中国的日本租界均成了毒品交易中心”,“日本租界内华人经营的旅馆几乎都是鸦片、吗啡的巢窟,已有定评。特别恶劣的是很多日本人表面上看似在做正当行业,背后则是利用违禁品牟取暴利。例如若去某某街某某药店、某某街某某洋行、某某街某某商店等娱乐所看的话,不少依然是利用吗啡、鸦片

---

① [美]约翰·本杰明·鲍惠尔著,尹雪曼、李宇晖、雷颐译:《在中国二十五年——上海〈密勒氏评论报〉主持人鲍惠尔回忆录》,黄山书社2008年,第268页。

② 欣晓:《天津的日本租界——“毒的渊薮”》,《国民》1937年第1卷第7期,第152页。

③ 《天津日租界与毒品贸易》,《禁烟汇刊》1937年第1期,第20页。作者为侨居天津之美国人马库斯·梅尔文(Marcus Mervine),原文载国际关系研究会出版的《情报通报》(《Informtion Bulletin》)第3卷第4号。

④ [美]约翰·本杰明·鲍惠尔著,尹雪曼、李宇晖、雷颐译:《在中国二十五年——上海〈密勒氏评论报〉主持人鲍惠尔回忆录》,黄山书社2008年,第270页。

牟利”。[1] 甚至总领事馆的警察署警察也参与其中。据总领事馆报道，1937 年 6 月在天津工作的外务省巡查松下兼雄、樱井良太郎、高山盛人、佐藤孝三等四人因受贿和业务上的营私舞弊，已经交由长崎地方法院审判。

《河南统计月报》1937 年第 3 卷第 6 期刊登有《天津日租界毒品机关一览》，对于天津日租界内的贩毒机构做了如下统计，更可见日租界毒品泛滥之严重。该文如此写道：“日本侵略中国无所不用其极。尤以毒化政策，戕害我同胞之身心，最堪痛恨。近据中华国民拒毒会调查，仅天津日租界一隅，毒品机关之多，至足警人。”

表 4－9　天津日租界毒品机关一览表

馆址	馆数	名称
总计	244	
中日交界闸口西街	9	新昌洋行、天一洋行、山西洋行、东兴洋行、永盛洋行、春光洋行、三益洋行、松华洋行、新新洋行
旭街巷内	10	三喜洋行、德源洋行、龙信洋行、东义洋行、东元洋行、天桂洋行、光兴洋行、华茂洋行、广盛洋行、华德洋行
大和街	20	大和洋行、金水洋行、同昌洋行、大信洋行、瑞祥洋行、天平洋行、大日洋行、常盘洋行、福成洋行、大得洋行、得善洋行、新光洋行、光茂洋行、和信洋行、三星洋行、广西洋行、大来洋行、大国洋行、海津洋行、新正洋行
桥立街	34	福兴洋行、三信洋行、山崎洋行、泰昌洋行、群茂洋行、大兴洋行、盛德洋行、万寿洋行、振华洋行、华东洋行、国华洋行、东兴洋行、三昌洋行、万代洋行、三好洋行、天东洋行、中央洋行、龙山洋行、泰东洋行、月星洋行、中山洋行、聚信洋行、玉信洋行、五福洋行、华友洋行、新东洋行、五昌洋行、三义洋行、三宅洋行、万兴洋行、三东洋行、高野洋行、华来洋行、顺易洋行

① 「天津巷談」,『北支那』第 5 巻第 5 号，北支那社 1938 年 5 月，第 81 頁。

续表

馆址	馆数	名称
闸口街	17	大寿洋行、平安洋行、大吉洋行、东兴洋行、金纲洋行、德仁洋行、金子洋行、金信洋行、北平洋行、北平洋行、新安洋行、五星洋行、裕德洋行、松木洋行、天恩洋行、协寿洋行、金井洋行
新寿街	16	中华洋行、贵信洋行、新兴洋行、天泰洋行、富贵洋行、义东洋行、三德洋行、大茂洋行、东升洋行、石田洋行、神巷洋行、信章洋行、松尾洋行、东方洋行、人参洋行、利华洋行
寿大街	20	若山洋行、三友洋行、正华洋行、大中洋行、三川洋行、三叶洋行、金德洋行、广兴洋行、永昌洋行、津兴洋行、天顺洋行、义隆洋行、福信洋行、平川洋行、本多洋行、义和洋行、信来洋行、荣寿洋行、武清洋行、春日洋行
新旅社街	27	松竹洋行、昌平洋行、有信洋行、五信洋行、广信洋行、裕华洋行、公茂洋行、玉信洋行、西原洋行、华东洋行、三兴洋行、三光洋行、福成洋行、立兴洋行、华生洋行、盛荣洋行、泰来洋行、广昌洋行、大松洋行、裕信洋行、华松洋行、永盛洋行、檀尔洋行、华满洋行、万盛洋行、茂升洋行、大和洋行
福岛街	12	兴滕洋行、安秋洋行、新茂洋行、吉利洋行、大成洋行、纪和洋行、福成洋行、柏井洋行、满宝洋行、福江洋行、大和洋行、普利洋行
须磨街	2	福利洋行、宝隆洋行
益津里	5	一好洋行、信一洋行、三二洋行、泰东洋行、天昌洋行
日法交界新维里	14	最新洋行、太平洋行、物产公司、元德洋行、新满洋行、新龙洋行、金泉洋行、日断洋行、东盛洋行、三省洋行、东林洋行、开采洋行、新延洋行、恒昌洋行
日法交界须磨街	5	大成洋行、小岛洋行、善信洋行、北越洋行、大星洋行

续表

馆址	馆数	名称
芙蓉街	11	隆兴洋行、天日洋行、武田洋行、东昌洋行、宫崎洋行、日兴洋行、松山洋行、金城洋行、新广洋行、华升洋行、中荣洋行
中日交界治安街	6	春立洋行、汉成洋行、福昌洋行、协昌洋行、中央洋行、中荣洋行
常盘街	17	丰利洋行、永信洋行、裕茂洋行、大德洋行、丰隆洋行、福盛洋行、福兴洋行、福记洋行、明信洋行、金兴洋行、五大洋行、金林洋行、华泰洋行、德盛洋行、源丰洋行、一二三洋行、中孚洋行
住吉街	2	祥荣洋行、三星洋行
松岛街	9	裕昌洋行、明石洋行、宝莲洋行、益新洋行、桑山洋行、泰昌洋行、华北洋行、永盛洋行、中和洋行
伏见街	4	东昌洋行、永丰洋行、信益洋行、山好洋行
秋山街	4	大昌洋行、德昌洋行、有田洋行、金隆洋行

资料来源:《河南统计月报》1937 年第 3 卷第 6 期,1937 年 6 月,第 134—135 页。

表 4－10　日租界烟馆土庄一览表

土庄地址	家数	备考
总计	137	
旭街息游别墅	13	均带灯
旭街新旅社	61	仅有七家不带灯
闸口西街东方饭店	36	均带灯
大罗天熙来饭店	5	均带灯
旭街德义楼	7	均不带灯
旭街乐利旅馆	4	均带灯
旭街大北饭店	11	均带灯

资料来源:《河南统计月报》1937 年第 3 卷第 6 期,1937 年 6 月,第 136 页。

天津日租界毒品问题之严重，更是引起了国际社会的关注。埃及代表普塞尔·帕莎在1937年国联禁烟委员会第22届会议上，根据可靠消息报告说："天津日租界为全世界制造海洛因之中心点。该处有一千所之鸦片及海洛因馆，其他公然出售毒品之旅馆商店等亦有数百处。在此四英里之面积内，海洛因制造厂不下二百处，所有工人有一千五百日人及一万华人之多。其批发之价值，每公斤售华币五元。每星期自天津外销海外之海洛因约有五百斤，其中有百分之六十直接运往美国，百分之三十则由欧洲转运美国，尚有百分之十则运往其他各国。"[①]毒品之危害甚巨，一旦沾惹毒品，无论富者、穷者一旦沉迷其中，不是倾家荡产，就是不知所终。因此，天津日本总领事馆和居留民团也不得不有所防范，在聘任新任教员时，尽量避免单身者。正如日本教师松本正雄所称："日本人的商店一般都是某某洋行，一流的商店另当别论，很多商店如果只从外观来看，很难知道里面究竟卖的是什么东西。很多商店在狭窄的店面里，仅有若素、酒、牙膏等几种商品摆在壁橱里。当然这不过是表面，背后则是秘密制造和销售鸦片。"[②]因此，在他眼里，"租界是个奇怪的地方，表面漂亮，往里走一步的话，就不知道在干什么了。有趣，但也令人害怕"[③]。

面对日益严重的毒品交易和国际社会的谴责，为了维护日本帝国的颜面，日本租界当局不得不采取措施。1931年2月，日租界警察署就在日租界旭街乐利旅馆查获大批烟土，此地还有开灯供客等事情，"搜出鸦片海洛因等毒物甚多，共装汽车三辆，运往警察署"[④]。1938年8月在日租界范围内进行了大规模的严厉取缔。"大规模的秘密发送者几乎全都被逮捕，不见踪迹。其他秘密销售者除仍旧在租界内大批交易外，转出租

① 胡世泽：《我国参与国联第二十二届禁烟委员会报告》，《禁烟纪念特刊》1939年6月3日，报告第7页。

② 松本正雄：『誰か忘れん——私と中国と中国人』，象文社1973年，第26頁。

③ 松本正雄：『誰か忘れん——私と中国と中国人』，象文社1973年，第28頁。

④ 《日租界破获烟窟》，《大公报》（天津版）1931年2月20日，第7版。

界的大部分人杂居中国街区,依然从事小额买卖。”根据日本警察署的统计,1938 年 8 月末,“在津朝鲜人约为 5800 余人,其中九成都在从事不正当行业(也即所谓的毒品或走私)”①。因此,很多人被日租界当局遣返回国。1938 年9 月13 日,居住在日租界福岛街金城公寓的高知县人大町芳吉就因从事违禁品交易,被租界警察署遣返回国。同时,为了应对国际社会的谴责,日本外务省于 1939 年 8 月 11 日向在中国领事馆领事下达有关报纸、杂志登载方针指导意见。其中说道,以前各国(尤其是英国)以各国官宪对日本侨民从事鸦片麻药交易状况进行详细调查,成为在鸦片会议等攻击日方的有力资料。对此,日本政府很是恼火,向驻中国各地领事馆下达指令:“1. 对于各地政权的一般政策实施情况,除了新政权方面特别发表的外,一律禁止登载;2. 对于日本人的不正当贸易,在搜查或审判时,不得随便登载报道,对向第三国进行我国真实取缔情况的宣传或在留日本人要给予警告,在进行适当指导的同时,对于和第三国有关的些微事件,要特别禁止登载。”②

不过,日租界当局无意彻底解决贩毒问题,只是为了应付国际舆论,采取的多是权宜之策。这是因为“其在各旅馆客房租金内,加收公益费。旅客每日收两元;烟土行、烟馆则每月收二三百元不等。旅馆老板定期汇总送缴日本租界居留民团”。“日本租界当局仅靠房租公益费,每年就能掠夺一笔巨额收益。”③尤其是日本占领天津后,租界内的贩毒活动更加猖獗,伴随军队而来的很多日本人、朝鲜人一无所长,大都以经营毒品生意为生。“自廿六年冬敌占领以来,天津情形颇殊,眼之所触,皆敌方浪人,此辈除一部分担任敌宪密探或特务外,余则专以制造及贩卖白面为

① 外務省外交史料館藏:『外務省警察史』第 35 卷(支那の部 北支),不二出版 1999 年,第 40 頁。

② 外務省外交史料館藏:『外務省警察史』第 35 卷(支那の部 北支),不二出版 1999 年,第 144 頁。

③ 王勇则:《五毒俱全——乐利旅馆》,天津市档案馆等编:《旧天津的日租界》,第 239 页。

业。即以市区而言,只吸食之窟,有270余家,其他制造及卖原料之机关,亦不下30家,且门庭若市,畅销无阻。当地为官,竟不敢稍加禁捕,故'白面郎'(津人称吸白面者)咸视此处为唯一之安乐窝,趋之如鹜。闻其营业收入,稍大之白面窝,每日约10万余元,小者亦4万许(伪准备券)。平均计之,则每日为所吸收之金钱,约有千余万金。"①很多朝鲜人开设的料理店、钟表店、照相馆、药房等,均兼售海洛因。"现在所见的,比过去更变本加厉。日鲜浪人已在天津各地到处开设着'洋行',贩卖白面和海洛因;每天因打吗啡针而致死的,不下数十人。"②甚至还有朝鲜浪人在白面馆开设典当店,以方便吸毒者典当财物。沦陷时期,日本占领军、特务机关以及帮会头目,也都参与其中。如日本海光寺军部翻译郝福云,在权乐后开设金城土膏店和新满土膏店,吸引的烟客最多;日本特务机关的几个翻译合办聚贤楼,倚仗日本势力,彻夜不停地开灯供客。③ 不仅如此,日本占领天津后,他们还将毒窟开设到中国街区。"日韩浪人勾结地痞流氓,在东马路河北及津界城内遍设白面馆及赌场,原来在日租界开设的毒窟,现已大部移在华界,大概凡是日军所到之处,这些灭亡中华民族的'法宝'亦就随之而来了。"④当时在天津的日本人自己也说:"日本人表面上从事正当行业,背后则制造违禁品牟取暴利。……看到某某街某某药房、某某街某某洋行、某某街某某商店等地方,依然是私售吗啡、鸦片,以图赢利者不少。"⑤日本占领期间,天津一直都是"世界制造海洛因之中

① 马模贞主编:《中国禁毒史资料1729—1949年》,天津人民出版社1998年,第1584页。

② 钱锦霞:《铁蹄下的天津》,阿英等:《铁蹄下的平津》,战时出版社,出版时间不详,第71页。

③ 周恩玉:《解放前的天津南市概况》,《天津文史资料选辑》第33辑,天津人民出版社1985年,第244页。

④ 欣晓:《被蹂躏的天津》,阿英等:《铁蹄下的平津》,战时出版社,出版时间不详,第81页。

⑤ 「天津巷談」,『北支那』第5卷第5号,1938年5月,第81頁。

心”[①]。根据统计，1945 年 8 月日本投降时，全市仍有贩卖鸦片烟土的土药店 33 家，供人吸食鸦片的土膏店 187 处，韩国浪人设立的“白面馆”50 余家，在伪禁烟分局登记的吸食者计 41450 人。[②] 由此可见日本占领下的天津毒品泛滥之严重，以及它给中国人民所带来的灾难。正如当时的一位记者写道：“帝国主义者的毒化政策，我们要知道有它的很毒辣的意义在内，一个美国军官曾经说过，那些赞美某方军事力量的人，容易忽略了鸦片与海洛因可作为某方征服亚洲大陆有力武器这种事实，这是一语道破帝国主义者纵容烟毒的秘密。鸦片的作用，不但可以使帝国主义者在财政上有一笔很大的收入，并且还可以使那些被征服的人民，受了这种毒物的桎梏，麻醉他们的神经，毁坏他们的身体，消沉他们的意志，使他们永远不能翻身。在东省某国是施行这样政策，在华北也已在准备推行这样的政策，从这一点我们就可以知道为什么帝国主义军事实力所达到的地方，鸦片海洛因也随之达的原因了。”[③]

除了贩毒制毒外，日租界还到处布设赌局。“天津日租界是华北地区最大的赌场，汉奸方若的‘同文俱乐部’、芦庄子处的‘洋行公所’、流氓头子袁文会的‘宝局’都在这个租界。”[④]中华茶园后、东方饭店等处设有很多赌局，这些赌局的赌头是李明德和方明二人。之后又有刘宝珍在日租界与中国地交界的荣街北口隆兴里开设了“宝局”，另外青帮头子袁文会也在日租界大开赌场。赌场花钱买通日本人，公开日夜聚赌，成为杀人不见血的魔窟。日租界的赌博场所，多以俱乐部的形式出现。“本月一日，有（方元俱乐部）者，在日租界福岛街（开幕），是日柬邀界内界外各富绅阔佬，参加（俱乐），俱乐以赌博为目的，举凡麻雀、摇摊牌九、押宝、扑

---

① 齐霁：《中国共产党禁毒史》，中共党史出版社 2013 年，第 38 页。

② 天津市地方志编修委员会编：《天津通志 · 大事记》，天津社会科学院出版社 1994 年，第 272 页。

③ 杜若：《天津漫步》，《申报每周增刊》第 1 卷第 24 期，1936 年 6 月，第 578 页。

④ 袁继成：《近代中国租界史稿》，中国财政经济出版社 1988 年，第 216 页。

克，投骰，无不应有尽有，旧直系总理高凌霨且与焉。该部每日汽车如龙，昼夜停积，具见赌徒之趋之若鹜，每日抽头之资，便可万金，其豪可知。”[①]方若主办的同文俱乐部也是一大赌窟，聚赌者多为官僚富豪，输赢数字巨大。“同文俱乐部在天津是很有名的，……一般政客如潘馨航、王克敏、吴光新之流都是那里的常客。”[②]曾任北洋财政总长的张弧，在这里一晚上输掉过六万元。还有一个行商分所，位于芦庄子，专供洋行买办消遣聚会而设，参加者均为买办阶级，如泰昌洋行经理李全泰、新泰兴洋行买办宁星普、平和洋行买办杜克臣、义昌洋行买办赵聘卿、横滨正金银行买办魏信臣、武斋洋行买办沈瑞安、井陉煤矿买办高星桥等。这些人每天下午6时以后到此聚会，一面聚赌，一面交换商业情报、调剂资金周转。该行商分所仅有会员五六十人，一般商人不得参与。[③]

日租界还有一种赌博形式即花会，由于方便简单，参与者众，故危害甚巨。此赌博相传始于清末，后来一度被禁止，九一八事变后从上海又传入天津。当时，上海大流氓任渭渔来津，与青帮头子袁文会勾结，并买通日租界警察署及宪兵队，先后在日租界芙蓉街、荣街设立两个花会筒开赌。花会赌博的特点是：第一，花会分为三十六门，凡押中者以一赢三十六，得利丰厚；第二，赌注不拘多少，五分一角钱也能押；第三，赌局雇用很多无业游民担任“跑封”，分别到各家各户去收敛赌注，赢钱时由“跑封”代取代送，不出家门就可以行赌。[④] 因此花会赌博风行一时，很多人参与其中，也深受其害。“津日租界之有花会，(即三十六门轮盘赌，每门象征一动物)原不自今日始，顾仅一处，未敢明营，自恢复繁荣之议决，后起者朋兴，如雨后春笋，现在大小组织，已知者得八处焉。每日挨门送条，可免

---

① 《天津日租界荒凉万状》，《汉口新闻报》1932年5月24日，第4版。

② 方回：《天津杂记》，《新时代》1937年第7卷第2期，1937年2月，第88页。

③ 天津市政协文史资料研究委员会编：《天津租界》，天津人民出版社1987年，第115页。

④ 天津市政协文史资料研究委员会编：《天津租界》，天津人民出版社1987年，第116页。

往返为累,津市妇女沉溺此中者,数字殊为可惊,其赴荒塚裸卧祈梦者有之,委身市款者有之,忘寝废餐,耗时弃事,倾家荡产,骨肉乖离,或至愤懑自戕,其害有甚于洪水猛兽者矣。尤有甚者,即花会三十六门,赢三十六倍,有以巨款往赌者,亲眼监视揭晓,偶有侥幸押中,会中人势须倾力以赏,乃以警笛狂鸣,捕者立至,赌徒仓皇逃去,即赌本亦不暇收拾也,捕者遂与会中人及工部局均分之。"①

4－10　赌场林立的日租界荣街

(图片来源:近藤久义收藏提供)

由以上可见,日租界的毒、赌和走私问题,在当时天津各处最为严重。作家包天笑在北京的时候也常来天津,他说:"到天津就不定住哪一家旅馆了,大约是住在日租界的日子最多了。""日租界那些旅馆,可以公开吸鸦片,可以公开召妓女,真是一个藏污纳垢的所在。"②南开中学一名学生在所写游记中亦对日租界的赌毒等问题予以揭露,他在文中如此写道:"日租界则别具一般风味,街道杂乱,房屋狭小,在此最惹人注目的莫过

① 《天津日租界荒凉万状》,《汉口新闻报》1932年5月24日,第4版。

② 包天笑:《钏影楼回忆录》,生活·读书·新知三联书店2014年,第558页。

于触目皆是的洋行与旅馆了;洋行是贩卖私货的总机关,旅馆是汉奸坏人的会集地。此外如烟馆啦,俱乐部啦等为数亦不算少,其内部的情形是谁也能够想到的。至于赌具啦,性药淫器啦,大烟毒具啦等别处不易得到的东西,在此均可随处买到;凡此种种未尝不是该租界的特色呢!"①日租界当局为了所谓的"租界繁荣",肆意开放烟、赌、毒,造成天津沦陷时期日租界的畸形繁荣,给中国人民带来了深重灾难。正如当时一位旅行者所说:"我到天津的目的,是再看看那些以文明国自居,以'灌输文明'责任的'友邦'在那小范围'乐土'内所灌输进来的一切'文明'。"然而"到这地方来,我真会相信天津是一个已死的城市"。"我认为这样一个快近没落的乌烟瘴气的都市,与其让它在罪恶中存在,还不如像古代罗马邦贝城一样,沉没于维苏维火山的溶液中,而让我们或我们的后一代,在它的荒芜的基础上,建成一个新的城市。"②

总之,日本人在租界肆无忌惮地从事走私、贩毒贸易,致使租界内乌烟瘴气,污秽不堪,被时人称为"走私、贩毒的大本营"。其对中国危害之深,在各国租界中实以日租界为最,而天津日租界更因其为华北乱源,危害最烈。

---

① 自琢:《天津印象记》,《中学生文艺季刊》第3卷第1期,1937年3月,第11页。

② 杜若:《天津漫步》,《申报每周增刊》第1卷第24期,1936年6月21日,第576页。

第五章
日租界的“异质空间”

第五章　日租界的“异质空间”

对于居住在中国各城市的外国侨民来说，其生活空间主要还是集中在所设立的租界内。一般来说，居住在海外的侨民由于宗教、文化、生活、娱乐方式等诸多的特点和习惯，以及保持和提高自身地位的需要等，都会精心营造出适合自身的社会生活与空间环境，重建一个异国故地之氛围。不过，在中国人看来，它俨然是一个“国中之国”。租界在政治上享有治外法权，不受中国的法律约束，在近代中国时局风云变幻之际，保持着一种特殊状态。正是由于租界所具有的这种特殊性质，外国人在租界内可以平稳生活，甚至恣意妄为，以逃避中国政府的惩罚。很多外国人在中国从事非法活动，如走私、贩毒等活动，也都是利用这一特殊环境。因此，租界成了冒险家的“乐园”，是殖民者的天堂，更是他们攫取巨额利润和逍遥享乐的地方。天津租界内的各种娱乐设施非常完善，国民、惠中、利顺德等高级旅馆，登瀛楼、丰泽园等大饭庄相继建成开业。全市三分之二的影剧院也集中在这里。寻欢作乐的舞场、妓院、烟馆、赌场等更是纷然杂陈。因此，外国侨民、尤其是欧美侨民在租界的生活，既不同于当地中国人的生活，也非其国内生活的异地重建，而是一种介于两者中间的生活方式，有人称之为“租界侨民生活方式”，并认为上海的外侨，尤其欧美侨民

“在上海形成了并不等同于其在母国的生活方式”[①]。不过，“租界里大部分外国侨民的生活方式，都被那些雇黄包车，付现款乘舢板，主日教堂的捐献等漫画化了”[②]。

租界城市空间的割裂和反差，实际上是殖民化城市常有的模式。埃及的开罗也大致是这种情况：一条街道把开罗分成旧城区和殖民地城区，“埃及的过去和将来之间，在19世纪初看来只有一条小裂缝的区别，到世纪末已经拓展为很宽的间隔。”[③]租界和华界的隔离，也造成外国侨民和中国人在社会生活上的巨大差异。尽管这种差异因各国侨民的不同而有异，但他们在海外“飞地”——租界的生活显然各具特点。

租界特殊的性质，让外侨拥有比在国内更大的优越感和自由。在天津的外国侨民是否具有这种所谓的“租界侨民生活方式”？其具体内容如何？有人认为：“天津各国租界的侨民都还保留着独立的经济生活、文化生活和体育活动。……他们建立自己的报刊系统，保持着自己的习俗，过着自己的节日。”[④]根据曾经在贸易商社工作过的外国人回忆，租界内的外国人大都不怎么和中国人交流，而是独自生活[⑤]。日本侨民是否如此？法国学者安克强认为上海的日本人社会是“一个与外界隔绝的社团”，“他们组成了一个自给自足的日本社团”。这是因为“反日运动的发展造成了日本人的脆弱感，相应滋生被中国人包围而采取自卫的态势。他们的生活区、商铺和公司麇集在城市一隅。尽管他们生活在中国，但他们却不同中国现实社会打交道。他们通过媒体、通过他们的各种组织和

---

① 熊月之、马学强、晏可佳选编：《上海的外国人（1842—1949）》，上海古籍出版社2003年，第4页。

② ［美］费正清编：《剑桥中华民国史1912—1949年》上，中国社会科学出版社1994年，第131页。

③ 李永东：《租界文化与30年代文学》，生活·读书·新知三联书店2006年，第28页。

④ 尚克强、刘海岩主编：《天津租界社会研究》，天津人民出版社1996年，第199页。

⑤ 天津地域史研究会編：『天津史——再生する都市のトポロジー』，東方書店1999年，第145頁。

领事馆了解一切事情”[①]。对上海的日本侨民来说，上海既是一个距离最近的“避难所”，也是一个“乐园”，“大部分人在这块土地上所要寻求的，是它与‘内地’不同的‘近代’的存在方式”。[②] 那么，天津的日本侨民社会又是什么样子呢？

① 熊月之、马学强、晏可佳选编：《上海的外国人（1842—1949）》，上海古籍出版社2003年，第190页。

② ［日］刘建辉著，甘慧杰译：《魔都上海——日本知识人的“近代”体验》，上海古籍出版社2003年，第10页。

第一节　日租界的社团组织

社团泛指一切社会组织，如会馆、商会、同业公会、同乡会、学校、医院等。不过一般认为，社团是近代以来历史发展的产物，是“指二人或二人以上之结合，有其自身的规章和行政组织，也有共同的利益和特殊的目的；为达到其利益和目的，并有一定的活动程序”的社会群体[①]。他们是基于“共同目的、共同关系、共同地位和共同行为的人们组织的团体”，通常具有内部成员认同的宗旨、规章、活动程序等，并设有办事机构。[②] 从本源上说，“是以成员间具有的某种共识为基础形成的，存在着具有伙伴意识的共同性”，因此“在许多情况下，社团既包含公共性又包含排他性因素”[③]。而从社团的社会属性和组织功能来看，大体可以分为政治、商业、教育、宗教等 10 多种类型，覆盖社会的各个方面。社团对于会员的入会都是持开放态度的，甚至是鼓励性的，有时候为了扩展社会影响，还设

---

① 张玉法：《清季的立宪团体》，台湾“中央研究院”近代史研究所专刊，1971 年，第 1—2 页。转引自方平：《晚清上海的公共领域（1895—1911）》，上海人民出版社 2007 年，第 137 页。

② 朱英：《辛亥革命时期新式商人社团研究》，中国人民大学出版社 1991 年，第 1—2 页。

③ ［日］小浜正子著，葛涛译：《近代上海的公共性与国家》，上海古籍出版社 2003 年，第 5 页。

有“会友”“赞成员”“名誉会员”等。一些社团还通过公开发布公告等方式呼吁、鼓励社会成员入会①。这是因为“社团的存在与发展,是以成员之间的相互合作为基础,因而无论是何种性质的社团,总需集聚多人,共图进化”②。

近代以降,社团在各方面发挥了重要作用。身居海外的侨民,由于天然具有一种危机感,其组织各种社团更多的是追求一种归属感和安全感,其凝聚力会更强。在近代天津,尽管有治外法权的保护,但外国侨民还是纷纷建立各种社团,以加强相互间的联络和交流。可以说,“天津的社交俱乐部与运动俱乐部之多超出了它应有的数量”③。“取得社交俱乐部的会员资格可以使侨民和他的同胞聚会,饮酒作乐,打打麻将,玩玩桥牌与扑克,或者从图书馆借一本书。”④而且这些俱乐部不仅仅是娱乐场,还是居住在天津的外国人的交流场,起到从背后支持租界居民自治的作用。日本侨民也不例外,尤其是日本人本身就具有强烈的集团性,喜欢并希望通过参加各种社团,将自己纳入一个社交圈子,并固守其中。因此,在天津的日本侨民组织了各种社团,既有经济的、政治的,也有文化、体育方面的。这些社团规模不一,大到拥有几百人,小到只有几个人。而且由于日本人自身具有的特点,其社团组织一般都非常严密。有学者认为,上海的“日本人社团在所有外国社团中都算得是最有组织性、最有规则的”⑤。那么,对天津的日本侨民来说,通过一些社团组织,也让他们在异国他乡获得了一种本国体验和归属感。

---

① 方平:《晚清上海的公共领域(1895—1911)》,上海人民出版社2007年,第177页。

② 方平:《晚清上海的公共领域(1895—1911)》,上海人民出版社2007年,第176页。

③ [英]雷穆森著,许逸凡、赵地泽,刘海岩校记:《天津租界史(插图本)》,天津人民出版社2009年,第264页。

④ [英]雷穆森著,许逸凡译:《天津——插图本史纲》,《天津历史资料》第2期,1964年9月,第184页。

⑤ 熊月之、马学强选编:《上海的外国人(1842—1949)》,上海古籍出版社2003年,第184页。

一、经济社团

在天津的外国商人，为了加强本国商人之间的联系和扩大商业势力，大都联合起来成立商业组织。天津最早出现的经济社团是天津洋商会馆，其成立于1887年，当时有7名英国人、4名德国人、3名俄国人、1名法国人和1名美国人，总计16人。1919年组织的天津商工协会，也是"当地实业家"的行为。因加入者都是当地的行政委员，一直保持着相当地位，"为与之相抗衡，组织初级商业会议所，谋求个人利益的增加"①。1922年，天津有6家外国人商业会议所。

日本侨民在天津的经济社团首推商工会议所，它是一种地方性工商业者组织，一般以市为单位，任务是交流信息、中介、斡旋、调停仲裁、证明鉴定、统计本地区工商业事宜等，具有法人资格。日商在海外也设立类似的组织。天津日本商工会议所的前身为天津商谈会，成立于1902年。其目的是增进天津日本商工业者之间的相互利益，编辑发行商业会议所周报、贸易年报或天津概观等，在发生排日等事件时，制作研究报告或担任中介。最初日本商工会议所有会员79名，多数是本店在日本国内的贸易业者。其后随着人员的增加，于1908年8月在日本俱乐部召开创立总会，改称会议所。由于最初制定的规章中没有在税额和资本等方面来限制会员资格，因此下层工商业者也可以成为会员。尔后为了方便，将总部设在日本租界局内。其后，随着在津商人的增加，其会员也在不断增多。

---

① 船津辰一郎総領事:「天津商工協会設立に付いての報告」(1919年8月14日送交内田康哉外相)，外務省記録『支那ニ於テ日本商品同盟排斥一件・第五巻』MT3.3.8.5。

1921 年会员增加到 117 名[①],1923 年为 119 名[②],1925 年为 197 名[③],1927 年 11 月为 267 人[④],1930 年达到 236 名[⑤]。从连续性来看,1921 年的 117 名会员当中,到 1926 年消失了 41 名,甚至到 1930 年又消失了 8 名。即 1930 年的 236 名会员当中,1921 年以来都在的不过 68 名[⑥],所占者不到 30%。这一方面说明日本商人的不稳定性,另一方面也说明其会员多为日本国内公司的派遣员。

如果将会员的平均营业税和天津所有日本商人的平均营业税相比较的话,以 1930 年为例,日本人商业会议所会员的平均营业税为银 116.66 美元,而后者则仅为银 43.32 美元,前者是后者的两倍多,说明会员以中等以上的日本商人为主。从会议所的议员来看,1921 年有评议员 14 名,其中本店在日本的有 11 名,占绝对多数,本店在天津的只有 1 名。到了 1925 年,在总数 19 名评议员当中,本店在日本的有 13 名,本店在天津的增加到 5 名。1930 年的 24 名评议员当中,本店在日本的减少到 10 名,在天津的增加到 11 名,首次超过在日本内地的人数。[⑦] 这也表明进入 20 世纪 20 年代,天津本地日本商人势力的增加。究其原因,日本学者幸野保典、木村健二认为,主要是天津商工协会的并入和导入三级评议员选举

① 天津日本人商業会議所:『天津商業会議所週報』第 255 号附録,1921 年。

② 外務省通商局編:『在天津総領事館管轄区域内事情』,外務省通商局 1924 年 3 月,第 177 頁。

③ 天津日本人商業会議所:『天津商業会議所週報』第 450 号附録,1926 年。

④ 天津居留民団編:『天津居留民団二十周年記念誌』,天津居留民団 1930 年,第 633 頁。

⑤ 天津日本人商業会議所編:『天津概観(附天津商工名録)』,天津日本人商業会議所 1930 年 11 月。

⑥ 幸野保典、木村健二:「1920 年代天津日本人商業会議所の分析」,『千葉史学』第 11 号,1987 年 12 月,第 47 頁。

⑦ 幸野保典、木村健二:「1920 年代天津日本人商業会議所の分析」,『千葉史学』第 11 号,1987 年 12 月,第 52 頁。

制，而其三级评议员全都是以天津为本店的商人。[①] 幸野保典还将本店在天津的评议员分为“支店继承型”和“现地发展型”：前者最初大都是以日本内地会社的支店长来天津的，此后脱离本店独立出来；后者大都是义和团事变前后来津的，通过自己的拼搏在天津创立一片天地。通过上述分析，他指出：“天津日本人商业会议所的方针是在与中国民族运动的对抗中，克服经济停滞。”[②]

1938 年 6 月天津日本商工会议所选举新的正副会头，结果掘江荣助当选为会头，武内进三为副会头。其议员多为日本大企业在津支店的支店长。根据 1940 年 6 月初的调查，天津日本商工会议所已有会员 2015 名。此次改选，经过激烈竞争，于 1940 年 6 月 30 日各选出一级议员、二级议员十六名。一级议员为横滨正金银行天津支店长河村二四郎、株式会社三昌洋行主冈本久雄、株式会社武斋洋行主武内进三、中裕洋行主中户川孝造、东洋制纸工业株式会社天津支店长竹内象藏、上海制造绢丝株式会社大公司厂长足立茂、国际运输株式会社天津支店长河野九郎、北泽洋行主北泽千代藏、东京建物株式会社天津支店长平野幸太郎、双喜纺织株式会社社长林一正、东洋棉花株式会社天津支店长安间安五郎、长城煤矿铁道株式会社社长青井真光、株式会社大二洋行主渡边重次郎、松本洋行主原田万造、泰信洋行主木村忠男、大阪商船株式会社天津支店长吉植庄司。

二级议员为三中工厂长大内专、五十岚工务所五十岚重吉、株式会社义昌洋行主冈崎义鹿、小笹洋行厂长小笹四郎太、大丰化学金山作次郎、北洋铁线工厂森清治郎、小林洋行主龟泽省朔、石丸制作所石丸德弘、国境商事株式会社天津办事处、寺内鬼一郎、合资会社大清化学厂清水一太

① 幸野保典、木村健二:「1920 年代天津日本人商業会議所の分析」,『千葉史学』第 11 号,1987 年 12 月,第 47 頁。

② 幸野保典、木村健二:「1920 年代天津日本人商業会議所の分析」,『千葉史学』第 11 号,1987 年 12 月,第 57 頁。

郎、冲村商会冲村兼薰、三和洋行主里见幸太郎、涩木幸平、神港洋行主锻治静一郎。[①]

当时在选举天津日本商工会议所的会头时，两派又是矛盾重重，都在争取中立派的支持，希望能获得胜利。

天津日本商工会议所为发展中日贸易和创造良好的经济环境，还与中国的经济团体举行座谈会。1915 年 4 月，日本商业会议所与天津商会联合组织了中日两国商业恳亲会，除了有天津商会和日本商业会议所等主办方外，与会者有总理、直隶巡按使、各厅厅长、海关监督、盐运使、津海道尹和县知事等，日本的驻天津总领事和领事馆官员，以及 75 家日本洋行、会社代表也参加了会议。特别是商业会议所定期出版的周报、时报、月报以及天津贸易年报、天津商工汇报等，为天津日本商人的贸易活动提供了很大帮助。随着 20 世纪二三十年代天津在全国地位的提高和中日贸易的扩大，“天津已不是以前的天津，已经成了新生中国的经济心脏了”，而“作为在留日本人的工商业中心机关，工商会议所扩大强化乃理所当然。特别是今后随着日本人的进入，对外交涉日益增多，且会面临种种困难，会头的责任和任务会更加重大”。[②] 因此，“这家商会在促进它的侨民贸易方面承担的义务比其他外国商会加在一起还要多”。[③] 但是在土著派没有能够背负此种希望的人。

天津日本人同业组合也是一个重要的经济社团。日本商人最早成立的组合是 1913 年 8 月成立的丝绸组合。1919 至 1920 年随着贸易繁盛，其他各种组合也纷纷设立。到 1927 年末，日本人同业组合有 17 个，其中 1918 年和 1919 年各成立 3 个。按年份，这两年成立的日本人同业组合最

---

① 『京津日日新聞』1940 年 7 月 1 日，第 3 版。

② 支那問題研究所編：『支那問題研究所経済旬報』第 31 号，1938 年 3 月 21 日，第 8 頁。

③ ［英］雷穆森著，许逸凡译：《天津——插图本史纲》，《天津历史资料》第 2 期，1964 年 9 月，第 169 页。

图 5－1　天津日本商工会议所

（图片来源：早川録鋭編:『北支!! 天津事情』，天津出版社 1938 年版）

多，有 10 个组合是在 1918 年至 1922 年成立的。这显示出日本侨民的经济活动作为整体开始扎根。截至 1937 年七七事变前，“这类同业组合已有 25 个之多”①。成立同业组合的目的，是同业者之间联络感情、交换信息、确保利益的内部规制等。没有一定数量的商铺是不可能的。因此我们也可以说日本侨民的商业力量已经达到一定水平。

此外，日本各府县还相继在天津设立贸易斡旋所。“贸易斡旋所主要的工作是斡旋介绍商业贸易、调停贸易纠纷、介绍宣传日本产业和日本商品、斡旋进出口统制、设计商标事务以及贸易调查等所有和贸易有关的事务。”②1919 年成立的天津商工协会位于日租界大和公园内，总代表为大泽大之助，1923 年有会员 184 名③。天津兴信所则是小仓知正于 1920

① 天津市政协文史资料研究委员会编:《天津租界》，天津人民出版社 1986 年，第 104 页。

② 支那問題研究所編:『支那問題研究所経済主旬報』，1938 年 5 月 1 日，第 23—24 頁。

③ 外務省通商局編:『在天津総領事館管轄区域内事情』，外務省通商局 1924 年 3 月，第 177 頁。

年10月所创立。主要是对在中国的天津、北京、青岛、满洲、台湾，以及朝鲜、日本等个人和法人进行现有调查和一般经济调查，并发行内报，其实行会员制度。

这些经济社团的设立，有利于与中国商人及其他外国商人展开竞争，提高了日本商业者自身的实力，还加强了相互之间的联系和协作，有助于日本对华的经济侵略。

二、社会社团

如果说经济社团更多的是出于经济利益方面考虑的话，那么社会社团则更多地具有交际功能。社会社团又以各国的俱乐部为主。俱乐部在租界侨民的生活当中占据着重要地位：“侨民们工作之余出入俱乐部，读欧洲报纸、喝威士忌，追求英国绅士的生活方式。”①当时，天津各国侨民都设有各自的俱乐部，如英、美侨民设立的游艺津会，德国侨民设立的德国俱乐部，法国侨民设立的法兰西俱乐部，日本侨民设立的日本俱乐部。不过，各国俱乐部的开放程度并不一样，有人评论说：“在天津……根本没有排外的英国俱乐部，甚至用更广泛的术语，连一个排外的不列颠俱乐部也没有。”美国、法国、俄国、德国的俱乐部也“并不严格排斥外人，但是他们也并不设法鼓励在他们的俱乐部名称上标明的国家以外的会员加入”。②

日本俱乐部成立于1901年，当初只有一张台球桌，1903年末转移到共立医院后面的别馆，逐渐成为绅士、淑女们的交际场所，会员也开始增

---

① 刘海岩：《空间与社会：近代天津城市的演变》，天津社会科学院出版社2003年，第122页。

② ［英］雷穆森著，许逸凡、赵地译，刘海岩校订：《天津租界史（插图本）》，天津人民出版社2009年，第266页。

加。1909 年对室内进行改装。1915 年又租用大和公园内新建公会堂的一层使用。1923 年由会长吉田茂总领事提议,废除以前的榻榻米式集会室,改为西式社交室。俱乐部内设有台球、围棋、象棋、麻将、收音机、报纸、酒吧、食堂等设备,以供集会、宴会、娱乐,是当时日租界最重要的交际机构。日本俱乐部的管理机构则为:会长 1 名、评议员 20 名、干事 2 名、会计监督 1 名。会长总理俱乐部的所有事务,干事则按照会长之命,处理俱乐部内的一切庶务,任期为一年。首任会长是伊集院彦吉领事,其后历任会长都是天津的日本领事、总领事。俱乐部经费则由会费,酒吧、食堂的利润,台球、麻将的使用费,赠款等充任。渡边龙圣在 1909 年回国之际就曾向俱乐部捐赠 100 银元。根据 1927 年的决算报告,日本俱乐部该年收入 8 千余元,支出 7 千余元,俱乐部资产为 11100 余元。

对于入会,日本俱乐部规约规定:"本俱乐部由日本人组织,但有名誉的外国人也可以入会。"① 其会员分为正会员、地方会员、名誉会员、特邀会员四种,会费则是正会员每月 2 美元,地方会员每年 3 美元以上。日本俱乐部最初只有会员 93 名。1909 年 4 月,评议员召开会议,审议通过了建物会社天津支店长福山义春和加藤医院院长加藤清继的入会请求。1909 年 10 月召开日本俱乐部总会时,会员已经超过 100 人。在此会议上,有松永、铃木两委员提出节约经费的议案,会长小幡酉吉总领事在总结发言中提出:"今后要尽可能多地招募会员,以策繁荣;同时也要尽可能节约经费。"② 因此,其会员逐年增多。1927 年,仅正会员人数就达到 200 多人③。根据 1930 年 11 月的会员名单统计:正会员 212 人,地方会员 20 名,名誉会员 124 名,特邀人员 16 名,合计 372 名。而到了 1941 年,其会员人数已经超过 800 人。

---

① 富成一二編:『天津案内』,中東石印局 1913 年,133 頁。

② 『北清時報』1909 年 10 月 27 日,第 2 版。

③ 天津居留民团編:『天津居留民团二十周年記念誌』,天津居留民团 1930 年,第 665 頁。

图5－2 日侨在日本俱乐部举行活动

（图片来源：近藤久义收藏提供）

会员当中不乏著名人士，如贵族院议员坂西利八郎、外务次官吉田茂、朝鲜军司令官南次郎、陆军大将秋山好古等人都曾是该俱乐部的会员。天津日本侨民社会的头面人物，如三井物产天津支店长金井润三、三昌洋行主冈本久雄、天津兴信所所长小仓知正、井上医院院长井上勇之助等人都位列其中。三昌洋行主冈本久雄生于1886年，1909年东亚同文学院毕业，1915年作为大日本制糖株式会社办事员兼农商务省实业练习生来天津，旋即辞职。1916年和人合资开办三昌洋行，后独自经营。1921年担任天津交易所经纪人，从事钱钞买卖的中介工作。他是天津日本侨民中的重要人物，其所经营的三昌洋行是“天津日本人所经营最有力的一个贸易商，主要经营棉花、棉纱布、洋纸、砂糖、石油等，以及其他杂货”①。他曾历任居留民会议员、行政委员会议员和行政委员会会计主任

① 北支那経済通信社編：『北支・蒙疆現勢（昭和十三年版）』，北支那经济通信社1938年，第520頁。

等职。特邀人员则多为寓居在日租界内的“寓公”,如方若、曹汝霖、王揖唐、孙润宇等人,这些人大都以亲日闻名。这表明日本俱乐部不仅仅是一个纯粹的娱乐场所,还是各方人士聚会、讨论时局的场所。

同文俱乐部是日中两国人士在日租界闸口西大街所设立的,内有球台和其他室内游戏工具,供中日两国人士联欢之用。会员也分为正会员、地方会员、名誉会员三种。居住在天津的会员为正会员,居住在天津以外的会员为地方会员,凡有名誉并由大家推举者为名誉会员。正会员和地方会员的入会费为 20 银,每月会费银 3 元。会员以 100 名为限,但名誉会员不限此额。俱乐部设置评议员 20 名,总理一切事务,另设书记 1 名、会计监督 2 名。

天津海员俱乐部成立于 1926 年,会长为天津总领事,会员主要是由在天津从事海事进出船舶的职员及有志者,目的是保护和增进会员的共同福利。其会员分为维持会员、赞助会员、正会员等。正会员为所有出入船舶的日本职员,另还有维持会员和赞助会员 20 名。天津海员俱乐部每月向会员配发涨潮预定表,并刊行《邦译天津港港则》《天津港》等刊物。

天津兴亚教育会于 1940 年 2 月成立,位于天津陆军特务机关内,会员约有 50 名。其设立主要是为了在天津中国方面的教育机构和与中国教育有关的日本方面的机关工作的日本人研究修养并亲睦,依靠华北文化事业协会的捐助和其他收入维持。

天津兴亚奉公会于 1940 年 2 月 11 日成立,位于日租界福岛街天津居留民团内,会员全部是日侨,目的是激发国民精神总动员的精神,以达成“东亚新秩序”的建设,经费来自民团补助金和捐款。天津兴亚奉公会主要是进行各种运动、仪式宣传等事业。

天津中心会于 1940 年 2 月 21 日设立,位于日租界吉野街四之二之四,会员有 300 名。其目的是实现世界以日本为中心,这是东亚建设的条件。为此,要通过守护个人、家庭、团体的中心的修养运动,实现献身奉公。天津中心会的经费来自会费和捐款。

表 5－1　在天津的日本侨民成立的各校同窗会（1928 年）

同窗会	创立时间	干事	会员数	地点
东京外国语学校天津同窗会	1901	斋藤藤作、种村保三郎、中川好助、猿渡孝	27	天津日本总领事馆内
东亚同文书院沪友同窗会	1912	利根川久、有留重利、柳原宽一郎、根本永雄、奥田乙次郎、白井康、饭塚重史	38	日本棉花会社内
同志社				
早稻田校友会		小仓章宏、筒井精逸、味冈升三、山川真	30	日租界芙蓉街
天津学士会	1907	柴田时之助、松本文三郎、武藤义雄	35	天津日本总领事馆内
天津三田会				
天津小学校同窗会		干事长为西村聪，干事为石川谦一郎等	55	
明治大学同窗会				
如水会天津支部	1904	土岐正直、小濑岩	15	天津居留民团内
日本大学天津会	1939. 6	野口二郎		日租界旭街
天津九大会		盐谷信治		日租界浪速街
关大校友会		高原菅匡		天津日报社内
拓殖大学学友会天津支部		出云弥助		日租界花园街
凌霜会天津支部		中村三雄		日租界福岛街
天津女学校同窗会		加藤秀		天津日本高等女学校内
天津商业学校同窗会		大泽富士雄		天津日本商业学校内

资料来源：天津居留民团编：『天津居留民団二十周年記念誌』，天津居留民团 1930 版，第 679 頁。

此外，一些日本侨民还根据各自的毕业院校，在天津成立了同窗会，具体情况如下表。这些同窗会不时举行一些恳亲会，以相互加强联系。来自日本各地的侨民也组织了同乡会。

三、政治社团

天津的日本侨民还根据出生府县组织县人会，并随时举行聚会以进行交流。1928 年成立的县人会有福冈县人会、冈山县人会等 20 个。[①] 1940 年2 月10 日，福岛县人会成立。各县人会经常为离任或到任的同县人举行送迎会，以加强相互之间的联系纽带。如静冈县人会 1909 年 5 月 19 日在神户馆为警察公署署员铃木久米造转任南京领事馆召开欢送会。1909 年 5 月 9 日在偕荣馆召开九州恳亲会，参加者“超过预定人数 30 名，达到 150 余人。以前本会都是分县举行，此次一起举行家族恳亲会，由于各方努力非常成功，携带家人者很多，妇女、儿童约有三四十人”[②]。爱知县人会的秋季恳亲会也于 1909 年 11 月 20 日下午 6 点在芙蓉馆召开，与会者不少，甚至有几名艺妓周旋其间，颇为盛大[③]。京都会也在 1909 年 11 月 22 日举行秋季恳亲会，参加者约 20 人[④]。长崎县人会还于 1939 年 11 月为加强相互之间的联系和沟通，决定编纂县人会员名簿。通过这些恳亲会，同县人之间联络了感情，加强了联系，也找到了一种归属感。

---

① 天津居留民团编:『天津居留民团二十周年記念誌』，天津居留民团 1930 年，第 671 頁。

② 『北清時報』1909 年 5 月 11 日，第 2 版。

③ 『北清時報』1909 年 11 月 21 日，第 2 版。

④ 『北清時報』1909 年 11 月 23 日，第 2 版。

表 5－2　天津的日本县人会(1928 年 10 月)

县	会员人数	县	会员人数	县	会员人数	县	会员人数
滋贺	约 20	福冈	约 50	福井	约 20	冈山	40
三重	6	静冈	12	山口	约 50	鹿儿岛	约 70
广岛	约 40	德岛	15	大分	约 40	爱媛	约 40
岐阜	约 12	千叶	约 20	佐贺	约 40	长崎	约 150
群马	23	爱知	63	熊本	约 30	东北会	约 50

资料来源:天津居留民团編:『天津居留民团二十周年記念誌』,天津居留民团 1930 年,第 671—672 頁。

表 5－3　天津的日本县人会(1941 年 10 月 10 日)

县人会名	设立时间	会长	会员人数	地点
秋田县	1940 年 2 月	藤田良温(华东百货店)	约 100 名	秋山街
广岛县	不详	冈本久雄(三昌洋行)	约 600 名	寿街三昌洋行内
枥木县	1919 年	清水芳次郎(日华经济联盟理事)	约 100 名	寿街日光堂书店内
长崎县	1918 年前后	北岛与太郎(北岛商会)	约 280 名	伏见街桥本商店内
熊本县	1918 年前后	真藤弃生(前天津日本社长)	约 280 名	福岛街天日公寓真藤弃生家
宫城县	1916 年	赤山今朝治(赤山工程局)	约 250 名	春日街赤山工程局内
山梨县	1941 年 10 月	山下保胤(山下洋行)	约 70 名	松岛街山下洋行内
石川县	1921 年前后	村野直弘(天津特别市公署顾问)	约 250 名	松岛街弥生旅馆内

续表

县人会名	设立时间	会长	会员人数	地点
长野县	1916年	缺员	约120名	淡路街中和洋行内
群马县	1924年	天田朝义（天津棉花输出协会）	约140名	荣街北支那经济通信社
佐贺县	1909年	河村二四郎（横滨正金银行天津支店经理）	约300名	旭街山玉号内
纪州会	1921年前后	儿玉翠晴（开滦矿务总局）	约100名	寿街九鬼洋行内
山口县	1903年	缺员	约400名	福岛街福美洋行内
爱媛县	1914、1915年	藤江真文（中日学院）	约70名	海光寺桥南中日学院藤江宅
富山县	1906至1909年间	金山喜八郎（中华磷寸株式会社）	约90名	旭街寺田药房内

资料来源:『京津事情』第4卷第11号,1941年11月,第8—14頁。

在日租界内侨民还自发组织了町内会,致力于同街道内日本人的恳亲或喜丧等。日本人集中居住的街道成立二三个町内会,人少者则二三街道合并成立一个町内会。“町内会结成的直接契机则是‘危机’。”①这一点可以从1917年的大水灾中体现出来。当时,总领事馆和居留民团联合组织“天津水灾救护会”,负责食品饮水的供给、煮饭、防疫等,同时还组织了官民联合的“排水委员会”。成员们正是在这种共同承担救护、恢复作业中产生了“伙伴”意识,以此为契机逐渐发展设立了町内会。1928年10月时,共有南旭街等11个町内会。其干事“大都由各街道的领导者

① 桂川光正:『租界における日本人居留民の都市生活——天津を例に』,プロジェクト共同研究組織:『都市と文化 : 歴史学・地理学・社会学・文学からのアプローチ』,産業叢書21,大阪産業大学産業研究所2004年,第24頁。

图 5－3　枥木县人会 1938 年 10 月在致美楼举行集会
（照片来源：铃木隆一收藏提供）

担任。与上海的町内会不同，天津的町内会更多地具有“再确认、有时是强化地缘性的归属意识”①。如担任南旭街干事的上野寿、北旭街干事金山喜八郎等人都是当时租界内的知名人士，担任过行政委员会议员等职。1931 年天津事变时，町内会协助租界当局“在皇宫电影院旁旧菜市场及春日街汇川公司后的广场从事制作沙袋”②。桂川光正认为：“进入 1930 年代以后，町内会的组织化得到一定程度发展，也开始发挥作为居民组织的机能。”③

① 桂川光正：『租界における日本人居留民の都市生活——天津を例に』，プロジェクト共同研究組織：『都市と文化：歴史学・地理学・社会学・文学からのアプローチ』，産業叢書 21，大阪産業大学産業研究所 2004 年，第 25 頁。

② 中国人民政治协商会议天津市委员会文史资料研究委员会编：《天津便衣队暴乱》，中国文史出版社 1987 年，第 104 页。

③ 桂川光正：『租界における日本人居留民の都市生活——天津を例に』，プロジェクト共同研究組織：『都市と文化：歴史学・地理学・社会学・文学からのアプローチ』，産業叢書 21，大阪産業大学産業研究所 2004 年，第 29 頁。

表 5-4　天津的町内会(1928 年 10 月)

会名	会员数	会名	会员数	会名	会员数
南旭街	26	北旭街	17	樱寿街	17
新寿街	40	桥立街	13	曙街	43
南曙街	32	松岛街	47	花园街	25
芙蓉街	36	福岛街	65		

资料来源:天津居留民团編:『天津居留民团二十周年記念誌』,天津居留民团 1930 年,第 670—671 頁。

居留民团在租界内建立义勇队,以保护所谓租界安全和商业贸易,最早出现于上海的公共租界,时为 1853 年。其后各国租界以此为例,相继建立义勇队。1908 年天津在乡军人团通过行政委员会向总领事提出设立天津日本义勇队,但该委员会举出四个理由认为不适当:第一,在和中国人一起组织的居留民团会议上讨论防御中国人的问题不妥当;第二,事态并不紧急的情况下,采取军事行动会伤害中国人的感情;第三,保护日本侨民,可以充分信赖日本驻屯军;第四,居留民团经费不足。由此也可以看出,由于日租界内居住着很多中国人,加之居留民团内也有中国议员,同时从日本政府当时采取的"中日亲善"政策出发,都还需要中国人的合作。因此,此时提出成立义勇队,用来防御中国人显然是不明智的,也是不现实的。因此该提案最终没有实现。

1913 年松本君平又提议设立义勇队组织,但其并没有成为长期组织。其后虽然兵变不断,但大致没有带来严重威胁,因此义勇队一直没有真正建立起来。到了 20 世纪 20 年代,中国政局混乱,战争不止,日本人的不安全感增强,特别是 1925 年 12 月东北军将领郭松龄发动兵变,冯玉祥与直隶之李景林开战,冯因追赶李而带领军队进入天津,一时日本人感到危险将至,感觉仅仅依靠天津驻屯军已不能维持治安,要求建立义勇队进行防护。同时中国的民族主义运动日益高涨,反日、抵制日货运动日趋频繁,让日本人感到如在深渊之中。于是,在日本驻屯军司令官小泉六

一、总领事有田八郎的怂恿下,1927 年 5 月,居留民团临时民会正式决定设立天津日本义勇队,并制定了《天津日本义勇队规程》,同年 7 月又在行政委员会上通过细则、训练规程、动员规程等。1933 年 3 月,居留民会又通过了《改正天津日本义勇队规程》,其宗旨和目的是在天灾或事变之际,维持租界的安宁秩序,保护侨民生命财产。其队员皆从日本侨民中年满 17 周岁以上的男子中招募。本队由本部、警备班、翻译班、通信班、工资班、救护班组成,本部设部长、副部长 1 名;各班设班长、副班长各 1 名。警备班有 3 个中队,1 个中队有 3 个小队,各约 100 名队员,其他各班为 20 至 35 名队员,由天津总领事指挥监督。① 天津日本义勇队经费主要由居留民团承担。1928 年末,其有队员 495 名,队长兼本部长为田村俊次,副部长兼总务部长为中岛德次。其他各班班长和副班长也都是日本侨民中具有一定威望者。如情报主任小宫山繁,后来曾创办《天津商况日报》;本部长田村俊次则先后担任过多届居留民团行政委员会委员和议长之职;副部长中岛德次担任过居留民团的理事;通信班班长石川通担任过三届行政委员会委员。

不过,天津日本义勇队最初仅限于生产军用物资和协助做翻译工作,并没有武器,只是作为驻屯军的后援力量。1928 年的济南事变、1931 年的天津事变时,天津日本义勇队负责保护日本侨民和担任警戒,1937 年 7 月中日战争时,又选拔在留朝鲜人 168 名编入义勇队,在驻屯军指挥下进行活动,受到驻屯军司令官嘉奖。1939 年日租界警防团设立,义勇队因无法获得财政支持,活动逐渐趋于停滞。

从上述的设置过程和作用来看,义勇队不但在战乱时可以保护日本人的安全,同时还具有抵制中国人排外运动的色彩。因此有人呼吁义勇队要长久保留,以应对可能出现的各种困难局面。1915 年上海排日运动

---

① 外務省外交史料館藏:『外務省警察史』第 34 巻(支那の部　北支),不二出版 1999 年,第 280 頁。

高涨时所成立的“自卫团”就是为了自卫和协助军队，义勇队同样也具有此种功能。从根本上说，这是日本侵华的一种产物，也是日本人危机意识和忧患意识的一种反应。

图5－4　天津日本义勇队和帝国在乡军人会天津分会办公处

（图片来源：早川録鋭編：『北支！！天津事情』，天津出版社1938年版）

此外，帝国在乡军人会天津分会成立于1907年，由会员30余名组成，目的是提高会员的品位，相互辅助，增进军事上、实业上的知识[①]。同时在战乱之际担任防卫租界和保护一般侨民之职，在历次事变中都表现得非常活跃。1914年3月帝国在乡军人会设立分会时有会员93名，1928年8月增加到220余名。会长为田村俊次，副会长为古田治四郎。1936年4月其会员增加至350余名，会长仍旧是田村俊次，副会长则为上田茂。

天津体育会成立于1916年，目的是锻炼日本人的体力和精神，并兼有相互亲睦之意。会内设有网球、棒球等8部，主要负责举办的各种运动会。设置名誉会长1名、会长1名、评议员50名、干事2名、会计监督1

① 天津居留民团编：『天津居留民团二十週年記念誌』，天津居留民团1930年，第673頁。

名和各部部长 1 名。天津体育会实行会员制度,分为正会员、特别会员、赞助会员和名誉会员四种,会员需要缴纳会费。1928 年有会员合计 363 名。[①] 会长为加藤外松,干事则为山川真、藤江真文。

天津日本妇人会前身是天津特志看护妇会,成立于 1904 年,当时仅有会员 37 名,名誉会长邀请伊集院总领事夫人担任。1905 年 12 月改称天津日本妇人会,以推行慈善事业和日中亲善为目的。会员为日本良家妻女,需要缴纳会费。1928 年 9 月,天津日本妇人会有会员 55 名,干事为佐藤恒子、中岛八重子、小林寿子、小松崎节子[②]。此外还有一些宗教团体妇人会,如天津妇人发话会、天津村云妇人会、基督教妇人会等。

除此之外,为了弥补社交机构缺乏和丰富业余生活,日侨还成立了各种艺术爱好者会。如英学会、天津俳乐会、俳句研究会、川柳研究会、写真研究会、演剧研究会、曼陀铃俱乐部等。通过这些组织,日本侨民相互得到交流,也获得了文化享受。

这些日本侨民社团组织大都以上海和天津等地的为主。虽然“一开始大部分是自发的,但在日本政府强有力的干预之下得到进一步加强和塑造”[③]。因此,很多社团都具有很强的依附性,成为日本官方控制下的社团。这一方面增强了日本侨民的民族意识和凝聚力,但也造成与西方人、中国人的关系紧张,加剧了彼此之间的距离感,衍生出对立和敌视的意识与言行。

---

① 天津居留民团編:『天津居留民团二十週年記念誌』,天津居留民团 1930 年,第 668 頁。

② 天津居留民团編:『天津居留民团二十週年記念誌』,天津居留民团 1930 年,第 669 頁。

③ [法]安克强:《上海的“小日本”:一个与外界隔离的社团(1875—1945)》,熊月之、马学强、晏可佳选编:《上海的外国人(1842—1949)》,上海古籍出版社 2003 年,第 184 页。

第二节 日租界的教育状况

一、教育的嚆矢与发展

日本政府向来都非常重视教育,明治维新的成功很大程度上也是得益于此。当时“文盲率低,通过寺子屋教育等,国民的教育水平很高”①。1886 年,文部大臣森有礼便制定了包括帝国大学令、师范学校令、中小学校令等在内的一系列学校令,确立了国家主义的教育制度。小学令规定其为4 年制义务教育,1907 年延长为6 年。其后随着初等教育的普及,日本国内的小学校达到 28025 个,教员共有 71046 人,小学生的人数总计 2315070 人,义务教育的就学率从 1894 年的 61.7% 升到 1980 年的 97.8%。② 1890 年颁布的《教育敕语》将神道集权主义、儒家伦理思想和教育为国家服务的近代态度熔为一炉。日本小学还制订了独特的惯例活动,如各种各样的校典、运动会、修学旅行,特别是隆重的入学典礼和毕业

① 笠原一男:『詳説日本史研究』,山川出版社 1977 年,第 332 頁。

② 王桂编著:《日本教育史》,吉林教育出版社 1987 年,第 122、185 页。

典礼,使日本教育在世界教育史上具有鲜明的特点和独特的地位。

同样,日本政府对海外的日本人教育也非常重视。这是因为“对以祖国为后盾移居海外的家族来说,最为担心的就是孩子的教育问题”。上海的日本东本愿寺就认为在亚洲第一贸易大港的上海,日本孩子不能接受现代教育是令日本感到羞耻的事情。早在 19 世纪 70 年代,上海就对日本孩子进行了最基本的教育,这也是海外日本人中最早进行的教育活动。在天津也是如此,“天津的日本居留民从租界设立之初,就认真考虑孩子的教育”①。在 20 世纪初,海外日本人开始了真正的学校教育。当时,在欧美人士当中,教育也是严重的问题,他们认为“在天津的外国儿童教育问题从好早起就是这个商埠私人生活与商业生活中的严重问题”,因此“很多侨民还是把他们的孩子送到烟台与威海卫寄宿学校里去”,“这样,就使父母不能跟孩子们在一起,也使得孩子们在成长期间失去了有力的家庭与父母影响的机会”。②

天津日本人的学校教育始于 1902 年,该年日本基督教信仰者团体因担心没有儿童教育机关,便在闸口旧商谈会场所开设家庭私塾性质的学校。不过,当时仅有学生 14 名,中国驻屯军经理部长日匹信亮担任监督,有 3 名女教师进行义务教育。经费主要依靠每月 25 美元的补助金、每月 1 美元的学费及有志者的捐赠。此后随着学生的增加,校舍多次进行改修和扩建,1918 年学生全部转移到芙蓉街校舍。1907 年 10 月,学校交由居留民团经营,改称天津寻常高等小学校。此时,学校的建制已完全等同于日本内地小学,有学生 85 名。1908 年 4 月,随着内地义务教育的延长,课程也改为普通科 6 年、高等科 2 年,4 月又获得国外指定学校资格。松平恒雄、吉田茂两任总领事,驻屯军司令官梅津美治郎的孩子都曾在该校学习,末代皇帝溥仪也曾来校参观,并多次偕夫人来此观看运动会。根据

---

① 田中良平:『天津今昔招待・租界人間模様』,晀有限会社 2004 年,第 34 頁。

② [英]雷穆森著,许逸凡译:《天津——插图本史纲》,《天津历史资料》第 2 期,1964 年 9 月,第 164 页。

1908 年的教学课程,小学开设的科目及每周授课时间如下:

寻常科:修身 2 小时、国语 8 小时、算术 5 小时、日本历史 2 小时、地理 2 小时、理科 2 小时、绘画 1 小时、唱歌与体操合计 4 小时、手工艺 1 小时、裁缝 2 小时。

高等科:修身 2 小时、国语 8 小时、算术 4 小时、日本历史 2 小时、地理 2 小时、理科 2 小时、唱歌 1 小时、体操 3 小时、商业 3 小时、汉语 3 小时、裁缝 4 小时、家务 2 小时。

寻常科有专门为女子开设的裁缝科,高等科有专门为男子开设的商业及汉语科。《北清时报》在 1909 年 9 月 19 日就报道了天津寻常高等小学校举行的学艺会情况。除唱歌和手工艺外,各科都由各班的班主任负责教授,教师大多为男性。该校在 20 世纪 20 年代以前是天津唯一的一所日本小学,担负着教育日本侨民子弟的重任。从表 5 - 5 可以看出其学生数的增加情况。天津日本寻常高等小学校在 1930 年又由新成立的财团法人天津共益会经营,1936 年 4 月改称天津第一寻常高等小学校。1937 年,天津日本寻常高等小学校有 21 个班级,学生数为 828 人。学校还经常举办学艺会,培养学生的动手能力。

表 5 - 5　天津日本第一寻常高等小学校学生数量增长表(截至 1935 年)

年份	日本侨民人数	寻常科		高等科		学生数
		男	女	男	女	总计
1907	1612	40	41	5	2	88
1910	1640	54	48	3	4	109
1915	3228	97	79	17	8	201
1920	4626	163	185	17	15	380
1925	5167					467
1930	6260	362	326	21	0	709
1935	7653	517	487	20	0	1024

资料来源:1907 至 1925 年的数据来自历年『民团事務報告』;1930 年、1935 年的数据来自该年的『天津共益会事務報告書』。

此后，随着日本人的激增，特别是“随着华北形势活跃，侨民急剧增加，学龄儿童必然急剧增加，仅仅依靠天津日本寻常高等小学校已无法容纳”[①]。日本侨民强烈呼吁建设新的小学校。正是在此背景下，天津共益会开始在宫岛街建设新校舍，并于1936年4月正式设立天津第二日本寻常小学校，最初只有9个班级、359人，转年就增加到19个班级、742人。[②]

随着日本人的增加，学前儿童也逐渐多起来，日本侨民的有志者行动起来，基督教信徒冲田介次郎[③]等人于1909年8月便在日租界寿街的基督教会堂后方房屋的两间房屋内开设天津幼稚园。最初因经费问题，经营十分困难，于是寻求居留民团的帮助，每年获得400美元的补助。其后随着儿童的增加，园舍变得狭窄，1916年借用基督教青年会的民团填埋地，将学校转移到附近的新建校舍。1927年4月，幼稚园改称居留民团立天津幼稚园，开始改善设施，在旧馆上面增加两层作为游艺场，并进行保姆室、厕所、洗手间的改造，增加秋千，铺设上下水道、建设花坛等。开园的时候仅有学生49名，到1936年增加到126名，毕业儿童为62名。[④]

不过，很长的一段时间内，天津并没有一座日本中等学校，日本侨民子弟要想进入中学校，必须去旅顺、大连等地区，或者回日本内地上学。为此，日租界当局经过努力，并在日本侨民的热心支持下，终于在20世纪20年代开始建设中等教育学校。

天津日本青年学校成立于1919年4月，初为三年制的商业学校，主

① 天津共益会编：『財団法人天津共益会事業概況』，天津共益会1936年4月，第19頁。

② 臼井忠三編：『天津居留民団三十周年記念誌』，天津居留民団1941年，第440頁。

③ 创始人冲田介次郎生于1863年，1901年作为磷寸三友商会的办事员来到天津开设店铺。其后自行开办三友洋行，继而又创立三友精炼所。冲田介次郎曾担任过天津日本居留民团行政委员、日本俱乐部评议员、日本青年会评议员。20世纪20年代曾担任天津信托兴业株式会社社长、株式会社结城洋行专务董事、天津制棉株式会社社长等职务，是日本侨民当中较早来津者，亦是一位颇有影响的元老级人物。参见天津興信所編：『京津在留邦人官商録』，天津興信所1925年，第91頁。

④ 臼井忠三編：『天津居留民団三十周年記念誌』，天津居留民団1941年，第443頁。

图 5－5　1933 年天津日本幼稚园毕业纪念（铃木隆一提供）

要是向从事商业的青年教授商业教育，一般汉语初学者及研究者教授汉语。1928 年由文部省定为实业学校，改为四年制的实业学校，改称天津实业专修学校。1933 年由天津共益会经营，校名改为天津日本商业补习学校，并开设天津日本青年训练所。1935 年将两者合并改组为五年制天津日本青年学校，同时成为在外指定学校。1936 年 4 月附设二年制普通科，1937 年 4 月又设置普通科女子部。1937 年学校有学生 182 人，毕业生 112 人。①

天津日本高等女学校成立于 1921 年 4 月，1924 年 11 月成为外务、文部两大臣在外指定高等女学校，1926 年 4 月被外务大臣认定为社团法人。1930 年由天津共益会经营后，改称天津日本高等女学校。1936 年有

① 参见臼井忠三編:『天津居留民团三十周年記念誌』，天津居留民团 1941 年，第 447—450 頁。

学生 135 人①。根据 1939 年 11 月 2 日《京津日日新闻》的一个报道说，该校学生“1937 年为 276 名，1939 年为 527 名……根据对他们出身的调查，关东地方的最多，63 人；其次是近畿，60 人；再其次是九州，43 人；然后是朝鲜，39 人。最少的则是桦太，1 人；台湾 7 人，四国、北海道是 9 人。经常听说很多九州人出来，实际上并不如此。从职业来看，公司职员为 195 人，占据绝对多数，其次是从事商业者，139 人；官公吏 44 人，军人家属 24 人，工业者 19 人，料理业者 13 人”②。

表 5－6　天津日本高等女学校历年学生数

年份	学生数	年份	学生数
1921	24	1922	36
1923	52	1924	75
1925	101	1926	99
1927	103	1928	117
1929	126	1930	127
1931	143	1932	150
1933	163	1934	198
1935	207	1936	228
1937	276	1938	360
1939	527		

资料来源：1921 至 1939 年的数据来自历年『民団事務報告』。

天津日本商业学校是按照 1932 年 10 月文部省令商业学校规定设立的五年制商业学校，1933 年 7 月 8 日被文部大臣、外务大臣指定为在外指定学校，1937 年 3 月有学生 221 人③。该校早在 20 世纪 30 年代就成为

① 参见臼井忠三編：『天津居留民団三十周年記念誌』，天津居留民団 1941 年，第 443—444 頁。

② 『京津日日新闻』1939 年 11 月 2 日，第 2 版。

③ 参见臼井忠三編：『天津居留民団三十周年記念誌』，天津居留民団 1941 年，第 446—447 頁。

名门学校。1938 年 11 月 24 日的《京津日日新闻》曾报道说:“天津商业毕业生成为各方面争抢的红角儿,刚工作工资就超过 100 日元。”[①]天津商业学校不仅学业受到世人称赞,其他方面也非常活跃,曾在 1938 年、1939 年连续两次参加甲子园高中棒球大会,获得世人好评[②]。

图 5-6　天津日本商业学校

(图片来源:近藤久义收藏提供)

表 5-7 是截至 1937 年七七事变爆发,日本人在天津设立的学校情况。从中我们可以看出,总计有六所中小学,且全部位于日租界内。而在 1920 年之前,只有一所小学和幼稚园。这与当时在天津的日本人口数量是不相符的,因为此时日本侨民已近五千人。说明在 20 世纪 20 年代之前,日租界还一直处于建设当中,尚无更多余力致力于教育。而 20 世纪二三十年代是日租界发展最为迅速的时期,同时也是日本侨民社会形成和最为稳定的时期,因此学校教育在全体日本侨民的大力支持下,获得飞速发展。

---

① 『京津日日新闻』1938 年 11 月 24 日,第 2 版。

② 近藤久義:『天津を愛して百年　そして子々孫々』,新生出版 2005 年,第 156 頁。

表 5－7　天津的日本人学校表(截至 1937 年)

学校名	建立时间	地点	学生数	教职员数
天津第一日本寻常高等小学	1902 年 12 月	日租界芙蓉街	869	24
日本幼稚园	1909 年 8 月	日租界淡路街	123	7
天津日本青年学校	1921 年 3 月	日租界宫岛街	182	26
天津日本高等女学校	1921 年 4 月	日租界松岛街	279	23
天津日本商业学校	1933 年 4 月	日租界宫岛街	221	23
天津第二日本寻常高等小学	1936 年 4 月	日租界淡路街	742	23

资料来源:中学校的成立时间及地址系根据臼井忠三編:『天津居留民团三十周年記念誌』(天津居留民团 1941 年版)及相关资料整理;学生及教职员数据根据亚细亚历史资料中心网有关天津日本学校档案资料整理而成。

二、侨民与学校教育

日本侨民的子弟教育是在天津这一特殊的社会环境下进行的。首先,当时天津有多国租界存在,是一个“国际都市”,日租界又地处华界和法租界中间,受到东西两种文化的冲击和熏陶。其次,由于日本不断对中国进行侵略,招致中国经常爆发反日、抵制日货运动,日本侨民社会的处境日益恶化。如此环境也对子弟教育产生了很大影响。

租界当局从一开始就非常重视教育,早在 1904 年就将教育纳入了租界当局的事务当中。即在 1904 年 3 月 20 日,伊集院彦吉总领事在所召集的居留民会上,以教育日本侨民子弟为目的,提议设立天津小学校,并在租界局的事务章程中加入教育一项。① 特别是在居留民团成立后,以不属于内地的教育理念经营教育,本着以百年教育大计为根本招揽人才,

① 天津居留民团編:『天津居留民团十周年記念誌』,天津居留民团 1917 年,第 29 頁;天津居留民团編:『天津居留民团二十周年記念誌』,天津居留民团 1930 年,第 379 頁;臼井忠三編:『天津居留民团三十周年記念誌』,天津居留民团 1941 年,第 268 頁。

天津日本高等小学校初代校长便是东京高等师范学校出身的敕任官山口照平。此后,多个学校的校长和教师也都是从日本国内聘请而来的。[①] 居留民团教育委员会更以“教育胜过一切”的秋山精神致力于租界内的日本人教育,努力使日本人子弟享受到如同国内一样的教育水准。小学毕业后,男生可以进入日本的中学校,女生则进入高等女学校继续学习。到1936年前后,天津日本小学生进入中等学校的升学率已经达到97%。[②] 当时北京居留民的孩子在上完小学后,也有不少前来天津上中等学校。

日租界内的学校制度,遵照日本国内的《学校令》,寻常小学校为6年制,高等小学校为2年制,中学校、中等专门学校为5年制。男子接受中等教育的学校为中学校、商业学校等专门学校,女子则在高等女学校接受教育。天津的日本人学校的学期安排也如日本国内的学校,分为三个学期:第一学期从4月1日至8月20日;第二学期从8月21日至12月31日;第三学期从翌年1月1日至3月21日。小学一二年级一天上课三四个小时,高年级一天上课五六个小时。小学的时候男女在五年级前同班,五年级以后分为男女两个班。居留民团为扩展学生的知识面和阅读兴趣,于新建立的第三小学校新校舍内设立了儿童图书馆。学校对学生的日常生活严格管理,不允许学生随意外出,当时规定:“中学、高等女校学生没有保护人陪同,不许进入西餐馆、咖啡店,有同伴也不许观看电影。”[③]小学还组织父兄会,相当于现在的家长会,以便家长及时了解学生的情况,双方就孩子的学习、生活进行沟通,有助于学生的健康成长。

教育的发展还得益于侨民热心公益。除了一些有志者设立学校外,当时旅居天津或在天津生活过的日本人也经常向各学校捐款。据《北清

---

① 如天津第二日本寻常小学校校长山城静德、天津日本商业学校校长若菜佐等人都是从日本国内专门招聘过来的。

② 西村正邦:『天津租界こぼれ話』,非売品2006年,第129頁。

③ 西村正邦:『天津租界こぼれ話』,非売品2006年,第125頁。

新闻》报道，1909 年 10 月 13 日来津的伊集院公使向天津日本小学校少年文库、天津幼稚园各自捐赠了 100 美元。北洋师范学堂教习中岛半次郎回国之际，也分别向天津寻常高等小学校、天津幼稚园、共立小学堂捐赠银 20 美元、15 美元和 15 美元。此外，租界当局非常重视，尤其是在经费上大力投入。日本在“明治以后，地区领导者受中央政府通报的影响，热情投入教育，致力于教化事业出现普及倾向”[①]，身在异国的天津居留民团的财政尽管一直都不宽裕，但仍然将很大一部分支出投入教育事业。根据 1936 年度居留民团财政支出统计，“教育费达到 418267 美元，占到本年度支出的 51%，其中小学校费用达到 223000 美元，又占到教育费用的 53%，亦即有半数经费用于小学教育”[②]。对于孩子本身的学习和身体状况，据《京津日日新闻》报道，当时有不少人认为天津的孩子没有礼貌，也不爱学习，不能和日本内地的学生相比。但 1933 年应聘到天津日本高等小学校担任教师的古谷治郎先生回忆说：“原以为天津的孩子是西洋迷，肯定软弱，因此决定鼓足干劲做。但实际上他们都很可爱，措辞正确，知礼仪，也能学习。反而让我大受教育。”[③]

修学旅行是日本的教育特色之一。修学旅行主要是在学期间，为了弥补课堂及书本所学之不足，开展的以丰富知识、增长见闻、扩大视野、培养素质、增进交流以及学科实践等为目的的旅行活动。日本国内学校的修学旅行一般在日本国内，从 1896 年起开始海外修学旅行。日本第一批海外修学旅行者是公立长崎商业学校的师生，选择的目的地是中国上海。其实，对于生活在国外的日本学生来说，修学旅行，特别是“母国修学旅行”具有更多含义。因为很多在海外出生的日本孩子大都没有在日本国内生活过，既对日本内地的情况不了解，又无法理解教科书中之内容。例如，有些日本儿童回国看到日本人力车夫感到非常吃惊，因为在他们的印

---

① 勝田守一、中内敏夫：『日本の学校』，岩波書店 1964 年，第 55 頁。

② 臼井忠三編：『天津居留民团三十周年記念誌』，天津居留民团 1941 年，第 433 頁。

③ 西村正邦：『天津・租界彷徨記』，非売品 2000 年，第 91 頁。

象中，人力车夫都应该是中国人。他们对于日本内地的饭食也觉得没有意思。同时，在天津的父母也强烈希望孩子们能够确认日本人的身份认同并了解他们在中国的生活。最重要的是培养居住在海外的日本人的爱国心与归属感。

为此，租界当局和当地教育机关决定组织实施学生到中国各地和日本内地进行修学旅行。到北京的修学旅行最早始于 1909 年 5 月，参加者大部分是五年级的学生，具有较为浓厚的毕业纪念旅行的意义。《北清时报》5 月 19 日报道："天津寻常高等小学校寻常三年级至高等二年级男生 23 人、女生 25 人，另有职员 4 名，其他人员三四名于 15 日出发到北京进行为期三天的修学旅行，由当地的日本人会、妇人会及其他团体接待，全体住在林旅馆。学生们先后参观了雍和宫、文庙、万牲园以及新公使馆内的游园会。"①此次旅行是"天津日本小学创始以来的首次修学旅行"，对于生活在天津租界小天地的小学生来说，接触到了真正的自然和动植物，增加了新的知识。②

日本内地旅行更多的是让生活在国外的孩子了解日本，培养他们的爱国心。力主推行该事业的是天津共益会主事中岛德次。其主要做法是："内地修学以中等学校为主，各校轮换，从 7 月至 9 月进行 20 天的包办旅行。费用为 100 日元，民团负担 80 元，20 元为学校的积蓄金，零花钱为 20 日元。"③曾参加过内地修学旅行的田中和子保存有芙蓉小学校内地旅行需注意事项：1. 各班一起行动，不得随便行动；2. 听从老师的命令；3. 身体不舒服时提前请假；4. 不要在宿舍吵闹；5. 其他注意事项。④ 根据《京津日日新闻》的报道，最早的"母国见学旅行" 始于 1922 年 5 月 9 日。1931 年 8 月 2 日的《每日新闻》登载："中国出生的日本儿童 60 余名用惊

---

① 『北清時報』1909 年 5 月 19 日，第 2 版。

② 『北清時報』1909 年 5 月 21 日，第 2 版。

③ 西村正邦、樋口隆一：『天津日本租界五十年』，非壳品 2000 年，第 187 頁。

④ 西村正邦：『天津・租界彷徨記』，非壳品 2000 年，第 100—101 頁。

异的眼睛观察祖国日本的人、家庭、山、川，一行还顺便参观富山市内。”①

修学旅行是当时天津日本人子弟教育的一个特色，这是“由居留民之间尽力于教育的传统所支撑”。② 1941 年三笠国民学校出发后，居留民团宣布停止母国旅行。“小学生的内地修学旅行，对当时的天津日本儿童来说是无法忘记的事情，这在日本全国也是没有前例的快举。不了解祖国的孩子在教育上会遇到重大的问题，这也是实行内地旅行的根本。”③曾经参加过 1940 年淡路小学校母国修学旅行的西村正邦也“对内地旅行高度评价，提升了民团的见识”④。在内地修学旅行前，小、中、女学校的学生还利用暑假交替到天津居留民团经营的山海关、北戴河临海

图 5－7　天津淡路小学校的日本国内修学旅行

（图片来源：金井香枝子收藏提供）

---

① 西村正邦：『天津租界こぼれ話』，非売品 2006 年，第 45 頁。

② 西村正邦、樋口隆一：『天津日本租界五十年』，非売品 2000 年，第 150 頁。

③ 西村正邦：『天津的柳絮』，非売品 2002 年，第 78 頁。

④ 田中良平：『天津今昔招待・租界人間模様』，眺有限会社 2004 年，第 148 頁。

学校进行一个月的合宿,一方面是为了提高儿童的体格和集体意识,另一方面也可以使儿童体验、欣赏大自然的风光。作为母国修学旅行的前奏曲,这些也在儿童心中留下了难忘的记忆。通过修学旅行,使孩子们充分体验到与租界完全不同的日本内地经验,也体会到日本固有的地理、历史和文化。“景色、寺院、街道都和天津、大连完全不同,感受到日本的美丽和亲切,确认了日本人的遗传因子”①,这就是说,海外日本侨民教育作为日本的国家事业,具有浓厚的国家主义和民族主义色彩。

三、战时的学校教育

第一次世界大战后开始盛行的民主主义和新教育运动,随着国家主义思想的加强而解体,战时体制开始逐渐强化。学校讲授以《教育敕语》为基础的修身课便是一个明证。1937 年日本发起“国民精神总动员运动”,国体观念深入国民,大力鼓吹军国主义、国家主义。教育方面也开始实施战时体制,主张施行“日本教育学”,1937 年 3 月 27 日文部省从“国体明征”的观点出发大幅修改中学、师范、高女、高校的授课内容。5 月 31 日,文部省编纂的《国体本意》向日本全国的学校和社会教化团体配发 20 万册。1939 年 11 月,根据日本文部省规定中等校入学学科考试从第二年春天在全国废止,天津的日本人学校也决定遵从这个决定,采取入学者审查选拔方法。1940 年 9 月,根据文部大臣的指示,中等学校以上的“交友会”“学友会”一律改为“报国会”。1941 年 3 月,决定特别召集小学改名的国民学校生。战时体制下的国民教育也反映在当时天津的日本人子弟教育当中。“由于就学儿童激增,1939 年在河北(第三小学校)、特别三区(大和小学校)、特别一区(吉野小学校)新设三个学校,既

① 樋口隆一:『終戦前後——ある少年期の記憶』,非売品 2003 年。

方便了租界外居住的儿童上学，也缓和了收容难的问题。中等教育，4 月开设一个新的中学校，先前的商业学校、高等女学校合并，充实膨胀的在留日本人子弟的中等教育机关。日本邦人的经济活动随着治安的恢复及华北交通会社的建立，加之交通运输的调整，在原有的基础上正逐步发展。但由于水灾和国内统制经济的影响，也遇到资金和原材料难的问题。”①1939 年 12 月，日租界当局还计划在日租界内建立共立学校第一、第二分校，第一分校招收中国上层家庭的子弟。因为最初共立学校的学生大都来自庶民阶层的家庭，不为上层家庭所喜欢。日本租界当局为此决定开设第一、第二校。为加强日语教育和亲日教育，共立学校校长今井茂编纂日本唱歌集，教学生唱日语歌。同时，日租界当局为加强所谓的“中日亲善”，还企图在日租界内设立日本教育博物馆。

此外，学校还非常重视体育，各级学校都开设体操、武道、军事教练等课程，并举行竞赛练习。学校的“国史课通篇都是讲授爱国心和无敌日本帝国意识”②。大力宣扬日本皇军的战无不胜，将日本从未战败过的思想灌输到学生当中，使学生坚信日本必将胜利，达到愚弄学生，使其支持战争的目的。1939 年，日本文部省还下达了女子标准服的规定，时髦的水兵服式的女学生制服裙开始消失，变成契玛样式的挺身队制服，天商、天中也被统一成卸去陆军士兵的肩章和佩剑的样式。憧憬的水兵服式和帽子也无法穿戴，只能是劳动裤子和防空头巾。③

战时体制下的教育状况，在当时学生的回忆中也有反映。天津高等女学校的最后一期毕业生山内扶桑子回忆说：“在学校动员时禁止学生窃窃私语，开口就是合唱军歌，甚至朋友间也不能交流。”④1939 年日本当

① 外務省外交史料館蔵：『外務省警察史』第 35 巻（支那の部　北支），不二出版 1999 年，第 182 頁。

② ［俄］鲍里斯的·克拉埃夫：《东来之风》，日文未刊本 2003 年，第 23 页。

③ 西村正邦：『天津租界こぼれ話』，非壳品 2006 年，第 122 頁。

④ 西村正邦：『天津租界こぼれ話』，非壳品 2006 年，第 123 頁。

局封锁英法租界时，中等学校的学生也作为盘问辅助员被交替派去，但“这并不是真的因为人手不足，而是要教育在国际环境中长大的小国民大英帝国、法国不足惧的精神”①。同时，中小学校的学生还写作文表示对皇军将士的感谢，如《一亿国民的进军谱——我等呼吁的国民精神总动员》《日本刀破邪剑》《东洋盟主兴亚大业》等。可以说，天津整个日本人社会都成为“大东亚”战争的后盾。据1939年7月17日《京津日日新闻》报道，天津日本青年学校学生利用暑假进行职业实地实习，通过自己的技能来领会非常时期产业报国精神。1942年2月15日，日军攻陷新加坡后，天津日租界内举行了盛大的祝贺活动，天津中学校的草野刚教谕先前受当局所托创作的曲子《新加坡攻略之歌》一时充斥于日本租界。②

当时日本在中国的“在外指定学校”不是由文部省管辖，而是由外务省管辖。以国体明征观念和提高国民精神为目标的教育方针，在居留民团管辖的指定学校中普遍实行。太平洋战争爆发前夕，学校根据文部省要求陆续设立“学校报国队”，英语也被视为敌国语言，当时学校流行的是“废止敌性英语”的口号。《天津大和日本寻常高等小学校校歌》也成为战时教育体制的产物。其内容曰：“旧的秩序正在崩溃，新的秩序正在建设，八纮一宇的大使命，唤起的大日本。先锋的日本帝国，东洋兴起时，献身皇国之声明，我等和皇民一起生活。我等应是忠孝正义博爱的皇国之民，不能有污皇国，学舍‘大和日本国民学校’。”校歌要求日本子弟为建设所谓的“东亚新秩序”而努力。

教练和铁拳制裁是战时教育体制的特色。当时学校内有军队配属的教练，让学生站军姿，而且有的体操教官“像狼追羊一样，用铁棒追打跑得慢的学生”，总之“学校总是粗鲁的军国主义教育”③。即便是学生之间，也存在着严格的上下级界限，下级生要尊敬上级生，见面时要主动打

---

① 西村正邦、樋口隆一：『天津日本租界五十年』，非売品 2000 年，第 148 頁。

② 西村正邦：『天津租界こぼれ話』，非売品 2006 年，第 124 頁。

③ 八木哲郎：『天津の日本少年』，草思社 1997 年，第 191 頁。

招呼，不然就有可能被殴打。当时下级生一旦被上级生叫到，就有一种被“勒索”的恐怖感。随着战时体制日益强化，1943 年 6 月，日本政府发布《学生战时动员体制确立纲要》，天津日租界也和日本国内一样，开始施行学生“勤劳动员”。这样，学生已经没有在学校学习的自由，都作为学生勤劳队到各工厂帮忙，女生也被派遣到军医院担任护士，救护伤员，“当时的天津松岛高等女学校、宫岛高等女学校的学生在毕业时，作为报国护士在该地的医院工作”[1]。但由于当时的学生不过十四五岁，还没有强烈的劳动意识，加之在乏味的劳动中难免产生抵触情绪，有时甚至会做一些“破坏活动”。据樋口隆一回忆，有时货物要搬到仓库，但学生却搬到相反的方向，还破坏过墙壁。[2] 而“天津的街道没有受到空袭，动员也只是形式，从自家到补给部队工作，都是监督中国俘虏、研磨旧式大炮和弹药等容易的工作，没有参加内地那种操纵车床的真正生产”[3]。但是随着战况吃紧，尤其是进入 1945 年以后，与先前到兵器厂、汽车厂、货物厂帮助做杂役的工作不同，这一时期学生开始作为辅助工员进入军需工厂，从事真正的劳动。女学生则作为报国看护妇到医院照顾伤病员。1945 年 3 月，天津松岛日本高等女学校和天津宫岛日本高等女学校的 140 名毕业生，就根据天津防卫军司令官的命令，到天津陆军医院担任报国看护妇。

通过上述分析，我们可以知道天津的日本人子弟教育不仅和天津日本人社会的发展有密切关系，还和当时的中日关系甚至国际关系也有关联。最初由于居留民团和居留民的积极努力，日租界设立的学校不仅硬件设施齐全，师资力量也比较完备，甚至以日本国内数倍的工资来吸引优秀人才。而且当时天津的“在外指定学校”教员，除民团的任用令外，还需要总领事馆的委任令。但随着日本对中国侵略的扩大，尤其是在日军

① 近藤久義:『昔日天津・今日天津』,新生出版 2006 年,第 78 頁。

② 樋口隆一:『終戦前後——ある少年期の記憶』,非売品 2003 年,第 67 頁。

③ 西村正邦、樋口隆一:『天津日本租界五十年』,非売品 2000 年,第 58 頁。

占领天津以后,日本侨民急剧增加,适学儿童猛增,扩展学校教育已势在必行。然而随着战局的发展,日本陷入战争泥潭,租界当局已很难再有余力充分开展教育事业。不少学校都是在仓促之间设立的。尤其是太平洋战争爆发后,随着战线的无限扩大,日军兵员缺乏,在日本政府大力渲染的“为大东亚战争献身”号召下,天津的日本人也投入到支援战争的行列中去。学校内的学生也被动员到货物厂、兵器厂、汽车厂等地从事生产。据1944年进入天津中学校的近藤久义说:“从一年级的时候,学校就经常动员学生到军队帮忙。”①特别是进入1945年,学生每天都要参加勤劳奉仕,正常的学校教育已经无法进行,这种状态一直持续到战败结束。由此可见,如果说在租界初期由于统制色彩尚不明显,学校教育还主要是教育日本人子弟的话,那么随着日本对外扩大侵略和日本政府对日本居留民的统制强化,学校教育已经成为愚弄学生的阵地和统制思想的重要场所,丧失了作为教育基地的本来面目。

---

① 近藤久義:『天津を愛して百年　そして子々孫々』,新生出版2005年,第236頁。

第三节 日租界的卫生治理

一、日租界的公共卫生

公共卫生是指与公众有关的卫生问题,其与个人卫生相对,主要是指通过社会共同努力、改善公共环境卫生(固体垃圾、液体垃圾的处理、粪便的处理等)、公共食品卫生、公共饮水卫生、灌输个人卫生知识、促进医学发展以及对传染病的防治。[①] 因此,有社群生活,就有公共卫生问题存在。公共卫生问题也是城市问题,是近代化的重要组成部分。近代以前,中国人强调的是个人卫生,公共卫生观念比较淡薄。直到 20 世纪初期,天津的卫生状况仍然不容乐观,“由于中国人自古以来的习惯和天津风土习俗的关系,一般民众几乎没有卫生思想。各处的粪尿尘埃等不干净的东西充斥在路旁,市内散发着臭气”[②]。由于没有实行检疫法,因此“一

① 何小莲:《论中国公共卫生事业近代化之滥觞》,《学术月刊》2003 年第 2 期,第 61 页。

② 富成一二编:『天津案内』,中東石印局 1913 年,第 104 頁。

旦出现恶疫,就会马上以惊人的速度传播到四处,病死者枕籍”[①],因此“公共卫生问题很快成为租界要优先解决的问题”[②]。早在1906年,天津日本总领事伊集院彦吉在给日本外务省的报告中还说:“日本租界地位于中国市街和法国租界地的中间,特别是大部分地盘是由不干净的沼泽地填埋而成,加之靠近中国市街,经常受到各种传染病的侵袭,……总之,今后在卫生上还有很多改良之处。”[③]

20世纪以后,随着租界的迅速扩大和人口的增长,公共卫生的管理更是成为各国租界市政当局的首要任务。各国租界尤其是发展比较快的英、法、意等国租界,都制定了很多有关法规,并不断修订。法规内容涉及街道的清扫、生活垃圾、污水和粪便的处理等。日本方面,早在1900年天津都统衙门统治之时,日本驻屯军司令官福岛安正就认为“卫生和保健是管理这座城市的最紧急的任务”[④]。1902年天津爆发霍乱,日本租界内的中国居民霍乱发生率为12.15%[⑤],还有几名日本人因霍乱而死,更使日本人大受刺激。因此1902年大日本租界局成立伊始,就将所处理的租界有关事务中加入卫生一项,还成立了居留地卫生组合,负责租界内的预防、收容、治疗和火葬事务。1904年租界当局制订了居留地卫生委员规则,进行公共卫生的治理。1908年居留民团成立后,专门设立了管理租界内公共环境卫生的卫生部,其主要任务是负责清洁、种痘、传染病预防

---

① 富成一二編:『天津案内』,中東石印局1913年,第105頁。

② [美]罗芙芸著,作舟译:《卫生与城市现代性:1900—1928年的天津》,《城市史研究》第15—16辑,天津社会科学院出版社1998年,第165页。

③ 外務省通商局編纂:『清国事情』,『明治後期産業発展史史料』第292卷,龍渓書舎1996年,第10—11頁。

④ [美]罗芙芸著,向磊译:《卫生的现代性——中国通商口岸卫生与疾病的含义》,江苏人民出版社2007年,第184页。

⑤ [美]罗芙芸著,向磊译:《卫生的现代性——中国通商口岸卫生与疾病的含义》,江苏人民出版社2007年,第193页

和消毒事务以及其他卫生有关的事务。① 随着租界内卫生事务的繁重，1926 年居留民团认为有必要单独设立一课，全面负责保净作业。同年 7 月召开的第十次临时居留民会议上通过卫生费征收条例，并制定保净课事务章程，11 月正式设立保净课，1927 年 4 月保净课开始运营。日租界被划分成四个作业区域，各区有日本监督 1 名，巡捕 1 名，苦力头目 1 名，苦力清扫夫、收取夫等 35 名，下水夫 5 名。主要工作是施行清洁法，打扫道路和除雪，打扫公立下水道和清除污水，清除尘土和屎尿。此外，还有尘土搬运汽车 8 辆，洒水车 3 辆，道路清扫小车 40 辆及其他工具；日本人 5 名，巡捕、苦力头、司机等 25 名。1937 年 4 月，居留民团又在新运动场投入经费 5600 余美元，新建保净课事务所和库房，总面积达256.05 坪。

创建整洁、卫生的公共环境是公共卫生的重要内容。英租界设立之初，“租地人会议的一项主要任务就是保持租界的清洁”。日租界当局也非常关注环境卫生，1904 年末随着租界内街道的建成，道路和沟渠的清扫成为一项重要的工作。最初福岛街以南由 1 名巡捕监视，两组清扫夫（每组 4 人，搬运车 1 辆）负责打扫，后增加到 8 人、搬运车 3 辆。福岛街以北最初则以 1 名雇工头目为监视，16 名清扫夫、5 辆搬运车分为 5 组每天打扫。1909 年 1 月，这些工作开始由 1 名日本人、16 名雇工承包。卫生主任、书记每天进行巡视。1913 年由于移居荣街、花园街者增多，荣街以西由车 1 辆、人夫 2 人打扫。道路洒水则有人承包，春季每天洒水 2 至 4 次，夏秋两季每天 3 至 6 次。所用之水取自白河。下雨、降雪之时由清扫车进行清扫。房屋内外由居住者打扫，并喷发租界局发放的石灰，尘土堆放在固定场所，由租界局雇佣人夫前来收集。共立医院成立后，由其负责日租界内的公共卫生，租界当局则每年给予补助。

各租界的排水设施也都经历了一个发展过程，如禁止居民将污水、粪

---

① 天津日本居留民团编：『明治四十年民团事務報告』，天津日本居留民团 1907 年，第 21 頁。

便倒入沟内,由租界当局派人统一清除。英租界首先在租界内修建下水管道系统,并强制住宅设置化粪池,经过两年的建设,英租界的住宅全部“装置了最新式、最卫生的厕所设备”①。日租界“关心的公共卫生中心问题是对污水和粪便的处理”②,各住户的污水和脏物主要由承包人清扫搬运,每日投弃在白河河岸。对于粪便,安装水冲式厕所的住户从下水道排出;没有安装相关设备的住户,则由承包者负责清理。清洁法则每年春夏秋实行三次,其方法“犹如日本各地,大都是年中行事的一项重要活动,效果颇为良好”③。打扫道路、洒水、清除积雪、清理尘土和清除下水道属土木部管理。保净课设立后,由其全部负责。

饮食卫生和人们的日常生活密切相关,关系到人们的生命,因此受到各国租界当局的特别重视。日租界内的饮食管理由总领事馆警察署负责,并通过总领事馆令发布有关热饮料管理标准、料理店营业者管理标准一同遵守事项等。民团则负责制定公设市场规则细则,管理市场内的饮食品。1902 年租界当局在开设之初就制定了临时市场规则,并在闸口溜米厂福岛街西侧开设了临时市场,1908 年在福岛街和新寿街的交叉口开设了公设市场,内有牛肉店、蔬菜店、包子店、豆腐店等。与此同时还公布了《日本租界公设市场规则》和《日本租界公设市场规则细则》,规范了市场秩序,并要求“商人清扫自己的租借场所,禁止脏物、尘介,肉类器具要清晰”,且“市场内不得贩卖腐烂或有害卫生的物品”,否则将给予罚款,甚至终止租借合同。④ 此后细则又先后于 1909 年 2 月、1915 年 5 月进行两次修改,为公共食品安全提供政策保证。但由于禁止渔商,市场也没有

① [英]雷穆森著,赵地译:《天津的成长(租界)》,《天津历史资料》第 10 期,1981 年 4 月,第 62 页。

② [美]罗芙芸著,向磊译:《卫生的现代性——中国通商口岸卫生与疾病的含义》,江苏人民出版社 2007 年,第 228 页。

③ 天津居留民团编:『天津居留民团十周年記念誌』,天津居留民团 1917 年,第 75 頁。

④ 天津居留民团编:『現行法規類集』,天津居留民团 1924 年,第 83 頁。

达到预期效果,最终于 1925 年关闭。

如何获得干净、卫生的生活用水,是保证公共卫生安全的一个重要方面,也是各国租界所关心的问题。早期天津的饮水主要是利用白河之水,通过明矾澄净饮用。但由于其中含有很多不干净的杂物,有害卫生和健康,常引发疾病传染,霍乱主要就是饮用水中的细菌所引起的。这是各国租界所不能容忍的。因此,早在 19 世纪 80 年代,“英租界就开始讨论水供应的问题”,并在 1895 年首先提出建立自来水厂,供应干净用水。由此,“每日买水者甚多,踞河稍远之龙头卖水更多。”①自来水的出现极大地改善了天津城市的健康、卫生状况,同时也改变了传统的生活方式和居住模式,人们由此也可以在远离水源之地居住,以自来水源为必要条件的现代住宅也得以出现。

日租界最初也是使用白河之水。1903 年济安自来水公司成立后,日租界开始使用其公司的自来水,并在 1905 年 5 月与其签订 10 年供水合同,其主要内容为:租界内的供水设施由日本居留民团负责施工;济安自来水公司向日租界提供生活用水和消防用水;生活用水的价格为一千加仑五角,消防用水的价格为四角;合同期限为 10 年。具体供水,则是“租界局将济安公司送来的自来水分配给租界内需要者”②。同时,租界当局制订《自来水供应规则》,规定自来水供应分为共用和专用两种。共用者在租界局指定地点用水票购买;专用者则需要自费铺设管道,并附有计量器。水费则是专用者 1000 加仑洋银 85 仙,共用者 1200 加仑洋银 1 美元。1913 年双方再次签订 10 年合同。据统计,1936 年末日租界内的自来水用户达到 2531 户。③ 日租界的下水道最初是由居留民团在大街铺设暗沟,中小街设置沟渠,将雨水和污水逐次集中在排水泵处,排入白河和卫河。各户排出的污水依靠小下水道流入公立下水道,这些小下水道由

① 储仁逊:《闻见录》(抄本)卷 9 下,第 68 页。

② 臼井忠三編:『天津居留民团三十周年記念誌』,天津居留民团 1941 年,第 355 頁。

③ 臼井忠三編:『天津居留民团三十周年記念誌』,天津居留民团 1941 年,第 365 頁。

拥有地上永租者或所有者、房屋所有者铺设管理。1914 年建立泵所，以机械力量排泄。后根据 1920 年 4 月天津总领事馆令第十一号天津下水道规则，其干线利用民团费用，支线则由所在地的土地所有者自行铺设，其后随着租界的发展而延长。到 1936 年底，下水道全长达到 24238 米。[①]租界内的消防用水最初是通过旭街北端水道干线附属仪表的装置来供水，但因有时距离火灾现场比较远，水压太低，效果不太理想。此后由居留民团与济安自来水公司交涉，遂在日租界铺设口径 12 尺的水道管，直接把水输送到旭街水道干线，通过直接输水，消防效果得以明显提高。[②]

租界的公共卫生治理，一方面是日常的公共卫生，另一方面就是对各种传染病进行防治。近代城市人口密集，传染病成为市民健康的最大威胁，因此控制传染病的流行成为各国租界市政当局的首要管理职责。为此，各国租界大都制定了严格的报告制度，即如有人患传染病，医生或住宅主人都要在规定时间内上报租界当局，并进行防疫注射。日租界因毗邻中国街区，居住者往来频繁，各种传染病不断，很早就注意到对传染病的防治。1902 年天津发生霍乱，50 余名日本侨民死亡以此为契机，日租界设立了卫生组合，标志着日租界防疫事务的肇始。

1909 年 5 月前后，天津出现猩红热，日租界内也出现患者，为防治疾病蔓延，日本总领事馆发布总领事馆告示，列出预防心得法，要求个人注意卫生。[③] 此后，随着租界人口的增加，尤其是“自我租界有很多中国人移居后，很多来往的中国商人开始进出租界，造成租界的不卫生”，有鉴于此，在居留民会上，有人提议“日租界应要求行商携带执照，以便管理”[④]。日本医生和细菌学家都筑甚之助建议“日本人不要购买中国商人

① 臼井忠三編:『天津居留民団三十周年記念誌』，天津居留民団 1941 年，第 376 頁。

② 天津居留民団編:『大正七年民団事務報告書　附民団財産明細書』，天津居留民団 1918 年，第 64 頁。

③ 『北清時報』1909 年 5 月 30 日，第 5 版。

④ 天津居留民団編:『明治四十四年通常民会議事録』，天津居留民団 1911 年，第 17—18 頁。

的蔬菜、肉类，尤其是水”，甚至严厉警告天津的日本侨民，“如果想要避免疾病传染，就尽量停止一切与中国人的不必要接触”①。

居留民团成立后，其卫生组合也“一直对租界的传染病进行仔细地统计”②，还专门开设避病室以收治传染病患者，并在租界定期发起防疫运动，号召所有居民打扫住房并用漂白粉和硫磺溶液消毒。夏天，定期派工人用漂白粉溶液和石灰水冲洗公共厕所、垃圾箱和下水道。1910 年，居留民团又聘请医学士福田三九三担任民团医师，制造预防接种疫苗和治疗患者，并负责租界的公共卫生。1912 年，居留民团行政委员会决议通过《传染病患者报告及相互通知的协定》，规定发生传染病时要报告，各租界之间要相互通知，以便进行防治。因此 1913 年天津流行天花时，日本人当中不过出现两三例。可以说，“这些都是民团当局采取适当措施、周到服务和居留民自己极为重视卫生的结果”③。此后又相继公布了《从事传染病预防救治者的工资规则》《从事百斯笃病预防救治官员临时紧贴件》《民团公设墓地条例》《火葬场使用条例》等与卫生相关的条例。此外，在警察官的监督下，共立医院医师还每周一次对租界内的日本、朝鲜及中国妓女进行健康诊断。租界当局还购地建立小型火葬场和划定墓地，1906 年沿福岛街设立共同墓地，1910 年将旧墓地的墓碑全部移到新建的本愿寺别院。居留民团还对公共墓地做了相应规定：“凡埋葬在墓地的遗骨及尸体，须得警察署及居留民团许可”“认真监管公共墓地，并且要保持墓地卫生清洁”。④ 另外，日租界还建有一座火葬场。这是 1902

① ［美］罗芙芸著，向磊译：《卫生的现代性——中国通商口岸卫生与疾病的含义》，第 195 页。

② ［美］罗芙芸著，向磊译：《卫生的现代性——中国通商口岸卫生与疾病的含义》，第 228 页。

③ 天津居留民团编：『大正二年通常民会議事録』，天津居留民团 1913 年，第 3—4 頁。

④ 天津居留民团编：『大正六年民団事務報告書　附民団財産明細書』，天津居留民团 1917 年，第 233 頁。

年天津日本驻屯军因有人感染传染病,为防止病毒传播需对尸体进行火化而在海光寺以西建造的。1907 年居留民团接管了该火葬场,并规定:“凡欲在本场火葬者,须得租界局允可,由家属亲族代缴捐费,日本人每尸十元,中国人每尸三十元。”①

图 5-8 天津日本火葬场

(图片来源:早川録鋭編:『北支!! 天津事情』,天津出版社 1938 年版)

日租界当局从 1903 年起开始实施种痘,此后更是每年春秋两次实行免费种痘。1911 年起只在秋季实行一次,疾病流行时进行两次种痘。对儿童的种痘则始于 1905 年。从 1912 年起,日本人学校的所有小学生都要接种天花疫苗。每年春秋两季,卫生部还要为成年人接种霍乱疫苗。1911 年,鼠疫传播到天津,为了协调鼠疫预防工作,天津的外国行政机构组织了一个全权防疫委员会,由日租界的卫生部部长福田沙纪担任全权防疫委员会的领导者。在讨论如何预防鼠疫时,与欧美人士要求在中国管区和外国领地之间建设一道墙,通过隔离来防止鼠疫蔓延到租界区不同,福田主张利用监督、消毒和教育等“科学方式”来制止鼠疫蔓延。为此,日本当局向租界内所有出入租界的中国居民发放了通行证,在通往租

① 南开大学政治学会:《天津租界及特区》,商务印书馆 1926 年,第 82—83 页。

界的道路上设置检查站，并要求出入者接受全身化学消毒。在租界内，每条街道上都设立了卫生委员会，开展捕鼠竞赛并挨家挨户检查。同时租界的日本人还必须聆听军事医院的领导和福田本人讲授的一系列与卫生有关的义务演讲。最终日租界内只有一人死于鼠疫，这种结果表明这种科学的防疫方式是成功的。传染病猛烈时，日租界当局还组织临时防疫委员会，这一组织在1911年、1917年的肺鼠疫和1919年的霍乱猖獗时曾设立过三次。[①]

1919年8月居留民团为收容和治疗日租界内的传染病患者，设立避医院，经费来自天津水灾救护会费余额的3万余美元，它主要负责租界防疫及传染病患者的隔离诊疗，此外还负责学校卫生防疫及狂犬注射、警察所委托的妓女健康诊断等。1927年其改称天津疗养院，并接受日本人的自费诊疗，入院患者逐渐增加。[②] 从20世纪20年代开始，一年两次的家庭卫生检查成为租界管理的常规部分。在夏季最热的6月23日至9月18日，警察署的警察官、民团卫生部员及巡捕等组成防疫班二组，巡查租界，实行驱蝇行动。同时，每年春秋两季还实行清洁法，“由于逐渐得到中国人的理解，也取得良好成绩”[③]。1925年在春秋两季共对7077户人家进行了清洁[④]。在传染病发生时，还会和中国当局及其他各国租界当局密切联络，马上将患者送入医院，对患者的居所、污染物消毒。1938年夏发端于上海的霍乱蔓延到天津，日本人也出现大量患者，甚至痢疾、猩红热等其他传染病也盛行。日租界出现患者341名，死亡30名，与前年相比大幅增加。为此，总领事馆在当年8月11日发布馆令，租界内厕所全部改装成水冲式便器，同时也和防疫委员会合作，采取隔离患者、清扫

---

① 臼井忠三編:『天津居留民团三十周年記念誌』,天津居留民団1941年,第393頁。

② 臼井忠三編:『天津居留民团三十周年記念誌』,天津居留民団1941年,第394頁。

③ 外務省外交史料館蔵:『外務省警察史』第34卷(支那の部　北支),不二出版1999年,第218頁。

④ 天津居留民团編:『大正十四年民団事務報告書　附民団財産明細書』,天津居留民団1925年,第198頁。

街道、预防接种、限制交通等防止病菌传入的措施，最终于 10 月 15 日才得以扑灭疫情。

从下面两表格可以看出，传染病的治愈率是稳步提高的，大部分年份都保持在 80% 以上。这说明日租界当局对传染病的防治是有成效的。到了 20 世纪 30 年代前半期，治愈率则达到 90% 以上。

表 5－8　历年传染病情况表：(1905 年至 1935 年)

年份	治愈	死亡	合计	治愈率
1905	16	5	21	76.2%
1910	8	2	10	80.0%
1915	13	2	15	86.7%
1920	51	8	59	86.4%
1925	43	13	56	76.3%
1930	66	6	72	91.6%
1935	103	11	114	90.4%

资料来源：根据历年『民团事務報告』整理而成。

表 5－9　日本人历年种痘人数表

年份	日侨总人口	种痘者	所占比例
1907	1612	351	21.77%
1910	1640	1298	79.15%
1915	3228	716	22.18%
1920	4624	638	13.79%
1925	5167	499	9.65%
1930	6260	1782	28.47%
1935	7846	4683	59.69%

资料来源：根据历年『民团事務報告』整理而成。

大量妓女的存在，很容易造成性病的泛滥。在上海，随着对性病传播问题的逐渐认识，“租界当局在有关健康的规则和检查方面采取了一些措施”，甚至中国官方也“试图建立一套严密的管理系统来控制卖淫活

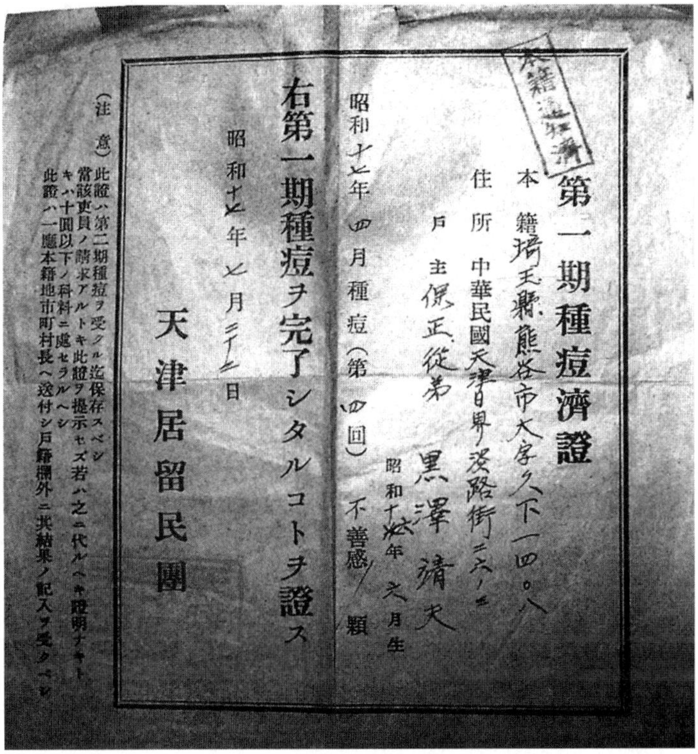

图 5－9 日租界种痘完成证书

（图片来源：近藤久义收藏提供）

动，以减少性病在人群中的传播”。[①] 天津的日租界当局也因界内妓女众多，考虑到性病可能带来的后果，决定在征收执照税的同时，实行严格的卫生检查制度，即租界内的日本、朝鲜及中国妓女，在警察官的监督下，由共立医院的医师每周一次对她们进行健康诊断。据居留民团资料统计，日租界内的医师每年都要对上千名妓女进行 52 次有效而全面的检查。到 1920 年末，日租界对妓女的检查已经变得非常规范化，性病感染率相

① ［法］安克强著，袁燮铭、夏俊霞译：《上海妓女——19—20 世纪中国的卖淫与性》，上海古籍出版社 2004 年，第 158 页。

对较低。根据统计,平均健康率为朝鲜人 78%,日本人 67%,中国人 55%[1]。1933 年,日本妓女的性病感染率是 10.7%,朝鲜妓女是 16.4%,中国妓女则为 35%。[2]这些措施有效制止了性病的传播,维护了界内的公共卫生安全。

居留民团卫生部和日本医师会合作,1939 年 4 月下旬对日租界居住者及租界居住日本人强制种痘,人数达到 66000 余人。中国卫生局对一般市民进行宣传后,市立医院各区卫生事务所及巡回种痘班从 3 月 15 日开始种痘,和警察局合作半强制执行,至 5 月中旬种痘人员达到 522000 余人。

日本直到幕府时代,医学主流仍旧是汉方医学。明治维新后,日本开始全面学习西方,在医学上也开始尊崇西医,并将近代欧美式医学奉为唯一正式的医学,日本由此进入医学近代化时代,医生开业也需要通过西医学的考试。与此同时,日本政府对海外日本侨民的卫生设施和医疗条件也非常重视,医生、药房和医院的配备方面也与国内的医学发展水平同步,并与人数的增加成正比。

健全的公共卫生体制,需要一定数量的医院、医学院和医务人员作为依托。建设满足日本人看病和卫生防疫所需的医院成为租界当局的一项重要工作。这是因为最初日租界曾因缺乏医疗机关而造成严重后果。于是,天津总领事伊集院彦吉联合有志之士于 1902 年创立共立医院,1909 年 9 月驻屯军病院长田村正担任名誉院长,开始扩大医疗设备,并在医院内设立娱乐室,提供各种书籍、杂志、报纸,以供患者阅读。1916 年共立医院拥有了最为先进的 X 光线治疗机。此后又有安田医院。1909 年 3

① 外務省外交史料館藏:『外務省警察史』第 34 巻(支那の部　北支),不二出版 1999 年,第 218 頁。

② Tenshi kyoryu mindan, Tenshi kyoryu mindan jimu kokoku, 1933。转引自[美]罗芙芸著,向磊译:《卫生的现代性——中国通商口岸卫生与疾病的含义》,江苏人民出版社 2007 年,第 285 页。

月，退职的二等军医、医学得业士加藤清继在荣街和宫岛街街角中日电气公司遗址开设加藤医院，这是继安田医院之后日本人开设的又一家医院。医生上午在家中就诊，下午出诊。到1917年，租界内的卫生机构除北支那驻屯军医院外，还有共立医院、井上医院、天津医院、千秋医院、同仁医院、高桥医院、东亚医院等私立医院，“其数量与侨民的人口相比甚至感到过多”[①]。从到这几家医院就诊的病人来看，大部分患者都是日本人和中国人。不过其设施并不完备，只有基本的医疗设施。每家医院的医务人员均比较少，除了一两名医生外，只有几名护士。1919年8月，居留民团立医院在日租界淡路街设立，专门用来收容日本传染病患者。1927年其改称天津疗养院，收治一般病人，并负责租界的清洁与消毒和妓女、女招待的定期身体检查及检罚。“每月定日实行女招待及一般接客者的健康诊断和检惩治疗，1928年以来的入院患者逐渐增加。”[②]根据1923年的统计，日本人开设的医院有14家[③]，1928年增加到17家[④]。到1936年各种医院和综合医院更是达到27家，大部分设立在日租界内。1939年底，天津有日本人经营的医院24家，比去年增加9家，在医院工作的医师44名，药剂师26名，护士约130名。从全体日本人来看，913人才有一个医师，加之中国人也来日本医师处看病，深感其医师之不足。当时还没有专门的妇人医院，妇女就医很不方便，于是日租界当局准备设立专门的妇人医院。

田村俊次说：“余在支十余年间，常以其所信，遇有机会就向我朝野人士进言。大正元年(1912)、大正五年(1916)分别发表意见书，敦促有

---

① 外務省外交史料館藏:『外務省警察史』第34卷(支那の部　北支)，不二出版1999年，第71頁。

② 臼井忠三編:『天津居留民団三十周年記念誌』，天津居留民団1941年，第394頁。

③ 外務省通商局編:『在天津総領事館管轄区域内事情』，外務省通商局1924年3月，第176頁。

④ 天津居留民団編:『天津居留民団二十周年記念誌』，天津居留民団1930年，第651—658頁。

识者猛醒。”在第一次世界大战爆发后，由于认为对华文化事业更为重要，田村于1917年辞去军职，独立在天津开设东亚医院。但是依靠个人的单打独斗，终究无力改变大局。而在中国各地，欧美公设的医疗机构则是逐年增加，反观日本则是很少。鉴于此种情况，田村决定提出一项议案，建议设立财团法人，将青岛医院、济南医院、北京同仁医院、汉口同仁医院以及计划中的上海同仁医院、天津的东亚医院包括在内。

1923年，天津东亚医院院长田村俊次正式提出《财团法人案》，建议在天津日租界郊外靠近中日学院的地方建立一个大医院。他指出，在汉口有同仁会医院，青岛、济南也有官宪经营的医院。而在天津，东亚医院是个人经营的医院，共立医院则是保健医疗机构，但是规模都不大。需要成立新的医院，服务中日两国居民。应该将这两个医院合并，成立新的法人机构，购入土地，建立新的医院。新医院占地约五万坪，最初规模不一定大，但是要为将来的扩张考虑。

1938年3月25日，众议院议长小山松寿向内阁总理大臣近卫文磨建议，为了进行战后宣抚工作，应该迅速在上海、南京、杭州、苏州、济南、青岛、天津、北京、太原、张家口等建设日本国立病院，通过对中国民众进行卫生、治疗，助推所谓“日中亲善”。

1940年底，天津有民团经营的天津日本公立医院、天津日本疗病院和新建成的天津日本妇人医院。天津日本公立医院设备最为完备，负责日侨的一半诊治。天津日本疗病院作为民团卫生部，除负责给一半患者看病外，还要收容传染病患者，并在医学上进行鉴定、卫生实验分析和卫生防疫事务。1940年4月在该院开设妇人科，对艺妓、妓女进行检查，后改称为天津日本妇人医院，由民团独直营。11月因感觉室内狭窄，又新建妇人医院，负责收容、治疗妓女花柳病患者。

可以说，租界严格的卫生管理制度和良好的生活环境得到了人们的认同。一系列的公共卫生措施使卫生得到了保障。这种行之有效的公共卫生经验，也给中国政府的公共卫生管理带来了很大影响。正如罗芙芸所说:“清朝的第一个市卫生局于 1902 年在天津成立,也同样表现出了日本(和德国)模式在卫生现代性方面的影响。”[①]有学者认为:“从卫生的角度来看,日租界或许是整个天津最全面受到监控的地区。”[②]日本之所以能得到世界级的帝国主义列强地位,部分也要归功于它所表现出的卫生、卫生警察和细菌学的现代技术。[③]

二、日租界的医院

日租界内有不少为日侨服务的医疗机构。根据 1940 年天津日本总领事给警察署的调查,1940 年末天津的日本医疗机构情况如下:

> “天津现在的医疗机构有民团经营的天津日本公立医院、天津日本疗病院以及本年末新建成的天津日本妇人医院等。天津日本公立医院,其技术和设备都最为完备,负责一般治疗。天津日本疗医院作为民团卫生部,负责一般患者的收费治疗、贫困者的治疗以及传染病患者的管理及医学上的鉴定、卫生试验、分析试验并卫生防疫事务。至 1940 年 4 月院内设有妇科,负责检查艺妓和妓女。4 月以后改为天津日本妇女医院,由民团直营的独立事务,病房及其他都感狭窄,11 月妇女医院新建分离,收留并治疗艺妓及妓女的花柳病患者。华北交通会社经营的医院主要是为铁道从业员治疗。此外,也应一般患者的请求,或协助居留民团卫生部,从事卫生防疫事务。民间则

① [美]罗芙芸著,向磊译:《卫生的现代性——中国通商口岸卫生与疾病的含义》,江苏人民出版社 2007 年,第 202 页。

② [美]罗芙芸著,向磊译:《卫生的现代性—中国通商口岸卫生与疾病的含义》,江苏人民出版社 2007 年,第 284 页。

③ [美]罗芙芸著,向磊译:《卫生的现代性—中国通商口岸卫生与疾病的含义》,江苏人民出版社 2007 年,第 183 页。

有私立医院，规模最大的是东亚医院，设立了第一分院第二分院，并进行全科治疗。此外，在大小医院24家工作的医师有55人，药剂师25人，护士200余人，此外齿科医院14家，齿科医生约有20人。最近随着日本人的激增，患者增多，此外中国人信赖日本医师，前来求诊者增加，自然感到医师不足。最为忧虑的是由于气候风土的急剧变化，内科就诊者中结核病患者多，居留民团卫生部应该设立结核诊疗所，已经决定场地，最近应该可以开工。”①

根据相关资料，现将天津日本人开设的医院情况简要介绍如下。

日本共立医院。1901年开设于天津日租界闸口街。1902年天津发生瘟疫，为了适应租界的急速发展，需充实医务机构，遂聘任井上勇之丞、医学士佐野彪太开展业务。1905年井上离开该医院独立开设医院，佐野于同年12月依靠租界有志者的捐款在旭街新建医院，扩大事业。1906年佐野回国将该医院让与山科祐二。山科致力于扩充事业，但由于当时租界不足两千人，很多人并不了解西医的价值，加之离开共立医院而独立的井上、藤田、月原等医生发挥各自的特色收治患者，共立医院的经营日益艰难，濒于衰败。1909年9月，铃木议长在行政委员会上提出设立医院的建议，委员们表示赞同，遂与军病院长进行各种交涉。最终租界当局以1500元将共立医院全部接收过来，并着手进行建筑的修缮、器具药品的购进等。同时，田村军病院长在得到陆军省医务局长和君司令官的许可下，与军病院所属的土屋军医、川口药剂官、天津步兵队所属的木下军医、中国聘用之味冈军医正、宫川药剂官协商，9月28日完成了对共立医院的接收。军病院长主持共立医院，但是对于经营毫不过问。设立者掌握管理的一切业务。

① 外務省外交史料館藏：『外務省警察史』第35卷（支那の部　北支），不二出版1999年，第277頁。

图 5-10　天津日租界福岛街的共立医院

（图片来源：近藤久义收藏提供）

1909 年 12 月 1 日新医院开张。1911 年 2 月 17 日，由于所雇佣的中国人失误，发生火灾，入院患者转入军病院才得以安全。但是建筑仅余几间病房，其他全都化为乌有。军病院长获得司令官的许可，借用部分军病院的设施，充作入院患者病房和外来患者的诊室，医疗器械也使用军病院的，医务一天都没有停止。从第二天起，经过相关职员的努力，军病院在宫岛街（今鞍山道）开设临时诊所，当时天津遭遇鼠疫，全市上下全力进行防疫。此次火灾给防疫带来了很大损害，其后该院有关人员考虑新建地点。由于旭街的芙蓉馆打算迁移，于是接收该馆的全部建筑，1911 年 4 月 1 日转移到此处。1914 年火灾时的保险金 1860 余元，加上其后所存的钱，开始进行改建计划。同年 8 月开工，12 月竣工。此时又合并了旧日本俱乐部的建筑，拥有病房 27 间，补充各房间内的新设施等，合计花费 23000 余银元。1916 年田村转任日本内地，根据入泽博士的推荐，招聘医学博士泽井俊二担任院长。1920 年泽井辞职，今井楢三博士继任。1922 年 12 月 28 日，该医院改为社团法人组织，改称社团法人天津日本共立医院。日本人经营的主要银行、公司悉数成为其会员。1924 年 3 月今井博士辞职，原田、松桥两医学士依次代理院长，负责经营。但是由于遭遇种种事情，经营陷入困难。1925 年招聘过来医学士平松洋平，改革医院，更新设备，增聘医务人员，接诊的中日病人不断增加，其院内各种设施常感狭窄。原本医院是旧旅馆改建而成，内外都不太适合作为医院使用。1929 年 4 月，临时总会表决通过医院新建方案，根据与东京建物株式会社建设签订的建筑合同，在福岛街 24 番地建设新医院。1929 年 6 月新医院开工，1930 年 6 月竣工，同月下旬转移到新医院。该医院占地面积为 526 坪，建筑总面积为 790 坪。新医院为三层砖瓦建筑，各种设备齐全，有各类病房 34 间，总计花费银 16 万元。

1923 年 4 月，社团法人天津日本共立医院专务理事冈崎省藏向天津日本总领事吉田茂提出社团法人天津日本共立医院新筑扩张的请愿书。基于就诊人数的增加，医院规模已经不敷应用，冈崎省藏提出内科由院长医学博士今井楢三负责，外科、皮肤科、泌尿科由医学士原田纵道负责，小儿科则由医学士西谷宗雄负责，耳鼻咽喉科由医学士中西进负责，眼科由医学士岩田一雄负责，调剂主任为药剂师长田诚四郎。另有事务员 3 名，翻译 2 名，技术员 1 名，调剂员 2 名，护士 9 名。内科有院长医学博士石山谦郎，医生有医学士林繁树、纳利隆，外科有医长医学博士小坂晓一，皮肤泌尿器科有医生山下进，妇产科有医长医学士石仓猛夫，小儿科有医长医学博士藤井丈夫，眼科有医长医学士桐山豪三，耳鼻咽喉科有医长丰岛丰，物理治疗科有医长医学士石仓猛夫，X 光科有技术员石山彪、和田利治，试验科有医长医学博士小坂晓一、技术员中下勘治，药剂部有药剂长兴拿原良刚、药剂员坂梨，事务部有事务长井上信，专属产婆永渊紫子，外来就诊时间为上午 9 点半至中午，下午 2 点至 5 点，星期天、节日休息。

1932 年 7 月，天津总领事桑岛主计向外务大臣内田康哉汇报关于《社团法人天津共立医院补助之件》。社团法人天津共立医院专务理事伊东爱吉提出申请，受九一八事变以及同年 11 月天津事变的影响，医院的维持出现困难，颇有历史的医疗机构面临关闭的危险，希望能从对支文化事业费中申请2万元的补助，以渡过难关。此时的院长为医学博士石山谦郎，1936年1月就任。1938年4月1日开始，该院全部交由天津共益会经营。1941年伴随着在津日本人的增加，其区域日感狭窄，一方面在本馆增加一部分建筑，以充实设备，同时根据第五十七次居留民会临时会的决议，从1941年10月6日起，在河北宿纬路华北交通图书馆前开设分院，以方便该区域的患者。1941年来该院就诊的患者就超过了3万人，可见其人流量之大。医院自闸口大街建立以来，就一直致力于提升租界公众卫生、警察医务，关注在津日本人的保健、卫生，经常聘请优秀的医师，向中国人介绍日本的医术，并给很多名人治疗。无论是建筑还是医术，日租界在天津均属前列。日本战败投降后，该医院改组为临时第二医院。

1900年义和团事变之际，为了收容7月3日在老龙头火车站战斗中受伤的日军伤病员，7月4日军医在法租界的日本人棉花棉布商有信洋行开设病院，称为有信洋行舍营病院。这是天津日本人病院的鼻祖。事变结束后，分院的开设关闭几经变更。1901年11月，随着野战病院的解散，开始开设新的清国驻屯军病院。1902年，军病院在闸口街开设，拥有占地3000坪的西式房屋。1902年7月，霍乱在津流行，军病院建造了简单的木结构隔离病院。开业当时的职员为院长三等军医正平贺精次郎，及以下军医4名和药剂官1名，军吏1名，护士长6名，看护35名，磨工1名。1906年4月，因医院内的浴室发生火灾蔓延到附近的事务室，造成不小的损失，后来军病院进行了重建。其后至1919年，随着租界的扩张，军病院占地成为租界内的枢要位置，由此产生迁移问题。结果民团在海光寺兵营附近提供了一块地，负担新建筑费用，并以旧军病院建筑及占地交给民团为条件。1921年9月新建筑竣工，10月10日转移结束。

日本妇人医院。位于日租界花园街（今山东路）与荣街（新华路）的秋山街（今锦州道）路段，建立于1940年，设备齐全。该医院的使命是对艺妓和妓女进行定期检查并对患病者进行强制治疗。

东亚医院。位于天津法租界西开，内科、小儿科有院长田村俊次，还有医长医学博士田村雅太，外科、皮肤科有医长医学博士坂口幸介，耳鼻咽喉科、眼科有医长志村正三，妇产科有医长医学博士上山武男，超短波X光线治疗细菌病理试验主任是医学博士田村雅太，技术员有田中亮、盐田丰、萩尾宰一，理化学试验、药局长为药剂师菊地新一，调剂员为药剂师土山周子，助产科主任为产婆菊地梅代，产婆有马渡敏，东亚医院在日租界有分院。

创办者田村俊次，东京市人。1872 年 6 月出生，1903 年 3 月东京帝国大学医科大学毕业，同年 5 月任陆军二等军医，在近卫步兵第二联队工作。1904 年 12 月成为第一军军医部部员，日俄战争时升任陆军一等军医。1909 年 3 月作为“支那”驻屯军医院长来津，1910 年 9 月任三等军医正，公务之余掌管共立医院，1916 年 4 月转任冈山卫戍医院长，不久升任二等军医正，同年 12 月退役来津，1917 年 4 月开设东亚医院，从事中外人士的治疗，同时还兼任直隶公署医官、中国红十字会顾问、直隶防疫所顾问、黎元洪医务嘱托。社会公职为天津居留民会议员、预备行政委员、居留民团事务调查委员、天津体育会评议员、日本青年会讲师。田村俊次爱好文学和戏剧。

1915 年 12 月，田村在东京做好设立病院的一切准备后，并选好干部职员，于 1916 年 3 月 1 日独自来津。来天津之前根据田村的托付，与步兵中佐田中昌次郎和“支那”驻屯军司令官及其幕僚、该军病院长佐分利良民以下该院职员等商量，选定临时诊疗所，并进行其他各项准备。田村到达天津后，马上开始修缮预定的房屋（日租界荣街第 16 号、第 17 号、第 18 号），得到建物会社的帮助，诊察室、病房、职员宿舍等设施齐全。医疗器械逐渐到达，家具配置则依靠当地，还有很多必要的药品也都准备妥当，划定了职员的业务。4 月 1 日临时诊疗所开业，这一天被定为本院的纪念日。当时的耳鼻咽喉科、外科、皮肤科由医生内田徒志负责，药局的业务由药剂师山本兼造负责，事务会计由小坂井兵次郎、加藤朋一负责，护士有根津末子、青柳井园，磨工为秋山胜正，翻译为王昆辉，田村负责内科、小儿科和妇科。1916 年 7 月医学士堀内刚就任，负责产科、妇科，继而医学士盐谷信治到津，负责外科、皮肤科，进而事务由胁谷亨吉等负责，翻译有林泽桐，护士产婆则有中岛丰子、井上敏、冈纱代、龟井浜子、松崎常代等人。诊疗机构逐渐完备，就诊者日多，进而要求增加病房，促进本院新建筑的落成。同年 12 月，苏维石来院负责眼科。

该院建筑依靠田中昌次郎的努力，和法国义品公司天津支店签订合同，其用地位于法租界西开，1917 年 5 月 1 日开始基础工事。由于工事意外顺利，同年 12 月建成，年末关闭临时诊疗所，转移到新院。1918 年元旦开始诊疗。新院占地 850 坪，总建筑面积为 409 坪，其中本馆 318 坪，附属建筑 91 坪，大部分是二层楼房，都是法国最新式的建筑风格。暖气设备、采光、换气、除脏等卫生设备非常实用，家具大都是从巴昔洋行定制，电器设备则委托日商中根洋行。从 3 月 9 日连续三天举行开院式，第一天有日中官民约六百余名前来，第二天有中国官民 600 余名前来，第三天有欧美人约 400 余名前来。内田的后任是医学士铃木文夫，又请大连医院派遣泽出医生，负责耳鼻咽喉科的诊疗。1917 年每天新患者为 144 人，总患者 2550 人，1918 年新患者为 349 人，延期患者为 5964 人。该院创立以来医务嘱托或担任顾问的重要单位和个人如下：天津日本邮便局、直隶公署、北洋防疫局、天津红十字会、开滦矿务总局、永井生命保险会社、前大总统黎元洪。该医院的患者有日本人和欧美人，但是主要的服务对象是中国人。后来因为排日风潮，中国患者逐渐减少，医院经营陷入困难。田村俊次为寻找解决之法回国。松昌洋行的田中昌次郎认为该医院乃是各租界最有组织的医院，且深受好评，希望日本政府能够给予帮助。

东亚医院在 1917 年 4 月接受直隶省长朱家宝之请，成为直隶公署卫生嘱托。田村俊次同时还是北洋防疫的顾问、天津红十字会医学顾问以及直隶高等法院关于审判医学方面的事务嘱托，同年开始担任黎元洪的家庭医生。1921 年接受警察厅厅长杨以德之请，担任直隶警察厅的医学嘱托。1922 年 8 月起担任北洋大学、南开中学校、高等师范学校、工业学校、扶轮学校、实业学校、法政大学等学校的医务嘱托，裕元纺织工厂、华新纺织工厂的医务嘱托。东亚医院创立以来每年接诊的中国患者如下：1917 年 9684 人，1918 年 17775 人，1919 年 14892 人，1920 年 21362 人，1921 年 25732 人，1922 年 34054 人。田村俊次还于 1916 年 10 月发表《日本的医术与日支亲善》一文，其主要观点就是通过设立医院，接诊中国患者，来改善和加强所谓“中日两国亲善”。

梁启超曾到法租界东亚医院后院参观菊展，并为东亚医院院长题诗。该医院位于河北路与滨江道交口，楼顶中央高耸的由四根立柱支撑的盔形塔亭，给人以气魄恢宏的感觉。大门处向外凸出一个由左右两根支柱支撑入口的宽大的门廊，上面形成顶楼的带有栏杆的露台，很是气派。当时在法租界公共建筑中这是颇具特色的建筑形式。该楼约在 1966 年前被拆除。东亚医院当年选址在法租界寸土寸金的黄金地段。该院有“四高”：它建在号称“大夫街”的高水平医所林立的地区，这是一高。这段路上私人诊所密集，街道两侧镌刻在墙体上尽是“××医学博士”“××诊所”或是“××中医诊所”的大理石招牌，很多留过洋的西医或高等医学院校出身的医生都在此挂牌行医，形成中西医荟萃、私人诊所竞争的局面，算是一道独特的风景线。东亚医院对患者服务周到，医疗设施兼顾东西方特色，医疗费用偏高，这是二高。敢迈这家医院门槛的都是富裕的高等华洋人士，这是三高。田村俊次死后，其子田村亚泰秉承父业，为保住东亚医院这块牌子，医疗上精益求精，凸显高水平的医术，在社会上颇有口碑，这是四高。日本投降后，国民政府接管此医院，更名为第六临时医院。1949 年后，第六临时医院由人民政府接收，改为天津市第三医院，也就是滨江医院门诊部的前身。

井上医院的创办者为井上勇之丞，东京市人，1867 年 3 月生，1886 年获得内务省医师检定资格，又在东京帝国大学选科学习两年半，1888 年担任冈山高等医学校副教授，1890 年转任越后长冈病院医局长。1893 年在长冈开设井上医院。1902 年来津,担任天津都统衙门的检疫官。同年 10 月,与佐野彪太在日租界闸口地设立日本共立医院,担任外科医长。于 1904 年 1 月开设井上医院。收入课金年额为银 68 元,房屋税金年额为银 87 元 20 仙。1908 年因医师资格证丢失,再次向天津日本总领事提出申请,1909 年 6 月获得通过,并在日租界福岛街继续开设医院行医。井上勇之丞居住在日租界花园街(今山东路),任井上医院院长。据《益世报》报道,1934 年 11 月 25 日,他在日租界井上医院被其车夫李永元杀害,时年 68 岁。李永元为大兴县人,住在南营门外万德庄同义里,以拉车为生。井上勇之丞在中国经营医院 30 余年。其子井上洵继任院长。井上医院的副院长为濑川侃。

图 5-11 天津日租界的井上医院

(图片来源:近藤久义收藏提供)

天津疗病院。1919 年 8 月作为天津居留民团隔离医院,在日租界淡路街(今甘肃路)设立,为日本人传染病患者的收容机构。经费来自天津水灾救护会会费所剩余的三万余元。1927 年其进行病房改造,改称天津疗病院。天津疗病院所处理的事务如下:1. 一般治疗事项;2. 法定传染病患者的隔离治疗事项;3. 结核患者的隔离治疗事项;4. 旅途病人的入院治疗事项;5. 工伤及其他特别事情者的收容及治疗事项;6. 传染病预防;7. 清洁并消毒;8. 各种病原体检索并一般病理试验;9. 接客业者、妓女的定期身体检查和检验;10. 其他保健卫生事业。疗病院职员为医师 3 名,药剂师 1 名,护士若干,事务员兼书记 1 名。对妓女及一般接客业者的健康诊断及检查治疗,每月定时进行。历年入院患者增加如下:1927 年 38 名,1928 年 52 名,1929 年 17 名,1930 年 8 名,1931 年 50 名,1932 年 38 名,1933 年 41 名,1934 年 43 名,1935 年 69 名,1936 年 61 名。1940 年度,疗病院收治的传染病患者为 161 名,比 1939 年度减少 13 名。

千秋医院。创办者千秋实,福井县人。1909 年 10 月获得文部省医术开业考试,同年 11 月来津,暂时在京津两地的医院工作。1912 年远赴蒙古、俄国。1915 年再次来津,独自开办千秋医院。千秋实爱好旅行,居住在日租界宫岛街(今鞍山道)。

大同医院。位于日租界宫岛街 16 号(天津神社前),三泰洋行旁边,院长为医学士镰仓贡,有产婆杉山苗子,设有外科、皮肤科、花柳病科,还有 X 光线治疗、超短波疗法、太阳灯治疗。1936 年 2 月 16 日《大公报》刊登广告,说该医院有“外科、皮肤科、花柳病科”。院长镰仓贡,广岛县人,1902 年 11 月出生,居住在日租界宫岛街。1923 年 3 月从冈山第六高等学校毕业,后进入冈山医科大学。1928 年 3 月从该校毕业,进入京城帝大医学部外科,得到松井博士许可从事研究两年。其后接受天津日本共立医院招聘,1930 年 10 月来津,继长崎博士之后负责外科,1933 年 6 月从该医院辞职,在宫岛街开设大同医院。镰仓贡喜欢骑马,嗜好吸烟。

诚华医院。位于日租界松岛街、香取街夹角,院长为江口七五三雄,设有内科、一般外科、性病科、皮肤科、X 光线科。

博爱医院。位于日租界芙蓉街、松岛街夹角,院长为医学博士石原经德,副院长为医学士刘文盛。设有一般外科、内脏外科、皮肤科、泌尿器科,主治脑病、胃肠病、肺病、喉病、皮肤病、肿毒、戒烟、花柳病、痔疮各症,就诊时间为上午 9 点至晚上 8 点,病人可以随时住院,医院有手术室。

1928 年 3 月 17 日《大公报》刊登广告说：“专治特色胃肠病小儿病肺病脑神经病花柳病戒烟瘾皮肤病生殖器病，万般肿毒一切手术，内科医长日本医学士张玉鹏、外科医长日本医学士骆友松，院址日界宫岛街张园门前旁，电话总局一六七二号。”日本战败后，博爱医院改组为临时第七医院。

盐谷医院。位于日租界浪花街、明石街交口西北面，创办于 1924 年 8 月，院长为医学士盐谷信治，设有外科、皮肤科、泌尿器科，门诊时间为上午 9 点至 12 点，下午 2 点至 5 点，晚间则为 7 点至 9 点。外诊则任何时间皆可。病人可随时住院。盐谷医院在开业广告中宣称：“各种疗器完全齐备，……倘有疑难之症，即请驾临本院一诊。”1933 年 11 月 28 日振报社长白逾桓遇刺后，曾由日租界警察署送至该医院诊治。院长盐谷为鸟取县人，1914 年 12 月九州帝国大学医科大学毕业，其后在大学附属医院专攻外科皮肤科。1917 年 6 月受聘天津东亚医院来津，担任外科医长，负责外科皮肤科。1924 年 8 月退职，在浪花街开设盐谷医院。他还是日租界天津体育会评议员、棒球部顾问、日本青年会参事兼讲师，爱好野外运动、戏剧。

中和医院。桧垣恭兴于 1919 年 5 月创办，位于日租界宫岛街 9 号大和公园正门前，即宫岛街（今鞍山道）与荣街（今新华路）交口西北面。中和医院设有一般外科、皮肤科、性病科，开诊时间为上午 9 点至晚上 8 点。该院具有人工太阳灯疗法，以备临时所需。其创办人桧垣恭兴是千叶县人，居住在日租界荣街（新华路）。桧垣恭兴 1883 年 10 月出生，资质聪慧，勤奋好学，东京慈惠医院医学校毕业，1906 年 9 月通过医术开业考试成为医师，后应天津日本共立医院招聘，1909 年 11 月作为医生来津，负责小儿科。桧垣恭兴担任天津居留民会议员、预备行政委员、教育补助调查特别委员，爱好读书。继任院长为木下秀良，东京市人，居住在日租界橘街（蒙古路）。木下秀良 1916 年 3 月东京开城中学校毕业，进入东京慈惠医院医学专门学校学习。1921 年 3 月毕业，木下秀良进入东京日本红十字社医院，在外科工作。1922 年 9 月应聘天津医院来津，负责外科。

木下秀良爱好读书。

西村医院。位于日租界淡路街（今甘肃路）、伏见街（今万全道）交口。院长为医学博士西村八郎。医院设有耳鼻咽喉科、花柳病科，就诊时间为上午9点至晚上9点，可随时住院。

东华医院。位于日租界浪速街（今四平道）司令官邸南，院长为西村恭三。医院设有妇产科、内脏外科、一般外科、花柳病科、耳鼻咽喉科，就诊时间为上午9点至下午6点，以及周日、大节日上午。医院可以派遣产婆，并可住院治疗，后来转移到香取街（今林西路）。

天津医院的前身为1908年11月在日租界松岛街开设的共济医院，1914年11月转移到寿街七号，改称天津医院。1924年9月转到日租界春日街（河南路）、蓬莱街（沈阳道）交口的西北面，设有内科、外科、眼科、花柳病科、妇产科、小儿科，还特设有戒烟科，并有血液检查。就诊时间为上午9点至晚上9点，病人可随时住院。该医院多次在天津《大公报》刊登广告，声称："各科有专门医、产婆、看护妇，本院有养病室三层楼房，甚是清洁，空气流通凉快，中国第一养病室也。"其创办人藤田语郎为大分县人，初住在日租界寿街（今兴安路），后转移至日租界春日街（河南路北段）。藤田语郎1885年12月出生，1900年开始学医，1901年4月东京济世学舍中途退学，后在医院工作。1903年12月受聘日本共立医院医务人员来津，1905年担任直隶高等工业学校医官，1907年9月转任北洋大学堂医官，后辞职创办此医院。他还担任居留民团行政委员及国际企业株式会社董事。社会公职为天津医师会干事、日本青年会评议员。藤田语郎爱好政治、围棋、象棋、连珠、台球。

好生医院。位于日租界须磨街，院长为医学博士下村三郎。医院设有外科、花柳病科、肛门科、戒烟科。

同仁医院。位于日租界荣街十四番地致美楼旁，即荣街（今新华路）与浪速街（四平道）交口西南面，院长是医学博士平松洋平。其创办人中村唯子为长崎县人，居日租界新寿街（今兴安路），同仁医院长。1892年

8 月熊本药学校毕业，同年 9 月在大阪获得药剂师资格，1898 年 6 月至 1900 年 8 月在间北里博士的传染病研究所工作，研究细菌学。1903 年 1 月平松洋平到德国留学，1905 年 5 月回国，在东京开设宇良田医院。1907 年 3 月嫁给中村常三郎，1909 年 9 月随中村来津，开设同仁医院。

爱仁医院。影山清美于 1920 年 8 月创办，位于日租界荣街（今新华路）大和公园正门南座东。院长影山清美。医院设有妇产科，有产婆后藤皆。后该医院迁至宫岛街二轩目，院长为医学博士下村一郎。医院主治性病、肛门病、外科，还特设有妇产科。影山清美为岛根县人，居住在日租界常盘街（今辽宁路）。1906 年 10 月金泽医学专门学校毕业后留任助手，1910 年 3 月成为该校附属医院内科及妇科医生，1913 年辞职来津，担任日本共立医院妇科主任，1920 年 8 月从共立医院辞职，独立开设爱仁医院。影山清美爱好打猎。

昭和医院。位于日租界春日街（今河南路）19 番地（金光教前），是日本总领事馆嘱托医院。医院设有内科、小儿科、耳鼻咽喉科、外科、皮肤科、妇产科、自家血清疗法科，病人可随时住院。

兴亚医院。位于日租界小松街（今热河路）、蓬莱街（今沈阳道）交口。院长为丰岛丰，副院长为本田司，女医生为由利静子。医院内设耳鼻咽喉科、内科、小儿科。日本战败后，兴亚医院改组为临时第八医院。

日本医院。位于日租界旭街（今和平路）中原公司西边。院长中村忠雄。医院设有产科、妇科、性病科、肛门病、一般内科，也治疗呼吸疾病等。

养生堂医院。位于日租界旭街（今和平路）88 号，设有产科、妇科、外科、性病科。

东京堂医院。位于日租界大和街（今兴安路）。院长是系山英次郎。医院设有内科、小儿科（有呼吸器、消化器）、妇产科、性病泌尿科、一般外科（特别是盲肠科），昼夜不休，有病床，病人可入院治疗。

南谷小儿科医院。位于日租界石山街（今宁夏路），从宫岛街华胜洋行前入,院长是医学士南谷知信。南谷小儿科医院是专科医院。

折目齿科医院。院长折目民夫,德岛县人,居日租界宫岛街(今鞍山道)。1913 年 11 月日本齿科医学专门学校毕业,同年在德岛开设齿科医院,1914 年 7 月来津,在扶桑街开设折目齿科医院。1923 年 2 月,折目齿科医院转移到宫岛街,专门诊治中日两国患者。折目民夫爱好围棋、台球、日本象棋。

山下齿科医院。位于日租界新春日街(今河南路)北端铁门外。院长为齿科医学士山下薰,医院星期三、星期五下午休息。

山崎齿科医院。位于日租界春日街(今河南路)224 号。院长山崎胜弘。医院设有齿科一般、口腔外科、小儿齿科。

河合齿科医院。位于法租界 26 号路吉祥里 1 号。院长河合一雄。医院设有齿科一般、小儿齿科、口腔 X 光科。

岩宫齿科医院。位于日租界宫岛街(今鞍山道)12 番地 7 号,大和公园前的三泰洋行也有入口。

新坂齿科医院。位于日租界宫岛街(今鞍山道)九号,院长为新坂清广。医院设有齿科一般、X 光线科、红外线科。

东海林齿科医院。位于日租界松岛街、芙蓉街夹角国际运输公司前。医院设有齿科一般、口腔外科、光线疗法科。

臼井齿科医院。位于日租界石山街(今宁夏路)玉山里。医院设有齿科一般、X 光诊断、超声波疗法,就诊时间为上午 9 点至下午 6 点,星期天、大节日休息。

小松崎齿科医院。位于日租界旭街(今和平路)四面钟旁。小松崎千代松为茨城县人,居日租界旭街,小松崎齿科医院长。年少时跟随医生坂本元良学习医学,后在东京济世学舍学习。1882 年在山梨县立医院工作,1885 年辞职再次到东京学习齿科。1889 年春通过内务省齿科医生鉴定考试,1896 年到中国台湾,在台北城内开业。1905 年 3 月来津,在旭街开设小松崎齿科医院。社会公职为天津体育会评议员兼弓术部长。小松崎千代松爱好大弓。

池上齿科医院。池上兼治为院长,位于日租界淡路街(今甘肃路)。

川上医院。位于日租界宫岛街(今鞍山道)与香取街(今林西路)交口。院长为医学博士川上义雄。医院设有小儿科。

原常子产院。位于日租界松岛新德里街55号。原常子产院提供产婆、针灸、按摩等服务,院长是今村朝子,其为天津看护妇会成员。

天津产院。位于日租界伏见街(今万全道)6番地3号。产婆金弘夏代。

产婆新开茑。位于日租界福岛街(今多伦道)西端52番地6号。

产婆长比美。位于日租界橘街(今蒙古路)10番地4号,可以出诊,与松岛街夹角橘旅馆西邻。

津野家畜医院。位于日租界宫岛街(今鞍山道)八号,专科小动物治疗,可以预防注射狂犬病和犬瘟热,就诊时间为上午9点至12点,下午2点至5点。星期天下午休息。

冈本针灸治疗院。位于日租界橘街(今蒙古路)32号。针灸医师是大分县立龙牙学校本科毕业的冈本常,可以进行针灸、按摩,对经脉痛、关节痛、中风、脚气、急慢性胃肠痛、急慢性生殖器痛、扁桃腺炎、护目、乳疗急慢性盲肠炎等进行治疗。

日高治疗院。位于日租界春日街(今河南路)2番地11号。院长是大分县立针灸专门学校毕业的日高仙太郎。日高治疗院有针灸按摩、乳房按摩以及温热电气治疗。

中村针灸按摩治疗院。位于日租界芙蓉街18号(在浪速街路上),治疗科目有神经痛、胃肠病、小儿抽风、冷江症、妇科病、痔疮、犬瘟热、淋病、脚气、月经痛、哮喘、打身痛。

古贺针灸物疗科。位于日租界橘街(今蒙古路)、松岛街(今哈密道)交口南,其通过针灸按摩治疗淋病、心脏病、中风、脊髓胃肠病,还可以针灸治疗妇科病。

高桥医院。1915年创立，创办人为高桥刚吉。平松洋平，横滨市人，居日租界花园街（今山东路），平松医院院长。1914年12月东京帝国大学医科大学毕业，进入药理学教室及该大学附属医院青山内科药局。1917年因病退职。1923年6月来津，接手岳父高桥刚吉的高桥医院，改名为平松医院。平松洋平爱好音乐、读书。

加藤医院。位于日本租界荣街16号，大和花园东门对过。医院有内外科、妇婴科、眼科。门诊自午前9时至12时，出诊则是午后1时至6时。

天津家畜医院。位于日租界荣街（今新华路），津野寻正任院长。

斋藤兽医院。位于日租界芙蓉街（今河北路北段），斋藤仙太郎创办并任院长。他是日本驻天津领事馆的嘱托兽医。

华北交通会社经营的医院主要为铁道工作人员诊疗，顺便也为其他患者治疗，并协助居留民团卫生部，进行卫生防疫事务。

此外，在天津24家日本人医院工作的有医师55名，药剂师25名，护士200余名，牙科医生20名。但随着日本人激增患者逐渐增多，加上很多中国人信赖日本医师也前来就医，医师仍然不足。特别是由于气候风土急变，结核病患者增多，于是居留民团卫生部设立了结核诊疗所。①

---

① 外務省外交史料館藏：『外務省警察史』第35卷（支那の部　北支），不二出版1999年，第277頁。

第四节 日租界的文体活动

天津是从军事要塞发展而来,当时仅有四五百年的历史,相对缺乏游赏的地方,所谓“情景缺乏风趣,生活没有趣味”。随着租界的出现,西方异质文化伴随着欧美移民的到来而传入,租界成为最好的展示平台。在天津开埠以后,西方的各种娱乐和体育活动便蜂拥而至。不仅有西方歌剧、音乐、马戏、舞会、交谊舞等文化娱乐,还有赛马、网球、棒球等体育活动,外国侨民的业余生活也逐渐丰富起来。不仅是消闲娱乐,这些活动更多地还具有社会交际、商务活动等社会功能。它淡化了人与人之间的感情色彩,加强了休闲娱乐活动的社会功利性,也利用活动内容和场所沟通信息,因此休闲娱乐更多的是一种商业化活动。

大量侨民的到来,构成了一个社会空间。在这个空间当中,其生活自然带有多样性。除了工作、学习,还要有休闲与娱乐。尤其是在天津这样一个充满多重文化的“国际大都市”空间里,近代文明与民族特色的娱乐活动也必然是丰富多彩。电影、赛马、高尔夫球、交谊舞等近代娱乐活动日益流行,为各国侨民所热衷。作为承载自身归属感的具有民族特色的娱乐活动,各国侨民对此更是乐此不疲。正是在这种多样化的文化娱乐活动中,侨民愉悦了身心,强化了乡土情结、归属感和国民意识。

那么,日本人的休闲娱乐活动是如何开展的?相关研究认为,天津的外国侨民大都过着相对独立的休闲娱乐生活，开展各自的体育活动并过着自己的节日。日本人向来具有较为强烈的集团意识，更容易形成一种封闭的生活空间。因此有人说："外国人在日本找不到一条能够进入他们社会的途径。"①同样，在海外的日本人也并不急于融入当地社会，而是努力构建一种日本本土型的生活空间。在这个空间里，日本人开展属于自己的休闲娱乐，有着较为强烈的自娱自乐性质。

一、日租界的体育活动

体育活动作为一种体现人类活力、充满竞争意识的文化形式，除具有强身健体的功能外，它还能刺激情绪、振奋精神、沟通心理、塑造个性，展现一个国家的民族性格。对于好争好动、自由开放的西方人来说，体育活动更是其生活中不可或缺的，因此近代体育运动几乎是伴随着欧美人一起来到天津的。台球、网球、赛马、棒球、滑冰、冰球等西方社会的体育活动十分兴盛，并逐渐在外国侨民当中形成一股热潮。他们也通过举行各种体育活动来消遣时光。同时，参加体育竞技活动和观看体育比赛等逐渐成为他们一项重要的休闲娱乐活动，也是租界侨民社会生活的重要组成部分。因此，对于日本人来说，体育活动不仅仅是一种娱乐活动，更重要的是在脱亚入欧后，体育活动成为其国家力量在体质和精神上的显示，展现了他们在体质和精神上不输西方人。日本侨民在与各国侨民的接触中，受到"面对培养体育更有见识的欧美人的生活的刺激"②，努力开展各种体育活动，一方面可以减少因缺乏娱乐设施所导致的无聊，另一方面还

---

① [美]罗伯特·库里斯特发著，程永华、武大伟等译：《日本精神与风习——四十年见闻》，吉林人民出版社1986年，第153页。

② 天津居留民团編：『天津居留民团二十周年記念誌』，天津居留民团1930年，第658頁。

可以通过开展体育活动，增强日本人的体质，借此显示日本人健康的体魄和自身的强大，这在战争爆发后更为显著。

日本侨民的团体体育运动首先是居留民运动会，地点主要是在日本小学的运动场和大和公园。天津日侨举办运动会始于 1907 年和 1908 年，至迟从 1912 年开始每年春秋举行两次，最初由“天津陆上运动会”主办。天津陆上运动会设置会长 1 名、委员 35 名、常置委员 6 名，会长和委员由总会选举，其成员都是具有一定地位和爱好体育的日本侨民，常置委员由委员互选。其目的是“锻炼在留日侨的体力，鼓励士气”，“每年春秋两季举行”，“不论是否会员，只要是我同胞，都可以出场比赛”。[①] 这意味着所有在天津的日本侨民都可以参加比赛，经费由会费和捐赠组成。要想办好一场活动，没有一个专门的体育组织是不行的，因此在津的日本侨民也组织了很多体育组织。天津体育会就是负责日本侨民体育活动的一个总组织。它成立于 1916 年，由总领事任会长，设有剑道、柔道、弓箭、陆上竞技、棒球、网球六部，其后又增加了滑冰部和蹴球部，连同本部共有九部。从此，主要的运动会都由该会统一举办。

图 5－12　天津日本淡路小学校运动会

（图片来源：菅顺子收藏提供）

日本侨民较早开展的运动是武术。1909 年 10 月 29 日的《北清时报》报道说，该年的秋季武术大会于 11 月 7 日举行，地点在天津小学校

① 富成一二編：『天津案内』，中東石印局 1913 年，第 138 頁。

内,比赛分为柔术部和剑术部。其中又以射箭为最早,1904 年,射箭比赛便在军民爱好者之间举行。1905 年来天津开设齿科医院的小松崎千代松射箭术很好,他从 1909 年开始在寿街至诚馆举行月次会,组织爱好者进行比赛。1916 年天津体育会发起成立箭道部。小松崎千代松担任部长,为天津射箭术的发展做出了贡献。体育会射箭术部约有 40 名会员。柔道始于 1907 年,1914 年利用天津驻屯军司令官佐藤钢次郎捐赠的 1000 日元在花园街建设了演武馆,1916 年加入体育会成为柔道部。此后随着远藤盛弥来津,许多儿童也加入其中,到 1928 年约有成员 270 余名。[①] 1938 年举行首次团体对抗赛,1940 年京津武道对抗赛也在计划中。因此天津柔道部开始吸收各段者,积极进行练习,以迎接挑战。剑道场设立于 1907 年,普及之后转移到演武馆,但并不兴盛。

(一)网球

网球于 19 世纪 80 年代末传入天津。最初主要是草地网球,最早的网球组织是天津草地网球会。当时主要是驻津的外交官员、商人和传教士以此来健身娱乐。“草地网球是早期最受租界侨民欢迎的运动项目,天津草地网球会,妇女草地网球会都是侨民中最先出现的体育团体。”[②] “1900 年,随着大量外国军队的到来,天津的网球由于几位高于一般水平的军官参加而得到了较大的发展”,优秀选手有亚伦、肖、赫伦等人。1924 年,天津有 8 个草地网球会,打球的会员共计约有 1500 人。[③] 天津草地网球会还与北京网球会在春秋季举行半年一次的会际比赛。20 世纪 20 年

① 天津居留民团编:『天津居留民团二十周年記念誌』,天津居留民团 1930 年,第 659 頁。

② 罗澍伟主编:《近代天津城市史》,中国社会科学出版社 1993 年,第 155 页。

③ [英]雷穆森著,许逸凡、赵地译,刘海岩校订:《天津租界史(插图本)》,天津人民出版社 2009 年,第 270 页。

代末至30年代中期是天津网球最为鼎盛的时期,那时候中外选手都组成网球队,如“青年会”队、南开大学队、三井洋行队等,且每个协会都有三片以上的场地,还有私人场地数处,并举办各种活动、比赛,涌现出不少网球高手。

日本侨民打网球始于1906年,最初为软式网球,1919年开始硬式网球。从1921年开始,体育会的网球部球场只举行硬式网球比赛。1928年体育会网球部有成员120名,妇女成员20余名,非常受欢迎。日租界有6个专用的网球场。20世纪初,有名的网球选手是三井会社的近藤、清野,正金的木下、草刈等人。他们在此后与克斯塔姆俱乐部的比赛中发挥了重要作用。1907年首次举行“中日网球比赛”,日方获胜。日本网球俱乐部1908年在与克斯塔姆俱乐部的比赛中获胜。1909年,日本网球俱乐部再次接受克斯塔姆俱乐部要求举行对抗赛的请求,并宣称“期待着此次亦必胜”,“经双方协商,第一次对抗赛于1909年5月23日在税关俱乐部球场用软式垒球比赛”①,结果日本网球俱乐部取得大胜;“5月30日日本人俱乐部和英租界克斯塔姆俱乐部又举行了第二次网球比赛,经过九组比赛,日本队以6:3获得胜利”②。1909年9月份举行的秋季联合网球大会是天津空前的网球大会,《北清时报》进行了连续报道,9月15日的报道说,此次大会是“去年秋季在我领事馆球场举行大会后的首次比赛,各选手意气风发,连日来训练不敢懈怠”③,并对各会社、洋行、小学校的选手前景做了分析。16日将选手分为红军和白军两组,各有11对选手。

在会际联盟锦标赛中,日本网球会曾获得1923年的亚军。1922年举办的“洋行双打杯”,天津的洋行皆可参加。三井洋行的犬冢与加藤在

① 『北清時報』1909年5月23日,第5版。
② 『北清時報』1909年6月1日,第3版。
③ 『北清時報』1909年9月15日,第5版。

1922 年至 1924 年连续三年获得冠军,是当时"天津最有名的一对网球选手"。[①] 可以看出,当时日本侨民的网球水平已经达到一定程度。1922 年曾在温布尔登取得世界冠军的郭里来到天津,在海关会馆球场举行了五局表演赛。日本奥运会选手刚从神户获得胜利后就来访天津,这对本地网球运动都起了促进作用。在单双打比赛中,"日本人在正式比赛中全部获胜"。[②]

(二)棒球与冰球

对日本侨民来说,"最喜欢的运动还是棒球和冰球","棒球经常和天津驻屯美国海兵队组成的球队进行比赛"[③]。天津最兴盛的活动也是棒球,它首先兴起于美国侨民中间,1909 年日本侨民也开始比赛。1909 年 10 月 26 日《北清时报》详细报道了日本侨民正金组和联合组的比赛。经过九个回合的较量,最终联合组获得胜利;11 月 14 日又举行了第二次棒球比赛,对阵双方为白军和红军[④],最终红军取得胜利。1910 年日本侨民还举行京津比赛,这是埠际比赛之始。当时天津取得胜利,不过此时棒球还不兴盛,观众也仅有四五名。体育会成立后成立棒球部,采取措施并推动棒球发展,如和天津的美国棒球队经常进行比赛,同时还从日本国内招聘大学棒球队举行比赛,"每年侨民各俱乐部还举行联赛"。到 1930 年左右,棒球部有成员 100 余名,每次比赛观众也达到数百名。[⑤] 根据规定,

---

① [英]雷穆森著,许逸凡、赵地译,刘海岩校订:《天津租界史(插图本)》,天津人民出版社 2009 年,第 272 页。

② [英]雷穆森著,许逸凡、赵地译,刘海岩校订:《天津租界史(插图本)》,天津人民出版社 2009 年,第 273 页。

③ 西村正邦:『天津日本租界物語』,限定非売品 1997 年,第 100—101 頁。

④ 『北清時報』1909 年 11 月 16 日,第 5 版。

⑤ 天津居留民团編:『天津居留民団二十周年記念誌』,天津居留民団 1930 年,第 660 頁。

由在天津的硬、软式棒球日本人球队组成，目的是提高侨民的体质和普及、发展健全的棒球竞技。

冰球则是1905年传入天津的，最初流行于欧美人士之间。1906年开始在北京举行埠际比赛，1921年天津还夺得“沃顿埠际杯”。[①]

图5－13　日侨棒球队

（图片来源：近藤久义收藏提供）

（三）高尔夫球

高尔夫球于20世纪初传入天津，首先在欧美人中间流行。1901年天津建立高尔夫俱乐部，几乎囊括了各国的爱好者，但不允许中国人参加。高尔夫球场位于俄租界内。1905年开始每年举行一次公开比赛，1925年春天开始举行选手权比赛[②]。日本人首次加入国际性的天津高尔

① ［英］雷穆森著，许逸凡、赵地译，刘海岩校订：《天津租界史（插图本）》，天津人民出版社2009年，第276页。

② 天津日本尋常高等小学校編：『天津誌』，天津日本尋常高等小学校1932年12月，第92頁。

夫俱乐部则是在 1919 年[①]。其后加入者逐渐增加,到 1930 年天津高尔夫俱乐部中的日本人则达到 40 人。这些日本会员又另外组织了日本人高尔夫俱乐部。高尔夫球场位于旧比利时租界[②]。据八木哲郎在回忆录中说,作为三井物产支店的店员,其父亲有着较高收入,属于当时的中高收入者,他经常和日本侨民的头面人物及欧美人士到市内或郊外的高尔夫球场打球,并且还获得很多优胜奖杯。[③]

(四)赛马

天津赛马最早流行于英国人中间,而且是北方有名的活动。[④] 天津最早的运动俱乐部就是天津赛马活动,该会在 1863 年举行了第一次赛马活动。赛马场设在土围子外的海光寺一带,1890 年洪水后转移到海大道附近。日本的骑马会是 1909 年由天津驻屯军军官设立的,其于同年 11 月 21 日前往杨柳青进行了远游,此后有所沉寂。1914 年又有几名日本侨民以健康为目的开始骑马。1919 年 7 月正式成立天津骥北会,推举驻屯军司令官金谷范三、船津辰二郎总领事为名誉会员,森步兵中佐为会长,住友洋行支店长为副会长,评议员 5 名,会员 32 名。他们租借海光寺兵营北侧的空地建造临时厩舍和马场[⑤]。会员除了举办远游活动外,还积极参加各种比赛。如在 1921 年、1922 年骑兵学校主办的第一、第二届日本全国马术大会上,会员青柳丰介获得第一名,天津骥北会一举成名。

---

① 天津居留民団編:『天津居留民団二十周年記念誌』,天津居留民団 1930 年,第 662 頁。

② 参阅天津居留民団編:『天津居留民団二十周年記念誌』,天津居留民団 1930 年,第 662—663 頁。

③ 参见八木哲郎:『天津の日本少年』,草思社 1997 年。

④ 布利秋:『北支案内記』,北支研究会出版 1938 年,第 398 頁。

⑤ 天津居留民団編:『天津居留民団二十周年記念誌』,天津居留民団 1930 年,第 663 頁。

在 1926 年的第六届日本全国骑马大会上，林久知、金山作次郎、中西夫人等人都获奖。1926 年冬天，20 余名会员和童子军、一般参加者计 50 余名以八里台为中心狩猎兔子。曾经担任居留民会议长的龟泽省朔说：“我喜欢骑马，还有一只名马‘飞洋’，并专门建了马厩。”他还说：“吉田茂也非常喜欢骑马，并有时候参加野外远乘会。”①龟泽省朔还曾担任过天津骥北会副会长。到 1928 年，天津骥北会有名誉会员 20 名、正会员 32 名。②

（五）垒球、游泳等运动

日本侨民的天津垒球会是在义和团事变后开办的。在天津垒球会中，第 15 步兵团垒球队、日本垒球会、北京海陆战队垒球队与北京垒球队会之间举行比赛。来津举行访问比赛的有日本庆应大学、早稻田大学球队。受 1917 年水灾影响而暂时停止的天津橄榄球界也在灾后恢复了秋季联赛。日本侨民当中还有很多钓鱼能手，他们“经常到郊外的北宁公园、赛马场的水池，秋天到塘沽盐田、新河方面等处钓鱼”③，还结成了钓鱼俱乐部，向中日学院申请到其学校的水池钓鱼。“作为日本孩子的运动，也有人玩少年棒球和去中原公司打乒乓球，但还是冬天在室外周边的池子中滑冰，夏天在游泳池中游泳。”④

日本侨民喜欢运动，一个重大原因是举行对抗赛。1910 年棒球比赛在天津和北京的日本侨民之间进行。其后暂时中断，直到 1923 年才又恢复，并在当年举行了一次对抗赛。从 1928 年开始，日本侨民每年在春秋

---

① 亀沢省朔：『回想三十年——天津の思い出』，未刊本 1976 年，第 15 頁。

② 天津居留民团編：『天津居留民团二十周年記念誌』，天津居留民团 1930 年，第 664 頁。

③ 藤江真文：『自画自賛』，非売品，未注明年代，第 75 頁。

④ 西村正邦、樋口隆一：『天津日本租界五十年』，非売品 2000 年，第 228 頁。

举行两次对抗赛。[①] 大概从 1926 秋开始，棒球、网球、武术、高尔夫四种项目组成的“京津对抗赛”分别在春秋季节交替举行。[②] 滑冰始于明治末年，1919 年天津建成滑冰场，加入体育会后，其会员每年都在增加。

《京津日日新闻》主办的第二届天津业余相扑大会于 1940 年 7 月 25 日至 8 月 5 日在大和公园内公会堂的前广场举行。

据《天津案内》记载，每年 4 月份和 10 月份，都会举行“春季田径运动会、小学校运动会、新河赏花会等活动，同时“网球、棒球、骑马等室外游戏也颇兴盛”，到 9 月份“骑马和自行车郊游及棒球等活动尤为兴盛”[③]。第一次自行车远足会在 1909 年 3 月举行，4 月份又举行了第二次远足会，并到新河旁赏花，9 月份的第三次远足会则是观览葡萄园。1909 年 4 月 18 日，日租界当局在大和公园内举行了春季运动会，当时可以说是“满场毫无立锥之地，外国人，特别是中国参观者非常多”[④]。比赛项目多达 40 余种。1909 年 10 月又在大和公园内举行了秋季运动会，还新增加了一些比赛项目。《北清时报》报道说：“翘首以盼，今天几百名观众洋溢着战斗的勇气，涌到大和公园，这一天真的可以称为是愉快的租界节日。”[⑤]运动会甚至还有不少中国上层人士前来观看，运动会上涌现出了胜俣冈村、濑上清野等优秀选手。各小学校也纷纷举办运动会。如 1909 年 10 月 10 日，天津寻常高等小学在运动场举行了秋季运动会。[⑥] 以至法

---

① 「北京雜録」，『北京週報』第 301 頁。转引自桂川光正：『租界における日本人居留民の都市生活——天津を例に』，ポロジェクト共同研究組編：『都市と文化 ：歴史学・地理学・社会学・文学からのアプローチ』，産業叢書 21，大阪産業大学産業研究所 2004 年，第 8 頁。

② 「編輯後記」，『北京週報』第 298 頁。转引自桂川光正：『租界における日本人居留民の都市生活——天津を例に』，プロジェクト共同研究組織：『都市と文化：歴史学・地理学・社会学・文学からのアプローチ』，産業叢書 21，大阪産業大学産業研究所 2004 年，第 8 頁。

③ 富成一二編：『天津案内』附録，中東石印局 1913 年，第 194 頁。

④ 『北清時報』1909 年 4 月 20 日，第 2 版。

⑤ 『北清時報』1909 年 10 月 3 日，第 5 版。

⑥ 『北清時報』1909 年 10 月 7 日，第 2 版。

租界的革命祭、英租界的赛马、日租界的运动会被视为天津“租界的三大名日”。[①] 在一个缺少娱乐的社会中，日本人学校的运动会成为日本人一个快乐的年中行事。正如一些日本侨民回忆说，当时“任何运动会，观众都爆满，没有铺着席子吃着便当的悠闲，除帐篷下的来宾外，大都被挤到墙边站着看”[②]。1940 年 4 月，由天津防卫司令部、总领事馆、居留民团、天津特别市公署共同主办的日华军官民合同武道大会在 29 日的天长节举行，比赛项目有刺刀术、军刀术、柔道、相扑、射击、马术、弓箭等。这样的武道大会更多的是宣传所谓“中日亲善”，早已超出了体育的范畴，具有浓厚的政治色彩。

二、日租界的文化设施

公共图书馆最早是由天津都统衙门总文案丁家立提议设立的。[③] 天津最早的图书馆是英租界设立的公共图书馆，其成立于 1901 年。1905 年，由原都统衙门检疫医生、日本共立井上医院院长井上勇之丞等十余日侨发起成立了天津日本图书馆。天津日本图书馆最初实行会员制，设置会长 1 名、评议员 20 名，负责处理馆务。会员每月缴纳会费，可以免费阅览图书，非会员则要收费。该馆的会长为总领事伊集院彦吉，常设委员为小松林藏、奥田竹松、西村虎太郎 3 人，评议员为安川雄之助等 19 人。当时天津日本图书馆称清国天津日本图书馆，它比直隶省立图书馆的建立还要早三年。1907 年 9 月居留民团设立后，天津日本图书馆交由民团管理，成为日租界行政管理机构的一部分。1909 年伏见宫殿下捐赠银 300

① 『北清時報』1909 年 10 月 12 日，第 3 版。

② 豊田勢子：『天津租界の思い出』，文芸社 2004 年，第 169—170 頁。

③ 刘海岩总校对：《八国联军占领实录天津临时政府会议纪要》上，天津社会科学院出版社 2004 年。

美元,设立伏见宫纪念少年文库,并制定了图书的管理及阅读等规定。1914 年图书馆转移到新建的居留民团事务所和公会堂建筑物的二楼。后因居留民团事务的骤增,图书馆于 1923 年 4 月不得已又移到楼上的居留民会议所。1930 年 7 月,图书馆改由天津共益会经营,名字也改称天津共益会图书馆。在 1932 年的馆务会议上通过了《天津共益会图书馆馆务章程》,规定主任秉承理事长和主事之命处理馆务。1934 年 1 月,为庆祝日本皇太子殿下诞生,并促进此前的大典纪念事业,居留民会议员、三昌洋行冈本久雄捐赠了建馆基金[①],1935 年在新建筑落成开馆。天津共益会解散后,图书馆再次交由居留民团经营。其后居留民团还试图新建儿童图书馆,但未能得到实施。

图 5-14　位于日租界公会堂内的天津日本图书馆

(图片来源:近藤久义收藏提供)

① 天津興信所編:『京津在留邦人官商録』,天津興信所 1925 年。

作为公共设施，图书馆面向所有人开放，任何人都可以随意阅览，而且图书还可以外借。图书馆开放时间为上午 9 点至晚上 10 点。不过，根据历年居留民团的事务报告统计，除少数外国人外，入馆者几乎全为日本人。即其所服务的对象主要还是天津的日本侨民。其藏书绝大多数是日文书籍，种类以普通、通俗类书为主。1938 年 11 月 25 日，在居留民会议上通过的《天津日本图书馆馆则规定》中，就将该馆定位为主要储藏国内外通俗图书和报纸杂志，以供公众阅览。[①] 图书除了定期购买外，很大一部分是捐赠而来的。从统计看，每年捐赠的图书少则占 20%，多则占到 50%，甚至有些年份还超过购入图书。据 1938 年 12 月末统计，图书馆购入图书为 17060 册，捐赠图书为 11086 册，捐赠图书约占 40%。捐赠的来源也较为广泛，除了日本外务省每年捐赠有关书籍杂志外，还有大商社、个人，这表明日本朝野以及日侨对该馆的重视。另据不完全统计，历年向该馆捐赠书刊的机构和个人多达 400 家。每次捐赠书刊少则一二册，多的则达到上百册。

图书馆开设后，有不少日本侨民借阅图书。根据统计，1908 年有 909 人次在馆内外借阅图书。[②] 同年在天津的日本人合计有 1452 人，即有超过一半的人一年借阅过一次图书。从下表可以看出，随着时间的推移，无论是入馆人数还是借阅图书数，都在显著增加。入馆人数到 1937 年已经达到 7 万多人，这还不包括馆外借阅者。可以说，图书馆已经成为日本侨民的重要文化活动场所，阅读书籍成为日本侨民的重要文化活动。同时，天津日本图书馆还成立天津读书会，读者之间可以相互进行交流读书心得。

---

① 天津图书馆编：《天津图书馆日本文库书目资料丛编之一天津图书馆馆史资料汇编（上、下）》，天津社会科学院出版社 1996 年。

② 天津居留民团编：『明治四十一年民団事務報告』，天津居留民团 1908 年，第 46 頁。

表 5-10　天津日本图书馆历年图书阅览情况一览表

年度	入馆人数	图书阅览人数	阅览图书数	藏书数	一天平均入馆人数
1910		753		3234	
1915		2393		4140	
1920		1446		5184	
1925	18466	6342	1178	8100	51
1930	47828	30003	53473	12644	132
1935	70732	35506	45706	23634	198

资料来源:根据历年『民团事務報告』整理而成。

根据1936年入馆者的职业可以看出,学生、儿童占了读者的一大部分,这也说明当时天津由于缺乏其他的娱乐活动,学生、儿童只能将读书视为日常消遣;其次是事务人员和实业家,他们因工作需要和为熟悉商业动态,经常通过杂志和书籍来获得知识和信息。从1939年12月的统计来看,阅读的图书总数为3449册,其中文学类的书籍120册,为最高;其次是美术类的书籍,39册。妇女人数也达到一千多人次,这说明日本妇女具有一定的文化水平。当时书店还比较少,只有"日光堂本店、分店大地书房、吉冈书店等其他二三书店",因此"对少年来说,在书店站着阅读也是一乐趣"。[①]

① 西村正邦、樋口隆一:『天津日本租界五十年』,非壳品2000年,第229頁。

表 5-11 各分类职业入馆者统计表

类别＼年份	1936	1939	1940
宗教人士	29	14	9
官吏军人	751	361	879
教育家	294	163	200
记者	279	123	301
事务人员	4315	2171	3968
科学人员	55	6	14
工艺家	1013	157	314
实业家	2024	765	761
其他	3493	2138	2439
妇女	1097	317	1016
外国人	91	4	177
学生	8864	1729	4454
儿童	7582	16182	9667
合计	29887	24130	24199

资料来源：根据天津居留民团历年『民团事務報告』统计。

日本历来重视教育，故国民的文化素质相对较高，不少人都能阅读报纸和杂志。人们为了提高和充实自己，了解和关注社会，也需要通过阅读载有大量消息和内容的报纸和杂志，使其成为其文化生活的重要内容。

租界是近代天津报刊的发源地，也是外国报刊、通讯社、出版机构的集中地。天津最早出现的报纸是天津海关港务部长、英国人洛维特主编的英文版《北方邮报》，该报只在 1880 年至 1881 年港口封冻后的两个冬季出版，内容多半是海关贸易与船只往来的统计。天津第一家正式的报纸则是 1886 年德璀琳创办的英文版《中国时报》和中文版《时报》。其后各国租界都出现了本国文字出版的报纸，使天津成为华北地区的新闻中心。

日本侨民在中国最早创办的日文报纸是1890年的《上海新报》[①]。天津最早创办的日文报纸是《北清新报》，创办者为西村博。他得到当时在天津具有实力的三井支店长安川雄之助、正金银行支店长铃木岛吉、大仓支店长皆川广量、东京建物会社支店长小松林藏等人士的支持，于1899年在法租界设立报社。此时任大阪朝日新闻通信员的足立养轩进入该社担任记者，不久社址迁至日租界白河岸边的白河楼。1906年西村博回国时，经伊集院总领事介绍，《北清新报》由足立接手，并改名为《北洋日报》，将社址迁至寿街邮船会社社宅前。金田一良三于此时加入该社。1908年，《北洋日报》因为报道有关清廷的消息，触及清政府的忌讳，被日本公使命令停刊。3个月后，《北洋日报》改名《北清时报》继续发行。此时，武田守信进入该报担任记者。1908年11月，时任《北清时报》记者的大和正夫，还企图与人联合设立中东银行。

西村博(1866—1929)，京都府人，堂号洗玉斋。其于1892年进入日出新闻社，1895年作为大阪朝日新闻社记者，随军报道日本占领中国台湾，并兼任陆军翻译。1896年西村博来到天津，说服郑永昌收购了一家报纸，并改为《国闻报》，因宁波的方若能写，便与其一起经营报纸。1900年义和团事变，遭遇战火，国闻报馆化为灰烬。西村博困守领事馆，在青木中佐的指挥下作战。1902年西村博在天津创办《北清时报》，成为华北日文报纸的开山祖师。他爱好考古学、精神学、俳句、谣曲、书画古金石等。他还从事特务情报活动，兼贩文物，尤以古钱为专精，偷运到日本，以谋取高额利润。他还收集都统衙门之告示，编辑成书，名为《天津都统衙门告谕汇编》，1901年8月由北清印字局排印出版。

与《北清时报》是依靠日本大公司的支店长支持而创设的不同，《北支那每日新闻》则有些复杂，据说其是依靠顾问团而创办的。1905年，《北支那每日新闻》以山根立庵为发起人，在三浦喜传、藤井恒久、佃一

---

① 沈殿忠主编:《日本侨民在中国》下册，辽宁人民出版社1993年，第1574页。

豫、嘉悦敏等顾问团的支持下，以丰冈保平为社长而创办。不过，据日本驻屯军司令部编辑出版于1909年的《天津志》记载，该报创办于1903年8月，是森井多田、市原小田切等两三名日本人所经营的报纸。最初是隔日发行，后来改为日刊。报纸同时还经营一般的印刷业务。1909年，其社长为木村笃。

由于上述两报的相互倾轧，致使各自的发行量都不理想。针对这一情况，小幡酉吉总领事认为如此恶性竞争，不仅无助于两家报纸的发展，还有损日本的形象，决定将两者予以合并。于是在1910年，两报合并为《天津日报》，并将社址迁至寿街建物会社前，于1911年1月1日正式发刊。合并之初，其领导层以《北清时报》的人员为主，以《北清时报》西村博、足立养轩、金田一良三、武田守信和《北支那每日新闻》的小田切良辅、真藤弃生等为领导。后来随着一些人的去世或离去，《天津日报》改由西村博为社长、真藤弃生为会计主任，负责报社的运营。根据《北支事情总览》，其最初发行数为1300份，为朝刊6页，晚刊4页。另外根据天津兴信社编辑出版的《京津在留邦人官商录》记载，该社位于天津日租界寿街(今兴安路)56号，1925年4月在大阪市开设支局。当时记载该社有日本记者5名、日本校对员2名、日本事务员2名、日本职工长1名，此外还有中国职工24名、中国杂役4名。1929年春西村博去世，真藤弃生继任社长，并将报社转移到新建的福岛街(今多伦道)24号社址。据1940年出版的《天津日本人名录》记载，此时社长仍为真藤弃生，副社长则是金田一良三，编辑长为黑田幸一，有记者高原菅匡、清水实、奥田和雄、牧野穰、木村白、林正雄、山田昇、小仓东次8人。印刷部长为森田宇三郎，部员为牧口米一、小山数马、福泽元禧3人；营业部长为森田宇三郎兼任，有职员大和治雄、足立传、岩本信子3人。由于担任社长的真藤弃生属于居留民会的清派，因此该报被视为这一派的机关报，对居留民会经常有攻击性的报道，与《京津日日新闻》对立。

《天津日报》的目的是要全体日本侨民了解一般社会事情，主要是政治、经济、文学以及其他社会事情，和《大阪每日新闻》联系紧密，是日租界的官方报纸，也是登载领事馆、民团公告的指定报纸。资本金 7 万元，发行量在 1937 年达到了 4500 份，1939 年 12 月增至 5500 份。后来真藤弃生还创办了汉文版的《天津日报晚报》，作为《天津日报》的夕刊，读者主要是中国人，日刊 4 页，发行量约 2000 份。同时报社还主办一系列文体活动，如软式网球、棒球比赛等以及小型音乐会。通过这些活动，扩大了该报的知名度和销路。

真藤弃生是熊本县人，早在早稻田大学求学时，就听从直隶总督警务顾问三浦喜传的劝说，于 1905 年 10 月来津从事中国问题研究。1907 年春，真藤弃生进入《北支那每日新闻》，1910 年 1 月《北支那每日新闻》《北清时报》合并为《天津日报》，真藤弃生继续在此工作。其后他还兼任《大正日日新闻》通信员和山东公论天津支社监督，后任编辑长兼主笔，总管社务。此外牛奶榨取销售业商卧牛斋也是他经营的。真藤弃生的社会公职为天津居留民会议员、居留民团事业调查委员、日本俱乐部评议员、天津体育会评议员、天津猎友会干事，爱好击剑、棒球、网球、打猎。

对于曾在该报社工作的记者，在此也简单介绍一二。前田德之助，茨城县人，1919 年 10 月作为该社天津制造所职员来津，1922 年 10 月进入《天津日报》，负责社会部新闻，1923 年 1 月担任胜田法律事务所嘱托，同年秋作为记者进入《京津日日新闻》，负责夕刊社会部。岛田福太郎，大分县人，中学毕业后，1911 年 3 月进入铁道院九州铁道管理局工作。1915 年辞职，1916 年 9 月来津，后进入《京津日日新闻》，担任记者。1921 年辞职赴京，作为北京大学听讲生研修年余，1923 年 5 月进入《天津日报》并担任记者。

在津日侨创办的另一份重要报纸是《京津日日新闻》，其是由田原天南（又名祯次郎）和森川照太于 1918 年 10 月 30 日创办的。创办之初，设在天津日租界寿街 70 号，而编辑及印刷所则在北京。1921 年 9 月 23 日，编辑及印刷所也转移到日租界新寿街（现为兴安路），1923 年 9 月又转移

THE KEISHIN NICHI-NICHI SHIMBUN

京津日日新聞　夕刊

英國兵不法事件
隔絕以來十件に達す
我軍隱忍自重にも限りあり
事態發生せば英國側の責任

我軍の公正態度に
英國商社が感激
「排日」デマ打破らる

支那に於ける英國の勢力
百年間の長期搾取
根津知好氏講演

英集團外交の破綻
上京途上の田中領事は語る

英國の今次の覺書を
獨は問題にせぬ
海軍協定再交渉時機に非ず

明確にせよ
日本は强硬態度に
伊太利政府の意向

ロソ空中戰綜合戰果
敵機損害二八三機

日英兩國間の
基本的問題を討議
現地關係官上京を待ち
提出の要求を協議決定

製鹽事業
北中支ともに進捗

外蒙に反革命勃發

再び羅田空襲

图 5－15　《京津日日新闻》

（图片来源：笔者收藏）

到旭街（现为和平路北段），同时开始发行天津日文报纸最早的夕刊，受到读者欢迎。后来创业者田原天南外游，由森川照太担任社长。《京津日日新闻》北京分社位于北京公平当胡同。关于设立北京分社一事，当时北京已经有《新支那》报纸，因此日本特命全权公使林权助在给天津日本总领事沼野安太郎信中表示，“刊行新报纸，毕竟引起两者的激烈竞争”,建议将编辑和印刷放在天津,但最后还是将编辑和印刷设在了北京。天津本社社长为森川照太,编辑是水濑三吾,后来他曾担任副社长。天津本社有记者10名,资本金20万元。北京分社则由田原祯次郎负责,记者有里间甫、坂本桢等人。里见甫,东亚同文书院出身,后来曾任北京新闻社记者、经理,北京周报主笔等职。根据《京津在留邦人官商录》记载,该报发行晚刊、朝刊各4页。1925年有日本记者4名,营业人员2名,中国职工30名,中国杂役12名。至1940年,社长仍为森川照太,主任为永濑三吾,编辑长为高桥登,有记者掘切秀夫、平田小六等15人,营业部职员有立石秀吉、坂本猛、增谷国友等11人。1932年《京津日日新闻》发行量为1800份,1937年达到6000份。1937年7月中日战争全面爆发后,由于新闻的搜集和配送困难,报纸不得已而减少页数,但朝夕刊仍有12页。订购一个月为银1元50钱,一年为银18元。后来还出版有夕刊。

《京津日日新闻》在批准发行的时候,日本总领事馆曾有如下之要求:第一,不得登载损害日中国交的言论和报道;第二,登载有身份的中国人姓名时,必须加上相应的敬称;第三,不得登载有害安宁秩序或风俗的事情,特别是不要登载有可能在日本侨民之间引起朋党争端的事情;第四,遵守明治四十二年(1909)5月6日法律第41号新闻纸法第17条至21条;第五,报纸发行的同时,要送交当地日本总领事馆一份、领事馆警察署两份,以备检查。该报主要报道京津两地的政治、经济、文学方面及其他社会事情,也是领事馆、民团的公告官定报纸。

《京津日日新闻》创办人田原天南(1863—1923),东京都人,东京德国学协会学校(现为独协大学)学习法律、文学,后来应中国台湾民政厅长后藤新平的邀请,担任台湾日日新报社主笔。1904年日俄战争前,翻译出版《俄国的黑暗面》一书,1905年又翻译出版《俄国皇室的内幕》。其后他看到中日两国之间不断发生摩擦,认为中日之间不和于东洋不利,便于1918年与森川照创办了《京津日日新闻》,关注时事。由于他长期滞留欧洲,1919年出席了第一次世界大战后的巴黎和会,并向国内外进行了报道。其后他将自己经营的《京津日日新闻》转让给合伙人森川照太,回国后进行演讲旅行。1922 年 11 月因病住进东京的庆应医院,1923 年 4 月去世。编著有《光荣之日本》(译作,博文馆 1905 年版)、《蒙古征欧史》(台湾日日新报社 1905 年版)、《清国皇太后》(台湾日日新报社 1908 年)、《胶州湾》(满洲日日新闻社 1914 年版)、《清末民初中国官绅人名录》(中国研究会 1918 年版)、《芳山怀古》(1922 年)。

《京津日日新闻》继任社长为森川照太,东京市人,1875 年出生。1899 年 7 月东京高等商业学校毕业,8 月进入大阪广冈商店,1900 年 9 月转到大日本纺织联合会,派驻印度孟买。1902 年 1 月回国,1903 年 10 月派驻上海,继而又到印度孟买,1904 年 6 月回国。1905 年 10 月任日本棉花同业会理事,3 年后辞职。其后受纺织联合会嘱托,从事共同火灾保险的调查。1909 年 9 月,作为松本君平主持的英文周刊《中国公报》主干和经理来津,1913 年辞职创办周刊日文报纸《日华公论》,1918 年 10 月又和田原天南共同创设《京津日日新闻》,其后收购田原洋行经营的业务,自任社长。

日本著名的文化学者橘朴曾任该报的发行兼编辑人。作为《京津日日新闻》的主笔和特约通讯员,他在该报上发表了大量的政论文章。记者龟谷利一,岐阜县人,1914 年 10 月来北京专门从事中国研究,1918 年 8 月赴东西伯利亚游历,回来继续从事研究。1921 年 8 月进入北京国际电报通信社,1923 年末进入《京津日日新闻》,担任政治经济部记者。其社会公职为日本青年会干事,爱好读书、旅行。

1939 年 3 月 23 日出版的《京津日日新闻》告诉读者:“为了提高因发行部数增多而需要的印刷能力,在北支日文报界首先使用新锐的二色刷轮机并万能自动式活字铸造机,……朝夕刊都能比以前早两三个小时送达。”并野心勃勃地宣称“要以北京、天津为枢轴,向整个北支扩张其羽翼”。据说《京津日日新闻》是“北支那日文报界的王座”,号称是“北支开发的罗盘针”。该报甚至宣称其“广告效果百分之百”。其在《支那问题研究所经济旬报》上所做的广告就宣称"拥有北支最大的发行量,致力于经济方面"。但该报在招收人员时,却具有明显的倾向,例如 1939 年 6 月在该报登广告急招编辑、校正、营业员数名时,就明确限定为日本人。

《京津日日新闻》是日本居留民会内赤派的机关报,和《天津日报》相对立。该报不仅登载京津两地的新闻,还报道一些有关中国各地日本侨民的情况,甚至还有很多有关日常生活用品的广告,可以说日常所用的都可以在报纸的广告上找到。因此,报纸使人们在了解社会的同时,也能够方便日常生活。如报纸上有很多租房信息、医院信息,以及浪花馆、天津剧院等场所的最新娱乐信息等。该报刊登的广告一个显著的特点就是有关治疗性病的药品广告很多,这也与当时日租界内妓院林立,患性病者多有关。

《京津日日新闻》还设有文艺专栏,专门发表在津日侨所创作的诗歌、小说等文学作品。其主持人有 1936 年 5 月来津的山县鹰四,他后来到天津民团任职,文艺专栏改由秦哲次郎负责。很多日侨创作的俳句、川柳等诗歌,都曾在该报发表过。此外,该报还连载有日本小说,如北村小松的《凯歌》和武天麟太郎的《花模样》。夕刊也有小说连载,如 1940 年 7 月,《京津日日新闻》开始连载岛津保次郎著、菊田立仙画《大陆的兄和妹》。该报还主办各种文体活动,如棒球赛、乒乓球赛以及唱片音乐会等,吸引日侨参加。但是作为日租界的机关报,它具有鲜明的倾向性,紧跟日本当局,煽动日本侨民对欧美等国家的敌视以及对国民党和共产党的仇恨,鼓吹"大东亚共荣"和"中日亲善"。该报连篇累牍地报道所谓兴亚事业的情况,并对汪精卫的叛国行为给予赞美。关于暗杀程锡庚的犯人引渡问题,《京津日日新闻》更是煽动日侨的仇英情绪,并对日本驻屯军封锁英法租界大唱赞歌。程锡庚,江苏镇江人,清末举人。曾留学英、法、美等国,获得经济学博士学位。曾在国民政府外交部、财政部任职。1937 年加入北京伪临时政府,任联合准备银行经理。后任伪海关监督兼伪联合准备银行天津分行经理,积极为日本效力,沦为汉奸。1939 年 4

月9日，程锡庚带全家到大光明电影院看《贡格丁大血战》影片时，为抗日杀奸团成员所杀。后抗日杀奸团成员在英租界被捕，日军要求英租界当局引渡，英租界当局认为证据不足，拒绝引渡。几经交涉后，日本军方恼羞成怒，宣布封锁英法租界。日英两国外交大臣在东京举行会谈，最终几经交涉，英方才同意引渡。这就是一度引起很大风波的“暗杀程锡庚犯人引渡问题”。

《京津日日新闻》和《天津日报》是当时日本侨民所创办的较大的两份报纸，也是日本侨民了解天津情况和中国各地日侨情况的重要渠道。因此，日本侨民争相购买阅读，中国人也有不少购买阅读者。1927年12月，两报报道了直鲁联军被北伐革命军接连击败的消息，引起当时北洋政府极大的不满，北洋政府派遣直隶特派交涉员以报道对直鲁联军不利的消息为由，禁止《京津日日新闻》和《天津日报》向中国街区邮寄。尽管两报的读者群大都在日租界内，但此举引起了日本总领事馆的严重抗议，通过交涉，北洋政府很快就取消了决定。由此可见，当时两报已经在天津具有一定的影响力。对于这两份日文报纸，有中国记者评论道：“日文的三种报纸（《天津日报》《京津日日新闻》和《京津日日新闻夕刊》），都受他们本国或伪国的津贴。不用说，就会知道它们的言论是攻击中国的，不是制造一些硫化二氢的空气，就是放几个烟雾弹。有益的方面，根本就谈不到。这是没什么可说的。假如中国人看了，管保气得肚子成了蛤蟆，所以一般中国人为了不找气生，干脆给它来个不瞧。”①

《庸报》，大矢信彦主编，坂本桢为编辑局长，其为日资控制下的中文报纸，于1926年创刊。它原是东北军阀的报纸，具有浓厚的排日色彩。张学良失势后，1933年6月《庸报》通过大迫大佐被日方收买，以中国人蒋光堂的名义得到南京政府实业部的许可，由中国台湾人李某主持。作

---

① 冰清：《天津的新闻事业》，《社会新闻》1934年第6卷第1—2期，1934年1月，第12页。

庸報

對內力求反共建國

外交方針與日協調步驟

汪談對中央政權之方針

日興亞院首次會議

不變支援新政權方針

米內新閣施政方針

將在議會演說中發表

營中從軍記

表示激勵

图 5－16 《庸报》

（图片来源：笔者收藏）

为伪满洲国方面的报纸，其得到伪满洲国军政部的资助。1935 年关东军与北支那驻屯军轮换，无偿继承继续经营。1937 年 6 月，《庸报》由日本人里见甫经营，7 月抗日战争爆发后，《庸报》成为日军的机关报，同年 9 月由满铁派来的大矢信彦任社长。1939 年 1 月 18 日，《庸报》得到天津总领事馆的许可，成为军部支持的国策中文报纸，向中国人兜售“东亚共荣”的观念。因具有这样的日方背景，其发行量曾高达 10 万份，仅次于《满洲日报》。大矢信彦当时被称为华北新闻界的“大御所”（即权威、泰斗）。太原的日华两报纸、石门日日、蒙疆新闻、徐州新闻等，都是在他的斡旋和支持下成立的。天津的《东亚新报》也是他发起创设的，他还担任理事。大矢信彦毕业于同文书院，先后在《满洲日报》和满铁工作，先后被派遣到北京、上海、大连。1931 年九一八事变后，他和里见甫创办“满洲国”通信社。七七事变后，大矢信彦辞职后作为满铁人来津，成为军队报道部嘱托，并担任《庸报》社长。

《庸报》的馆址最初位于法租界 32 号路的美商大来洋行后院。七七事变后，大矢信彦接管《庸报》，《庸报》成为日本华北驻屯军的机关报，大矢信彦将馆址迁至日租界须磨街(今陕西路3号王廷桢旧宅)。此后,大矢信彦购置了两台转轮机和六台万能铸字机,还有照相、制版等设备,并采取威胁手段强行派报,使《庸报》规模扩大一倍,由日发行量5万份增至10万份,最高日发行额达到30万份。《庸报》在华北地区和东北长春等地先后建立6个支社和4个办事处。1944年,日本人将华北各大城市报纸统一交给中国人代办。在北平,由《新民报》改组成立华北新报总社,汉奸管翼贤兼任总社社长。各城市成立《华北新报》地方分社,天津则将《庸报》改组为《天津华北新报》,为日本侵略摇旗呐喊,直至1945年日本投降。其间,应《庸报》副刊编辑何海鸣邀请,著名武侠小说家宫白羽撰写的《十二金钱镖》自1938年2月开始在该报副刊连载,一直到1942年,共出单行本16卷,约130万字。[①]

《华北商报》前身是华北通信社,1936年12月由藤田辰雄创刊,并兼任主笔,社址位于日租界明石街,主要登载北支一带的经济新闻,发行量3000份。1937年抗日战争全面爆发后,随着日本侨民各种营业的繁盛,广告多且购买阅读者增加,《华北商报》一跃超过其他经济通讯。1938年5月设置工厂,印刷普通报纸的4面活版。日文日刊4到6页,发行量约2000份。有印刷机两台,资本金约80000元。1939年12月2日《华北商报》改为《华北经济新闻》,资本金为15000元。社长仍旧是藤田辰雄,编辑长为筑山乙次郎,整理须磨德松,社员有稻叶胜政、菊池万藏、中岛喜一郎、大前正三等15人。社址迁至日租界春日街4番地2号。《华北经济新闻》致力于提高和开发日本侨民的经济思想。创刊当时主要是翻译外文、中文报纸,誊写版印刷,其后专门登载经济新闻。

《天津经济新报》,社址最初位于日租界明石街宏济里三号,1940年转到日租界明石街17番地1号。《天津经济新报》是曾担任过《京津日

① 参见侯福志:《从〈庸报〉到〈天津华北新报〉》,天津市档案馆等编:《旧天津的日租界》,天津人民出版社2012年,第204页。

日新闻》记者的小宫山繁于1920年5月28日创办的，资本金3000元。最初是誊写印刷晚报，随《京津日日新闻》《天津日报》送递，给市民带来不少方便，颇受欢迎。不过根据1925年的《京津在留邦人官商录》记载，它的开业时间则是1920年9月，为菊版周刊10页。1923年《日华公论》停刊，其印刷机器被购买过来，《天津经济新报》兼营一般的印刷业务。后开始调整报纸体例，着力于天津经济都市的特殊性，不再满足于只报道一般的综合新闻，最终于1935年改为专门的经济类报纸，集中登载天津本地的经济新闻，并改为旬刊，发行量约500份。根据《天津日本人名录》记载，1940年该报的主任为小宫山繁，社员有杉隆一、风间阜、藤本百太郎等人。

《天津商况日报》，报社位于日租界明石街，由小宫山繁创办于1937年2月，资本金1000元，发行量500份，报纸主要是向普通日本侨民介绍天津的商况，报道平淡，没有什么特色。

小宫三繁，山梨县人，1904年12月征兵入伍，参加过日俄战争。1908年11月退伍，进入《甲斐新闻》《甲信日日新闻》等报社工作，1914年11月趁中国南部革命之乱来到上海，1915年4月回国。其在九州福冈市滞留半年回到东京，创办杂志《国军》。1918年10月应聘《京津日日新闻》记者来津，1920年1月兼掌东洋殖民新闻支局，1921年9月从《京津日日新闻》辞职，将《东洋殖民新闻(天津版)》改为《天津经济新报》，独立经营。

《北支那经济通信》，社址位于日租界荣街，由高木翔之助经营。北支那经济通讯社是天津少数的几个通讯机构之一，创立于1936年6月，资本金50000元，致力于日本侨民的经济开发，是誊写版印刷的日刊。《北支那经济通信》主要登载北支一般情况、土木建筑及日用的杂志，同时还发行有月刊杂志《北支那》以及每年两次的《北支蒙疆现势》并《北支经济年鉴》，还有不定期出版的适应形势的出版物。

《津报》乃日本军部的机关报，代表是樋口义磨，日刊4页，发行量

1000份。《中美晚报》，代表者为三谷享，乃伪满洲国宣传机关报，1933年4月创刊，小型四页，汉文报纸，发行量为1500份。

《京津事情》月刊杂志位于日租界芙蓉街十九号，由今井今朝一经营，创立于1937年12月，资本金500元，主要是登载“北支”的人情、风俗、习惯、历史等，为“北支”视察者、旅行者提供方便。同时加深对中国的认识，为所谓“日中亲善”做贡献。每期百页左右，发行量约1000本。

从总体上来说，日文“报纸总体上发展并不好，只在当地日本侨民中销售，在日本内地并没有读者”。①

杂志发行量小，但仍旧对日本侨民的文化生活起到一定作用。首先是《日华公论》，是1913年8月由森川照太创办的，最初为日文周刊。1919年7月《日华公论》由小仓宏章接手，改为月刊杂志，发行约1000部，提倡日中文化合作和中国研究，由小仓宏章兼任主笔，《日华公论》成为日中间知识阶级的读物。小仓宏章毕业于早稻田大学，向以推进“日华亲善”而闻名。来津在增田洋行工作的藤江真文，从增田时代就经常投稿。此人1916年7月从京都帝国大学法科大学德国政治科毕业后，进入横滨增田合名会社，1917年12月作为天津支店增田洋行员来津，1920年9月退社，成为天津青年会干事，致力于文化育英事业。1921年10月东亚同文会在天津新设同文书院，藤江真文受聘担任干事兼教习。其社会公职为教育补助调查特别委员、民团事业调查委员、日本青年会干事、天津体育会评议员、图书馆评议员。1920年，藤江真文引起小仓宏章的注意，小仓宏章邀请其担任《日华公论》主笔，从1920年11月号开始，他每号撰写一篇社论，一直到1921年夏天该社因经营困难而停刊。其中《天津要成为大工业城市》一文，是1920年11月号的社论。这篇社论在当时引起不小反响，后来在天津总领事馆任职的大鹰官辅非常推崇该文章。此外，当时日本侨民中间有不少走私吗啡、可卡因等禁制品的不良之

---

① 『北支・蒙疆現勢』(1938年版)，北支那经济通信社1938年，第316—317頁。

徒，特别是表面是药店，背后却从事走私活动的商家，租界却有人对此加以庇护。为此藤江真文写了《立即扑灭从事走私违禁品者》一文。到了20世纪30年代，著名学者橘朴担任了《日华公论》的主笔。

《华北公论》也称《北支那公论社》，为中日文混合月刊，每月1日发行。其创办于1934年8月，是由华北公论社发行的。发行人是高木翔之助。目的是宣传所谓"中日亲善"，加强合作。《华北公论》的内容主要是介绍华北地区，尤其是天津等地的概况，以及天津日本侨民社会及居留民团的情况。有北支那新闻街、天津巷谈、居留民之声、北支经济资料等专栏。创刊时，天津总领事代理田中庄太郎、天津居留民团行政委员会会长上野寿、天津日本商工会议所会头松尾丰实都发表创刊贺辞。创刊一周年的时候，天津日本总领事川越茂、上野寿又表示祝贺。上野寿在祝贺词中说，"希望将来为了日中两国的利益，特别是在提高居留民生活上发挥好的指导"[①]，这当然都是鬼话。后来《华北公论》改称为《北支那》，由北支那社主办，发行人兼编辑人为高木翔之助，印刷人为岩间胜三郎，印刷所为庸报社印刷部。《华北公论》是天津唯一的通俗月刊杂志，也是中国北方唯一的政治、经济言论杂志，发行量为3500份。其主笔为藤源亮光。创刊以来，该杂志成为攻击中国国民党政府的急先锋，其社论常对中国政治时局给以尖锐批评。1936年随着时局的变化，《华北公论》变成中国北方经济开发的指导，改变了杂志风格，实行适应时势的编辑方针，同时致力于向日本内地普及对中国北方的认识。杂志社位于日租界松岛街。经营者高木翔之助也经营《北支那经济通信》。

后来北支那社还出版发行了一些有关中国北方的书籍，如《北支的现势》，大约是每年出版一册，介绍中国北方的情况及每年发生的变化，以供在津日侨参考和向日本内地普及中国知识。如1937年度的《北支的现势》，其发行人就是高木翔之助，印刷人为足立孝，印刷所为位于大连

---

① 『華北公論』1938年7月号，第41頁。

图 5－17　《北支那》

（图片来源：笔者收藏）

市加贺町的昭和印刷所，而发行所则是位于天津日租界松岛街的北支那社。

但是，这些杂志并不怎么接受本地侨民的原创作品，因而受到文学爱好者的批评。而天津的读者却是希望能多看到一点儿有趣的东西。《华北公论》1938 年 8 月第五卷第八号发行了创刊五周年纪念号，在津日侨各界都表示祝贺。该杂志在天津日租界的日光堂书店、北京东单牌楼的东亚公司都有销售。其定价为每期 50 仙,一年为 6 元。杂志前后有很多广告,可见其也是很受商家欢迎的杂志。

高木翔之助后来还曾担任《满洲改造》的社长兼主笔。该杂志创刊于 1935 年 6 月,月刊,日文杂志,发行量约 2000 份。其主要是引导民众关注“满蒙”问题。高木翔之助还编著有《满洲建国及将来》(满洲改造社 1932 年版)、《满蒙独立建国论》(国民外交协会 1933 年版)、《冀东政权的正体》(1937 年北支那社)、《北支事变及其动向》(北支那社 1937 年版)和《北京和天津》(北支那经济通信社 1938 年版)、《蒙疆》(北支那经济通信社 1938 年版)、《从冀东到中华新政权》(北支那社 1938 年版)、《北支·蒙疆年鉴》(北支那经济通讯社 1940 年版)。

除了社长高木翔之助外,担任编辑的还有阿鸟羽信、高木朋之助、饭岛良太郎、五十岚光民、森村哲夫、小松崎政雄、高柳光郎、矶义人、冯式增、张继望、周文忠、魏自富,北京支社则有尽田信彦、金端,大连支社则由高桥金风负责。

《京津事情》是由京津事情社主办的月刊日文杂志,最初位于天津市日租界须磨街(现陕西路北段),后迁至日租界芙蓉街(河北路北段)。《京津事情》是由今井今朝一于 1937 年 12 月创办的,编辑有阿鸟羽信、小松崎政雄、梅津梅吉等人,资本金 500 元,发行量约为 1500 部。杂志每期百页左右,纸面菊版,主要是登载北支的人情、风俗、习惯、历史等,为北支视察、旅行者提供方便,并加深对中国的认识,为所谓“日中亲善”做出了贡献。该杂志一直持续出版到 1943 年。同时,《京津事情》还发表日侨所创作的小说,致力于天津本地的文学发展,先后举办了“话说北支的文学”座谈会等活动,邀请天津日侨中的文学爱好者及创作者为天津日本文学的发展探寻道路。

《居留地》是以山县隆为代表的天津诗人团体短歌会所发行的杂志,于 1937 年 2 月 12 日在日租界曙街(嫩江路)创刊,是日文月刊短歌杂志,发行量约为 300 份。短歌会则是早在九一八事变前就已经成立了。该杂志主要登载在津日侨创作的诗歌及研究文章。但是有人批评上面的诗让人看不懂。或许正是因为如此，其发行量一直都很小，几乎只是爱好者相互交换作品而已。故有志之士积极呼吁大众，希望爱好之士能积极投稿、购买。1940 年 5 月天津诗人集团在日本俱乐部举行诗友会，决定于 1940 年 6 月号发行池田显特辑号。实价 30 钱，需要者可以在红雀、冈本书店、大地书房、日光堂办理订购。其出版资金得到红雀的老板野村的大力支持。该杂志还经常刊登西餐馆、舞厅的广告。

支那问题研究所设立于 1937 年 2 月 11 日，由村田副太郎、长谷川一郎为代表，后由船越寿雄经营，获得日本总领事馆的许可。社址在日租界宫岛街 40 番地 4 号。不过，根据日本学者今井清一在《1940 年前后日本对抗战中国的认识》中所说，该研究所是 1936 年船越寿雄与尾崎秀实协商，并与在华日本产业界人士、领事馆、军队机关等协商后设立的。根据 1939 年底出版的《天津邦人芳名录》记载，所长为船越寿雄，副所长为村田福太郎，记者有小堀正彦、长谷川一郎，所员为林川德、安藤兼治。

船越寿雄还曾任读卖新闻支局长，后于 1937 年底辞任，专注该所事业。1938 年 11 月船越寿雄因事前往汉口，由《满洲日日新闻》记者村田福太郎任支那问题研究所副所长并全权代理研究所事务。该研究所为会员组织，消息主要是依靠会员或相互介绍调查中国各地的事情，获得各方面的信息。该研究所的目的是在中国当地和中国的自然、社会进行直接接触、合作，研究、介绍中国事情。出版物有《支研问题研究所所报》（月刊）、《支研经济旬报》（旬刊）、《支研小册子》（不定期）、《支研特报》（不定期），上述刊物皆为非卖品，只在会员之间传阅。其他还有支研年报、各种年鉴、各种中国事情介绍书等。如 1938 年 2 月出版的《支那经济年报》（第一辑）公开售卖，定价为 2 元 50 钱，会员九折。当时有经济学家评价说：该报"记述事项最新，有效使用当地材料，论调一贯，见解新颖、活泼"。该社还向会员推销日、汉、英文对照的《支那新输入税率表》（定价 1 元 50 钱，会员九折）和《支那新输出税率表》（定价 1 元，会员九折）。

最初北支的物价指数及工人生活费指数都是利用南开大学经济研究所的调查数据。1937 年底，该所吸收南开大学经济研究院同仁及中国征信所天津分社调查员等 11 人，增设调查部，开始进行经济事情调查。1938 年 11 月该研究所还刊登广告，宣称可以委托从事“一般经济问题、以天津为中心的支那经济事情、华商的贸易习惯信用调查”，经费按照实际费用支付，对于其赞助员、特别会员、会员可以优惠。

同时，该所还根据会员的委托，进行特定事项的调查。该研究所实行会员制度，分为三种，即赞助员、特别会员、普通会员。其区别是赞助员会给予该研究所一定的赞助，特别会员每年的会费为 120 元，每三个月缴纳一次，普通会员年费为 12 元，也是三个月缴纳一次。后来随着物价的上涨，1938 年 7 月开始，普通会员每月的会费改为 2 元，也即每年 24 元。各会员都可以免费得到该研究所出版的期刊杂志，同时还举行联谊会。还有一种是所友，就是会员当中认为合适的中国研究者，他们相互联系合作进行研究，所友的研究成果可以发表在该研究所主办的期刊杂志上。后来从 1937 年开始，支那问题研究所又在青岛、大连、东京相继设立支所，青岛支所长为加藤一郎，大连支所长为西村真一郎，东京支所长则为凑三郎，营业主任为渡边武史。1938 年 4 月大连支所关闭。

《支研经济旬报》，编辑兼发行人为船越寿雄，经济旬刊，每月的 1 日、11 日、21 日发行。最初是由位于天津法租界二十六号路的华北第一印刷所印刷，1938 年 1 月开始改为由位于天津法租界二十六号路二十七号的《庸报》印刷部印刷，从 1938 年 6 月，印刷人为岩间胜三郎。发行所是位于日租界宫岛街的支那问题研究所。《支研经济旬报》于 1937 年 2 月 11 日创刊，发行第一号，发行数约为 1600 部。1937 年 7 月后因抗日战争全面爆发，曾休刊数月，直到 1938 年才复刊。后改为日刊。《支研统计月报》发行约为 1200 部，是所谓中国研究特殊资料，不定期发行。后改为日刊，由船越寿雄主编。《支研统计月报》每期都分为几个栏目，即管言、商况、调查资料、会社研究、经济备忘录、统计等。其调查资料主要是“北支”的经济、对外贸易等情况，统计的也主要是经济方面的数据。而会社研究则介绍和分析在津的主要企业历史和发展前景等情况，为在津的日本商人、企业提供商业参考。特别是后来还附有该研究所调查的经济数据，如中国北方批发物价指数、天津工人生活费指数、天津批发、零售物价周报、天津汇兑及股价一览、天津进出船只吨数旬报、天津进出口商品检查数量统计表、中国主要国别、港口贸易表、天津港进出口商品国别明细表等，为日本商社提供了商业信息。1938 年 11 月 21 日，《支研经济旬报》又出版了《大陆开发特辑号》，以为日本的经济侵略活动张目。1938 年 11 月因社长船越寿雄外出，该报临时停刊，作为替代向会员发送《统计月报》，并从 11 月份开始向会员发送《支研物价周报》《支研商况旬报》。

《支研问题研究所月报》创办于 1936 年 11 月，《支那问题研究所旬报》则是在 1937 年 1 月创办。二者均为会员组织，依靠会员进行调查，介绍中国各地的情况，报道材料大致准确，很得各方信任，一般记事只登载在旬报，月报从 1938 年 11 月开始成为专门进行各公司统计的统计月报，并从第 16 号开始改为《支研月报》，内容不变，并开始在各书店公开出售。该所还曾刊行 1937 年岛津敏男编《西安事变秘录》、伪中华民国临时政府 1938 年 1 月施行的《海关输入税税则》和《海关输出税税则》，1938 年 6 月实行的《中国海关输入税税则》和《中国海关输出税税则》等单行本。1941 年印行支那问题研究所中南支总所特别调查研究部米村梅雄著《上海游资的解剖》《民国二十九年度主要银行营业报告书》（第一辑）等。[1] 日共党员、社会活动家中西功曾在《支研问题研究所月报》发表《支那问题之所在》一文，他认为：“对于西安事变必须从‘民众’‘政府’的抗日空谈和‘军阀野心’等方面去考察，注意西安事变的政治北京和民众动向。”

① 王勇则：《日本反战人士船越寿雄与天津支那问题研究所》，天津市档案馆等编：《旧天津的日租界》，天津人民出版社 2012 年，第 198 页。

此外，天津日本工商会议所还发行了一系列的刊物和杂志。如《天津商工汇报》最初是周刊，后于1909年4月改为月刊，主要是登载商业贸易信息，并附有津浦铁路线路略图，寄赠给会议所会员，为他们从事商业活动提供参考。后来该会议所又相继刊发《天津日本人商业会议所半年报》《天津贸易年报》《天津日本商业会议所时报》《天津日本商工会议所情报》等。

《天津商工会议所月报》，1917年创刊，主要登载经济新闻，小岛大儿主编，日文月刊，发行量为300份。

此外，还有大量的小杂志，由于是某一个团体的自办刊物，发行量不大，但也留存一些历史记载。

《日华文化》，由天津日华文化人俱乐部主办，大约创办于1943年，目前中国国家图书馆存有其1943年至1944年的杂志。

《天津经济》，小宫山繁于1920年创刊，月刊杂志，发行量为300份。

《京津指南》，1938年12月创刊，日文月刊杂志，发行量约为1000份。

《短歌线》，由1940年2月成立的短歌线社出版，编辑萩尾幸一，是主知派的同仁杂志，日文日刊，46版，发行量约为250本，经费主要来自会费。

《睦美》，浅野光夫主编，1933年创刊，日文年刊，是登载寺院、金光教的事业报告的杂志，为宗教性刊物，发行量约为200份。

《津津》，家庭读物，由东和印刷局老板武田守信于1919年创刊，日文月刊，但经常停刊，发行约为200部，发行所位于日租界花园街。

《若人之群》，由天津日本青年会主办，天津日本青年会会报，天津日本青年会干事山川真主编，1922年10月创刊，日文月刊，发行量约为200部，发行所位于日租界芙蓉街，只配送给青年会会员。

《共存》，天津本愿寺传教机关报，日文月刊，早川了佑主编，1924年3月创刊，发行量约为500部，发行所位于日租界本愿寺内。

《天商学报》，天津日本商业学校主编，详细情况不知。

《瑞稳》，冈利辅主编，天津神社主办。

《大和》，由天津大和日本寻常高等小学校主办编辑发行，1941 年创刊。

《北支那公论》，北支那公论社出版发行。

此外，日租界还有一些通讯社。如日本电报通信社支局，以山内令三郎为代表，于 1921 年 7 月创立。新闻联合通信社支局，以船越专雄为代表，1917 年创立。大东通信，代表者是大熊卓藏，1933 年创办，主要是报道"满洲国"的政治、外交、经济方面的通讯。同盟通讯社天津支局，位于日租界淡路街十六番地，主要是发布同盟消息，发行量为 150 份。其有无线电台六台，资本约两万元。发行《同盟通信》，河崎义男主编，日文报纸，1936 年创刊，发行量为 150 份。《中华通讯》，河崎义男主编，1940 年创刊，发行量约为 120 份。还有一些人担任日本国内报社的通讯员，如西村博为《大阪每日新闻》，森川照太为《时事新报》，小仓知正为《大阪朝日新闻》，上田良有为《满洲日日新闻》，野田顺次为《马关每日新闻》，樱井宇宙治为《大连新闻》，由冈七藏为《京城日报》的通讯员。金泽新之助为《新支那》天津支局长，津田清之助为《顺天时报》天津支局长。

各报社、通信社记者还成立俱乐部，加强相互之间的联系，如天津政经记者俱乐部、天津经济记者俱乐部、天津交通记者俱乐部。天津日本记者协会后来于 1940 年 7 月成立。天津日本记者协会最初由京津日日新闻社的永濑三吾副社长任理事长，后来大阪每日新闻社的古市继任理事长，永濑三吾改任顾问。副理事长则是京津日日新闻社的高桥编辑局长。天津政经记者俱乐部、天津经济记者俱乐部、天津交通记者俱乐部三个俱乐部都被置于该协会之下。加盟该协会的有 15 家报社，会员有 66 名。其中就有东亚新报社、华北经济新报社、京津日日新闻社、天津日报社、北支那经济通信社等。此外，又成立了以军官衙为主的樱记记者俱乐部和以经济报道采访为主的大和记者俱乐部。樱记记者俱乐部主要是以采访在津的军官衙、部队有关的记者组成的，事务所在日军报道部天津办事处内，会员有日本工业新闻社、京津日日新闻社的记者。大和记者俱乐部主要是由采访天津宫岛街经济团体的记者组成，事务所在总领事馆内。大和记者俱乐部是以总领事馆为中心的，而土曜会则是年轻记者的俱乐部，其不是采访俱乐部，而是各报社第一线记者的俱乐部。为了中日两国记者的亲善，还于1940年底成立了日华新闻记者联盟，会长为大矢，北京支社长为天津日报的黑田前编辑长。成立这些协会、俱乐部，主要还是为更好地为日本侵华服务，实现国策之使命，宣传所谓“东亚共荣”和“中日亲善”。

日租界内还出现了天津最早的广播电台，即义昌洋行广播电台，或称义昌广播电台、义昌洋行台、义昌洋行天津放送局。其开设时间是1925年1月，其呼号“GFC”、620千周，最大功率500瓦。“其目的是扩大该行的影响，推销无线电零件。义昌洋行广播电台的节目主要是转播日本国内的日语广播节目、音乐及少量的广告。”[①]开办此广播电台的义昌洋行，由日本商人竹下重太于1920年前开办，最初在日租界松岛街，后迁入旭街四面钟处。其经营范围主要为进口电器、电机器具材料、无线电用品、铁路机械、矿山机械、汽车及霓虹灯等，还承包电气及无线电工程事务，生产无线电电讯、电话机具。义昌洋行广播电台并没有开播太长时间，1927年5月便停止了。不过，“这座电台的创办，使天津掀起了一股小小的‘无线电热’，产生了天津最早的无线电业余爱好者及无线电专业技术人才”[②]。七七事变前，日本领事馆也在日租界开办了日本公会堂广播电台。天津沦陷后，伪天津广播电台于1938年1月开播，且合并了公会堂广播电台。1941年2月，该电台又开办“特殊广播”，播出日语、英语、俄语新闻节目。

---

① 马艺等:《天津新闻史》，天津人民出版社2015年，第361页。

② 马艺等:《天津新闻史》，天津人民出版社2015年，第361页。

众多的报纸、杂志和通讯社，对于丰富日侨的文化生活和使其了解中国、华北、天津的整体情况起到重要作用。有些报纸成为日本侨民了解日租界法规、政策的窗口。1907 年居留民团发布公告说：“对于居留民团发布的条例和公告，一般是贴在居留民团事务所的门前或者登载在当地发行的日文报纸上（民团指定《北清时报》《北支那每日新闻》为民团公告式报纸）。所发条例和告示除日文，还有外国文字，但以日文为正文。”[①]各报纸所刊登的商业广告，也为日本侨民的日常生活提供诸多方便。同时各报纸还连载有日本作家及旅行者的小说和游记，如《北清时报》连载的《宽永武勇鉴》《心灵的创伤》等，甚至日本著名小说家夏目漱石的《我是猫》也曾在《北清时报》上连载。日本著名的文化学者橘朴作为《京津日日新闻》的主笔和特约通讯员，发表了大量的政论文章。“他的社会述评，当时在京津一带侨居的日本人中是无与伦比的。”[②]与此同时，这些媒体还时常报道居住在其他城市的日本侨民状况。除此之外，还登载很多日本国内外政治、经济等消息，使身居海外的日本人，也能随时了解到日本国内发生的一切。

但是，作为日本人在天津主办的报纸，我们必须看到它们具有明显的日本色彩。如果说在早期，它们发挥着传递信息和知识的作用，甚至在中国革命党反对清政府和北洋军阀的统治斗争中，有时还发挥过积极作用。但是，伴随着中日关系的日益紧张，尤其是 1937 年日本发动全面侵华战争之后，日本国内开始实行战时统制政策，对报纸杂志的控制尤其严格，在天津亦是如此。日本特务机关收买的号称天津第三大报纸的《庸报》，成了宣传“圣战”的机构。日军占领天津后，更是设置了严格的新闻审查制度，除《庸报》外，只有七家中文报纸继续出版。日文报刊虽无被关停者，但早已沦为宣传所谓“大东亚共荣”“中日亲善”的舆论工具。无论是

① 天津日本居留民团编：『明治四十年民团事務報告』，天津日本居留民团 1907 年，第 59 頁。

② 沈殿忠主编：《日本侨民在中国》下册，辽宁人民出版社 1993 年，第 1588 页。

本身政治色彩浓厚的《天津日报》《京津日日新闻》，还是个人主办的《华北商报》等，都被纳入了日本的国策统制之下。在报刊上，日本侨民看不到日军任何战败的消息，有的只是日军连战连捷的喜讯，这致使他们在听到日本宣布投降的消息时，感到不可思议和手足无措。

此外，日租界还有不少中文报纸及其他报纸。最著名的当然是《大公报》，其于1902年6月17日创办，创办人为英敛之，最初在法租界30号。日俄战争时期，日本企图利用《大公报》制造有利于日本的舆论，便试图拉拢英敛之。当时，天津日本总领事馆的高尾亨和小村俊三郎一再拜访英敛之，并动员他去日本游览。与此同时，他又接到法租界房东的“馆房转主”通知，股东李敬宇也要撤股，这使得英敛之不得不另谋出路。1906年初，英敛之最终租用日租界东京建物株式会社的地皮自建楼房，位于旭街、松岛街（今和平路、哈密道交口）四面钟对过儿。英敛之在这里自建两层楼房，并于9月5日迁到新址，直到1931年迁出。期间，《大公报》曾两次易手，一度停刊。1916年9月，英敛之将《大公报》转让给安福系商人兼政客王郅隆，1925年11月《大公报》因销路日减而停刊。1926年，吴鼎昌、胡政之、张季鸾组成新记公司接手《大公报》，9月1日续刊，馆址仍在原处。九一八事变爆发后，天津又发生了“便衣队暴动”，日租界实行军事封锁，使得报纸一时无法送出，《大公报》因此停刊6天。加之此时《大公报》奉行“不党、不卖、不私、不盲”的“四不”办报方针，在日租界内显然不能畅所欲言，《大公报》遂决定迁址。1931年10月21日《大公报》发表声明，表示“本社将迁新址”，并说“租定法租界三十号路第一六一号大楼，比旭街馆址大上五倍，正在改建工厂，添置新机”①。1931年11月17日，《大公报》正式迁入法租界，并开始营业。1926年，吴鼎昌等人接手《大公报》的同时，《国闻周报》也迁至日租界旭街出版，并成为《大公报》的附属刊物。该报“以报道和评论国际、国内时事为主，也发表

① 《本报历史的一页》，《大公报》1931年11月16日，第2版。

学术论文和文艺作品，许多知名作家和学者成为该报撰稿人，一时畅销全国”①。1936年因《大公报》增出上海版，《国闻周报》亦随之转移到上海出版。

《青龙报》于1905年前后创办，是日本人佐藤铁次郎同中国人合办的日报，位于日租界旭街青龙报馆。《北方日报》于1906年2月创办，主编李大义，社址位于日租界旭街。《北方日报》是由《繁华报》《白话报》合并而成。《爱国报》于1906年中国人合资创办，社址位于日租界旭街。《经纬报》于1910年10月30日创办，社址位于日租界四面钟对过。《公民日报》于1915年创办，社长刘揆一，副刊编辑张静庐，社址位于日租界旭街。《天民日报》于1919年四五月间创办，负责人谢迈度，日刊，社址位于日租界电灯房前。《天津晚报》于1925年10月30日创办，是日本人雇佣中国人创办的，社址位于日租界伏见街求实庐2号。《天津新闻》于1926年创办，日刊，位于日租界大罗天后身伏见街求实庐2号。《天津日报晚刊》于1929年创办，日刊，一小张，社址位于日租界福岛街。还有《民报》，1929年2月1日创刊，日刊，鲁嗣香创办兼社长，沈信民为编辑主任，任职不久就辞去。其社址位于日租界须磨街（今陕西路），主要栏目有社评、要闻、本市新闻、各省新闻、小说、游艺。但不久便沦为报头报纸。鲁嗣香当过省议员，在五四运动时期是个暗搞媚敌活动的阴谋分子，与日本人有瓜葛，报纸立论一贯偏袒日本。因嗜毒过深，身体孱弱，不能坚持执笔，最后《民报》因人力物力不济而停刊。

《天风报》，1930年2月20日创办（一说创刊于1929年）。日刊，沙大风创办并兼任社长，何维湘担任编辑，社址最初位于法租界，后迁入日租界福岛街，主要内容为国内要闻、本市新闻、小说、杂记。沙大风原为《商报》职员，与四大名旦之一的荀慧生最友善，还与中原公司经理黄文

① 《章士钊与〈国闻周报〉》，天津市档案馆等编：《旧天津的日租界》，天津人民出版社2012年，第207页。

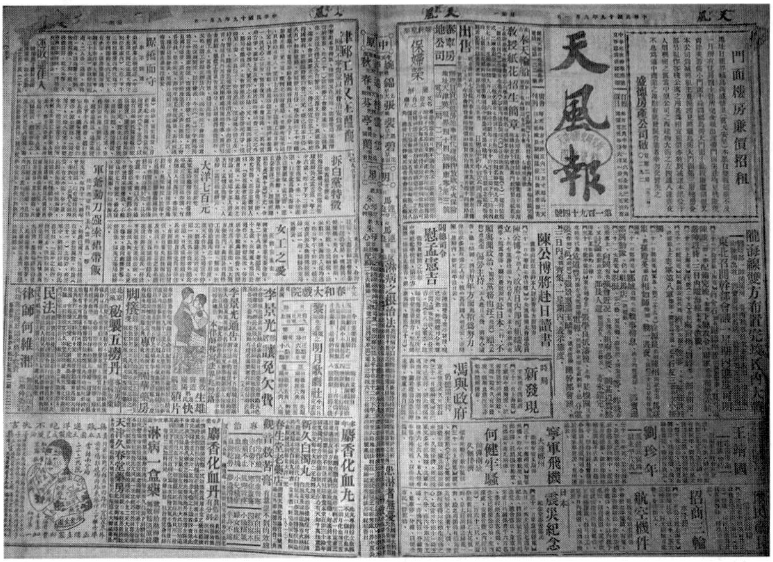
天風報

图 5－18 《天风报》

（图片来源：天津社会科学院图书馆藏）

谦有联系，创办该报的资金即为二人所出。报纸以副刊“黑旋风”为主，编辑有刘云若、还珠楼主等人，每日有戏评一段，另有连载小说《青城十九侠》（还珠楼主著）、《旧巷斜阳》（刘云若著）等，均属武侠或言情之作，供人茶余酒后消遣。此外“举凡杂文、散文、随笔、游记、知识小品、历史故事、名人轶事、诗词歌赋、书法绘画，应有尽有，堪与《大公报》的《小公园》、《益世报》的《别墅》等大报的副刊相比肩”①。天津沦陷后，经北京《一四七画报》经理朱复初向日军报道部长山家少佐疏通，照常配给报纸出版，改名为《新天津画报》，1943 年因日本人整顿报刊而停刊。刘云若的成名作《春风回梦记》，也是自 1930 年在该报连载，一时引起轰动，奠定了刘云若在北派通俗文学中的重要地位。沙大风曾经说过：“天风因春风而风行，春风因天风而益彰。”还珠楼主的第一部长篇小说《蜀山剑

① 侯福志：《刘云若与〈天风报〉》，天津市档案馆等编：《旧天津的日租界》，天津人民出版社 2012 年，第 219—220 页。

侠传》，也是自1932年在该报连载，引起读者关注，奠定了其在武侠小说史上的地位。

《东亚晚报》，《天津新闻传播史纲要》认为该报创刊于1936年，而《天津报海钩沉》则记载该报创刊于1935年春。其为日刊，负责人为郑知侬，即郑万瞻，主笔朱通儒，社址位于日租界香取街，一说位于日租界明石街协昌里。《东亚晚报》是一份具有明显亲日色彩的汉奸报纸。郑万瞻原为北洋军阀“安福系”政客，后退居天津，在日本人的支持下创办该报。七七事变后，天津沦陷，在日军统治下，该报得以扩充，迁至东门外一幢楼房里，除晚报四开一张外，又增出《东亚晨报》对开一大张。后来由于各报先后被日军停刊，不少人都加入了《东亚晚报》，如经理周序臣、总编辑吕鸿基，编辑陈庸生、华连盈、金雨辰等。记者有李燕踪、蔡允正、周曼琪，体育记者有王小庵等。金雨辰主编游艺版，王子庵写连载小说《青萍剑》。1938年天津成立记者协会，郑万瞻任顾问，后因病去世，由其子郑亚余继任社长，并一度兼任记者协会理事长。1943年开始，日本为加强舆论控制，开始对报刊业进行再一次整顿，除保留《庸报》外，其他大小报刊一律停刊。因此，《东亚晚报》应在1943年底停刊。另据房建昌《近代天津租界内所办报刊》记载，《东亚晨报》最后一号为1943年12月28日。

《黄报》，1926年创办，日刊，办报人为薛大可。据说《黄报》为张宗昌出资，一大张，社址位于日租界。《北方时报》，日刊，1922年创刊，负责人谢介石，社址位于日租界浪花街。《民强报》，日刊，负责人为李玉楼，社址在日租界恒利金店后。《通俗白话报》，日刊，负责人谢迈度，社址位于日租界电灯房前。《中华日报》，日刊，负责人齐协民，社址位于日租界福岛街41号。《公闻报》，周刊，英文报纸，1919年9月创办，负责人松村利男，是日本人在天津创办的英文报纸，社址位于日租界山口街。《时闻报》，1906年创办，位于日租界协和里。《京神日日新闻》（*Keishin Nichi Nichi Shimbun*），1920年创刊，早晚发行，社址位于日租界秋山街。《人镜画报》，由经营《醒俗画报》的陆辛农、温世霖与顾叔度联手，于1907年7月22日在日租界旭街德庆里创办，1907年11月25日停刊，总计出版24期。《人镜画报》为石印，周刊，逢周日出版，1907年9月22日出版的第10期封面标明社址已迁至日租界天仙茶园北时务印字馆内。该报属于新闻类刊物，方16开，每期21页，整理分为两个部分，前11页是图画部分，后11页为文字部分。其办刊宗旨为："本报以改良社会、沟通风气为宗旨。凡关人心风俗，足资劝惩者，或绘入图画，或编列新闻，惟必用浅近文义以期妇孺皆解。"《京津画报》，报人燕燕于1927年8月21日将《京津快报》的副刊《燕语》和《小春秋》合并而成，南中小说名家李定夷担任主编，陈大悲负责电影版文字与图片，社址在日租界寿街二番地2号，由《庸报》报馆代印。画报以记叙当年京、津两地社会新闻为主，兼有电影、戏剧、书画方面内容。《京津画报》为综合刊物，初为三日刊，从第5期开始改为四日刊，图文各占一半，8开道林纸，4版，各具特色。因印刷厂设备限制，《京津画报》经常不能正常出刊，最终于1927年10月初出至第15期停刊。《银灯画报》是亚欧美术研究社于1929年3月2日投资创办的，由大公报美术印刷公司承印，魔影任主编，吴伟生、孔柏斯、孙梵、海棠楼主等任编辑，社址位于日租界旭街。该画报为艺术类刊物，周刊，逢周六出版，8开道林纸，4版，图片文字各占一半。该画报还是早期的电影刊物之一，从创刊号就开始连载包道平撰写的电影剧本《革命奇侠》。其终刊日期不详。《北洋浅说画报》，1911年4月创刊，主笔"达庵""慎之"，社址位于旧日租界常盘街（今辽宁路）。

《庸言》，1912年12月1日创刊，1914年6月停刊，共出30期。原为半月刊，1914年2月起改为月刊，发行量最多时达到15000份。梁启超为主编，吴贯因、黄远庸先后为编辑。社址位于日租界旭街17号。该报宗旨为"浚民智，熏陶民德，发扬民力"。梁启超在该报著文30余篇，其他作者还有康有为、杨度、郑孝胥、梁鼎芬、蓝公武、林长民、汤觉顿、林纾、张謇等。《絮语周刊》，1927年6月创刊，位于日租界厚西里30号。《渤海风》,1927 年 8 月创刊,1927 年 9 月停刊,半月刊,通信地址为日租界须磨街新德里 8 号。《救国半月刊》,20 世纪 30 年代创刊,中山晴雄主办,社址位于日租界。《合众周刊》,1931 年创刊,由该社发行,社址位于日租界秋山街 21 号。《常谈》,1936 年 6 月创刊,同年 12 月停刊,月刊,为该社编发,社址位于日租界福岛街。《新天津画报定期增刊》,1939 年创刊,4 开周刊,社长沙大风,编辑刘云若,社址位于日租界福岛街。世界新闻社,1930 年 7 月创办,社长徐鹏飞,社址位于日租界旭街。黎明通讯社,1930 年 11 月创办,社长牟松龄,社址位于日租界华中公寓。大陆广告社,1925 年开办,经理为华延九,地址在日租界旭街,后迁入法租界大沽路文兴里口外。华延九是天津人,对商业界的情况很熟悉,有一定的广告招揽能力,业务甚忙碌。中外广告社位于日租界天安里,系中日合办。

此外,日租界内还有一些中文通讯社,如世界新闻社、黎明通讯社等。

三、日租界的节日活动

除了上述的文体娱乐活动,各国侨民还在租界内按照各自的宗教信仰和习俗过着传统节日。各租界当局尤为重视国庆、圣诞等政治性活动,以此显示他们作为征服者的形象和思乡意义。因此,租界的当权者每年都要举行盛大的阅兵式,晚上还要组织提灯游行和联欢舞会。各租界当局为了他们的共同利益和租界稳定,有时还进行联合阅兵。7 月 14 日,即八国联军攻打天津城之日被作为“围城纪念”,还组织所谓“天津围城委员会”来“追悼”“阵亡各国官兵”。在英租界,英国国王诞辰是最重要的节日,法租界则是在每年 7 月 14 日举行盛大的国庆纪念活动。日租界则有“元旦、纪元节、天长节三大节日”。元旦的时候,日本侨民家里就会在门上拉上稻草绳,装饰松枝,迎接神灵的降临。同时,一般日侨大都会穿上礼服或出客的服装,或到日本神社参拜,或到朋友家里拜年,或在家里招待客人，喝酒并品尝新年独特的美味佳肴。日侨丰田势子回忆说："到了正月初二，年初来访的客人络绎不绝。有人过来祝贺，也有人只在大门放下名片就回去了。"[①]在日本，新年时还会做特有的年糕，丰田势子说："在大的双层圆形年糕上放着酸橙、干柿子、海带丝、里白等东西，这是一个三面都放着东西的漂亮年糕。""家人一起围坐在祝贺的膳食前，再次向父亲祝贺说'新年快乐'"，并按照年龄喝屠苏酒。孩子们的游戏则有玩扑克、和歌纸牌游戏、"百人一首"游戏。"不管哪一年，元旦总是让人觉得很长。新年的各种活动……，虽然很夸张，大那可能是因为和平时不同吧，节目一个接一个地上演。首先是元旦的问候，其后是屠苏、年节料理，最后是去学校。"[②]1938 年 2 月，前来天津担任司法领事的中岛忠三郎正好遇到日租界在"举行祝贺式，即向天皇、皇后两陛下的相片进行拜谒，在留的日本侨民也要参加"。从早晨 8 点左右开始，首先是总领事拜谒，其次是馆员和家人一起拜谒。中午时分在留的日本侨民拜谒，此后是拜谒式的庆祝仪式。[③] 此外，租界当局还在大和公园举行"北清纪念碑"祭扫仪式。

每年的天长节即天皇的诞生日，日本领事馆都要举行盛大招待会。但各天皇的生日并不相同，因此天长节在不同时期亦不相同。例如，明治时代天长节初为旧历九月二十二日，明治六年（1873）日本采用阳历后，将天长节定为 11 月 3 日；大正时代天长节为 10 月 31 日；昭和时代天长节则为 4 月 29 日。1939 年 11 月 3 日举行明治节仪式，武藤总领事发表训词。民团和侨民代表遥拜东方，齐唱君之代歌。日租界的天长节更是被日侨视为"海外在留臣民（日本人）的唯一娱乐"[④]。期间，总领事、居留民团等官方会组织招魂祭，如"1909 年 11 月 7 日日本租界局在大和公园

① 豊田勢子：『天津租界の思い出』，文芸社 2004 年，第 204 頁。
② 豊田勢子：『天津租界の思い出』，文芸社 2004 年，第 197—202 頁。
③ 中嶋忠三郎：『或る領事館の回想録』，近代文藝社 1995 年，第 177—178 頁。
④ 『北清時報』1909 年 11 月 6 日，第 5 版。

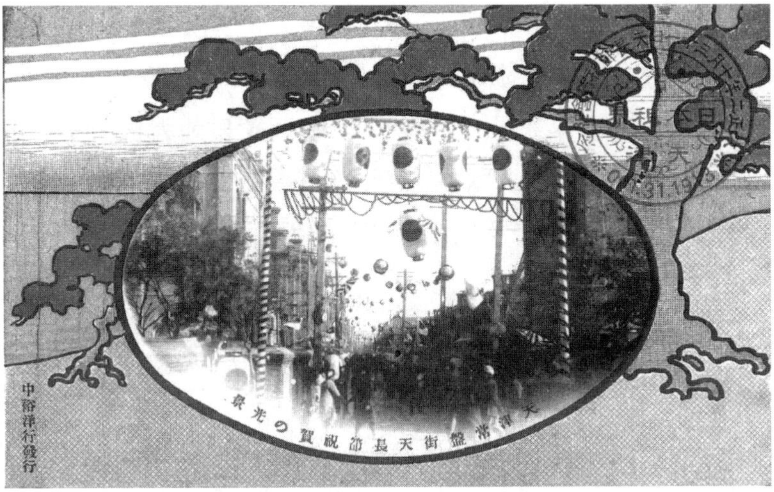

图 5－19　天津日租界祝贺天长节之景象

（图片来源：近藤久义收藏提供）

举行盛大的招魂祭，驻屯军司令官阿部贞次郎少将祭奠委员长，小幡酉吉总领事副祭奠委员长等为首的军官民全都参加，并在运动场临时设立的武术会场进行剑术、柔道、弓箭等演武表演，参观者达 1000 多人，并燃放烟花，当日公园内呈现出未有的盛况”①。1925 年 10 月 30 日，日租界举行庆贺天长节的活动，其拟定之秩序如下：“一、上午八时半至九时，馆员及家族举行庆贺；二、上午九时至十时，一般侨民举行庆贺；三、十时至十时半，军队举行庆贺；四、上午十一时半至十二时半，招待外宾；五、下午六时半，总领事馆开庆祝会。”②是时“各驻津总领事、副领事、司令官等均往祝贺。日租界内悬灯结彩，灿烂辉煌。李督办亦于昨日赴该公署庆祝，以笃友谊。东马路一带，军警林立，戒备极严，颇极一时之盛云”③。1933 年

① 『北清時報』1909 年 11 月 9 日，第 2 版。

② 天津市地方志编修委员会办公室等编：《〈益世报〉天津资料点校汇编（一）》，天津社会科学院出版社 1999 年，第 783 页。

③ 天津市地方志编修委员会办公室等编：《〈益世报〉天津资料点校汇编（一）》，天津社会科学院出版社 1999 年，第 1547 页。

以后，招魂祭改由华北驻屯军司令官、天津日本总领事、民团行政委员会委员长联合主办。日本总领事还举行盛大的“夜会”，招待日本侨民。天皇加冕庆贺更是日租界之盛事。1915年10月4日为大正天皇加冕之日，“日界旭街及公园各处街口高搭彩棚，悬灯庆贺，商户居留民提灯志贺。……归时，电车至东南城角停驶，以日界游人观光者异常拥挤，不准行车也”①。

日本侨民每年的3月10日还举行陆军纪念日，以纪念日俄战争的胜利。1928年3月5日的《益世报》报道说，在天津的日本人将于3月10日庆祝陆军纪念日，届时日本驻屯军将在福岛街运动场附近演习市街战，可以公开参观，日本青年会也以日俄战争为主题举行演说会，小学校和女学校还邀请日本军官进行演讲。1933年9月11日，日本租界当局举行“秋祭”，“日商及住户，昨日起均于门首悬挂完全本国风味之红灯，并日本国旗”②。

据《益世报》1924年1月27日报道：“昨日（26日）为日本摄政宫与良子女王举行结婚典礼吉期，侨津日本官绅及商民均于是日休息一日，以资庆祝。日本公园内神社高搭席棚，悬旗结彩，灯光照耀，如同白昼。七时在公会堂举行大宴会，宴毕七时半出发，均手持太阳红灯，加入者约有三四千人，向神社三唱万岁。出发路线，赴日本领事馆（三唱万岁），由宫岛街绕赴南旭街司令官邸（三唱万岁），再直往北旭街，转入寿街，经曙街出福岛街，更由南旭街走常盘街、荣街。芙蓉街，返回公园，三唱万岁解散。沿路欢呼之声盈耳，亟一时之盛。”③

当地的日本宗教活动也颇为活跃。日租界内建有天津神社、稻荷神

---

① 孟宪彝著，彭国忠整理：《孟宪彝日记》上，凤凰出版社2016年，第208页。

② 天津市地方志编修委员会办公室等编：《〈益世报〉天津资料点校汇编（二）》，天津社会科学院出版社1999年，第1703页。

③ 天津市地方志编修委员会办公室等编：《〈益世报〉天津资料点校汇编（一）》，天津社会科学院出版社1999年，第1543页。

社、天理教、金光教、本愿寺别院、曹洞宗观音寺、天津日本基督教会等神社或教会。[①] 1937 年中日战争之后，宗教场所和团体急剧增加，截至 1940 年底共有 23 家。从宗教团体情况来看，大谷派东本愿寺别院、本派本愿寺、曹洞宗观音寺的信徒占到总数的三分之二。日租界还组织了佛教妇会、佛教处会等，力图获得妇女信徒，同时对青年进行家庭塾、佛教道场等洗练，在社会教育方面颇为活跃。

天理教、基督教等与佛教各派相比，来津晚且缺乏资金，不过是在佛教的坚固地盘插进去以获得日本信徒，但难以与之对抗。新来教派大都努力吸收中国信徒，通过开设学校、说教演讲等，积极向中国人布道。

四、日租界的休闲空间

P. 杜理斯的城市空间理论指出，城市中真正开放的地方，是街道、路旁、公园等。因此，公园成为城市公共空间的重要组成部分，也是城市近代化的重要标志之一。作为大众化的公共空间，公园是普通百姓可以前往消遣和娱乐的地方，而且一般占地面积较大，在空间布局上强调视野开阔、舒适明朗，普遍以草地、绿树、花朵、喷泉及西式凉亭为主要景观。公园内还设有“电影院、照相馆、运动场、音乐台等具有近代文化特色的设施”[②]，是城市公共娱乐场所之一。同时公园也是“炎夏的纳凉，妇女的舒散，儿童的嬉游”之地。因此，“它很快发展成为一个多功能的环境，人们可以在此进行多种多样的活动——娱乐的、教育的、商业的、文化的、社会

---

① 臼井忠三編:『天津居留民团三十周年記念誌』，天津居留民团 1941 年，第 514—521 頁。

② 李德英:《城市公共空间与社会生活——以近代城市公园为例》，《城市史研究》第 19—20 期，天津社会科学院出版社 2000 年，第 152 页。

的和政治的。……公园内景致千姿百态，对各种兴趣的游客都极富吸引力”。[①] 西方列强在中国开设租界后，伴随着各国侨民的增多，也开始将西方城市里的公园模式引入中国，并于 1868 年在上海的英美租界建设了第一个向大众开放的公园。在天津，随着各国租界的开发和建设，外国侨民的进入和增加，也开设了公园。除了美、奥、比三国租界外，英、法、日、意、俄、德等六国租界都建有公园，合计达到 10 座，如著名的维多利亚公园、法国花园、俄国花园及日租界的大和公园等。

图 5－20　日租界内的大和公园
（图片来源：近藤久义收藏提供）

（一）休闲与娱乐的空间

大和公园始建于 1906 年，经费最初来源于从电车公司获得的特别资金 15000 元。大和公园的设备委员由川畑竹马、大田万吉、铃木敬亲等人

① 史明正：《走向近代化的北京城——城市建设与社会改革》，北京大学出版社 1995 年，第 153—154 页。

组成。1908 年 5 月，公园的大门和围墙建成，7 月，伊集院纪念音乐堂建成。8 月，为推进园内的经营，从公园设备委员中选举实行委员，小幡酉吉总领事为委员长，田中麟三郎为嘱托。11 月 12 日，大和公园开始植树，主要是槐树、洋槐、椿树、小叶杨等，合计 1160 棵；13 日开始温室和蓄水池建设。1909 年 6 月，工事告一段落，同年 10 月，伊集院公使来津，举行盛大的开园式。伊集院公使、小幡酉吉总领事、居留民团行政委员长铃木敬亲等租界重要人士悉数出席，冈村所指挥的直隶学务公所音乐传习所的音乐队也前来伴奏祝贺。当时观者如潮，来宾皆满腹而醉。最后由伊集院总领事命名其为“大和”公园，其源自日本古代的“大和国”，日本民族也被称为“大和民族”，因此该园之名具有浓厚的日本色彩。

初时公园面积为 7883 坪，树木 1860 棵，小灌木 1806 棵，球根类树木 1200 株，花草类 3000 余棵，盆栽类 133 棵，建筑物 7 所，蓄水池 1 个，工具若干，合计花费为 13319.91 美元。[①] 其后随着各种设备的健全，陆续建有天津神社、凉亭、喷水池、北清战役纪念碑、纪念音乐堂、儿童运动场等。体育设施的大举进入打破了公园的宁静，也改变了单一的功能，使“公园既保留了风景式园林的价值，又满足了人们对运动场地的大大扩展了的需求”[②]。1913 年的《天津案内》如此介绍大和公园：“树木虽未茂盛，但百花常争妍，清香馥郁满园内。夏日夜晚散步于园内，凭依座椅，喷水高可射星，飞沫随风而散，凉味可掬。旁有莲池，新荷展绿，如青钱铺地。中间还可闻咕咕蛙声，甚具诗趣。穿过伊集院音乐堂可见的北清战役纪念碑和右侧的已故美国陆军大佐利修的战死纪念碑，仿佛在诉说着十年前的拳匪事变。”[③]1926 年出版的《天津租界与特区》则有如下记载：公园内

① 臼井忠三編：『天津居留民団三十周年記念誌』，天津居留民团 1941 年，第 471 頁。

② ［美］吉尔登·克兰茨：《公园设计政治学：美国城市公园史》，哈佛大学出版社，1980 年。转引自史明正：《走向近代化的北京城——城市建设与社会改革》，北京大学出版社 1995 年，第 137 页。

③ 富成一二編：『天津案内』，中東石印局 1913 年，第 217 頁。

“有神社、凉亭、土山、竹门、喷水池、射箭场、儿童运动场、纪念碑等，花木之繁茂，为津埠各公园之冠”①。公园发展到1930年，其面貌“和开园当时完全不同，其发展实有隔世之感，特别是石灰质的荒地，如今已成树木繁茂之公园”②。到了1941年，公园内“因长年植树而树木茂盛，长椅也完备。除儿童游乐场内有滑梯、回旋塔、沙池等外，还饲养有猴子和其他鸟类，成为在留日本人唯一的散步地方”③。

对一个“缺乏情景风趣，生活没有趣味”的城市来说，公园成为人们日常休闲活动的重要活动场所，“也成为大多数并不擅长体育活动的游客们消遣和娱乐的一项必不可少的内容”④。日本人相对自闭的民族性格，使其不愿外出与他国侨民进行过多的交流与联谊活动。因此，大和公园便成为日本侨民休闲娱乐的重要场所，他们在此举行各种庆祝活动和运动会。1909年4月18日，日租界当局在大和公园内举行了春季运动会，“满场毫无立锥之地，外国人，特别是中国参观者非常多”⑤，比赛项目多达40余种。1909年10月，日租界当局又在大和公园内举行了秋季运动会，还新增加了一些比赛项目。《北清时报》报道说：“翘首以盼，今天几百名观众洋溢着战斗的勇气，涌到大和公园，这一天真的可以称为是愉快的租界节日。”⑥纪元2600年的祝贺活动也在大和公园的广场内举行。当年在天津中日学院担任教务长的藤江真文后来回忆说：“大和公园很宽阔，前面靠着花园街、宫岛街，横跨宫岛街、福岛街，邻接总领事馆，内有公会堂、日本俱乐部。面向总领事馆前的宫岛街的广场是居留民的运动

① 南开大学政治学会：《天津租界及特区》，商务印书馆192年，第81—82页。

② 天津居留民团编：『天津居留民団二十周年記念誌』，天津居留民团1930年，第568頁。

③ 臼井忠三編：『天津居留民团三十周年記念誌』，天津居留民团1941年，第472頁。

④ 史明正：《走向近代化的北京城——城市建设与社会改革》，北京大学出版社1995年，第153页。

⑤ 『北清時報』1909年4月20日，第2版。

⑥ 『北清時報』1909年10月3日，第5版。

场，打棒球也很方便，居留民的大运动会也在此举行。”①

图5－21　日本侨民在大和公园游玩

（图片来源：小岛敦提供）

公共设施的集中，使此处成为侨民休闲娱乐的重要场所。很多曾经在天津生活过的侨民，都对公园充满美好回忆。八木哲郎回忆道：“在天津神社所在的大和公园内建成了土俵，在此举行大人和孩子的相扑大会与抽彩活动，还举办剑道大会。我们在神社的参拜道路和公园内来回奔跑着游玩。”②丰田势子后来更是满是怀念地说道：“西洋风格的别致公会堂被包围在深绿当中，和神社不同，显得非常沉稳。经常出入公会堂观看娱乐活动和电影，步行于撒落阳光的树荫下，心情非常好，现在还能时时想起。”③因此，“对我们战前在天津居住的日本人来说，印象深刻的是大

① 藤江真文：『天津時代　増田洋行時代』，非売品1996年，第4—5頁。

② 八木哲郎：『天津の日本少年』，草思社1997年，第152頁。

③ 豊田勢子：『天津租界の思い出』，文芸社2004年，第167頁。

和公园”[①]。

(二)殖民象征

公园是作为“文明”的艺术文化及生活方式移植到中国来的,但也带有深厚的政治色彩。福柯指出,“空间是任何权力运作的基础”[②],因此公园也成为殖民主义势力渗透的一个空间,“殖民者在公园中建造代表其文化意象和殖民侵略象征的建筑物,更直接地传达殖民者的政治理念,即透过这一空间炫耀其武力、种族及文明的优越感”[③]。

大和公园就充分体现出日本殖民主义的政治特性。每当日本天皇生日之时,总领事馆和租界当局就会在此举行盛大的阅兵式,其他国家的侨民也前去观看。一位在天津生活的英国侨民布莱恩·鲍尔曾看到:“那条纵贯花园的道路两旁被几百面白底、中间有一个红太阳的小旗子装饰起来。日本士兵列队时个个表情狰狞、严肃。当听到命令向天皇敬礼时,士兵们举枪致敬,日本儿童则挥舞着手中的太阳旗,高呼‘天皇万岁!’这时,三架日本空军的战机低飞着从我们头顶上方掠过,巨大的声音震耳欲聋。”[④]孔另境也感受到充满日本风格的大和公园所给予压迫感,他写道:“日本花园(即大和公园)的风味也是如此,当我们的脚一跨进园门,几乎使你忘记身在中国,无论一花一石都显出小巧玲珑,表示出大和民族的灵魂来。中国人在这里游乐的极少,西洋人也见不到一个,全部的游客尽是日本的长幼男女和日本的军人。我们四人走在里边,仿佛精神上感受一

---

① 近藤久義:『昔日天津·今日天津』,新生出版 2006 年,第 81 頁。

② [法]福柯、保罗·雷比诺:《空间、知识、权利——福柯访谈录》,参见包亚明主编:《后现代性与地理学的政治》,上海教育出版社 2001 年,第 13—14 页。

③ 陈蕴茜:《日常生活中殖民主义与民族主义的冲突——以中国近代公园为中心的考察》,王迪主编:《时间·空间·书写》,浙江人民出版社 2006 年,第 275 页。

④ [英]布莱恩·鲍尔著,刘国强译:《租界生活—— 一个英国人在天津的童年》,天津人民出版社 2007 年,第 101 页。

种浓厚的压迫，连呼吸也觉得不大畅快起来。人类国别的界限究竟还不能泯灭，在这小小的地方就得到证明了。”[①]另据《北清时报》报道：“1909年11月7日日本租界局在大和公园举行盛大的招魂祭，驻屯军司令官阿部贞次郎少将祭奠委员长，小幡酉吉总领事副祭奠委员长等为首的军官们大都参加。此后在运动场临时设立的武术会场进行剑术、柔道、弓箭等演武，参观者达一千多人，并放射烟花，当日公园内呈现出未有的盛况。”[②]

根据1909年8月发布、1915年改正的《大和公园管理规则》规定，损折树木花草或摘取果实者，损害园内设备或有害风化者，乘坐车马或携带牲畜者，随意踏入道路铺地以外者，在厕所外大小便者，焚烧或其他危险行为者及妨碍公众散步者将给与处罚；租界局会提前公示公园开放时间；着奇装异服或无穿戴者禁止入内；公共集会使用本园时须经租界局许可。1916年大和公园对中国人入内做出限制，规定中国官宪和其他知名人士，由租界局统一发给入场券，其他入园的中国人，限于每天下午6点入园。[③] 尽管没有“华人与狗不得入内”的标语，但大和公园对中国人显然具有歧视性。1930年9月6日《大公报》（天津版）发表一篇文章《到日租界花园去》，就记载了作者去日租界花园游玩的遭遇：“昨天我和同学到日本租界花园去游玩，走到花园门口的时候，有一个巡捕很粗暴地叫我们别进去。我问他为什么呢？他很无理地说：‘滚出去。’我们看他不讲理，只得沿着边道向前走去。花园里面有许多中国小孩，还很活泼地玩着，大概他们有门票，所以巡捕许他们进去。这些游玩的人，受外国人的欺辱和轻视，一点也不觉得刺激。门口的巡捕，仗着外国人的势力，来欺压中国人，想起来真令人生气！我也不知道何时方能到花园去出入无阻呢？”[④]

---

① 孔另境：《庸园集》，永祥印书馆1946年，第112页。

② 『北清時報』1909年11月9日，第2版。

③ 天津居留民团編：『現行法規』，天津居留民团1917年，第68—69頁。

④ 林世保：《到日租界花园去》，《大公报》（天津版）1930年9月6日，第12版。

由此可见,一直到20世纪30年代,一般中国人也并不能随意进入大和公园游玩。此后尽管允许华人入园,但是日租界当局又以“孩子们的游乐场所不能为华人青年男女所占领”为由,决定对居住在日租界、向民团纳税的1500余名华人发放月票,自1940年7月15日开始凭票入园。对于这一规定引起争议,在《京津日日新闻》读者来信栏中,有人赞同,认为公园应该保持赏心悦目,华人只有丢弃恶习,才可以入园。当然也有人质疑,认为与日本所宣传的“中日亲善”和“大东亚共荣”相左,实在是有违初衷。当然也有人指出,之所以出现这种情况,是因为华人经常在公园的长凳上睡觉,因此与其每次都驱赶,还不如进行限制。不管怎样,这种剥夺华人权益的做法,总是掩盖不了日本对华人的歧视和所谓“中日亲善”的骗局。

日租界当局还于1906年在大和公园内竖立“北清事变忠魂碑”,以纪念在镇压义和团事变中阵亡的日本官兵。1910年4月小幡酉吉总领事又捐赠两门大炮,配备在纪念碑前面的左右两侧;1912年纪念碑周围建设石柱,并用铁链锁住。1915年,为纪念大正天皇即位大典,居留民会制定奉安建议,在大和公园内选定基址。1919年11月由民团直营,开始建设神社。天津神社1920年10月完工,内有鸟居、币殿、奉斋殿、社务所等,其管理根据外务省令的神社规则,由总领事馆负责。神社内供奉天照大神及明治天皇的灵位,在春秋两季举行祭祀,在天津的日本军政要人均参加仪式,极为隆重。此外还有临时祭祀。神职为宫司一名,和氏子总代七名协商经营。神社门口有日本兵守卫,日本人过此均虔诚敬礼,中国人则不许靠近。神社成为日本推行军国主义的重要象征和精神支柱。[①] 新年时,一般日本侨民大都会穿上礼服到神社参拜。租界当局则到大和公园的“北清事变纪念碑”处举行祭扫仪式。

① 中国人民政治协商会议天津市委员会文史资料研究会编:《天津租界谈往》,《天津文史资料选辑》第75期,天津人民出版社1997年,第181页。

图 5－22　日租界内的天津神社

（图片来源：近藤久义收藏提供）

日侨们的休闲娱乐活动，无论是体育运动，还是文化娱乐活动，以及所举办的传统节日，都具有强烈的日本色彩。正如日本学者桂川光正所分析的那样："天津盛行运动并非仅仅是因为没有其他娱乐，对离开日本漂流到天津在此扎根的人来说，举行运动就不用说了，就是作为观众参加，也是再次对'日本人'这一认同感和骄傲的确认，同时也是获得和确认'天津租界的市民'这一认同感和骄傲。运动在天津的日本人当中具有超出单纯娱乐的重要意义。"①这种身份的认同，既可以让他们充满安全感，也将他们封闭在狭小的空间当中。

① 桂川光正：『租界における日本人居留民の都市生活——天津を例に』，プロジェクト共同研究組織：『都市と文化 ：歴史学・地理学・社会学・文学からのアプローチ』，産業叢書 21，大阪産業大学産業研究所 2004 年，第 11 頁。

终章
日租界的特性

第一节 天津日租界之地位

日本虽然是一个后起的资本主义国家，但在侵略的道路上丝毫不逊于欧美列强。在自身还没有摆脱被欺辱的境地时，日本便已经开始蠢蠢欲动。除了通过不平等条约获取政治、经济等方面的权益外，开辟租界也成为日本在中国获得的另一项重要权利。自甲午战争后，日本通过《马关条约》《公立文凭》《中日会议东三省事宜条约》等不平等条约，先后在中国 13 个通商口岸获得开辟租界的侵略权益。但对于刚刚走上资本主义道路的日本来说，它还无力去开辟和经营全部的租界。因此日本最终实际在中国开设的租界有 5 个①。尽管如此，日租界从数量上也只是仅次于英租界，在各国专管租界里位居第二。到了 20 世纪 20 年代后期，一些英租界如汉口英租界等相继被中国政府收回，日租界便在数量上超过

① 对于日本在中国开设租界的数量，目前学界还没有统一的说法。这涉及租界的定义和租界的实际情况。有些著作和文章将附属地也列为租界，这显然是错误的。《列强在中国的租界》编辑委员会所编《列强在中国的租界》及张洪祥著《近代中国的通商口岸与租界》都采用 8 个日租界之说，即天津、杭州、苏州、汉口、沙市、福州、厦门、重庆的日租界。但在张洪祥主编的《近代日本在中国的殖民统治》一书中，则又认为“日本在中国的租界共有 11 处，是帝国主义列强拥有租界最多的国家”。这是将沈阳、安东、营口的租借地也计入在内。费成康先生在对租界的概念进行界定后，认为日本在中国开设的租界只有 5 个，即实际开辟并得到发展的天津、苏州、杭州、重庆、汉口的日租界。参见费成康：《中国租界史》，上海社会科学院出版社 1991 年。本书即采用此说。

了英国，占据了首位。

日本在中国开设的5个租界除了天津日租界外，还有汉口、苏州、杭州、重庆的日租界。这几个租界地处偏僻之所，远离中国居民聚居的街市，加上受自身实力的限制，并没有达到日本政府所期望的目标。但租界毕竟在日本政府的大力扶持下进行了开发和建设，并得到了某种程度的发展。为了与天津的日租界做一对比，现将其他各租界的具体情况和发展概况做一概述。

一、汉口日租界

汉口日租界是根据1896年10月中日双方签订的《公立文凭》而开设的。1897年7月16日，清政府湖北按察使黄德道同日本驻沪总领事小田切万寿之助签订了《汉口日本专管租界条款十二条》，划定“汉口镇德国租界北道起，量得东界沿江长一百丈，南界靠德界，东起江口，西至铁道地界为止……此为日本专管租界”①。此后日本以“界址过于狭窄”为由，进一步扩张租界。1907年2月9日，清政府汉口关道尹桑宝同日本驻汉口领事水野幸吉签订了《汉口日本租界推广专条三条》，将日本租界线“向北沿江得150丈，其东界及西界则以旧有租界之界线而延长之”②。经此次扩张后，加上原定租界，日租界为沿江250丈，宽120丈，面积为五万坪③，约为600多亩，仅次于英租界，在汉口五国租界中居第二位。

汉口日租界的行政组织大体和天津相同，都是在日本总领事的监督下施行自治。居留民会、参事会、民团事务所等具体负责租界内的行政事务。根据日本外务省颁布的《居留民团法实行规则》，日本外务大臣对租

---

① 黄月波等编：《中外条约汇编》，商务印书馆1935年，第157—158页。

② 黄月波等编：《中外条约汇编》，商务印书馆1935年，第157—158页。

③ 植田捷雄：『支那に於ける租界の研究』，巖松堂書店1941年，第346頁。

界内的行政事务有监督权,居留民大会所选举的议员需经领事的认可,而警察署也是汉口领事馆的下辖机构,因此汉口日本总领事是日租界的最高管理者。日租界内先后建起的只有日本总领事馆、邮便局、居留民团、日本俱乐部等民团组织机构的建筑和附属事业的建筑,如日本俱乐部、日本纪念馆、汉口青年会、明治小学校、日本人实业同志会、消防队、义勇队、西本愿寺等。也有一些洋行和工厂设在这里,如三菱洋行、燮昌火柴厂、日信油厂、高昌公司、公兴洋栈、美孚煤油栈及其一些仓库货栈。日本总领事馆位于河街,警察署位于山崎街。总领事馆主要成员为总领事、副领事、外务书记生、警察署长等。[①] 界内较为繁华的是江岸码头和一些酒馆、烟馆、赌场等。租界内以日侨为对象的各种商店很多,另外为日侨和旅客服务的旅馆业、饮食业也很发达。居住在汉口的日本侨民人口也居各国之首,1912 年之后,其人数已经超过各国人数之和。到 1937 年上半年,旅居汉口的外侨有 3938 人,其中日本侨民有 1984 人,达 50% 以上;其中居住在日租界的日本侨民达 1697 人,约占全部日本侨民的 85.5%,其他国家的侨民也有 116 人[②]。可以说,日租界再也不是那个无人理会的"灰姑娘"了。

由于日租界位于各国租界的下游地区,距离繁华市区较远,界内比较荒凉,再加上"历年排日的影响,并没有得到很好的发展,商势甚至向相反的方向发展",因此日本的一些洋行、银行、会社和住宅都建在其他租界内,而"重要的日本银行、会社主要设在英国租界内"[③]。1905 年日本在汉口的洋行有 43 家,有 20 家日商洋行设在英租界。《北清时报》在 1909 年 12 月 22 日的报道中说:"随着房屋的建设,以前住在其他租界的日本人陆续到来,已经建成的房屋几乎没有空闲,不仅领事馆、邮局办事处、民

① 《汉口租界志》编辑委员会编:《汉口租界志》,武汉出版社 2003 年,第 244 页。

② 湖北省政府秘书处统计室编:《湖北省年鉴》第一回,1937 年 6 月印,第 133 页。转引自沈殿忠主编:《日本侨民在中国》,辽宁人民出版社 1993 年,第 890 页。

③ 植田捷雄:『支那に於ける租界の研究』,巌松堂書店 1941 年,第 347 頁。

团事务所、大仓洋行等重要团体在租界内，另外还有若干料理店、饮食店、杂货店。目前在其他租界的料理店、饮食店也随着房屋的落成转移到租界内，预计年内悉数完毕。”[①]尽管如此，与其他各国租界相比，日租界仍旧算不上繁荣。因此，租界当局为了繁荣租界，公开允许界内开设鸦片馆、赌场、妓院和毒品贩卖场等，以致日租界被当地人视为走私、贩毒的大本营，汉口土话有“下东洋租界去呵”之语。[②] 可以说汉口日租界“是在汉口的五个租界中最丑陋的”[③]，最终也没有真正发展和繁荣起来。

图 6－1　汉口日租界

（图片来源：网络）

① 『北清時報』1909 年 12 月 22 日，第 2 版。

② 杨铎：《汉口外国租界的产生和收回简述》，《武汉文史资料》第 1 辑，第 236 页。

③ 费成康：《中国租界史》，上海社会科学院出版社 1991 年，第 255 页。

二、苏州日租界

苏州日租界是根据1897年3月5日中日签订的《苏州日租界章程十四条》设立的。章程划定界址:"中国允将苏州盘门外相王庙对岸青阳地,西自商务公司界起,东至水禄泾岸边止,北自沿河十丈官路外起,南至采莲泾岸边止……,作为日本租界",总面积约为600亩,租界章程规定:"租界内道路、桥梁以及警察的权利都属于日本领事馆管理""租界内的土地只允许日本人租赁,中国人只允许在租界内居住,且租界内的中国人的诉讼案件必须依据《上海租界洋泾浜会审章程》的规定办理。"[①]日租界的事务则由日本领事馆、警察署和监狱等机构共同管理。[②]

苏州日租界开设之初,界内的商业不发达且建筑稀少。当局为了促进租界内的繁荣,1903年修建了一条贯穿东西的大道和七条南北向的小道,并在两旁种植杨树和樱花树,以创造良好的投资环境。于是,"有些日商在界内开设商店、旅馆等"[③]。不过,直到1906年,"在界内租地盖房者只有41名日本人,所占土地不足租界土地的1/4,而大部分土地仍荒芜着"[④]。甚至在租界开辟二十多年后的1919年,日本驻苏州领事馆事务代理大和久义郎在给日本外务省的报告中也不得不承认:"中国人是无论如何也不愿到日本租界内来进行商业活动的",甚至日本人"也仅是数家小商店和一家肥皂店"。苏州日租界内的建筑物仅有面向洋务局的

① 植田捷雄:『支那に於ける租界の研究』,巌松堂書店1941年,第383頁。

② 上海市政协文史资料委员会等编:《列强在中国的租界》,中国文史出版社1992年,第385页。

③ 建设委员会调查浙江经济所编:《杭州市经济调查》,正则印书馆1932年,第652页。转引自沈殿忠主编:《日本侨民在中国》,辽宁人民出版社1993年,第885页。

④ 转引自张洪祥主编:《近代日本在中国的殖民统治》,天津人民出版社1996年,第210页。

一派房屋及面向大运河的一片住宅公寓，共20余栋。据当时统计，居住在日租界内的日本侨民仅有24名。[①]

20世纪20年代，苏州日租界曾经出现一个短暂的“中兴”。日商在界内建成砖瓦等工厂，还有日资在华经营的第一家剿丝厂，使苏州日租界终于有了点兴盛气象。然而好景不长，到20世纪30年代，日租界再次走向下坡，一些日商兴建的工厂陆续停工。到1934年侨居苏州日租界的日本侨民也仅有78人，他们所经营的“均系小资本商业”[②]。植田捷雄在1941年出版的著作中感叹道：“尽管我国投入巨资，建设道路，充实警察力量，但时至今日，仍不见繁荣，毋宁说呈现出一片荒漠草原之状。”[③]可以说，苏州日租界自始至终都没有真正发展和繁荣起来。

三、杭州日租界

杭州日租界是根据1896年9月27日签订的《杭州日本租界原议章程十四条》划定的，这也是日本在华设立租界的第一个章程。据此，划定杭州武林门外拱宸桥北，运河东岸一带，自长公桥起至拱宸桥止，作为日本专管租界[④]，总面积为718亩[⑤]。由于原议章程中，中国对日租界的行政管理权、司法权还没有完全丧失，日本政府要求同清政府继续交涉，最终在1897年5月13日签订《杭州日租界续立章程六款》，其中规定：“租界内所有马路、桥梁、沟渠、码头以及巡捕之权均由日本领事馆设法修造，

---

① 《苏杭事情》，日本外务省通商局印行。转引自徐云：《苏州日租界述略》，《苏州大学学报》（哲科版）1995年3期。

② 《明报》1934年2月9日。转引自沈殿忠主编：《日本侨民在中国》，辽宁人民出版社1993年，第886页。

③ 植田捷雄：『支那に於ける租界の研究』，巌松堂書店1941年，第383頁。

④ 黄月波等编：《中外条约汇编》，商务印书馆1936年，第154页。

⑤ 外務省編：『清国事情』第二輯，外務省1906年，第124頁。

中国地方官员无权干涉。"[①]由此，日本将行政管理权夺去。此外，《杭州日租界续立章程六款》还规定在租界内设立会审公堂，专门处理华洋交涉事件。

不过，由于地理位置偏僻，日租界内一片荒凉，"所谓日本租界乃一片无房屋、无树木、无道路的沙漠"。特别是由于日方在司法权和管理权上的无理要求，延缓了租界开发，致使"日本租界迄今仍抛弃，未曾有何改善动作"[②]，以致"大半近于草原"[③]。1899 年日本汉学家内藤湖南来杭州时，日本租界还"无一间房屋，茫茫荒野仅为杂草所占领"[④]。本来杭州的商场集中在城北，但沪杭铁路通车后，城东迅速繁荣起来，致使拱宸桥地区变得更为冷落。由于上述原因，很少有人居住在杭州日租界内，1899 年在杭州的日本侨民大约有 40 人，"多数居住在城内，极少两三人住在租界"[⑤]。

租界内的基础建设也十分缺乏，甚至连一条像样的马路都没有，与以往的农村没有什么差别。日本人本身也将经营重点放在租界以南的公共通商场，日本侨民的洋行、店铺和住宅也建在这里。日本人在此兴办戏馆、茶馆、烟馆、菜馆及妓馆，此后又开办赌馆，形成所谓的"六馆"繁荣，其中尤以妓院为兴盛。到了 1929 年，当地尚未公开登记的妓馆 233 家，妓女 434 人。[⑥]

---

① 于能模等辑:《中外条约汇编》，商务印书馆 1933 年，第 155 页。

② 中华人民共和国杭州海关译编:《近代浙江通商口岸经济社会概况——浙海关、瓯海关、杭海关贸易报告集成》，浙江人民出版社 2002 年，第 659 页。

③ 植田捷雄:『支那に於ける租界の研究』，巌松堂書店 1941 年，第 384 頁。

④ [日]内藤湖南、青木正儿著，王青译:《两个日本汉学家的中国行记》，光明日报出版社 1999 年，第 42 页。

⑤ 中华人民共和国杭州海关译编:《近代浙江通商口岸经济社会概况——浙海关、瓯海关、杭海关贸易报告集成》，浙江人民出版社 2002 年，第 666 页。

⑥ 建设委员会调查浙江经济所编:《杭州市经济调查》，正则印书馆 1932 年，第 652 页。转引自费成康:《中国租界史》，上海社会科学院出版社 1991 年，第 258 页。

四、重庆日租界

重庆乃长江上游工商业重镇，历来是四川乃至西南地区最大的货物集散中心。如此优越的地理条件以及重要的经济地位，自然为日本所注意。1895 年中日战争后，日本便开始将势力伸向四川。1896 年 1 月，日本派“商业考察团”赴重庆进行实地调查，详细调查了当铺、运费、地价、工资以及日本货物等基本的经济情况。[①] 1896 年 2 月，日本驻上海总领事珍田舍来重庆，同地方官员商议开设日本租界事宜。清政府提议在城外开设“通商城”，禁止外国人与城内的中国人杂居，主张将日租界设在王家沱。[②] 日方最初并不同意，由此使得谈判迟迟未能推进。直到 1901 年 9 月 24 日，清政府川东兵备道兼重庆关监督宝棻才同日本驻重庆领事山崎桂正式签订《重庆日本商民专界约书二十二条》，划定王家沱的一段地区为日本专管租界。其界址是：“西界自江流、自岩坎接至江流长五十丈之处，划成直线以为限，幅宽百零五丈二尺；南界沿税务司基地界线划成直线，向东至距西界深四百丈为止；北界自水沟注江中心，即距南界百零五丈二尺处，划成直线与南界直线并行，向东至距西界深四百丈为止；东界从南北线尽处划成直解线以为限，丈尺与西界相同。”[③]重庆日租界面积约 701 亩，呈长方形，东西长，南北窄。该条约第三条还规定：“租界内警察之权、管辖道路之权及其余界内一切施政事宜，悉归日本领事馆管

---

① 上海市政协文史资料委员会等编：《列强在中国的租界》，中国文史出版社 1992 年，第 390 页。

② ［日］大里浩秋、孙安石编著：《租界研究新动态：历史 · 建筑》，上海人民出版社 2011 年，第 88 页。

③ 黄月波等编：《中外条约汇编》，商务印书馆 1936 年，第 164 页。

理。所有界内道路、桥梁、沟渠、码头等，均由日本领事馆设法修筑。”①由此可见，日本领事馆掌握租界内的一切行政事宜，俨然“国中之国”。

由于重庆日租界所在地多是些江滩、山坡，原本就人烟稀少，加之夏季经常被淹，又远离市区，交通不便，不要说欧美各国洋行、公司商人不愿到此盖房经商，就是日本人也多不愿入居日租界。根据1907年日本重庆领事馆代理领事池永林所作《辖区内区域状况调查》，当时在重庆日租界的日本人，男性21人，女性3人，一共24人。② 甚至日本的领事馆、洋行、银行以及住宅等都建在市区，租界的商业活动始终没有发展起来，1911年之前，设在重庆日租界内的日商仅有有邻公司和大阪洋行。直到民国初年，才有几家大的日商工厂和公司建在重庆日租界。可以说，重庆日租界内建成的房屋屈指可数。直到20世纪30年代，租出的土地才不过103亩，只占租界总面积的七分之一③。日本人也承认重庆日租界“时至今日几乎没有什么发展”④。

从以上简介可以看出，上述开辟的四个租界“大多位置偏僻，远离中国居民聚居的街市”⑤，没有真正发展起来。这一是因为日租界开辟较迟，通商口岸较好的地段已为他国所占；二是甲午战后，面临内忧外患的清政府采取了尽力争回权利的外交政策，尽量不让日租界靠近繁盛之区。⑥ 甚至日本政府也承认，所有日租界只有两个发达，其余“未发达”。这两个就是天津和汉口的日租界。但与天津日租界相比，汉口日租界又显得“未发达”。

---

① 王铁崖编：《中外旧约章汇编》第二册，生活·读书·新知三联书店1982年重印版，第2页。

② ［日］大里浩秋、孙安石编著：《租界研究新动态：历史·建筑》，上海人民出版社2011年，第99页。

③ 《商务日报》1931年6月7日，转引自费成康：《中国租界史》，上海社会科学院出版社1991年，第256页。

④ 植田捷雄：『支那に於ける租界の研究』，巌松堂書店1941年，第386頁。

⑤ 费成康：《中国租界史》，上海社会科学院出版社1991年，第255页。

⑥ 参见费成康：《中国租界史》，上海社会科学院出版社1991年，第255页。

五、"模范"之租界

从租界的规模来看，杭州、重庆、汉口、苏州等日租界的面积分别为718亩、701亩、600余亩、500亩，而天津日租界的面积则为2150亩，几乎相当于另外四个日租界之和。因此天津日租界在规模上大大超过其他几个租界。而从租界的经营和发展来看，这几个租界在最初都是沼泽地或者荒凉之地，但经过几年的经营和整治，到1907年，天津日租界大体经营就绪，其侨民也达到2040人，另外四个日租界还一片荒芜。租界的行政机构也以天津日租界最为健全，其他四个租界除了汉口日租界的自治行政机构较为完整外，其他三个租界都因为人口过少，没有形成真正的自治机构。从侨民人数来看，1901年居住在汉口的日本侨民为74人，而在天津的日本侨民则达到1053人。1914年汉口的日本侨民增加到1718人，此时天津的日本侨民为3086人，其他几个租界的人数则很少。

通过考察上述几个租界的历史变迁和发展情况，可以知道它们都没有实现真正的繁荣，无论是从租界的规模还是从经营与发展来看，它们都无法与天津日租界相比。因此，我们可以说天津日租界是日本在中国发展最快、经营最好的租界。所以有外国人评论说，天津的日租界是日本"在华诸专管租界中最繁华的，行政组织亦最完备"①。甚至日本国内也大都将天津日租界视为日租界的"模范"。②

---

① M. R. Peattie *Japanese Treaty Port Settlements in China* , Peter Duus, Ramon H. Myers&Mark R. Peattie ed. *The Japanese Informal Empire in China*, 1895 – 1937, Princeton Univ. Press 1989, P662，转引自桂川光正：「租界在住日本人の中国認識——天津を一例として」，古屋哲夫編：『近代日本のアジア認識』，京都大学人文科学研究所1994年，第352頁。

② 『北清時報』1909年3月25日，第3版。

第二节　天津日租界之特性

租界是近代列强侵华的产物，“租界形成和兴起的过程，可以说是列强对近代中国侵略的进度表”①。日本虽然是后起的资本主义国家，但是它在侵华的道路上后来居上，给中国人民带来了沉重灾难。日本对华的侵略，其中一个重要方面就是在华设立日租界。如前所述，近代日本在中国开设了五个租界，其中尤以天津日租界规模最大、经营最为完善，也给中国造成的危害最大。同时，天津地处京畿之地，是华北重要的通航港口城市，也是日本侵略华北的重要基地。因此，天津日租界在近代中日关系的大环境下，必然会充当日本侵华的前沿阵地。日本对华的侵略始于甲午战争，其后则有日俄战争、“二十一条”、九一八事变，直至 1937 年发动全面侵华战争。在这些军事活动当中，日租界及其侨民利用开办商店、旅馆、饭店从事秘密特务活动。如经营照相器材的樫村洋行和从事运输的武斋洋行都是特务活动的秘密联络点；而寿街的常盘旅馆和曙街的神户馆、扇家料理店等，都是日本高级特务的活动场所。1931 年九一八事变前后，日本特务机关更是大批出现，如“青木公馆”“茂川公馆”“三野公

① 苏长聚：《近代中国租界问题研究》（油印本），山东胜利油田教育学院，1989 年 7 月，第 1 页。

馆”“和知公馆”等，这些特务机关的具体任务虽各有侧重，但“总的目的是配合日军发动侵略战争”①。天津便衣队暴动就是三野公馆负责的，日本借此机会，由土肥原贤二策划，将溥仪带出天津前往东北。

美国人类学者本尼迪克特将日本文化视为一种“耻感文化”。她认为“日本人重视耻辱感远胜于罪恶感”，“耻辱感在日本生活中所占的首要地位意味着每个人都注意公众对其行动的评判”。因此，它需要“靠外部的约束力来行善，而不像真正的罪感文化那样靠内心的服罪来行善”②。耻辱感背后其实是自卑心理在作祟。日本善于学习，在一定程度上也是“耻感文化”在起作用。中国有所谓的“知耻而后勇”，日本深受儒家文化之影响，自然也不例外。正是因为不如别人而感到可耻，才要努力学习，直到超过对方为止。但是在学习的过程中，其自卑性也是显而易见的。这就是为什么日本在明治维新初期要建设“鹿鸣馆”这样的场所，显然是不想让欧美视日本为野蛮民族。正是在这种自卑心理的引导下，日本朝野上下在明治初期就呼吁“脱亚入欧”，要“全盘西化”。自卑感的另一面就是自傲，看不起比他落后的国家和人民。这也是为什么日本在近代急于“脱亚入欧”的原因。近代以降，日本国力日强，中国则日渐衰落。昔日的学生超过了导师，于是日本也开始鄙视中国，不断对中国和韩国等周边国家发动侵略战争。可以说，这种“耻感文化”使日本有时候彬彬有礼，有时候又傲慢不已。

日本作为岛国，不仅资源缺乏，且经常遭遇自然灾害，正如索尼公司董事长盛田昭夫所指出的那样：“我们脚下的地差不多每天都要震动……除了水，我们岛上几乎什么原料都没有。”③如此恶劣的自然条件，

① 天津市政协文史资料研究委员会编：《天津租界》，天津人民出版社 1986 年，第 93 页。

② 参见［美］本尼迪克特著，吕万和等译：《菊与刀：日本文化的类型》，商务印书馆 1990 年。

③ ［日］盛田昭夫：《盛田昭夫和索尼公司》，生活·读书·新知三联书店 1988 年，第 244 页。

使日本国民具有强烈的危机感、团结心、向外扩张的侵略本性及狭隘的民族心理,即所谓的“岛国根性”。因此,每当日本自认为强大的时候,那一颗不安分的心便骚动起来,不时窥探近邻,作跃跃欲试状。丰臣秀吉的野心勃勃就是明证。明治维新初始,日本便确立了“开拓万里波涛,布国威与四方。置天下于富岳之安”①的侵略扩张政策,矛头指向中国。同时,日本在明治时期因落后而怀有的强烈自卑感,又因此后的日益强大而走向了另一个极端,即民族主义极度膨胀,最终使其走上了侵略扩张的法西斯军国主义道路。日本在天津等地设立的租界,就是基于此而出现的,日租界的两次扩张亦是源于此。尤其是租界内华人的日益增加与力量的增强,这让他们充满危机感,担心有朝一日租界会被中国政府收回。这种不安全感也在逐渐蚕食日侨心中仅有的一点和平共处之念。如前所述,租界内的繁华街区皆为中国人所占据,这也加剧了日租界当局的担心。最终,在中日关系逐渐恶化的大背景下,日租界必然成为日本侵华的前沿阵地,它不但为日本发动侵略战争提供了后勤保障和支持,还直接发挥了“尖兵”的作用。

租界作为近代帝国主义列强在中国通商口岸开辟、经营的居留和贸易区域,其行政管理权和裁判权不为中国所掌握,而是由外国领事或侨民所组织的工部局一类的机构所行使。因此租界内的警察权、道路管理权及其他一切施政事宜,也都为租界开设国所统辖。由此,在租界的建设与发展过程当中形成了比较浓厚的殖民色彩。这一情形在中国的日租界表现得尤为明显。在关于开设日租界的约章中就规定:“租界内警察之权、管辖道路之权及其余界内一切施政事宜,悉归日本领事官管理。所有界内道路、桥梁、沟渠、码头等,均由日本领事官设法修筑。”②加之毗邻日租界的海光寺还有华北驻屯军存在,在这样的保护之下,日租界也成为日侨

① 吴廷璆主编:《日本史》,南开大学出版社1994年,第317页。

② 王铁崖编:《中外旧约章汇编》第二册,生活·读书·新知三联书店1982年重印本,第2页。

图 6-2　从大和公园上空俯瞰日租界

（图片来源：山本次子收藏提供）

最安全的庇护所，并具有浓郁的日本色彩，强化了其殖民属性。

日本在日租界内不但具有行政管理权，还具有治外法权；不仅对日侨负有保护之责，也管理着居住在租界内的中国人，但是却不允许中国警察和军队进出日租界。日租界俨然成为不受中国政府管理的特殊区域，严重损害了中国的土地权、行政权和司法权。

租界是外国人在中国通商口岸建立的特殊的居留、贸易区域，因此首先需要获得土地的使用权甚至所有权。但是各国政府或商民获得土地的方式并不相同，大致有三种方式，即永租、购买及无偿占有。[①] 根据中国和各国签订的条约，除了外国教会外，其他任何国家或个人都不允许在中国拥有土地所有权，因此租界之土地大都是通过永租的方式获得土地所有权。天津的日本人正是通过此种方式获得了土地使用权。因此，租界内的土地所有权归中国政府所有，日本人只是取得了土地的使用权。[②]

---

① 费成康：《中国租界史》，上海社会科学院出版社 1991 年，第 86 页。

② 曹大臣：《近代日本在华领事制度——以华中地区为中心》，社会科学文献出版社 2009 年，第 60 页。

根据《天津日本居留地取极书》,“租界内地面,由日本领事馆每一亩每年应交大钱一千文”[①]。而在《天津日本居留地取极书续约》中又规定,日租界内暂时不收买的土地,允许中国原土地所有者使用,但是不能租卖给其他国家的人,并且一旦领事征购,不得拒绝。由此,日本领事通过“永租权”占有了租界内土地的所有权,并得以随时征收土地,严重损害了中国居民的权益。日租界当局甚至还认为:“尽管中国对外政策上不承认外国人拥有土地,但是只要把它占据并加以利用,才能真正达到利用它实际扩大我势力范围的真正目的”[②]。因此,“从整体上说,租界的土地制度,无疑是一整套由外人精心设计、以便维护他们利益的特殊制度”[③]。

除了土地制度,日租界还严重损害了中国的行政管理权。如前所述,日租界内的行政、警察和司法机构都是日本建立起来的,其租界内的所有居民都受日本管辖,中国政府的权力被完全排除在外。根据 1905 年日本外务省颁布的《居留民团法》,日本领事掌握日租界内如下的行政权。一、设立自治团体的行政事务,即设立决议机关及行政机关的事务、任免自治团体官吏的事务、制定条例的事务。二、维护租界共同利益的行政事务,即教育、医疗卫生、消防及义勇队事务等。三、维护租界治安的行政事务,即制定警察法规、警察的一般处分等事务。[④] 根据该法令,天津日本总领事拥有管理租界的行政权,还有附属的警察署。根据《居留民团法》《居留民团法施行规则》以及《居留民团法实行细则》等法令,日租界还成立了居留民团大会以及行政委员会等机构,具体负责日租界的日常事务管理。正是由于租界管理权不为中国所掌握,很多达官贵人、遗老遗少、军阀政客都逃到日租界避难,如 1927 年 4 月,下野的直隶督办李景林就

① 天津市档案馆、南开大学分校档案系编:《天津租界档案选编》,天津人民出版社 1992 年,第 193 页。

② 天津市档案馆、南开大学分校档案系编:《天津租界档案选编》,天津人民出版社 1992 年,第 227—228 页。

③ 费成康:《中国租界史》,上海社会科学院出版社 1991 年,第 114 页。

④ 植田捷雄:『支那租界論』,巌松堂書店大連支店 1934 年,第 115—116 頁。

躲进日租界避难，后来又在日本总领事有田八郎的导演下逃出日租界，乘坐日本长安丸转移到上海。按照国际法，一个主权国家是可以在本国领土的任何一个地方缉拿本国逃犯的，然而日租界却以行政权为由，禁止中国军队进驻租界内搜捕犯人，这很显然侵犯了中国的主权，也践踏了国际法。

司法权也是租界所享有的特权之一。1899 年，日本外务省颁布《领事官之职务》，规定当日本人在华作为被告的案件时，驻华领事官必须担任法官，行使领事裁判权。[①] 由此，日本人在中国不再受中国司法的管辖，侵占了中国对日租界内华人和外国人的司法权。而且在日租界的日侨作为被告时，也都是由日本领事法庭审理，并按照日本的法律判决，中国的法院无权过问。不仅如此，日租界当局还取得了租界内华人的司法管辖权：一、租界警察对犯罪的华人有逮捕权；二、租界警察对逮捕的华人有预审权；三、日本领事具有审核权，即中国的警察逮捕逃入日租界内的罪犯，需要日租界领事审核、签字，并且由租界警察协同捕拿，否则中国政府不能在租界内逮捕逃犯；四、日本领事对于"国事犯"即政治犯有决定权。[②] 领事裁判权还包括设立领事法庭、监狱、分级审理等方面。天津日租界的司法执行机构是领事法庭，由领事担任法官，并设司法领事和司法书记各一名，受总领事监督和指挥。由于享有这样的领事裁判权，日租界当局严重损害了中国的司法主权。

由此可见，日租界俨然成了不受中国政府管辖的"独立王国"。

天津日租界还是日本推行华北自治运动的重要策源地，很多事件都与日租界密切有关。如前所述，日方利用《国权报》社长胡恩溥及《振报》社长白逾桓被暗杀事件，借口中国政府不作为，肆意制造借口逼迫中方让

---

① 曹大臣：《近代日本在华领事制度——以华中地区为中心》，社会科学文献出版社 2009 年，第 83 页。

② 曹大臣：《近代日本在华领事制度——以华中地区为中心》，社会科学文献出版社 2009 年，第 65 页。

步。《何梅协定》的出现也与此有一定关系。在日本侵华过程中，日租界当局更是积极配合，居留民团长臼井忠三组织兵事、工务、配给、邮电、卫生、庶务、报净等七个班，从各方面予以支持和配合。隶属居留民团的义勇军，更是直接听命于日本驻屯军的指挥，在日租界内充当警备任务，直接配合日军作战。还有很多妇女组织、军人会等团体，也以各种形式协助日军侵华。总之，在日军侵华过程中，日租界当局给予了各方面的支持和帮助，起到了帮凶的作用。正如有学者所说："帝国主义国家在中国的租界，是它们侵略和掠夺中国的据点，也是它们策划侵略阴谋，干涉中国内政，镇压中国革命的基地。"①

日本在租界的开发过程中，尽管政府财力有限，无法投入巨额资金建设，但政府借助"东京建物株式会社"的力量开发建设，并从开始就牢牢掌握住日租界的行政管理权，确保基础建设控制在日本人之手。日租界内的公共建筑和设施也都具有鲜明的日本色彩。在日本人休闲娱乐的大和公园内，建设日本公会堂及居留民团事务所，负责租界的日常行政管理。而大和公园内的天津神社供奉明治天皇，更是直接表现出了殖民主义的一面。尤其是大和公园内的"北清战役纪念碑"和"彰表烈士石川伍一纪念碑"，更是赤裸裸地暴露了日本的殖民侵略特性。租界内建有供日本子弟上学的幼稚园、小学和中学，服务于日侨的医院、洋行、商店等，都呈现出强烈的日本特色，更不用说租界内随处可见的日式住宅了。正如来津考察的日本政界人士安本重治所说："随处逛逛，都能看到寿司店的暖帘，年糕小豆汤店的广告牌……在松岛街附近的旅馆，也能听到弦声和流行歌曲。到了夜里，如果不是看到各种红色建筑，会有一种身处日本内地某处的感觉。"②居留民团也在天津日本驻屯军和日本总领事馆的统辖和保护下，将日租界的行政权牢牢掌握在以日本人为主的租界行政当

① 袁继成：《近代中国租界史稿》，中国财政经济出版社 1988 年，第 144 页。

② 安本重治：『支那印象記 ：世界の富源』，東洋タイムス社 1918 年，第 172 頁。

局手中，以维护日本的权益。

后殖民主义文化批评理论家霍米·巴巴提出“间性空间”的概念，认为这是一种充满民族文化冲突和交融的空间，人们“一方面共同分享都市的公共空间，另一方面又各自具有相对封闭的局域空间”，“在这些区域里，相同民族的人聚居在一起，形成了富有民族特色的区域文化而自成一体”。[①] 租界是近代帝国主义列强在中国等国的通商口岸开辟、经营的居留、贸易区域，享有治外法权，并主要由外国领事或侨民组织的工部局之类的市政机构行使这些权力，使其成为不受本国政府行政管理的国中之国，具有强烈的殖民色彩，也就是霍米·巴巴所说的“间性空间”。他们在各自的空间内构建了具有本民族特色的社会生活，成为各国侨民的情感寄托。英租界当时被称为“小伦敦”，法租界被称为“小巴黎”，而日租界则被称为“小大阪”。他们的租界生活，呈现出一种本土化色彩。可以说，日租界乃是日本人在中国移植本土文化的一个独特空间。“在这里，一个日本人的生活工作与他在日本并无二致，不必费心去学习外国语言，与中国人的相互影响十分有限，甚至无需与中国人打交道。”[②]他们“比其他任何国家的侨民都更强烈地表现出独特的民族凝聚力和在新居留地中护卫民族传统文化的能力”[③]。

从上述分析可知，天津日租界是具有鲜明日本特色的“殖民空间”，它既是日本侵华的产物，又协助日本加深对华侵略，是近代日本侵华的物证和象征。

---

① 包亚明主编：《现代性与都市文化理论》，上海社会科学院出版社 2008 年，第 161 页。

② 熊月之、马学强、晏可佳选编：《上海的外国人（1842—1949）》，上海古籍出版社 2003 年，第 181 页。

③ 熊月之、周武主编：《上海：一座现代化都市的编年史》，上海书店出版社 2007 年，第 118 页。

参考文献

中文参考资料

一、报纸

[1]《大公报》
[2]《益世报》
[3]《庸报》
[4]《北洋画报》
[5]《大北报》
[6]《东亚晨报》
[7]《天声报》
[8]《亢报》
[9]《大报》

二、档案及著作

[1]南开大学政治学会:《天津租界及特区》,商务印书馆 1926 年版

[2]吴蔼辰:《华北国际五大问题》,京华印书局 1929 年。

[3]楼桐孙:《租界问题》,商务印书馆 1933 年。

[4]黄月波等编:《中外条约汇编》,商务印书馆 1935 年。

[5]天津市日侨管理处编:《天津市日侨管理处工作报告》,1946 年,天津档案馆。

[6]王铁崖:《中外旧约章汇编》上、下册,生活·读书·新知三联书店 1957 年。

[7][美]威罗贝著,王绍坊译:《外人在华特权与利益》,三联书店 1957 年。

[8][日]东亚同文会编,胡锡年译:《对华回忆录》,商务印书馆 1959 年。

[9]天津市公安局编:《日寇天津茂川机关》,1959 年 5 月。

[10][英]琼斯著,许逸凡译:《天津》,载《天津历史资料》第 3 期,1960 年。

[11][英]雷穆森著,赵地译:《天津的成长(租界)》,《天津历史资料》第 10 期,1980 年。

[12][日]信夫清三郎编:《日本外交史》上、下册,商务印书馆 1980 年。

[13]李云汉编:《抗战前华北政局史料》,正中书局 1980 年。

[14][法]梅朋、傅立德:《上海法租界史》,上海译文出版社 1983 年。

[15]天津市交通局《天津交通运输史》编审委员会编写组编:《天津交通运输史》第一册三分册(第三次修改稿),1983 年。

[16][日]小泽正元著,吴德烈等译:《内山完造传:献身于日中友好

事业的伟大公民》,百花文艺出版社 1983 年。

[17][美]费正清、刘广京编:《剑桥中国晚清史》下卷,中国社会科学出版社 1985 年。

[18]天津市政协文史资料研究委员会编:《天津租界》,天津人民出版社 1986 年。

[19][日]中国驻屯军司令部编,侯振彤译:《二十世纪初的天津概况》,天津市地方史志编修委员会总编辑室出版 1986 年。

[20]《天津港史》编辑委员会编:《天津港史》(古、近代部分),人民交通出版社 1986 年。

[21]丁名楠:《帝国主义侵华史》第二卷,人民出版社 1986 年。

[22][美]罗伯特·库里斯特发著,程永华、武大伟等译:《日本精神与风习——四十年见闻》,吉林人民出版社 1986 年。

[23]天津社会科学院历史研究所主编:《天津简史》,天津人民出版社 1987 年。

[24]中国人民政治协商会议天津市委员会文史资料研究委员会编:《天津便衣队暴动》,中国文史出版社 1987 年。

[25]袁继成:《近代中国租界史稿》,中国财政经济出版社 1988 年。

[26][日]松本一男著,周维宏等译:《中国人与日本人》,渤海湾出版社 1988 年。

[27]杨大辛、方兆麟编:《天津历史的转折——原国民党军政要人的会议》,1988 年。

[28]天津市档案馆、天津社会科学院历史研究所等编:《天津商会档案汇编(1903—1911)》,天津人民出版社 1989 年。

[29]李竞能:《天津人口史》,南开大学出版社 1990 年。

[30][美]本尼迪克特著,吕万和等译:《菊与刀 日本文化的类型》,商务印书馆 1990 年。

[31]费成康:《中国租界史》,上海社会科学院出版社 1991 年。

[32]天津档案馆、天津社会科学院历史研究所等编:《天津商会档案汇编(1912—1928)》,天津人民出版社 1992 年。

[33]天津档案馆、南开大学分校档案系编:《天津租界档案选编》,天津人民出版社 1992 年。

[34]《列强在中国的租界》编辑委员会编:《列强在中国的租界》,中国文史出版社 1992 年。

[35]孙燕京:《近代租界》,中国华侨出版公司 1992 年。

[36]中国人民政治协商会议天津市委员会文史资料研究委员会编:《沦陷时期的天津》,1992 年 10 月。

[37]罗澍伟主编:《近代天津城市史》,中国社会科学出版社 1993 年。

[38]张洪祥:《近代中国通商口岸与租界》,天津人民出版社 1993 年。

[39]姚洪卓:《近代天津对外贸易》,天津社会科学院出版社 1993 年。

[40]沈殿忠主编:《日本侨民在中国》上、下册,辽宁人民出版社 1993 年。

[41]中国国家博物馆编,劳祖德整理:《郑孝胥日记》(1—5 册),中华书局 1993 年。

[42][美]费正清编:《剑桥中华民国史 1912—1949 年》上卷,中国社会科学出版社 1994 年。

[43]娄向哲:《民初中国对日贸易论》,南开大学出版社 1994 年。

[44]史明正:《走向近代化的北京城——城市建设与社会变革》,北京大学出版社 1995 年。

[45]中国抗日战争史学会、中国人民抗日战争纪念馆编:《日本对华北经济的掠夺和统制》,北京出版社 1995 年。

[46]尚克强、刘海岩主编:《天津租界社会研究》,天津人民出版社

1996 年。

［47］张洪祥主编:《近代日本在中国的殖民统治》,天津人民出版社 1996 年。

［48］胡光明、毕杰主编:《天津商会档案汇编(1928—1937 年)》,天津人民出版社 1996 年。

［49］天津市地方志编修委员会编著:《天津通志 · 附志 · 租界》,天津社会科学院出版社 1996 版。

［50］王渭泉、吴征原等编著:《外商史》,中国财政经济出版社 1996 年。

［51］居之芬、张利民主编:《日本在华北经济统制掠夺史》,天津古籍出版社 1997 年。

［52］中共天津市委党史研究室等编:《日本帝国主义在天津的殖民统治》,天津人民出版社 1998 年。

［53］天津市地方志编修委员会办公室等编:《〈益世报〉天津资料点校汇编》,天津社会科学院出版社 1999 年。

［54］汪向荣:《日本教习》,中国青年出版社 2000 年。

［55］杨宁一:《了解日本人——日本人的自我认识》,天津人民出版社 2001 年。

［56］宋美云:《近代天津商会》,天津社会科学院出版社 2002 年。

［57］张利民主编:《解读天津六百年》,天津社会科学院出版社 2003 年。

［58］刘海岩:《空间与社会——近代天津城市的演变》,天津社会科学出版 2003 年。

［59］熊月之、马学强、晏可佳选编:《上海的外国人(1842—1949)》,上海古籍出版社 2003 年。

［60］［日］小浜正子著,葛涛译:《近代上海的公共性与国家》,上海古籍出版社 2003 年。

[61]颜惠庆著,吴建雍、李宝臣、叶凤美译:《颜惠庆自传—— 一位民国元老的历史记忆》,商务印书馆2003年。

[62]张利民:《华北城市经济近代化研究》,天津社会科学院出版社2004年。

[63]来新夏主编:《天津的九国租界》,天津古籍出版社2004年。

[64]庞玉洁:《开埠通商与近代天津商人》,天津古籍出版社2004年。

[65]周俊旗主编:《民国天津社会生活史》,天津社会科学院出版社2004年。

[66][美]柯博文著,马俊亚译:《走向"最后关头"——中国民族国家构建中的日本因素(1931—1937)》,社会科学文献出版社2004年。

[67][法]安克强著,袁燮铭、夏俊霞译:《上海妓女——19—20世纪中国的卖淫与性》,上海古籍出版社2004年。

[68]天津图书馆编:《天津日本租界居留民团资料》(总13卷),广西师范大学出版2006年。

[69]吴弘明编译:《津海关贸易年报(1865—1946)》,天津社会科学院出版社2006年。

[70]李永东:《租界文化与30年代文学》,上海三联书店2006年。

[71]樊如森:《天津与北北方经济现代化1860—1937》,东方出版中心2007年。

[72]龚关:《近代天津金融业研究(1861—1936)》,天津人民出版社2007年。

[73][美]罗芙芸著,向磊译:《卫生的现代性——中国通商口岸卫生与疾病的含义》,江苏人民出版社2007年。

[74][英]布莱恩·鲍尔著,刘国强译:《租界生活—— 一个英国人在天津的童年》,天津人民出版社2007年。

[75][美]葛凯著,黄振萍译:《制造中国——消费文化与民族国家的

创建》,北京大学出版社 2007 年。

[76]方平:《晚清上海的公共领域(1895—1911)》,上海人民出版社 2007 年。

[77]熊月之、周武主编:《上海:一座现代化都市的编年史》,上海书店出版社 2007 年。

[78]刘敬忠:《华北日伪政权研究》,人民出版社 2007 年。

[79]郭予庆:《近代日本银行在华金融活动——横滨正金银行(1894—1919)》,人民出版社 2007 年。

[80]包亚明主编:《现代性与都市文化理论》,上海社会科学院出版社 2008 年。

[81]姜进、李德英主编:《近代中国城市与大众文化》,新星出版社 2008 年。

[82][美]约翰·本杰明·鲍惠尔著,尹雪曼、李宇晖、雷颐译:《在中国二十五年——上海,〈密勒氏评论报〉主持人鲍惠尔回忆录》,黄山书社 2008 年。

[83][美]哈雷特·阿班著,杨植峰译:《民国采访战——〈纽约时报〉驻华首席记者阿班回忆录》,广西师范大学出版社 2008 年。

[84]尚克强:《九国租界与近代天津》,天津教育出版社 2008 年。

[85]陈祖恩:《上海日侨社会生活史(1868—1945)》,上海辞书出版社 2009 年。

[86]曹大臣:《近代日本在华领事制度——以华中地区为中心》,社会科学文献出版社 2009 年。

[87][英]雷穆森著,许逸凡、赵地译,刘海岩校订:《天津租界史(插图本)》,天津人民出版社 2009 年。

[88]曹汝霖:《曹汝霖一生之回忆》,中国大百科全书出版社 2009 年。

[89]万鲁建:《近代天津日本侨民研究》,天津人民出版社 2010 年。

[90]许宝蘅著，许恪儒整理：《许宝蘅日记》(1—5 册)，中华书局 2010 年。

[91][日]大里浩秋、孙安石编著：《租界研究新动态(历史·建筑)》，上海人民出版社 2011 年。

[92]天津市档案馆等编：《旧天津的日租界》，天津人民出版社 2012 年。

[93]米卫娜：《近代华北日侨问题研究》，人民出版社 2012 年。

[94][日]藤江真文等著，万鲁建编译：《近代天津日侨回忆录》，天津人民出版社 2014 年。

[95]爱新觉罗·载沣著：《醇亲王载沣日记》，群众出版社 2014 年。

[96]汪荣宝著，赵阳阳、马梅玉整理：《汪荣宝日记》，凤凰出版社 2014 年。

[97]贺葆真著，徐雁平整理：《贺葆真日记》，凤凰出版社 2014 年。

[98]天津市档案馆编：《日本在津侵略罪行档案史料选编》，天津人民出版社 2015 年。

[99]天津市档案馆编：《日本在津侵略罪证档案图集》，天津人民出版社 2015 年。

[100]马艺等：《天津新闻史》，天津人民出版社 2015 年。

[101]万鲁建编译：《津沽漫记：日本人笔下的天津》，天津古籍出版社 2015 年。

[102]张高峰遗稿，张刃整理：《张高峰自述》，北岳文艺出版社 2015 年。

[103]张利民、刘凤华：《抗日时期日本对天津的经济统制与掠夺》，社会科学文献出版社 2016 年。

[104]孟宪彝著，彭国忠整理：《孟宪彝日记》上、下，凤凰出版社 2016 年。

[105]梁启超著，胡跃生校注：《梁启超家书校注本》，漓江出版社

2017年。

[106]王汗吾、吴明堂:《汉口五国租界》,武汉出版社2017年。

[107]许金生:《近代日本对华军事谍报体系研究1868—1937》,复旦大学出版社2017年。

[108]中国人民政治协商会议天津市委员会文史资料研究委员会编:《天津文史资料选辑》,天津人民出版社。

[109]杜恂诚等:《近代上海公共租界的土地制度与市政管理》,上海人民出版社2020年。

[110]翟意安:《抗日战争期间中日间的宣传战(1937—1945)》,社会科学文献出版社2020年。

[111]王美平:《日本对中国的认知演变》,社会科学文献出版社2020年。

[112]程维荣:《天津租界与日本居留民团》,上海社会科学院出版社2021年。

[113][法]皮埃尔·辛加拉维鲁著,郭可译:《万国天津:全球化历史的另类视角》,商务印书馆2021年。

三、论文

[1]王怀远:《旧中国时期天津的对外贸易》,《北国春秋》1960年第2期。

[2]赵津:《租界与天津城市近代化》,《天津社会科学》1987年第5期。

[3]刘海岩:《租界与天津市空间的演变》,《城市史研究》第13—14辑。

[4]刘海岩:《天津租界和老城区:近代化进程中的文化互动》,《城市史研究》第15—16辑。

[5]苏长聚:《近代中国租界问题研究》,山东胜利油田教育学院,1989年7月。

[6]吴士英:《论租界对近代中国社会的复杂影响》,《文史哲》1998年第5期。

[7]吴士英:《租界问题尚须深入研究》,《近代史研究》1999年第2期。

[8]刘敬坤、邓春阳:《关于我国近代租界的几个问题》,《南京大学学报》(社科版)2000年第2期。

[9]杨升祥:《简论天津租界》,《历史教学》2000年第3期。

[10][日]桂川光正:《天津租界日本侨民社会及其意识》,《城市史研究》第21辑(特刊—20世纪华北城市近代化),天津社会科学院出版社2002年。

[11]王中茂:《论租界与中国的近代化》,《洛阳师范学院学报》2002年第4期。

[12]李益彬:《租界与近代中国城市市政早期现代化》,《内江师范学院学报》2003年第3期。

[13]张利民:《划定天津日租界的中日交涉》,《历史档案》2004年第1期。

[14]姚夏媛:《试论德租界与天津的城市化》,《江西行政学院学报》2004年第11期。

[15]张利民:《20世纪30年代天津日侨社会与特征》,《历史档案》2009年4期。

[16]王南南:《天津日本租界研究(1898—1945)》,南京大学中国史2015年硕士论文。

日文参考资料

一、档案

［1］外務省外交史料館蔵:『各国駐在帝国領事任免雑件（天津之部）』,1875—1884 年。

［2］外務省外交史料館蔵:『在支帝国専管居留地関係雑件　天津の部』,1896—1925 年。

［3］外務省外交史料館蔵:『支那各地に帝国専管居留地設定一件』,1899—1901 年。

［4］『天津三月在留邦人営業表』,『通商彙纂』191 号,1901 年 5 月 25 日。

［5］『天津各租界在留邦人数』,『通商彙纂』36—37 号,1903 年 5 月 3 日。

［6］『天津領事館内居留地』,外務省通商局編:『清国事情』第 1 輯,1908 年 8 月。

［7］外務省外交史料館蔵:『在外居留民団（会）関係雑件　居留民団法改正ノ件』,1919—1924 年。

［8］『天津在留邦人経済難の一考察』,『天津経済新報』5 巻 33 号,1926 年 10 月。

［9］『天津在留日本人戸口累計比較表』,『天津日本商業会議所週報』483 号,1927 年 2 月。

［10］外務省外交史料館蔵:『支那天津東亞医院一覧』,1919 年。

［11］外務省外交史料館蔵:『天津商況』,1922 年。

［12］外務省外交史料館蔵:『各国貿易状況報告雑纂　支那之部　天津』,1923—1936 年。

［13］外務省外交史料館蔵:『在中国帝国居留民団及民会関係雑纂　天津ノ部』,1931 年。

［14］外務省外交史料館蔵:『満州事変に際なる天津暴動関係一

件』,1931年。

[15]天津憲兵隊本部調製:『天津に於ける化学的各種謀略事件ノ概況(自昭和十三年一月至昭和十五年二月)』,1940年2月。

[16]『北支対日貿易の統制概況』,『東亜商工経済』第五巻第五号,1941年5月。

[17]天津居留民団編:『居留民団事務報告書』,1908—1945年。

[18]天津居留民団編:『居留民会臨時会議事速記録』,1908—1945年。

[19]天津居留民団編:『居留民会通常会議事速記録』,1908—1945年。

[20]天津共益会編:『共益会事務報告書』,1930—1935年。

[21]天津居留民団編:『天津居留民団月報』,1938—1941年。

二、新聞と雑誌

[1]『北清時報』(1909年3月—12月)。

[2]『京津日日新聞』,1939—1941年。

[3]『天津租界繁栄策』,『天津商工彙報』第22号,1910年3月。

[4]『華北公論』社編:『華北公論』,1934—1935年。

[5]在天津日本総領事館編纂:『天津貿易年報』,1924—1938年。

[6]支那問題研究所編:『支那問題研究所経済旬報』,1939年。

[7]『京津事情』社編:『京津事情』,1939—1941年。

[8]天津日本人商業会議所編:『天津商業会議所時報』。

[9]天津日本人商業会議所編:『天津商業会議所週報』。

[10]天津日本商工会議所編:『天津日本商工会議所月報』。

三、著書

[1]海軍省編:『北支那紀行前編』,1879 年 8 月。

[2]亜細亜協会委員会著:『北清見聞録第三編』,亜細亜協会蔵 1888 年。

[3]仁禮敬之:『北清見聞録』,亜細亜協会蔵板 1898 年。

[4]坪谷善四郎:『北清観戦記』,文武堂 1901 年。

[5]古沢幸吉、稲葉岩吉:『北方支那』,丸善株式会社 1902 年。

[6]木村粂市:『北清見聞録』,私刻版 1902 年。

[7]高瀬敏徳:『北清見聞録』,金港堂書籍株式会社 1904 年。

[8]参謀本部編纂:『明治三十三年清国事変戦史』,川流堂 1904 年。

[9]天津居留民団編:『大和公園開園記』,1909 年。

[10]富成一二編:『天津案内』,中東石印局 1912 年。

[11]外務省通商局編:『天津貿易概覽』,外務省通商局 1914 年。

[12]長谷川桜峰:『支那貿易案内』,亜細亜社 1914 年。

[13]外務省通商局編:『在支那本邦人進概覽』の「北部支那」,外務省通商局 1915 年。

[14]天津商業会議所週報第 204 號附録:『天津概観』,1916 年 8 月 14 日。

[15]外務省政務局編:『支那に於ける新聞紙に関する調査』,1916 年 6 月。

[16]天津居留民団編:『現行法規』,天津居留民団 1917 年。

[17]天津居留民団編:『天津居留民団十周年記念誌』,天津居留民団 1917 年。

[18]内藤久寛:『訪隣記程』,民友社 1918 年。

[19]安本重治:『支那印象記 : 世界の富源』,東洋タイムス社

1918 年。

[20]外務省通商局編:『在支那邦人進勢概覧(第二回)』,外務省通商局 1919 年 7 月。

[21]支那駐屯軍司令官南次郎:『天津ノ施設に関する所見』,1919 年 11 月。

[22]東亜同文会編:『支那省別全誌』第 18 巻直隸省,東亜同文会 1920 年。

[23]東京高等商業学校東亞倶楽部編纂:『中華三千哩』,大阪屋号書店 1920 年。

[24]天津商業会議所編:天津商業会議所週報第 255 号附録『天津概観』,1921 年。

[25]参謀本部編:『天津商工業調査(北支那報告)』,参謀本部 1922 年。

[26]小倉知正編:『天津在留邦人官商録』,天津興信所 1922 年。

[27]天津日本人商業会議所編:『天津に於ける排日貨運動』,1923 年。

[28]外務省通商局編:『天津総領事館管轄区域内事情』,外務省通商局 1924 年 3 月。

[29]天津居留民団編:『現行法規類集』,天津居留民団 1924 年。

[30]天津興信所編:『京津在留邦人官商録』,天津興信所 1925 年。

[31]服部源次郎:『一商人の支那の旅』,東光会 1925 年版

[32]今井常三郎編:『北支』,大阪国文社 1925 年。

[33]天津排日貨対策実行会編:『天津における排日運動の真相』,1929 年 1 月。

[34]天津日本人商業会議所編:『天津概観(附日本商工名録)』,天津日本人商業会議所,1930 年 11 月。

[35]天津居留民団編:『天津居留民団二十周年記念誌』,天津居留

民团 1930 版。

[36]陸軍省調査班編:『天津事件に就いて』,1931 年 12 月。

[37]天津日本尋常高等小学校編:『天津誌』(天津小学校郷土誌),1932 年 12 月。

[38]植田捷雄:『支那租界論』,巌松堂書店大連支店 1934 年。

[39]満鉄経済調査会第一部編:『天津金融経済管見』,1934 年 5 月。

[40]財団法人天津共益会編:『財団法人天津共益会事業概況』,1936 年 4 月。

[41]真鍋五郎:『北支概観』,亜細亜出版協会 1936 年。

[42]乙嘱託班工業班編:『天津に於ける紡績工業』,1936 年 2 月。

[43]早川録鋭編:『北支!! 天津事情』,天津出版社 1938 年。

[44]藤田元春編:『北支・中支の風物』,博多成象堂 1938 年。

[45]布利秋:『北支案内記』,北支研究会出版 1938 年。

[46]岸田国士:『北支物情』,白水社 1938 年。

[47]後藤朝太郎編:『最新支那旅行案内』,黄河書院 1938 年。

[48]『北支・蒙彊現勢・1938 年度』,北支那経済通信社 1938 年。

[49]天津總領事田代重徳氏述(要旨):『北支の近情と天津の諸問題に就て』,北支那協会第 279 回例会席上,日本外交協会,1938 年 9 月。

[50]小林陽之介編:『天津商工案内』,天津日本商工会議所 1939 年。

[51]小林陽之介編:『天津経済事情』,天津日本商工会議所 1939 年。

[52]向井潤吉:『北支風土記』,大東出版社 1939 年。

[53]東文雄編:『朝鮮・満州・支那大陸視察旅行案内』,東学社 1939 年。

[54]王亜斉:『支那の租界』,朝日新聞社 1939 年。

[55]天津経済記者倶楽部編:『天津外国租界問題座談会』,1939 年

5 月。

[56]天津日本商工会議所編:『天津商工案内』,天津日本商工会議所 1939 年。

[57]東亜問題調査会編:『支那の租界』,朝日新聞社 1939 年。

[58]植田捷雄:『支那に於ける租界の研究』,巌松堂書店 1941 年。

[59]臼井忠三編:『天津居留民団三十周年記念誌』,天津居留民団 1941 年。

[60]天津日本商工会議所編:『天津華商公会名鑑(生活必需品之部)』,昭和十七年九月月報特輯號,天津日本商工会議所 1942 年。

[61]天津日本商工会議所編:『天津華商公会名鑑(鉱工業金融運輸之部)』,昭和十七年十月月報特輯號,天津日本商工会議所 1942 年。

[62]植田捷雄:『支那租借地論』,日光書院 1943 年。

[63]臼井忠三編:『天津居留民団最近十年史』,北支那出版社 1944 年。

[64]西谷松蔵編:『新東亞経済特別號』第 3 巻第 8 號,創造社 1944 年。

[65]中山正善:『上海から北京へ』,養徳社 1946 年。

[66]石射猪太郎:『外交官の一生』,読売新聞社 1950 年。

[67]松本正雄:『誰か忘れん——私と中国と中国人』,象文社 1973 年。

[68]中村利三郎集録:『嗚呼! 終戦,引揚の追憶』,1974 年 10 月。

[69]亀沢省朔:『回想三十年——天津の思い出』,未刊本 1976 年。

[70]山口淑子、藤原作弥:『李香蘭 私の半生』,新潮社 1987 年。

[71]高秉雲:『近代朝鮮租界史の研究』,雄山閣 1987 年。

[72]江口圭一:『日中アヘン戦争』,岩波書店 1988 年。

[73]外務省通商局編:『通商彙纂』,不二出版 1989 年 2 月—1997 年 4 月。

［74］古野直也:『天津軍司令部 1901—1937』,国書刊行会 1989 年。

［75］草田耕次:『華北の風雲と天津』,近代文芸社 1995 年。

［76］中嶋忠三郎:『或る領事館の回想録』,近代文藝社 1995 年。

［77］藤江真文:『天津時代　天津日本青年会時代』,非売品 1996 年。

［78］藤江真文:『天津時代　増田洋行時代』,非売品 1996 年。

［79］藤江真文:『自画自賛』,非売品未注明年代。

［80］外務省通商局編纂:『清国事情』第一輯(上),1907 年 9 月,『明治後期産業発達史資料』第 292 巻,龍渓書舎 1996 年。

［81］小島晋治監修:『中国見聞録集成』第 6 巻,ゆまに書房 1997 年。

［82］八木哲郎:『天津の日本少年』,草思社 1997 年。

［83］西村正邦:『天津日本租界物語』,限定非売品 1997 年。

［84］東京建物株式会社社史編纂委員会編:『未来への信頼——東京建物百年史』、東京建物株式会社 1998 年。

［85］外務省外交史料館蔵:『外務省警察史』第 34 巻(支那の部　北支),不二出版 1999 年。

［86］外務省外交史料館蔵:『外務省警察史』第 35 巻(支那の部　北支),不二出版 1999 年。

［87］天津地域史研究会編:『天津史——再生する都市のトポロジー』,東方書店 1999 年。

［88］服部源次郎:『一商人の支那の旅』,東光堂 1925 年。

［89］小島晋治編:『大正中国見聞録集成』第 10 巻,ゆまに書房 1999 年。

［90］西村正邦:『天津・租界八史略』,非売品 1999 年。

［91］西村正邦:『天津・租界彷徨記』,非売品 2000 年。

［92］西村正邦、樋口隆一:『天津日本租界五十年』,非売品 2000 年。

［93］西村正邦:『天津的柳絮』,非売品 2002 年。

［94］吉澤誠一郎:『天津の近代——清末都市における政治文化と社会統合』,名古屋大学出版会 2002 年。

［95］樋口隆一:『終戦前後——ある少年期の記憶』,非売品 2003 年。

［96］田中良平:『天津今昔招待・租界人間模様』,眺有限会社 2004 年。

［97］豊田勢子:『天津租界の思い出』,文芸社 2004 年。

［98］荻野富士:『外務省警察史——在留民保護取締と特高警察機能』,校倉書房 2005 年。

［99］近藤久義:『天津を愛して百年　そして子々孫々』,新生出版 2005 年。

［100］近藤久義:『昔日天津・今日天津』,新生出版 2006 年。

［101］西村正邦:『天津租界こぼれ話』,非売品 2006 年。

［102］桜井良樹:『華北駐屯日本軍』,岩波書店 2015 年。

［103］天津居留民団行政委員会長臼井忠三述:『我民団の税制と財政』,天津居留民団。

四、論文

[1]幸野保典、木村健二:『1920 年代天津日本人商業会議所の分析』,『千葉史学』第 11 号、1987 年 12 月。

[2]寺原譲治:『天津、漢口日本租界の形成』『日本建築学会大会学術講演梗概集』1990 年 10 月。

[3]木村建二:『在外居留民の社会活動』、岩波講座『近代日本と殖民地 5:膨張する帝国の人流』,岩波書店 1993 年。

[4]小林元裕:『満州事変期天津の日本人居留民活動』、天津地域史研究会 1993 年 10 月。

[5]桂川光正:『租界在住日本人の中国認識——天津を一例として』、古屋哲夫編:『近代日本のアジア認識』,1994 年。

[6]小林元裕:『1920 年代天津における日本人居留民』,『史苑』第 55 巻 2 号、1995 年 5 月。

[7]幸野保典:『天津居留民団の低利資金請願運動』、波形昭一編:『近代アジアの日本人経済団体』,同文館出版株式会社 1997 年。

[8]桂川光正:『天津租界の売春』、近代国家と大衆文化研究課題組編:『近代社会と売春問題』,大阪産業大学産業研究所 2001 年。

[9]桂川光正:『租界における日本人居留民の都市生活——天津を例に』,プロジェクト共同研究組織:『都市と文化:歴史学・地理学・社会学・文学からのアプローチ』,産業叢書 21,大阪産業大学産業研究所 2004 年。

[10]幸野保典:『華北経済の膨張と天津日本商工会議所の機構改革』,柳沢遊、木村健二编:『戦時下アジアの日本経済団体』,日本経済評論社 2004 年。

[11]渡辺千尋:『居留民団法の制定過程と中国の日本居留地:天津日本専管居留地を中心に』,『史学雑誌』第 122 編第 3 号,2012 年 3 月。

后　记

书稿完成后，本不想再说什么了，但又觉得这样似乎缺少些什么，因此还是决定简单说几句，交代一下本书的来龙去脉。

自从2002年来到南开大学读书学习，我便与天津结下了不解之缘。2005年进入天津社会科学院工作，我的研究工作又以天津史和华北区域史为主攻方向。我的妻子也是天津人。因此，对于天津，我有着深厚的感情。转眼间，来到天津已经20年了，作为一名新天津人，我感谢天津这片土地给予我的一切，也深深爱着这片土地。正因如此，我一直以来将了解天津、认识天津、研究天津为本事和乐事。本书就是我研究天津史的一个阶段性成果。本书原为天津社会科学院重点课题《天津日本租界研究》的结项成果。因忙于他事，且对书稿不满意，放置了好几年。直到本次有机会申请出版经费，才下定决心进行修改。

首先，我要感谢天津地方志编修委员会办公室。天津地方志编修委员会办公室的主要职责就是承担搜集、整理、管理地方志文献和地情资料等工作。因此，推出天津地方史研究丛书，也是其工作之一。此前已经陆续推出过不少研究成果，颇受学界赞许。我自身因为工作关系，长期从事天津地方史研究，也和天津方志办的人员有过接触，但从未想过要申请出版经费。所谓世事难料，2021年我也终于有机会成为其中一员，有幸获得方志办资助的出版经费。这两年出版费用水涨船高,经费申请也日益困难,因此能忝列其中,我深感荣幸。在此过程中,天津地方志编修委员会办公室不但与申请者多次沟通,对于本书更是关怀备至。尤其是在书稿修改过程中,方志办的各位领导不但邀请业内学者审阅书稿,并提出中肯且详实的修改意见。各位领导更是亲自上阵,严格把关,仔细审阅书稿,并提出很多建设性的修改意见,使得书稿不断完善。可以说,没有天津地方志编修委员会办公室在出版经费上的大力支持,没有方志办各位领导的关心、关怀,我想本书是不可能这么快与读者见面的。在此,我要对天津地方志编修委员会办公室致力于推动天津地方史研究深表敬意,对方志办的各位领导深表感谢。我也希望自己能够不辜负他们的信任和支持,为天津地方史研究添砖加瓦,贡献自己微薄的力量。

其次,我要感谢在本书稿撰写过程中和课题结项及申请出版经费方面给予我多方帮助的师友和评审专家。在本书撰写过程中,天津社科院历史研究所诸位同仁以及学界诸多师友都曾给予我很多帮助,在此深表谢意。还要感谢天津社会科学院图书馆在查阅资料方面所提供的诸多方便。课题结项时,感谢评审专家南开大学日本研究院宋志勇教授,天津社会科学院历史研究所张利民研究员、任云兰研究员,天津师范大学古籍保护研究所王振良教授,天津师范大学历史学院张献忠教授,对本课题给予的肯定和所提出的修改意见。在申请出版资助时,各位评审专家给予的肯定以及所提出的非常有价值的修改意见,更是让我受益匪浅,在此深表谢忱。根据评审专家的建议,我对书稿进行了认真修改,才最终成为现在的模样。

再次,我还要感谢天津社会科学院出版社及责任编辑韩鹏副社长。因为在天津社会科学院工作,得以经常有机会与天津社会科学院出版社的各位老师交流,深感能在汇聚大量优秀出版人才的出版社出书是我的荣幸。如今,天津社会科学院出版社在高潮社长的带领下不断取得新成绩,影响日益扩大。韩鹏副社长是一位水平高、能力强的出版人,策划了诸多好书,由他担任责任编辑,我非常安心。我还要特别感谢出版社原总编辑周俊旗研究员,感谢他在本书出版方面所给予的大力支持。

第四,我还要感谢为本书提供插图的日本友人近藤久义先生、高津忠彦先生、菅顺子女士、山本次子女士、金井香枝子女士。近藤久义先生是我的老朋友,当年留学期间就受到他的多方照顾。我撰写博士论文的时候也曾给我提供很多他收藏的珍贵资料。2020 年春节去日本时,我还专程拜访了他。他特意开车到车站去接我,并再次赠送给我一些资料。并说今后有机会再去一次天津。遗憾的是天不遂人愿,近藤先生不幸于 2021 年 5 月因病去世,天津再行未能实现,不过让人欣慰的是 2021 年 9 月,天津市政府追授近藤久义先生为“天津荣誉市民”称号,完成了他一直念念不忘的“天津是我的第二故乡”的宿愿。同时,还举行了“我的故乡在天津——日本友人近藤久义的天津情缘档案图片展”和“中日民间交流的新路径:近藤久义与天津”专题研讨会,缅怀纪念他为中日民间交流和友好所做出的贡献。在本书出版之际,我再次表示深切的怀念。希望有更多的中日友好人士继续努力推动两国的友好交流。

最后,我要感谢我的家人。我的妻子许婧女士工作非常辛苦,早出晚归。尽管如此,她仍然承担了大部分的家务,全力支持我的研究,让我得以心无旁骛、全身心投入修改书稿之中。我的女儿心心已经上四年级了,我修改书稿的时候,她有时就坐在我身旁写作业。望着她学习的样子,我也元气满满。

当然,我资质愚钝,生性疏懒,书稿还有诸多不如意之处,譬如对日租界的土地制度、租界管理机构的内部运作、日租界与天津其他租界的比较等方面都没有展开论述,这是我深感遗憾的地方。不过,古语有云:“知不足,然后能自反也”,希望在今后的研究中有机会再继续完善!

壬寅年暮春于津门静心斋